彭林 主編

朱軾全集

第二册 儀禮節略（上）

復旦大學出版社

本册總目

儀禮節略（上）

高瑞傑　整理

整理説明

朱軾，字若瞻，又字伯蘇，號可亭，江西高安人。生於清康熙四年（一六六五），卒於乾隆元年（一七三六），享年七十二歲。康熙三十三年（一六九四）考取進士，歷任潛江知縣、陝西學政、浙江巡撫等職。其爲官清廉，品行端方，學術醇正，頗爲時人所稱頌。

儀禮節略是康熙年間朱軾擔任浙江巡撫時所著，全書初稿三卷，定本共二十卷，其中正文十七卷，爲使各種禮制清晰明瞭，另附有禮圖三卷，爲其弟子王葉滋所繪。是書開篇有凡例十條，其首明言「是書以朱子家禮爲綱，旁及晋、唐、宋、明諸禮書，其近世儒者論説於禮少有發明，輒隨所見採入，至折衷聚訟，以求適合，則必以十七篇爲正告鵠焉」。其綱目分冠、昏、喪、祭四大類，首冠禮一卷後附以學義一卷，昏禮二卷後附以士相見、鄉飲酒二卷，第七卷以降皆爲喪、祭二禮，可見其對此二禮尤爲重視。其大旨以朱子家禮爲主，雜採諸儒之説，而斷以己意。然黄利通稱其書「一以經傳通解爲宗，而删繁舉要，博采諸家，附以獨見，所言皆明白洞達」，其説後半句屬實，而前半句似有失實之處，蓋其書冠禮後雖附學義，但體例仍以家禮爲本，而與通解框架有别。吴隆元言「蓋合朱子二書而折其衷者」，或近其實。是書博採衆家，折衷聚訟，而以禮經十七篇爲鵠的；然考諸其文，蓋欲權衡於古今之間，故於今禮多所糾正，而於古禮亦多所變通，體現出復古與從俗交相輝映之特色。試説如下：

朱軾一方面恪守禮經所記，對時俗多有所針砭。比如時俗多有始祖之祭，其引朱子之説，以爲此祭禮終似過於僭越，且似同於禘祫大祭，故對此俗表示反對。又如時俗多有喪禮作佛事之風，子孫雖有覺其非者，但又以逝者生前佞佛辯之，對此朱軾以爲，親人若有過，生前亦當勸諫，何以死後却全然順從？且以逝者佞佛爲藉口，大有歸惡於親之嫌，由此力辯時人喪禮期間作佛事之非。

即如家禮，朱軾亦並非決然信從，而有所取裁。四庫館臣據其凡例所言「士相見、鄉飲酒二篇，朱子謂何處可行？今觀相見禮，嚴肅簡易，何不可行之有？」以爲是説違逆朱子，指出「軾事事遵朱子，惟此條所見與朱子相左，必欲復之，終以朱子説爲是」，然考諸其書，其駁家禮處亦在在多有。如家禮多言祭祀降神時「於神主櫝前設束茅聚沙」，即需預設茅沙盆，酹酒于上以降神。對此朱軾引毛大可之説，認爲此俗於經史並無所徵，並自下案斷，以爲「降神必灌酒于地，即代神祭，亦不必傾于茅沙。茅沙之設，信不可解」，對家禮用茅沙之習俗作出批評（而對毛大可之説，亦有「毛先生好逞臆説」之評價）。後世諸儒批評其尊奉家禮太過，如林傳甲道：「（是書）幾以朱子家禮爲經，儀禮、禮記及歷代經師道學之説爲之注，無乃尊之太過乎？」觀其書，實情並非如此。

但另一方面，朱軾又屢屢强調「禮者，時爲大」之義，認爲禮當與時俱進、隨時變易，雖然有些時俗於古禮無徵，亦可默許，蓋因「禮雖先王未之有，可以義起也」，這裏的「義」，朱軾常常以「稱情立文」釋之，可見人情在禮教中的地位已然呈上升趨勢，隨時變禮、禮以從俗之義，日漸深入人心。此種古今時措之宜，非但停留於書齋筆墨之下，而且還傾注於經綸世務之中，如此書作於朱軾任浙江巡撫之時，正是爲製定一浙人程式而作，此可謂學以致用之表徵。

是書案斷多精審通達，但亦偶有決絶之處。如嫂叔是否有服之辨，歷來聚訟，據禮記檀弓所言「嫂叔之無服，蓋推而遠之」之意，嫂叔因避嫌之故，故互相不服喪；而後世人情泛濫，對此常有所疑，如唐太宗即質疑道「同爨尚有緦麻之恩，而嫂叔無服，未爲得宜」，故增服爲小功。朱軾列舉顔師古、張載、朱熹、黄榦、吴澄、王廷相、張鼎思、顧炎武等十數家之説，將嫂叔服否之争議，幾乎囊括殆盡，後世禮家主張嫂叔有服者，多以儀禮喪服記「夫之所爲兄弟服，妻降一等」證之，而朱軾却徑言此爲後儒杜撰，殊非正解，江永禮記訓義擇言對此有精要評判，宜參酌之。

朱軾遍注周易、春秋、三禮等，博通六經，兼采衆家，而自成一派，儼然經師。其識斷精詳賅備，論議微渺，頗具創見；其生平又與桐城方望溪先生交往甚篤，頗多問學筆談，故爲文亦凝練精賅，頗領一代風騷，兩相湊泊，可謂相得益彰。宋元以降，隨着天理與人情之互動交融，傳統經學需要嬗變更新，禮學系統亦由舊時五禮系統向四禮體繫轉移，四禮之學逐漸成爲明清時期的禮學主脈。朱軾此書，正是在此禮學發展流脈上的産物，而其復古與經世之意，亦洋溢乎其間，卓然一代儒宗經師。

朱軾精通三禮，且尤重儀禮，此次整理儀禮節略，收入朱軾全集，以上海圖書館藏朱文端藏書本爲工作本整理而成，並核對書中大量引文，以求臻善；但整理儀禮節略殊非易事，筆者學力淺拙，見識譾陋，點校中必有舛繆，祈望博雅君子有以教我，匡我不逮。

辛丑年端月於滬上學思園

高瑞傑

目録

儀禮節略第三卷

儀禮節略第七卷……（二七一）

儀禮節略序

正一身以正家國天下者，其惟禮乎！根本天載之精微，窮極人事之曲折，大之綱常倫紀，細之度數采章。三代而上，上之所爲教化，下之所爲習尚，出入乎大中至正之途，此所以成一道同風之盛也。自秦人崇尚刀筆，以吏爲師，於是乎禮樂壞，而二帝三王之治不復矣。二氏者出，又復倡爲蕩滅禮教之説，老子以禮爲忠信之薄，釋氏欲盡剗「敬」字窠臼，呶呶詆吾儒爲無究竟之學，而不自悔其爲無本根之學也。

禮根於天，聖人發育峻極之道，散寄三百、三千之中，禮在即道在，禮之外無道。見易象、春秋，輒嘆周禮在魯，禮與六籍相經緯者也。師以禮詔其弟，弟子以禮問於師，始於灑掃、進退之可觀造乎？動容、周旋之中禮，禮在即學在，禮之外無學。嘗怪世之講學者，言理而不言禮，掇拾格致誠正之緒論，以與即心即佛、性命雙脩之徒争長而角勝。彼且謂高過大學，縱使火其書，箝其口，滅其教，而終不足以服其心。苟試繩之以人親人長、天秩天叙之大原，彼必無能與吾道抗，而吾儒之説乃可常伸於霄壤。

吾友朱可亭先生，交予垂三十年，京邸趾接，促坐深談無虚日，獨未嘗一言及道學。乃今讀儀禮節略一書，嘆先生之意道學者爲最深。因以知口給禦人、詡詡道學自命者，必非真道學，而道學真種子實不絶於人世也。孔子志在春秋，行在孝經。孝無違乎禮，事以禮，葬之、祭之以禮，此天之經、地之義，而民之行也。紫陽志在綱目，行在小學，明倫、敬身、志行，與孔子不殊。是書一以經傳通解爲宗，而删繁舉要，博采諸家，附以獨見，所言皆明白洞達，其志居然紫陽之志，其學不愧紫陽之學。不鄙寒陋，命予序其簡端。自念少失學問，憚煩趨簡，樂放誕而畏檢束，坐是道不加脩，垂白無所成立。晉人「禮豈爲我設」一語，誤人實甚！今雖悔之老矣，無能爲已。一旦以不學禮之人，序言禮之書，於此心得不愧乎？迺區區之心，於可亭有厚望焉。

三代下願治之主，救時之相，往往不乏，而以禮治天下者卒無其人。獨一王荆公鋭意以周禮治宋，紛紛建置，少成多敗，豈周禮能誤天下哉？誤解周禮者，誤周禮耳！吾夫子作春秋，以禮正列國，諸侯大夫有禮者褒之，悖禮者刺之。春秋即夫子之禮書，而敢詆爲斷爛朝報，不知春秋，惡知周禮？故雖以過人之才，徧讀古人之書，又得九重爲知己，而舉措乖違，宋室訖不復振。君子觀元豐、熙寧之代，未嘗不嘆息痛恨於斯人也。

可亭以公忠清慎，受知聖天子，天子方欲大用先生，此貞憲考度、黼黻太平之一會已。郊廟、朝廷、邦國、聘享、盟會、軍旅、井田、學校之禮，當以周禮爲綱，儀禮、曲禮爲目，博綜先儒之禮説，參訂列史之禮志，旁及百家稗官之雜記，一器、一物、一名莫不辨其真僞，覈其體製，究其源流，通其條貫，不爲荆公之執固，亦不爲叔孫通、曹褒之苟簡。原天地之性，達萬物之情神，明古先之制，斟酌時務之宜，持質文損益之平，極輔相財成之用，用以勒成不易之經，參贊郅隆之治，非吾儒之責而誰責耶？不有重望於可亭先生，而又將誰望耶？獨惜乎紫陽之宗尚有善學紫陽者，而勉齋之宗無復能爲勉齋，是益重余愧也夫！是益重余愧也夫！

康熙五十七年十二月，楚黄同門弟黄利通書於西泠寓齋。

子朱子於乾道五年著家禮而自序之曰：「謹名分，崇愛敬，以爲之本；至其施行之際，則又略浮文、務本實，以自附於孔子從先進之遺意。」書始成，爲人竊去，不及再加考訂，晚更以儀禮爲經，禮記爲傳，編爲經傳通解，勉齋黄氏續成之。其書惟章句是正，使學者知有古禮，而其宜於今與否，固未嘗有所論斷也。蓋朱子于儀禮、家禮，皆有望於後人之損益折衷，故疾革時命門人參酌儀禮、書儀而行其意，可見而要其定禮之大旨，則不越乎家禮之序之所云而已矣。今大中丞朱可亭先生撫浙之明年，刊其所著儀禮節略二十卷行世，蓋合朱子二書而折其衷者。隆元受而讀之，既深服公用力之勤，而又曉然于公所以化民成俗之道也。昔者曾子有國奢示儉、國儉示禮之言，儉與禮相提並論而各有所宜，後人泥于其説，遂謂禮所以救儉，非所以止奢，是大不然。夫春秋時之所謂奢者本有是禮，而以下僭上如公室視豐碑、三家視桓楹之類是也。故君子矯之以儉，恥盈禮焉。若今之習俗，則本無是禮而妄爲奢靡，行之既久，習爲固然，司風教之柄者但以儉示之，不足以厭服其心。惟斟酌古今，定爲程式，如射者之有的，然後奢靡之習不令而自止。在易節之大象曰：「君子以制數度，議德行。」此示儉、示禮合而用之之道也。公既勵羔羊素絲之風，而又頒布是書訓于蒙士，其權諸禮，皆與朱子略浮文、務本實之意脗合，寓示儉于示禮之中，所以化民成俗者至矣。隆元與公有蘭譜之雅，而於分爲州民，讀公之書、被公之教，將與鄉黨有志之士共卒業焉，故爲之推論其大旨如此，非敢言序也。

康熙五十八年冬十二月，吴隆元拜書。

序

修身及家，平均天下，莫大乎禮。蓋禮，所以宰制乎喜怒哀樂之情，而實本乎人情之所當然，檢攝乎氣禀食色之性，而實由於天性之不容已。故正己率物，化民成俗，未有不準諸此也。儀禮十七篇，吉、凶、賓、嘉咸備，蓋周公遺書，秦火之後，漢興，惟魯高堂生演其傳，鄭康成、黄慶、李孟悊、孔穎達、賈公彦諸儒先後爲之箋釋，然循誦習傳，躬行者鮮。迨宋司馬温公始本儀禮作爲書儀，俾子弟遵而行之，乃間有不甚合於古者。朱子蒐羅考訂，編家禮一書，精詳該備，又嘗欲合儀禮、禮記訂成一書，未竟其緒，君子惜焉。越數百年，吾師高安朱先生折衷古今，成儀禮節略二十卷，大旨本於朱子，旁採歷朝，兼稽近代，凡於禮有發明者，薈萃極博，審擇極精，其中儀文之詳晰、器數之綜核、證據之明確、論議之微渺，靡弗歸于至當，可以見之躬行，是真足以集先儒之成而合於時爲大之旨矣。夫民風簡略，多緣於無文，民俗侈靡，多始於無節，而節文之準，非有深達典禮者爲之觀其會通，鮮能斟酌盡善而協其宜。誠如是書，酌古準今，不泥于成迹，不徇於流俗，貴賤可以通行，智愚可以共曉，由是恪遵勿失，奚難共沐恭儉莊敬之教，而臻於變時雍之盛哉？是編爲先生撫浙時所刊，今命衛爲序，衛本菲才，曷敢序是書，惟是恭承簡命，繼先生而撫是邦，夙夜匪懈，思以仰副聖天子委任至意。是編也，足以補裨聖化，用敢闡揚大旨，廣布成書。俾各郡縣鄉閭家喻户曉，父勉兄誡，因之草薄從忠，咸歸醇厚，庶幾臻于一道同風之盛，而先生經國善俗之意，亦藉是以仰答也夫！

雍正丁未壯月，彭城後學李衛頓首拜撰。

己亥冬，吾師可亭先生以所纂儀禮節略示滋，且曰：「余甚憫夫世俗之越於禮也，而將以是正之。案牘旁午之餘，丹鉛不釋手，兩年於兹矣。今書已告竣，未暇爲圖，然圖不可以已，不者無能共曉奈何。」滋受而讀之，品節詳明，辨論昭晰，以意揣之，彷彿可得，迺作而對曰：「昔紫陽授儀禮於信齋楊氏，而楊氏爲之圖。滋也非曰能之，願學信齋，可乎？」先生許之，遂蒐輯齋中群書，得陳氏禮書圖、聶氏三禮圖，合以儀禮、家禮諸圖，參訂互考，繪爲若干帙，質之先生，又删其複者、疑者若干，存圖一百有奇，爲卷三，敢曰原始要終，于以宣厥旨歸，庶幾遵文譯器，不致茫無依據云爾。

康熙己亥嘉平月朔旦，受業王棻滋謹識序。

儀禮節略凡例

一、是書以朱子家禮爲綱，旁及晉、唐、宋、明諸禮書。其近世儒者論説，於禮少有發明，輒隨所見採入，至折衷聚訟，以求適合，則必以十七篇爲正告鵠焉。

一、丘文莊儀節，敷演明晰，間有舛誤及詳略未適，悉爲增損辨正。惟祭儀煩多，概置不録。

一、杜佑通典，暨議明辨，他書弗及。惜無善本，魯魚亥豕，多不可句。篇中所引，未敢意爲更定，仍之以俟校正。

一、自儀禮不列學官，習焉而得其解者罕矣。是篇引述節略，雖片語單辭，梳櫛必求其當。若附會前人，偏執己見，則吾未敢。

一、是書務矯時弊，力崇古道。然古禮有必不可行，近俗有必不可廢，斟酌損益，頗費研慮。曲禮曰：「禮從宜。」孔子曰：「禮之中，又有禮焉。」變而通之，觸類而長之，又非是書所得盡矣。

一、是書既逐條辨晰，更掇拾先儒時賢語爲餘論。餘者，正條所未盡也。附論，則一知半解，聊質之當代之學古者議禮云乎哉。

一、士相見、鄉飲酒二篇，朱子謂何處可行。今觀相見禮，嚴肅簡易，何不可行之有？鄉飲酒獻酬煩多，聊存大概，而尊讓潔敬之義已具。

一、喪期服具，友人王帶存所述。其所未詳，更彙輯群論，附以己意，庶讀者無憾焉。

一、儀禮、禮記，言喪事幾半，而諸家之論，亦較他禮爲詳。蓋送死大事，古人慎之又慎，亦辨之又辨也。是篇採録頗衆，悉本健庵讀禮通考。

一、是書原刻三卷，今增爲二十卷，始事丁酉季夏，迄己亥秋而卒業。簿書鞅掌，日無寧晷，篝燈搜閲，隨手録記，不復省視，舛誤實多。所望明禮君子指摘而惠教焉。軾記。

儀禮節略第一卷

冠禮

傳曰：「夫禮，始於冠，本於昏，重於喪祭，尊於朝聘，和於射鄉，此禮之大體也。」

冠 男加冠也。

男子年十五至二十，皆可冠。必身及父母無期以上喪，始可行之。 大功未葬亦不可行。

軾按：雜記「大功之末，可以冠子。己小功末，可以冠」，是己大功不可冠，父亦必待大功之末也。然冠非昏比，子弟年既及，即當責以成人之道。今世仕宦，南轅北轍，動經歲年，蹉跎悠忽，誤其子弟者不少，從權似亦無礙。然年小十五，又未可責以成人之道，故限以十五至二十。

曲禮：男子二十冠而字，女子許嫁笄而字。

內則：二十而冠，始學禮。

温公曰：古者二十而冠，皆所以責成人之禮，蓋將責爲人子、爲人弟、爲人臣、爲人少者之行于其人，故其禮不可以不重也。近世以來，人情輕薄，故十歲而總角者少矣，彼責以四者之行，豈知之哉？往往自幼至長，愚騃若一，由不知成人之道故也。今雖未能遽革，且自十五以上，俟其能通孝經、論語，麤知禮義然後冠之，其亦可也。

程子曰：冠禮廢，天下無成人。或欲如魯襄公十二而冠，此不可。所以責成人事，十二年非可責之時。既冠矣，且不責以成人事，則終其身不以成人望之也，徒行此節文何益？

夏小正：二月綏多士。注：謂冠子取婦之時。

軾按：冠禮祝詞曰：以月之正。正，月元也。加元服，用元月爲當。

擇日。

士冠禮：筮于廟。主人玄冠〔一〕，朝服，緇帶，素韠，即位于門東西面。有司如主人服，即位于西方，東面北上。卒筮，旅占卒，進告吉。若不吉，則筮遠日。

〔一〕「玄冠」，原作「元冠」，據儀禮士冠禮改。下同。

軾按：洪範三人占，則從二人之言。占非一人，故曰旅占。今但筮于廟，不必旅占。主人有官職者公服，無職者盛服。或從俗擇日亦可。

丘文莊曰：既有定日，即訪求合用之人，措辦當用之物，庶行禮之時，不致失誤。

合用之人。

賓，主人擇寮友親識習禮者爲之。贊，賓自擇之，或主人自擇。執事者，用子弟爲之。禮生，今人家子弟未必皆習禮，况禮多曲折，非有引導唱贊者，不能一一中節，今擬請習禮者一人爲禮生，引導唱贊，如官府行禮之儀，先期演習，然後行之，庶幾無失。

合用之物。

帷帳。灰。盥櫛具。冠。衣。履。

前期三日，主人告于祠堂。

主人謂冠者之祖若父，及凡爲家長者。若宗子已孤而自冠，則自爲主。

丘氏儀節：序立。男左女右，世爲一行。主人盥洗。啓櫝，出主，復位。降神，主人詣香案前，跪，焚香，酹酒，盡傾茅沙上。俯伏，興，拜，凡二，平身，復位。參神，衆拜，鞠躬，拜，凡四，平身。主人斟酒，主婦點茶，畢，二人並拜。鞠躬，拜，凡二。主婦復位，主人不動，跪。主人以下皆跪。讀祝，俯伏，興，拜，凡二，平身，復位。辭神，衆拜。凡四，平身，焚祝文，奉主入櫝。禮畢。

祝文。維康熙幾年，歲次干支。幾月干支朔，越幾日干支。孝元孫某官姓名，敢昭告于顯高曾祖考，某之子某，若某親之子某，年漸長成，將以某月某日加冠于其首。謹以酒果，用伸虔告，謹告。若宗子自冠，則云某以某月某日加冠于首。

戒賓。戒，告也，告而請之也。

古禮筮賓，今不能，然擇僚友中賢而有禮者可也。前期三日，主人自詣其家請之。地遠，則遣子弟致書。

士冠禮：主人戒賓，賓禮辭，許。主人再拜，賓答拜。主人退，賓拜送。此言戒賓之儀略者，蓋以宿賓之儀見之也。必拜送者，所以謝之。凡拜送客者，皆于其既退乃拜之，故不答拜，亦異于迎也。吉禮拜送者，必再拜。經或不見之，文省耳。〇辭：戒賓曰：某有子某，將加布于其首，願吾子之教之也。賓對曰：某不敏，恐不能共事，以病吾子，敢辭。主人曰：某願吾子之終教之也。賓對曰：吾子重有命，某不敢不從。布，緇布冠也。

前一日宿賓。或自詣家宿，或子弟以書致辭。

士冠禮：賓如主人服，出門左，西面再拜，主人東面答拜。乃宿賓，賓許。主人再拜，賓答拜。主人退，賓拜送。賓贊冠者一人，亦如之。○辭：宿賓曰：某將加布于某之首，吾子將涖之，敢宿。賓對曰：某敢不夙興。如主人服，即前玄冠朝服。

陳設。

如人家廳堂無房者，將帷幕隔之。無階級，用石灰畫而分之。凡冠者席，與賓主位次，皆用灰依圖界畫。至日，按畫敷布。長子席在阼階上之東，少北西向，衆子則少西南向。宗子自冠，則如長子之席，少南。○洗盆帨巾，設于東階下東南。又于便室，或用帷幕隔一處爲賓次。詳見圖。

軾按：古者重冠，故行之于廟。今人家有祠堂者，當于祠堂行之。

厥明。夙興陳冠服。

是日早起，用桌子陳當用衣帶靴履，用笥盛于房中。凡衣皆東領，以北爲上。又用桌子，設酒注盞盤于衣服桌子北。又按圖布席。其三加冠巾，各盛以盤，以帕蒙之，用桌子陳西階下，執事者一人守之。

士冠禮：夙興，設洗直于東榮。榮，梁東西之兩端。直，當也，謂設洗遥當東榮也。南北以堂深。疏：堂深，從堂簾北至房室之壁。南北以堂深者，洗去堂遠近，取于堂上深淺，假令堂深二丈，洗亦去堂二丈，以此爲度。水在洗東。水所以盥洗者也，洗棄水者也。意盥不于盛水之器，澆水而盥，以先承之。盥洗者，宜西面，故水在洗東。陳服于房中西墉下，東領北上。墉，牆也。東領，統于主位也。北上，便其先取在南者也。爵弁服：纁裳，純衣，緇帶，韎韐。注：爵弁，其色亦而微黑，如爵頭然。纁淺絳，凡染絳，一入謂之縓，再入謂之赬，三入謂之纁，朱則四入也。韐合韋爲之，冠弁不與衣陳，而言于上，以冠名服耳。

敖繼公曰：爵弁，士之上服也。純衣，絲衣而緇色者。言裳于衣上，以其與冕服之裳同，尊之也。韐之制如韠者，尊之異其名耳。其在冕服者尤尊，則謂之韍。

皮弁服：素積，緇帶，素韠。注：皮弁以白鹿皮爲冠也。積猶辟也，以素爲裳，辟蹙其要中。○按：皮弁不言衣，蓋亦用絲，其色如其裳。

玄端：玄裳、黄裳、雜裳可也，緇帶，爵韠。注：玄端即朝之衣，易其裳耳。不以玄冠名服者，是爲緇布冠陳之。

敖繼公曰：玄端，士之正服也。玄端玄裳。謂之玄端之服。其裳以玄者爲正。若無玄裳。即黄與雜亦可。雜。前後不一色也。爵韠。近裳色也。

緇布冠：缺項，青組纓，屬于缺。緇纚，廣終幅，長六尺。皮弁笄，爵弁笄，緇組紘，纁邊，同篋。注：屬，著也。纁邊，組側赤也。○按：以組爲紘，其色則中淄而邊側赤也。緇布冠一，纚一，爵弁、皮弁合笄爲四，六者同一篋也。

敖繼公曰：缺項者，別以緇布一條圍冠，而後不合，故名之曰缺項，謂其當冠項之處則缺也。其兩端有緬，別以物貫穿而連結之以固冠，其兩相，又皆以纓屬之，而結於頤下以自固，蓋太古始知爲冠之時，其制如此。後世之冠，縫著于武，亦因缺項之法而爲之也。纚，舊説謂繒爲之，纚長六尺，則固足以韜其髮矣，然廣一幅，則圍髮際而不足，或亦缺其後與？言纚于缺項二笄之間，以見三加同一纚也。紘，弁之繫也，以組一條爲之。冠用纓，弁用紘，各從其便也。

櫛實于簞。蒲筵二，在南。以蒲爲席，布于簞南，二筵，一冠一醴也。

側尊一醴在服北，有篚，實勺觶角柶，脯醢，南上。注：側，特也。服北者，纁裳北也。篚，竹器。勺，升尊〔一〕，所以㪺酒也。爵三升曰觶。柶，狀如匕，以角爲之。○按：一甒故謂特尊，無玄酒也。特尊并醴，俱在服北。勺，所以挹酒者。實，實勺觶等物于篚也。

爵弁、皮弁、緇布冠，各一匴。執以待于西坫南，南面。注：匴，冠箱也。執之者有司。坫在堂南。待于西者，西階爲賓位，繼公謂賓專掌冠事，使若賓之物然。

屨，夏用葛。玄端黑屨，青絇繶純，純博寸。注：屨順裳色，玄端玄裳，故屨以黑。絇，狀如刀衣，鼻在屨

〔一〕「升尊」，儀禮作「尊升」。

頭。繶，縫中紃也。純，緣也，三者皆青。博，廣也，純之廣一寸。素積白屨，以魁柎之。注：魁，蜃蛤也。柎，注也，以蛤燒灰而塗之使白也。緇約繶純，純博寸。爵弁纁屨，黑約繶純，純博寸。黑屨青飾，白屨淄飾，則此纁屨，當飾以白，而白非所以爲飾也，故越之而用黑。三屨陳之在裳之西。冬用皮屨可也。不屨繐屨。繐非吉布，故不用。

主人以下序立。

主人以下盛服，各就位。將冠者，童子服，在房中南面。若非宗子之子，則其父立于主人之右。尊則少進，卑則少退。○宗子自冠，則服如將冠者，而就主人之位。

士冠禮：主人玄端爵韠，立于阼階下，直東序西面。凡牆在堂上者謂之序，堂下者謂之壁，在房室者謂之墉，在庭者謂之牆。兄弟畢袗玄，立于洗東，西面北上。注：袗，均也，或云如袗，絺綌之袗。洗東，于主人爲東面。擯者玄端，負東塾。東西塾之北，與東西堂相對，而廣亦如之。立于塾北，而云負，則塾之崇，其過于堂與？將冠者采衣紒，在房中，南面。

賓至，主人迎入升堂。

賓既至，宜暫于便處少憩，以待主人之出。主人將出時，賓于門外東面立，贊者在右，少退。

丘氏儀節：禮生唱。序立。主人立東階下，少東西向。子弟親戚童僕，重行在後。擯立門外西向，賓贊既至門外，擯入至主前曰：賓至。唱：請迎賓。主人出門外見賓。賓主相見。主東賓西。拜，興。拜，興。見贊者揖，平身。主人側身就贊者揖之，贊者報揖。○此揖乃作揖。主人揖賓，請行。主人舉手拱揖，請賓行，擯贊從之。入門，分庭而行。○此揖乃拱揖之揖，非作揖也。升階。至階，主人舉手揖賓請升，凡三次。賓主各就位。主人先繇東階升，即東席西向。賓繼繇西階升，即西席東向。非宗子之子，其父立主人之右。贊者盥洗。贊者洗訖，由西階升，立于房中西向。擯者布席，將冠者出房。南面立于席右。

士冠禮：主人與賓揖，先入，每曲揖。謂大門之內，廟門之外。賓、主于凡所行曲折之處，則相揖也。至于廟門，揖入。三揖。于入門左右之位揖，三分庭一在南揖，三分庭一在北揖，凡言三揖者放此。至于階，三讓。主人三讓，而客三辭。既則主人先升一等，而賓從之。凡讓升之法，賓主敵，則主人先讓而先升，主人尊，亦然。若客尊，則客讓而先升也。惟天子之使則不讓。主人升，立于序端，西面。賓西序，東面。

賓揖將冠者就席，爲加冠。冠者適房，易服，納履。出。

丘氏儀節：禮生唱。賓揖將冠者即席。賓舉手揖之，將冠者即席。坐。將冠者即席西向坐，贊者亦即席如其向坐。櫛髮。贊者解其髮梳之。今不櫛，拂拭髮辮可也。櫛訖，贊者降，冠者興。行始加禮，賓詣盥洗，賓降階，主人從之。賓洗畢。復位。主人揖賓升，俱復初位。執事者進冠，以冠授賓。賓降受。賓降階一等，受冠，執之，正容徐行。再加降二等，三加降三等。詣將冠者前，賓向將冠者。祝。辭曰：「吉月令日，始加元服。棄爾幼志，順爾成德。壽考維祺，以介景福。」遂加冠。賓復位，揖冠者適房易服。冠者易服，出房。出房南向立于席右。

再加。三加。如前儀。

再加福詞曰：吉月令辰，乃申爾服。謹爾威儀，淑慎爾德。眉壽萬年，永受胡福。三加祝詞曰：以歲之正，歲月之令，咸加爾服。兄弟具在，以成厥德。黃耇無疆，受天之祐。

士冠禮：將冠者，出房南面。注：南面立于房外之西，待賓命。贊者奠纚、笄、櫛于筵南端。賓揖將冠者，將冠者即筵坐。贊者坐櫛設纚。疏：此二事皆勞役之事，故贊者爲之。賓降，主人降。賓辭，辭主人降也。主人對。注：對之辭未聞。賓盥卒，壹揖壹讓升，主人升，復初位。賓筵前坐，正纚。注：正纚者，將加冠，宜親之。興，降西階一等，執冠者升一等，東面授賓。注：冠，淄布冠也。賓右手執項，項，冠後也。左手執前，進容。徐進也。乃祝。坐如初，乃冠。興，復位。贊者卒，冠者興。賓揖之適房。服玄端，爵韠，出房南面。賓揖之。即筵坐，櫛，設笄。賓盥，正纚。如初，降二等，受皮弁，右執項，左執前，進祝。加之，如初，復位。贊者卒紘。注：卒紘，謂繫屬之。興，賓揖之適房。服素積，素韠，容，出房南面。容，與前進容同，謂舉止從容，容貌可觀，蓋奉賓敬爾威儀之戒也。賓降三等，受爵弁加之。服纁裳，韎韐。其他如加皮弁之儀。注：降三等，下至地也。徹皮弁、冠、櫛、筵，入于房。

軾按：儀禮始加玄端，士正服也。再加皮弁爲朝服，三加爵弁爲祭服，所謂三加彌尊也。家禮始加：冠巾，服深衣，納履。再加：帽子，服皂衫，革帶，繫鞋。三加：幞頭，公服，革帶，納靴，執笏；若襴衫，納靴，蓋宋制也，亦遞加而尊。今擬初加仍遵古制，照式爲緇布冠。冠畢，藏之，孔子所謂不忘古也。服或用深衣，或鮮明布衣。再加禮冠如線纓帽，衣用緞紗。三加頂帽，襴衫，朝靴。若從簡，一加用頂帽襴衫。

三加畢，設醮席。

冢子設席于堂中少西，庶子則仍舊席。

乃醮。

酌而無酬酢曰醮，加禮于有成之人也。

丘氏儀節：禮生唱。行醮禮。贊者酌酒，贊者酌酒於房中。出房立於冠者之左。賓揖冠者即席。賓舉手揖冠者立席右南向。賓受酒，贊者捧酒授賓。賓受之。詣醮席。北向。祝辭，賓祝。曰：旨酒既清，嘉薦令芳。拜受祭之，以定爾祥。承天之休，壽考不忘。冠者鞠躬，拜。興，拜。興，平身。冠者升席，南向。受酒。賓復位，東向答拜。鞠躬，拜。興，拜。興，平身。贊者薦脯醢。贊者以楪盛脯，自房中出。

冠者進席前，跪，祭脯醢。冠者左手執盞右手執脯醢楪，置于席之前。祭酒，傾酒少許于地。興。退就席末，跪，啐酒。飲酒少許。興，降席授盞。以盞授贊者，執事者徹脯醢楪。冠者拜賓，冠者南向拜。鞠躬，拜。興，拜。興，平身。賓東向答拜。拜贊者，冠者略側身西向拜贊者。鞠躬，拜。興，拜。興，平身。贊者立賓左，東向少退答拜。○按家禮本書儀，略去儀禮薦脯醢一節，然祝云「嘉薦令芳」。古注謂脯醢芳也，若去薦脯醢一節。則此一句爲虛設矣，今補入。若從簡省，不用亦可。

士冠禮：筵于户西，南面。贊者洗于房中，側酌醴，加柶覆之，面葉。按：側，特也，一人特酌，無佐之者也。柶所以扱醴，下端寬如瓢形，謂之葉；上端則所執之柄，謂之枋。贊酌醴于觶，加柶于觶上。其葉覆而不仰，面前也，葉向前，枋向後也。贊者面葉，授賓。賓得之面枋，賓授冠者，又面葉，便于執以扱醴而祭也。賓揖冠者，就筵，筵西南面。賓受醴于户東，加柶面枋，贊已加柶矣，此又云加者，見其更爲之也。筵前北面。冠者筵西拜受觶，賓東面答拜。薦脯醢。注：贊冠者薦進也。冠者即筵坐，左執觶，右祭脯醢，以柶祭醴三。祭脯醢，以脯擩醢而祭之。三人飲食，于其重者則有祭。祭脯畢，又以柶扱醴而祭之。疏云：祭醴三者，如昏禮始扱一祭，又扱再祭也。興，筵末坐，啐醴。少嘗也。捷柶。捷，字義未詳，昏禮作建，謂竪而置之觶中，不復執也。降筵，坐奠觶，拜，執觶興。賓答拜。

軾按：儀禮加冠畢，醴冠者。祝辭：甘醴惟厚云云。此經正文也。後云若不醴，則醮。醮之禮同醴，惟用酒，而儀物稍繁。又曰若殺云云。殺者，殺牲也。前所云醮，不用牲，殺又加豐矣。禮經之意，蓋謂醴近質，言欲加文，醮可也殺可也。朱子本書儀不言醴而言醮。祝辭「甘醴惟厚」改云「旨酒既清」，其儀物則較儀禮之醴爲更簡。儀禮醴用脯醢，家禮、書儀并此去之。丘氏以祝辭有嘉薦一語，補薦脯醢甚當。今禮廢已久，驟欲復古，只得從簡，依家禮行之。

儀禮三醮祝辭。始醮曰：「旨酒既清，嘉薦亶時」。亶，誠也。「始加元服，兄弟具來。孝友時格，永乃保之。」時，是也。格，至也。再醮曰：「旨酒既湑，亦清也。嘉薦伊脯。乃申爾服，禮儀有序。祭此嘉爵，承天之祜。」三醮曰：「旨酒令芳，籩豆有楚。咸加爾服，肴升折俎。承天之慶，受福無疆。」

賓字冠者。

丘氏儀節：禮生唱。賓主俱降階。賓降階東向，主人降階西向。冠者降階。冠者降自西階，少東南向。祝辭，賓祝。曰：禮儀既備，吉月令日。昭告爾字，爰字孔嘉。髦士攸宜，宜之于嘏。叶音古。永保受之。伯某甫。或仲叔季，惟所當。冠者對辭曰：某不敏，敢不夙夜祇奉。補。鞠躬，拜。興，拜。興，平身。冠者拜，賓不答。按家禮無此再拜之文，今補之者。蓋以下文冠者見于鄉先生，有誨焉。且拜而不答，況賓祝之以辭乎？禮畢。

賓出就次。

賓請退，主人請禮賓，賓出就次。

丘氏儀節：行禮畢，賓揖主人。曰：盛禮既成，請退。主人揖賓。曰：某有薄酒，敢禮從者。賓辭。曰：某不敢當。主人請。曰：姑少留。賓曰：敢不從命。主人乃舉手揖賓送出外。贊從之，至客次。揖，平身。賓主對揖，主人乃退，命執事治具。

主人以冠者見于祠堂。

陳設如常儀。

丘氏儀節：主人以下盛服。序立。男左女右，各爲一行。盥洗，啓櫝，出主。主人出考主，主婦出妣主，其餘子婦出祔主。各置正位之左，皆畢。復位。主婦以下，先降復位。降神。執事者洗手，上階，開瓶實酒于注。一人奉注，詣主人右。一人執盞盤，詣主人左。主人詣香案前，跪，焚香。主人焚香畢，左執事者跪進酒注。右執事者亦跪，以盞盤向主人。主人受注，斟酒于盞，反注于左執事者，取盤盞自捧之。二執事者皆起。酹酒。主人左手執盤，右手執盞，盞酹茅沙上。畢，置盞香案上。俯伏，興，少退。鞠躬。拜，興。拜，興，平身，復位。參神。主人以下，凡在位者皆拜。鞠躬，拜。興，拜。興，拜。興，拜。興，平身。主人斟酒。主人自執酒注，斟酒于逐位神主前空盞中。先正位，次命長子斟諸祔位之卑者，畢。主人稍後立。主婦點茶。主婦執瓶斟茶于各正祔位前空盞中，命長婦長女，斟諸祔位之卑者。或命子弟捧茶托，主婦捧盞，逐位以獻亦可。畢。主婦退，與主人並立拜。鞠躬，拜，興。拜，興，平身。主婦。復位。主人不動。跪。主人跪。告辭，有祝則曰宣祝。曰：某之子某，若某親之子某。今日冠畢，敢見。宗子自冠，則止曰某今日冠畢，敢見。俯伏，興，平身，復位。冠者見。冠者兩階間拜。鞠躬，拜，興。拜，興。拜，興。拜，興，平身。宗子自冠，去「興，平身，復位，冠者見，鞠躬」五句。復位。辭神。衆拜。鞠躬拜，興。拜，興。拜，興。拜，興，平身。有祝文，則曰焚祝文。奉主人櫝，禮畢。

冠者見于尊長。

父母堂前向南坐，其餘親戚依次坐。冠者拜父母，凡四拜，父母爲之起。同居有尊長，則父母以冠者詣其室拜之，凡二，尊長爲之起。宗子自冠，有母，拜母如儀。族人宗之者，來見宗子，西向拜。

軾按：禮，冠者取脯降自西階，適東壁，北面見于母。母拜受，子拜送。母又拜。讀禮者每以爲疑，嘗考周禮九拜，曰稽首、頓首、空首、振動、吉、凶、奇、褒、肅。稽首者，頭至地而留也。頓首者，頭叩地也。稽、頓頭俱至地，稽則留地稍久，頓至地即舉，若以首扣物也。空首拜頭至手，書所謂拜手也。振動者，戰栗變動，書曰王動色變是也。吉拜，拜而後稽顙，謂先作頓首，後作稽顙，期以下拜是也，別于三年之喪，故曰吉。凶拜，稽顙而後拜，斬衰拜也。奇，讀基，與褒對，三拜也。褒，報也，謂再拜也。肅，俯下手也。九拜，稽顙最重，空首輕，肅尤輕。冠禮所謂母拜，肅拜也，冠者見于母，母起立而與爲禮也。古人席地而坐，有所敬，則伸腰而起，兩膝抵席，拜則俯下手，頭不至地，樂府所謂伸要再拜跪是也。今不地坐，但起立曲身，又手引下，前裾沾地而已。詳見後。

乃禮賓。

主人以酒饌延賓及儐贊者，酬之以幣，而拜謝之。○親朋有來觀禮者，亦併待之。士冠禮：主人醴賓以一獻之禮，酬束帛、儷皮、歸俎。孝感彭魯岡曰：此不必拘，以貧富爲豐約可也。

丘氏儀節：主人至客次迎賓，主人先行，客從之。儐贊禮生及諸親朋，各以序隨，至堂階。主人以手揖賓請升，賓辭讓。主人先升，自東階，賓繼升自西階。贊以下各以序升。就位。賓主以下各就位，如常儀。致辭，主人拱手向賓前。曰：某子若孫姪隨所稱。加冠，賴吾子教之，敢謝。主人謝。鞠躬，拜，興。拜，興，平身。賓答拜。謝贊者。鞠躬，拜，興。拜，興，平身。謝儐同上。若贊儐卑幼，不敢當拜，揖之可也。主人獻酒，賓酢酒。主人獻贊儐以下如常儀，酒遍。請升席。主人自席末先升，賓次升，贊儐及陪席者以次皆升坐。行酒。冠者及執事者行酒，或三行，或五行。進饌。或三或五隨俗。奉幣。執事以盤奉幣進，主人受以獻賓，賓受以授從者。賓謝主人，鞠躬，拜，興。拜，興，平身。主人答拜，以次奉贊者儐者幣，及贊者、儐者謝主人。主人答拜，皆同。送賓。至大門外。揖平身。俟賓上馬。歸賓俎。

軾按：奉幣當在獻賓後。

冠者遂出見于鄉先生，及父之執友。

丘氏儀節：冠者見鄉先生及父執友。鞠躬，拜，凡二。平身。先生答拜。若有教言，則對曰：某不敏，敢不夙夜祗奉。鞠躬，拜，凡二。平身。先生不答拜。

丘文莊謂鄭氏家集有或因事故倉卒、簡便行禮之儀。今恐人家有力不能備禮者，略倣其儀。别爲儀節以附其下。

儀節：

是日夙興告祠堂，如朔日之儀，不用祝。先期擇親屬一人爲賓，子弟一人爲贊，一爲禮生。主人立堂下東階上，賓立西階上。

禮生唱。鞠躬，拜，興。拜，興，平身。執事者布冠者席于主人後少北。將冠者，即席坐，行加冠禮。賓盥進冠。執事者捧進，賓受之，至冠者前。祝辭。用始加之辭。如賓不能祝，不用亦可。遂加冠，復位。冠者適房易服。冠者改舊服，著時服，納靴出，降西階立，少東南向。賓字冠者，賓主俱降階。祝辭。用前辭。若賓不能祝，只曰：字汝曰某。冠者對辭。若加冠無祝辭，此亦不用。鞠躬，拜，興。拜，興，平身。禮畢。冠畢見于祠堂尊長，俱如上儀。

笄　女冠也。

女子許嫁笄。

年十五，雖未及嫁亦笄。

母爲主。

行于中堂，與宗子同居，則于私室。

前期三日戒賓。二日宿賓。

賓，擇親姻婦女之賢而有禮者爲之，遣人致書以請。

陳設。

依圖界畫，如衆子冠禮。

厥明陳服。以盤子盛冠笄置西階下。

序立。主婦如主人之位。將笄者房中南向。

賓至。主婦迎入升堂。不用贊者。

賓爲將笄者加冠笄。適房。易服祝用始加之辭。不能則省。

按：祝當别爲辭，論見後。

丘氏儀節：序立。主婦東階下少東西向，女眷重行在後，北上。賓至，請迎賓。主婦出中門見賓。賓主相見，拜、興凡四。請升堂，賓主各就位。主婦東，賓西。布席。侍者布席于東階之東，少西，南向。將笄者出房，侍者奠櫛。侍者取梳篦之類，置席左。賓揖將笄者即席。賓以手導將笄者，即席，西向立。坐。笄者坐，侍者亦如其向坐。櫛髮。解髮梳之。合紒。爲之合髻。行加笄禮。賓降盥洗，賓降階，主婦亦降。洗訖。復位。侍者進冠笄。侍者以冠笄盤進。詣將笄者前。祝辭。賓祝曰：吉月令日，始加元服。棄爾幼志，順爾成德。壽考維祺，以介景福。遂加冠笄。賓復位。笄者適房易服出。服上衣出。

軾按：侍者代贊，既不嫺禮儀，且無如向並坐之理，用卑幼婦人之明禮者爲贊可耳。

乃醮。

丘氏儀節：行醮禮。侍者酌酒，立于笄者之左。賓揖笄者即席。笄者立席右，南面。賓受酒。詣醮席。祝辭曰：旨酒既清，嘉薦令芳。拜受祭之，以定爾祥。承天之休，壽考不忘。笄者拜，興。拜，興。拜，興。拜，興。賓不答拜。坐。笄者坐。受酒，祭酒，傾少許于地。啐酒。略飲少許。拜，興。拜，興。拜，興。拜，興。賓答拜。

乃字。

丘氏儀節：賓王俱降階。主東賓西。笄者降階。笄者降自西階少東，南向。祝辭，賓祝曰：禮儀既備，昭告爾字。女士攸宜，永受保之。曰某。笄者拜，興。拜，興。拜，興。拜，興。賓不答拜。禮畢。

主人以笄者見于祠堂。

丘氏儀節：序立。盥洗。啓櫝，詣香案前，跪焚香。告辭曰：某之第幾女某，今日笄畢，敢見俯伏。拜，興。拜，興。笄者見。立西階，上少東。拜，興。拜，興。拜，興。拜，興。主人主婦。鞠躬，拜，興。拜，興。禮畢。

笄者見于尊長。

乃禮賓。

以上皆如冠儀而少省。

餘論

後漢何休冠禮約制：賓至，揖讓坐定。執事者曰：請行事。主人跪告賓。跪。坐而起也。曰：請勞吾子。賓跪答曰：敬諾。賓起立西序，東面。冠者興，西鄉拜賓。賓答拜訖。命就筵。賓主各還坐。冠者北向筵坐。賓跪曰：吾子之使，請將命。主人跪答曰：勞吾子。賓起就東向筵執事，執爵跪向冠者祝，冠者即坐。賓跪加冠訖。冠者執爵酹地，然後啐酒訖。冠者還房，自整飾出，拜父。父爲起。若諸父群從及兄，應答拜如常。入拜母，母答拜。其餘兄弟姑姊妹，皆相拜如常。主人命冠者出，更設醑爲勸，乃罷。異日有祭事，白告祖考。

朱子曰：欽夫嘗定諸禮可行者，乃除冠禮不載。問之，云難行。某答之云：古禮惟冠禮最易行。如昏禮須兩家皆好禮，方得行。喪禮臨時哀痛中，少有心力及之。祭禮則終獻之儀，煩多長久，皆是難行。看冠禮，比他禮却最易行。○又曰：向見南軒説冠禮難行。予曰：冠是自家屋裏事，關了門，將巾冠與子弟戴，有甚難？

吕忠節曰：孩而失，曰未童。童而失，曰未成人。冠則成人矣，乃至不能亭亭楚楚，挺然爲天地扶正氣，而以流俗終，不負頭上冠哉！此禮久廢，亟宜復。

吕豫石曰：如貧愚不能如禮，亦須請至親有行一人。告于祖，命以成人之道，俾通俗而易曉者即是。若貧家更須簡便，只于祖先告拜行之，亦可。

陳氏曰：丈夫之冠也，父命之。此人人可行者，貧人自率其子，告于家廟，而申命之，則其家雖無力成嘉會，要于冠禮之意，何不可行之有？惟簡也，故能徧。

温公書儀：古禮謹嚴之事，皆行之于廟。今人既少家廟，其影堂亦偏隘，難以行禮。但冠于外廳，笄在中堂可也。

程子曰：今行冠禮，若制古服而冠，冠了又不常服，却是僞也。必須用時之服。

陳用之禮書：士禮始加緇布，不忘本也。次加皮弁，朝服也。三加爵弁，祭服也。不忘本，然後能事君；能事君，然後能事神。所謂三加彌尊，喻其志者，如是而已。

賓盥所以致潔。降盥，降受冠弁，所以致敬。始加受冠降一等，執者升一等。再加降二等，三加降三等。以服彌尊，故降彌下也。始祝「棄爾幼志，順爾成德」，再祝「敬爾威儀，淑順爾德」，三祝「兄弟具在，以成厥德」，以順成德，然後慎德，慎德然後能成德也。

朱子曰：冠、昏之禮，如欲行之，須使冠、昏之人易曉其言，乃爲有益。如加冠之辭，出門之戒，若以古語告之，彼將謂何，今只以俗語告之，使之易曉，乃佳。又云：古之祝辭，本爲雅妙。若冠者未能通曉，反無以示儆勵期祝之意。不若本其旨義衍爲明白通俗之語，且因人而施，如儒生則期以遠大，農商則勉以勤儉，而孝弟忠信之戒，則通用之，似于啓導爲切。

呂坤四禮疑：五祝，教成人也，詳于德，而略于福，不亦可乎！眉壽萬年云云，胡以然也。○古人祭禱無事不及福，非不求所爲之義。余以爲丁寧告戒，望以成人，明切猶恐不喻，況詞既文且迂，非士人講求不能通曉，何能激發童子哉？今擬祝詞隨便，戒勉各切于童子之身，如有國有家及士農工商之類，戒勉務有警惕，不必泥古。

書儀：古禮用醴，或用酒。醴一獻，酒三獻。今私家無醴，以酒代之。改醴辭曰：旨酒既清。

以財酬賓，臨時隨意，君子使人，必報之。至于昏、喪相禮，皆有以酬之。若主人實貧，相禮者亦不當受也。至索取決不可。

陳用之曰：醴者，太古之物，故其禮簡，所以示質。酒者，後世之味，故其禮繁，所以示文。既冠，乃醴賓以一獻之禮，酬賓束帛、儷皮，贊者皆與贊冠者爲介。蓋君子之于人，勞之必有以禮之。故昏禮饗送者，祭禮賓尸，冠禮醴賓，其義一也。

吕叔簡曰：冠拜父母四。餘尊長皆再拜，不四也。見鄉先生父執而四，濫矣。聞教又再拜，不亦瀆乎。今擬于鄉先生父執，初見再拜，有教再拜。年長一倍，跪而扶之，再倍。揖而受之，可也。若行輩之長者，雖位尊皆答拜。軾按：見于兄弟姑姊，猶且拜之，況鄉先生而可不答乎？聞教又拜，不答可也。

汪鈍翁疑冠義母拜子，曰：母之拜子，先儒訓詁紛然。有謂母有從子之義，故屈其庸敬，以申斯須之敬者；有謂嫡長子代父承祖，故禮之異于餘子者，此其説皆非也。夫釋經而不求原委之所出，宜其紛然倍謬如此也。如以謂從子，則禮所謂從子者，謂婦人不專行，夫死則家事聽諸子而已，非拜其子之謂也。如以爲代父承祖，則承祖者，所以承父也，而可不母其母乎，恐先王教孝之道，不當若是也。夫冠之與昏一也，士冠禮冠者取脯，降自西階，適東壁，北面見於母，母拜受，子拜送，母又拜。此爲母者答拜其子之明文也。又昏禮婦奠棗、栗，舅坐撫之，興，答拜。

婦餕姑之饌，姑酳之，婦拜受，姑拜送。此舅姑答拜其婦之明文也。蓋冠、昏大禮也，雖父母、舅姑，無端坐而受其子婦之拜者。儀禮之文詳，而小戴禮之文略，不求諸儀禮，而附會小戴禮之説，此所以遂多倍謬也。惟孔穎達謂拜受祭脯非拜子者，差得之。然亦未察冠禮之全文，故猶不免遷就其辭也。

四禮疑：笄祝。笄而醮，祝可已也。又用冠禮祝辭，誰制斯禮也？而迂若是。○按笄祝當如施衿戒詞，用男冠辭洵迂。

男女異拜，拜興，男子之禮也。婦人非喪不拜手，手至地頭不下。非重喪不稽顙，頭至地，手不舉。其拜手稽顙也，俯伏四叩而已。今之磕頭。○家禮會成。主婦迎賓，拜興四；女子既笄，拜興亦四，非禮也，始于魏馮胡諸后僭天子之拜，詔命婦朝賀與男子同，北人至今猶然，而男女無別矣。今宜又手低頭，屈膝深深四肅拜。而丘文莊有見舅姑當拜手之説，則昏義扱地之文，叩頭是已。

朱子語類：問看禮中説婦人吉拜，雖君賜肅拜，進則古人女子拜亦伏地也。曰：古有女子伏拜者，乃太祖問范質之姪杲「古者女子拜如何」，他遂舉古樂府云「長跪問故夫」，以爲古婦女皆伏拜，自則天欲爲自尊之計，始不用伏拜。今看來此説不然，樂府只説長跪問故夫，不曾説伏拜。古人坐也是跪，一處云直身長見，若拜時亦只低手祇揖，便是肅拜。故禮肅拜注云：肅，俯手也。蓋婦人首飾盛多，如副笄六珈之類，自難以俯伏地上。古人所以有父母拜其子，舅姑答婦拜者。蓋古坐時，只跪坐在地，拜時亦容易，又不曾相對拜，各有向，當答拜亦然。

又云：古人之坐者，兩膝著地，因反其蹠而坐於其上，正如今之胡跪者。其爲肅拜，則又拱兩手而下之至地也。其爲頓首，則又以頭頓於手上也。其爲稽首，則又却其手而以頭著地，亦如今之禮拜者，皆因跪而益致其恭也。故儀禮曰坐取爵，曰坐奠爵。禮記曰坐而遷之，曰一坐再至，曰武坐，致右軒左。老子曰「坐進此道」之類。凡言坐者，皆謂跪也。若漢文帝與賈生語，不覺膝之前於席，管寧坐不箕股，榻當膝處皆穿，皆其明驗。老子云「雖有拱璧以先駟馬，不如坐進此道」，蓋坐即跪也，進猶獻也，言以重寶厚禮與人，不如跪而告之以此道也。今説者乃以爲坐禪之意，誤矣。然記又云「授立不跪，授坐不立」，莊子亦云「跪坐而進之」，則跪與坐，又似有小異處。疑跪有危義，故兩膝著地，伸腰及股而勢危者爲跪；兩膝著地，以尻著蹠而稍安者爲坐也。又詩云「不遑啓居」，而其傳以啓爲跪。爾雅以妥爲安，而疏以爲安定之坐。夫以啓對居，而訓啓爲跪，則居之爲坐可見；以安爲安定之坐，則跪之爲危坐亦可知。蓋兩事相似，但一危一安，爲小不同耳。至於拜之爲禮，亦無所考，但杜子春説太祝九拜處解奇拜云「拜時先屈一膝，今之雅拜」也，夫特以先屈一膝爲雅拜。則他拜皆當齊屈兩膝，如今之禮拜明矣。凡此三事，書傳皆無明文，亦不知其自何時而變，而今人有不察也。頃年屬錢子言，作白鹿禮殿，欲據開元禮不爲塑像，而臨祭設位，子言不以爲然，而必以塑像爲問，予即略爲考禮如前之云。又記少時聞之先人云，嘗至鄭州謁列子祠，見其塑像，席地而坐，則亦并以告之，以爲必不得已而爲塑像，則當倣此，以免于蘇子俯伏匍匐之譏，子言又不謂然。會予亦辭江東之節，遂不能强，然至今以爲恨也。東坡云：土木之像，巍然於上。而列器皿於地，使鬼神享之，是俯伏匍匐而就地。其後乃聞成都府學，有漢時禮殿諸像，皆席地而跪坐，文翁猶是當時琢石所爲，尤足据信。不知蘇公蜀人，何以不見而云爾也？及楊子方直入蜀帥幕府，因使訪焉，則果如所聞者，且爲寫放文翁石象，爲小土偶以來，而塑手不精，或者猶意其或爲加趺也。去年又以屬蜀漕楊王休子美，今乃并得先聖、先師二像，木刻精好視其坐後，兩蹠隱然見於帷裳之下，然後審其所以坐者，果爲跪而亡疑也。惜乎白鹿塑像之時，不得此證以曉子言，使東南學者，未得復見古人之像，以革千載之繆，爲之喟然太息。姑記本末，寫寄洞學諸生，使書而揭之廟門之左，以俟來者考焉。

附論

冠不可廢。

軾按：禮始于冠，冠之不可廢，先儒言之詳矣。或曰：今襁褓稚子，輒加巾帽。一旦律以古禮，其誰從我？謂童子若以寒不能不帽，斷不可如成人冠。另製一種，或緞或布圈帽，待十五六時行冠禮，蓋至此始加禮服，而祝之醴之，使知成人之道，庶不致滅禮而近于禽獸。丘氏謂當於將昏時另行冠禮，亦似可從。

筮賓。

賓非一賓也，故既戒而筮之。筮之者，于衆賓中，擇正賓也。今有德而嫻于禮者絶少，則筮可省。

坐冠。

吕叔簡曰：跪，起也，古人地坐，起則跪。今不席地久矣，跪櫛髮合紒加冠，情乎？坐櫛立冠，未聞其病禮也。軾按：高坐而起則立，地坐而起則跪，坐而冠。坐即跪也，謂起而不立也，不可以坐地而冠，又不欲以立煩賓，故跪焉。今不坐地，自當立而冠。〇自坐言之，則跪下于坐，立又下于跪。蓋坐而起敬則跪，敬之至則起立。自立言之，則立下于坐，跪又下于立。一人地坐，一人立其前，有似于俯臨者，故尊者之前，不敢坐，亦不得立，跪焉而已。故曰「授坐不立，授立不跪」，此所言跪，非跪拜之跪也。

字冠者。

曲禮「男子二十冠而字」，郊特牲「冠而字之。敬其名也」，檀弓「幼名，冠字，五十以伯仲」，注云：生無名，不可分別，故生三月而名之；二十有爲人父之道，同輩不可呼其名，故字之曰伯仲叔季甫；五十轉尊，直以伯仲別之，而捨其字。吴草廬曰：冠而字，少者但稱其字，如顔淵、宰我之類；稍尊，則字上加以其次，如伯牛、季路之類；耆艾而益尊，則下去其字，止稱其次，如單伯、管仲之類，所謂五十以伯仲者此也，字下又加甫字，如詩言仲山甫，此極其尊敬之稱，殷道也。軾按：字，尊稱也。子思稱祖曰仲尼，仲尼，孔子字，非伯仲之仲也。又古人有即伯仲爲字者，漢祖字季是也。字之，伯仲之，總以諱其名，不必以年別。甫，父也，尊之至也，今人曰某翁某老，亦猶甫之意與？

禮賓。

吕叔簡曰：冠既，辭食，僞也。受幣不辭，鄙也，不如辭幣。軾按：禮之爲禮，辭讓而已矣。以辭爲僞，則三千威儀，莫非僞矣，是老莊之見也。束帛、儷皮，行于獻賓之後，未卒爵之前，所謂侑幣是也。辭醴不辭幣，所重不在幣也。如吕先生言，是重幣矣，又未離乎世俗之見也夫。

冠者見。

見，即拜也，未有往見而不拜者，故不言拜而言見。不然，冠時兄弟具在，烏用見爲？或曰：謂見兄爲拜，是已，謂拜弟可乎？予曰：兄弟云者，就所見之諸昆言之，如冠者爲叔，伯仲皆兄也，而伯又爲仲之兄，仲又爲伯之弟，凡一從再從者，俱統之以兄弟云，故後入見姑姊不言妹。敖氏集説謂妹未冠，不與爲禮，則弟亦不與爲禮可知已。然則經何以云答拜？蓋冠者拜兄，兄以其成人而與爲禮，故亦再拜。此再拜，蓋兄與冠者互拜也，冠者答拜，則兄受而無辭，答者，謝也，謝兄之與爲禮也，今卑幼見尊長尚循此禮。至北面拜母，非送脯也，而適執脯，故就脯言之，意冠者取脯適東壁，北面跪奠脯，再拜興，執脯進于母，母使人受之，子又拜，母亦起而拜，有似乎拜受、拜送者然。取脯而進之母者，告冠也；母受脯而拜者，知已冠而禮之也。母又拜者，謂母之拜，乃俠拜，非子既拜而母又拜之。謂見于姑姊，如見母。注云：如見母者，亦北面，亦俠拜。竊意見姑姊不當北面，且母拜受，冠者拜送，就脯言之；見姑姊，則何受面何送焉？姑雖尊，不得比于母，姊則猶乎兄也，不但見姑姊不如見母，即見姊亦不得同乎見姑。禮經謂姑姊之俠拜如母，非冠者見姑姊如見母也，又禮無見父之文，豈有見于兄弟，見于姑姊，見于鄉先生，而獨不見其父者乎？若云父主冠，故不見。則兄弟具在，又何以見也？或曰：凡冠者見，皆先拜冠者，父至尊，不得行此禮，故不見。無論見即拜也，先拜之説乃後儒杜撰，即使所見皆先拜，以父之尊，何不反此而行之？孟子曰：丈夫之冠也，父命之。今終冠無父一辭，可知禮經殘闕，非復周公之書矣。

以喪冠。

雜記「以喪冠者，雖三年之喪可也」。吕叔簡曰：冠，吉禮也，終喪而行何害？以喪冠，是凶干吉也。軾按：以喪冠者，因喪而冠，冠以喪之冠也，所重乎冠者，蓋將責以爲人子、爲弟，子道也；今遭父母喪，子道終矣，而可不責以盡哀盡敬乎？喪禮童子不衰不杖，假而年二十矣，未冠而遭喪，將仍童子之而任不衰不杖乎？衰且杖矣，而不冠得乎？其爲支子，猶之可也；傳重者可不冠而饋奠拜賓乎？此喪冠之所爲不容已也。然則用賓介乎？否乎？祝之乎？字之乎？醴冠、醴賓之儀，殺不待言也。曰以喪冠，即用喪賓可也。三加之辭，戒也，非祝也，吉月令辰、壽考胡福等語，無庸也。字之曰某甫，字之辭，可省也。

大功末可冠。

雜記：「大功之末，可以冠子，可以嫁子；父小功之末，可以冠子，可以嫁子，可以取婦。已雖小功，既卒哭，可以冠，取妻。」軾按：大功之末，止可冠子、嫁女。小功即取婦可也，謂子則其爲父可知。經文添出父字，起下文己字也，謂小功之末，不但可取婦，即己亦可取妻也。或曰：父之大功，或即子之小功，父大功不得取婦，己小功取妻可乎？曰：父可取婦，子不可取妻，不得取也。子可取妻，父不可取婦，亦不得取也。内外之服，不必定是子降于父，有父重而子輕者，有子重而父輕者，有父有服而子無者，有子有服而父無者。經蓋就父言父，就子言子，非合父與子言之也。

婦人執禮。

儀禮：女子十有五年許嫁，笄而字。雖未許嫁，年二十而笄，禮之。婦人執其禮，燕則鬈首。〔一〕注：婦人執其禮，明非許嫁之笄。謂未許嫁而笄，則不戒女賓，而白以家之諸婦行笄禮也。疏：既未許嫁，雖已笄，猶以少者處之。故既笄之後，復去笄，而分髮爲鬌紒也。軾按：所貴乎賓者，謂老成典型，堪爲小子師耳。故戒賓辭曰：願吾子之教之也，願吾子之終教之也。不然，正纚加冠，一僕隸任之有餘，烏用賓爲？女之笄，猶男之冠也，許嫁而笄，與未許嫁笄，均笄也。婦之賢而習禮者，求之姻親中恐不易得。今以家之諸婦執其禮，能必其賢而習禮乎？將

〔一〕按：此段經文當兼合禮記曲禮上、禮記雜記下二文而得。

不擇而使之乎？所爲不待許嫁而笄者，欲早責以成人之道也，而苟簡若是，是不以禮教也。何如不笄？且與其使諸婦也。何如母自爲加？竊意經言婦人執禮，謂加笄，母爲主，而賓以女，父不與焉，非未許嫁不戒賓之謂也。燕則鬈首者，謂笄後有事，則笄，燕則卸之。若云已笄，猶以少者處之，則何不待許嫁而笄乎？今俗親迎有期，而後冠笄，似乎可從。蓋婦人外成，未嫁，尚可少寬其責也。

冠義

傳曰：禮之所尊，尊其義也。失其義，陳其數，祝史之事也。故其數可陳也，其義難知也。知其義而敬守之，天子之所以治天下也。言政之要，盡於禮之義。○今按：此蓋秦火之前，典籍具備之時之語，固爲至論，然非得其數，則其義亦不可得而知矣。況今亡逸之餘，數之存者不能什一，則尤不可以爲祝史之事而忽之也。

凡人之所以爲人者，禮義也。禮義之始，在於正容體，齊顔色，順辭令。容體正，顔色齊，辭令順，而后禮義備。以正君臣，親父子，和長幼。君臣正，父子親，長幼和，而后禮義立。故冠而后服備，服備而后容體正，顔色齊，辭令順。故曰：冠者，禮之始也。是故古者聖王重冠。古者冠禮，筮日、筮賓，所以敬冠事。敬冠事，所以重禮，重禮所以爲國本也。故適子冠於阼，以著代也。醮於客位，加有成也。三加彌尊，喻其志也。冠而字之，敬其名也。見於母，母拜之。見於兄弟，兄弟拜之，成人而與爲禮也。玄冠、玄端，奠摯於君，遂以摯見於鄉大夫、鄉先生，以成人見也。孔疏曰：按儀禮廟中冠子，以酒脯奠廟訖。子持所奠酒脯，以見於母，母拜其酒脯，重尊者處來，故拜之。非拜子也。成人之者，將責成人禮焉也。責成人禮焉者，將責爲人子、爲人弟、爲人臣、爲人少者之禮行焉。將責四者之行於人，其禮可不重與？故孝弟忠順之行立，而后可以爲人。可以爲人，而后可以治人也。故聖王重禮。故曰：冠者，禮之始也，嘉事之重者也。是故古者重冠。重冠，故行之於廟。行之於廟者，所以尊重事。尊重事，而不敢擅重事。不敢擅重事，所以自卑而尊先祖也。○邾隱公既即位，將冠，使大夫因孟懿子問禮於孔子。子曰：「其禮如世子之冠。雖天子之元子，猶士也，其禮無變，天下無生而貴者故也。」懿子曰：「天子未冠即位，長亦冠乎？」孔子曰：「古者王世子雖幼，其即位則尊爲人君。人君治成人之事者，何冠之有？」懿子曰：「然則諸侯之冠異天子與？」孔子曰：「君薨而世子主喪，是亦冠也已，人君無所殊也。」懿子曰：「今邾君之冠，非禮也。」孔子曰：「諸侯之有冠禮也，夏之末造也。有自來矣，今無譏焉。天子冠者，武王崩，成王年十有三而嗣立，周公居冢宰攝政以治天下。明年夏六月，既葬，冠成王，而朝于祖，以見諸侯，示有君也。周公命祝雍作頌曰：『達而勿多也。』祝雍辭曰：『使王近於民，遠於年，王曰：言壽長。嗇於時，嗇，愛也，愛於時，不以無事棄日也。惠於財，親賢而任能。』其常得民之心也。

頌曰：『令月吉日，王始加元服。去王幼志，心是衮職。衮，天子之盛服。職，謂天子之職業也。是字本闕今補，或曰當作一心。欽若昊天，六合是式。天地四方，謂之六合，言爲之法式。率爾祖考，永永無極。』此周公之制也。」懿子曰：「諸侯之冠，其所以爲賓主何也？」孔子曰：「公冠則以卿爲賓，公自爲主。迎賓，揖。升自阼，立于席北。其醴也則如士，饗之以三獻之禮，鄭曰：饗賓也，士於賓以一獻之禮。無介，無樂。皆玄端。既醴，降自阼。諸侯非公而自爲主者，其所以異，皆降自西階，玄端與皮弁，皆朝服、素韠。公冠四加，玄冕祭，其酬幣于賓，則束帛、乘馬，天子擬焉。太子與庶子，其冠皆自爲主，其禮與士無變，饗、食賓也，皆同。」懿子曰：「始冠必加緇布之冠何也？」孔子曰：「示不忘古。大古冠布，齊則緇之。其緌也，吾未之聞。今則冠而弊之，可也。」懿子曰：「三王之冠，其異何也？」孔子曰：「周弁，殷冔，夏收。一也。弁名出於槃。槃，大也，言所以自光大也。冔，名出於幠，幠，覆也，言所以自覆節也。收，言所以收斂髮也。齊所服而祭也，其制之異未聞。三王共皮弁、素積。疏曰：此條論第二所加之冠。自天子達於士，以其質素，故三王同之，無所改易也。委貌，周道也。章甫，殷道也。毋追，夏后氏之道也。」或謂委貌爲玄冠，委猶安也，言所以安正容貌。章，明也，殷質，言以表明丈夫也；甫或爲父，今文爲。毋發聲也，追猶堆也，夏后氏質，以其形名之。三冠皆所常服以行道也，其制之異同未之聞。家語。◯始冠緇布冠，自諸侯下達，冠而敝之可也。疏曰：從諸侯達諸士，始冠皆用之。玄冠朱組纓，天子之冠也。緇布冠繢緌，諸侯之冠也。皆始冠之冠也。玄冠，委貌也。諸侯緇布冠有緌，尊者飾也。繢或作繪，緌或作蕤。◯疏曰：諸侯緇布冠，唯繢緌爲異，其頰項青組纓等，皆與士同。○玉藻。○無大夫冠禮，而有其昏禮。古者五十而后爵，何大夫冠禮之有？○繼世以立諸侯，象賢也。象，法也。爲子孫能法先祖之賢，故使之繼世也。以官爵人，德之殺也。殺，猶衰也。德大者爵以大官，德小者爵以小官。死而謚，今也。古者生無爵，死無謚。郊特牲。曾子問曰：「將冠子。冠者至，揖讓而入。聞齊衰、大功之喪。如之何？」孔子曰：「内喪則廢，外喪則冠而不醴。徹饌而埽，即位而哭。如冠者未至則廢。平常吉時，三加之後，設醴以禮冠者。今既有喪，故直三加而已。醴及饌具，未聞喪之先。既已陳設，今皆徹去。又埽除冠之舊位，使清潔更新。乃即位而哭，如賓及贊者未至，則廢而不冠也。如將冠子，而未及期日，而有齊衰、大功、小功之喪，則因喪服而冠。」廢吉禮而因喪冠，俱成人之服。○疏曰：吉冠是吉時成人之服，喪冠是喪時成人之服。今既有凶廢吉禮，而因喪冠，故云俱成人之服也。「除喪不改冠乎？」孔子曰：「天子賜諸侯、大夫冕弁，服於太廟，歸設奠，服賜服，於斯乎有冠醮，無冠禮。」疏曰：諸侯、大夫幼弱未冠，總角從事，至當冠之年，因朝天子。天子賜之或弁、或冕之服於太廟之中，歸設奠，祭於己宗廟，但服所賜之服，更不改冠。但使人酌酒以飲己，而無酬酢，皆以榮君之賜，更不用醴以禮受服者之身，言因喪而冠，不可除喪更改爲吉冠也。又曰醴是古之酒，故爲重。醮用酒，是後代之法，故爲輕，明不改冠。○父没而冠，則已冠埽地而祭於禰，已祭而見伯父、叔父，而后饗冠者。曾子問。以喪冠者，雖三年之喪可也。既冠於次，入哭，踊三者三，乃出。疏曰：每哭一節而三踊，如此者三，凡爲九踊，知非其冠月，待變除卒哭而冠者，「二月綏多士女」，是冠用二月。假令正月遭喪，則二月不得因喪而冠，必待變除受服之節，乃可冠矣。大功之末，可以冠子，可以嫁子。父小功之末，可以冠子，可以取婦。已雖小功，既卒哭，可以冠取妻。下殤之小功則不可。雜記。魯襄公九年十二月，晉悼公以諸侯之師伐鄭而還。公送晉侯，晉侯以公宴于河上。問公年，季武子對曰：「會于沙隨之歲，寡君以生。」晉侯曰：「十二年矣是謂一終，一星終也，國君十五而生子。冠而生子，禮也，君可以冠矣。大夫盍爲冠具？」武子對曰：「君冠，必以祼享之禮行之，以金石之樂節之，以先君之祧處之，諸侯以始祖之廟爲祧。今寡君在行，未可具也，請及兄弟之國而假備焉。」晉侯曰：「諾。」公還，及衛，冠于成公之廟。假鐘磬焉，禮也。春秋左氏傳。○晉趙文子冠見欒武子，武子曰：「美哉！昔吾逮事莊主，華則榮矣，實之不知，請務實乎。」榮者有色貌，實之不知，華而不實也。見范文子，文子曰：「而今可以戒矣。夫賢者寵至而益戒，不足者爲寵驕，故興王賞諫臣，逸王罰之，先王疾是驕也。」見韓獻子，獻子曰：「戒之，此謂成人，成人在始與善。始與善，善進善，不善蔑由至矣；始與不善，不善進不善，善亦蔑由至矣。如草木之産也，各以其物。物。類也。人之有冠，猶宫室之有牆屋也，糞除而已，又何加焉。」糞除喻自脩潔。見智武子，武子曰：「吾子勉之，成子之文、宣子之忠，其可忘乎？吾子勉之，有宣子之忠，而納之以成子之文，事君必濟。」見張老而語之，張老，晉大夫張孟。張老曰：「善矣。從欒伯之言，可以滋。滋。益也。范叔之教，可以大。韓子之戒，可以成。物備矣，志在子。物，事也。人事已備，能行與否，在子之志。智子之道善矣，是先主覆露子也。」先主，謂成、宣。露，潤也。○國語。

儀禮節略第二卷

學義

朱子集諸經之言學者爲學義。自灑掃應對之末，以至天人性命之微，所以教人，至矣，備矣。今擇其切近于下學者二十三章，附諸冠禮後。蓋既冠，必責以成人之道，未冠先繩以弟子之則也。

學則

先生施教，弟子是則。温恭自虚，所受是極。極，盡也。必虚其心，然後能有所容，而盡受之也。見善從之，聞義則服。温柔孝弟，毋驕恃力。志毋虚邪，行必正直。游居有常，必就有德。有常，而後能成其德也。顔色整齊，中心必式。式，法也。夙興夜寐，衣帶必飭。朝益暮習，小心翼翼。一此不懈，是謂學則。

蚤作

少者之事，夜寐蚤作。既拚盥漱，執事有恪，埽席前曰拚。盥，潔手。漱，滌口。攝衣共盥，先生乃作。沃盥徹盥，汎拚正席，共，供也。共盥，謂共先生之盥器也。徹盥，謂既盥而徹盥器也。汎拚謂廣拚内外，不止席前也。先生乃坐。出入恭敬，如見賓客。危坐鄉師，顔色毋作。鄉，讀向。○怍謂變其容貌。

受業對客

受業之紀，序也。必由長始。一周則然，其餘則否。謂先從長者教之，一周之外，則不必然。始誦必作，其次則已。始誦而作，以敬事端也。至於次誦，則不必然。凡言與行，思中以爲紀。中者，無過無不及之名，以此爲紀綱，然後可興也。興，興起爲善也。古之將興者，必由此始。後至就席，狹坐則起。狹坐之人，見後至者，則當起。若有賓客，弟子駿作。對客無讓，應且遂行。對客無讓者，供給使令，不敢亢禮也。應且遂行者，先生呼之，隨應隨行也。趨進受命，所求雖不在，必以反命，駿作，迅起也。既受命，求雖不得，必以反白。反坐既受教而反坐也。復業。若有所疑，捧手問之。師出皆起，至於食時。師出則皆起而送也。習業至食時，則罷而食也。

饌饋

先生將食，弟子饌饋。攝衽盥漱，跪坐而饋。置醬錯食，陳膳毋悖。饋謂選具其食。凡置彼食，鳥獸魚鱉，必先菜羹。先菜後肉，食之次也。羹胾中別，胾在醬前，其設要方。胾謂肉而細者，遠胾近醬，食之便也。其陳設食器，要令成方也。飯是爲卒，既飯而食則卒也。左酒有醬。醬當作漿。○是謂胾也，禮三飯乃食胾，而辨殽，皆畢。又用酒以酳，用漿以漱，故言飯胾而食終，乃言酒漿，明在胾外也。告具而退，捧手而立。○三飯二斗，左執虛豆。右執挾七，周還而貳。唯嗛之視，同嗛以齒。周則有始，柄尺不跪，是謂貳紀。三飯食必二毀斗也。挾猶箸也。七所以載鼎實者。貳謂再益也。食盡曰嗛，視有盡者則益之。齒，次序也。如菜肉同盡，則先益菜，後益肉也。豆有柄長尺，則立而進之，此是再益之綱紀也。○先生已食，弟子乃徹。趨走進漱，拚前斂祭〔一〕。漱祭未詳。○既食畢，埽席前并搜斂所祭也。

〔一〕「斂祭」，本作「板祭」，據小注當爲「斂祭」。

食

先生有命，弟子乃食。以齒相要，坐必盡席。所謂食坐盡前，恐汚席也。飯必捧擥，羹不以手。亦有據膝，無有隱肘。既食乃飽，循咡覆手。不以手，當以挾也。隱肘，則太伏也。咡，口也，覆手而循之，所以拭其不潔也。振衽掃席，已食者作。摳衣而降，旋而鄉席。各徹其餽，如於賓客。既徹并器，乃還而立。振衽掃席。謂振其底衽。以拂席之污。賓客食畢。亦自徹其餽。并。謂藏去也。

灑埽

凡拚之道，實水于盤。攘臂袂及肘，堂上則播灑。室中握手，執箕膺揲。厥中有帚，攘袂者恐濕其袂。且不便於事也。堂上寬。故播而灑。室中隘。故握手爲掬以灑。揲。舌也。既灑水。將拚之。故執箕以舌自當。而置帚於箕中也。入户而立。其儀不貸，忒也。執帚下箕。倚于户側。謂倚箕於户側。凡拚之紀，必由奥始。俯仰磬折，拚毋有徹。徹。動也。不得觸動他物也。拚前而退，聚於户内。從前埽而却退。聚其所埽穢壤於户内也。坐板排之，以葉適己，實帚于箕。板穢。時以手排之。適己。向己也。先生若作，乃興而辭。以拚未畢。故辭之令止也。坐執而立，遂出棄之。既拚反立，是協是稽。協。合也。稽。考。謂合考書義也。

執燭

暮食復禮，謂復朝食之禮。昏將舉火。執燭隅坐，錯總之法。横于坐所，櫛之遠近，乃承厥火。總。束也。古者束薪蒸以爲燭。故謂之總。其未然者。則横于坐之所也。櫛。謂燭盡。察其將盡之遠近。乃更以燭承取火也。居句如矩，蒸間容蒸。然者處下，捧椀以爲緒。句。曲也。舊燭既盡。則更使人以新燭繼之。一横一直，其兩端相接之處，勢曲如矩也。蒸，細薪也，言稍寬其束，使其蒸間可以各容一蒸，以通火氣，又使已然者居下，未然者居上。緒，燭燼也。椀，所以貯緒也。右手執燭，左手正櫛。有墮代燭，交坐無倍尊者。乃取厥櫛，遂出是去。先執燭者，既捧椀以貯櫛之餘緒。遂以左手正櫛，而投其緒於椀中。至其櫛漸短，有墮而不可執者，則後執燭者代之，而交坐於其處。前執燭者，乃取櫛而出棄之也。

請衽

先生將息，弟子皆起。敬奉枕席，問所何趾。俶衽則請，有常則否。俶，始也。變其衽席，則當問其所趾。若有常處，則不請也。

退習

先生既息，各就其友。相切相磋，各長其儀。周則復始，是謂弟子之紀。弟子職。

差等

人生十歲曰幼，學。二十曰弱，冠。始成人，血氣猶未定，故曰弱，時可加冠於首也。三十曰壯，有室。四十曰强，而仕。智慮氣力强可仕也。五十曰艾，服官政。六十曰耆，指使。耆者，至也，一云耆，稽久也，指事使人也。六十不與服戎，不親學。七十曰老，而傳。傳，家事任子孫，是謂宗子之父。八十、九十曰耄。耄，惛忘也。七年曰悼。悼，憐愛也。悼與耄，雖有罪，不加刑焉。百年曰期頤。期，滿所望也。頤，養也。○曲禮。

○幼名，冠字，五十以伯仲，死謚，周道也。疏曰：生若無名，不可分别，故生三月而加名，故云幼名也。人年二十，有爲人父之道，朋友等類不可復呼其名，故冠而加字，曰伯仲叔季某甫。年至五十，耆艾轉尊，又捨其某甫之字，而直以伯仲叔季别之。至死而加謚。凡此之事，皆周道也。○檀弓。○年長以倍，則父事之。十年以長，則兄事之。五年以長，則肩隨之。肩隨者，與之並行差退。群居五人，則長者必異席。席以四人爲節，因宜有所尊。○曲禮。

品節

幼子常視毋誑。童子不衣裘裳。立必正方，不傾聽。立宜正鄉一方，不得傾頭屬聽左右也。長者與之提攜，則兩手奉長者之手。負劍辟咡詔之，則掩口面對。劍，謂挾於脇下，如帶劍也。長者負兒之時，傾頭與語。必教之使掩口而對，恐氣觸尊者也。○張子曰：古之小兒，便能敬事長者，蓋稍不敬事，便不忠信，故教小兒，且先安詳恭敬。○曲禮。○童子不裘不帛，不屨絇，無緦服，聽事不麻。無事則立主人之北，南面。見先生，從人而入。裘帛温，傷壯氣也。絇，屨頭飾也，皆爲幼少不備禮也。雖不服緦猶免，深衣無麻，往給事也。○玉藻。○小子走而不趨。舉爵則坐祭立飲。趨，徐趨也，弟子不得與賓主參預禮，但給役使，故宜驅走，不得趨翔爲容也。○尊長於己踰等，不敢問其年。燕見不將命。私燕而見，不使擯者將傳其命，不敢用賓主之禮。遇於道，見則面。尊者若見己，己則面見。若尊者不見己，己則隱，不敢煩動尊者也。不請所之。不問所往也。喪俟事，不犆弔。犆讀特。○亦不敢故煩動也。事，朝夕哭時。侍坐，弗使，不執琴瑟，不畫地，手無容，不翣也。尊長或使彈琴指畫，則爲之可也。手無容，不弄手也。翣，扇也，雖熱亦不敢摇扇也。此皆端慤所以爲敬。寢，則坐而將命。坐，跪也。尊者卧傳辭，當跪前，不可以立，恐臨尊也。侍射則約矢。凡射先設箭在中庭，上耦前取一矢，次下耦又進取一矢，迭更而進。若卑者侍射，則不敢更拾進取，一時并取四矢，故云約矢。侍投則擁矢。投，投壺也。擁，抱也。矢，投壺箭也。尊者委四矢於地，一一取以投；卑者不敢委於地，悉執之。勝則洗而以請。若敵射及投壺，竟。司射命酌，而勝者弟子酌酒，不勝者飲之。若卑者得勝，則不敢直酌。但當洗爵而請問何所行觴也。客亦如之。客射若投壺不勝，主人亦洗而請之，如卑侍之法，所以優賓也。○今按：此二句皆是卑者與尊者爲耦而射及投壺，若己勝而司射命酌，則不敢使它弟子酌酒以罰尊者，必自洗爵而請行觴。若耦勝，則亦不敢煩它弟子酌而飲己，必自洗爵而請自飲也。注疏説恐非是。不角。角謂觥，罰爵也。於尊長與客飲，如獻酬之爵，不敢用角也。不擢馬。擢，去也，謂徹也，已徹馬，嫌勝故專之。○疏曰：凡投壺每一勝，輒立一馬。至三馬而成勝。但頻勝三馬難得，若一朋得二馬，一朋得一馬，於是二馬之朋，徹取一馬者，足以爲三馬，以成定勝也。今若卑者朋，雖得二馬，亦不敢徹尊長馬足成己勝也。○並少儀。

灑埽應對進退

氾埽曰埽，埽席前曰拚。拚席不以鬣，執箕膺擖。鬣謂帚也，帚恒埽地，不潔清也。膺，親也。擖，舌也。持箕將去糞者，以舌自鄉。○疏曰：氾，廣也，廣埽，内外俱埽。拚則止埽席前也。○少儀。○凡爲長者糞之禮，必加帚於箕上。埽席前曰糞，兩手奉箕，故加帚箕上，謂初執而往時也。弟子職曰：執箕膺擖，厥中有帚。○疏曰：膺，胸前也。擖，箕舌也。以袂拘而退，其塵不及長者。謂埽時也，以袂擁帚之前埽而却行之。○疏曰：拘，障也，當埽時却退，以一手捉帚，又舉一手衣袂以拘障於帚前。且埽且退，故曰拘而退。以箕自鄉而扱之。扱讀爲吸，謂收糞時也。箕收糞，若以鄉尊者，則不恭。○奉席如橋衡。横，奉之，令左昂右低，如有首尾然。橋，井上挈槔。衡，横也，奉席如橋之横也。請席何鄉，請衽何趾。順尊者所安也。衽，卧席也。坐問鄉，卧問趾，因於陰陽。席南鄉北鄉，以西方爲上。東鄉西鄉，以南方爲上。布席無常，此其順之也。上謂席端也，坐在陽則上左，坐在陰則上右。○見父之執，不謂之進，不敢進。不謂之退，不敢退。不問不敢對，此孝子之行也。○謀於長者，必操几杖以從之。長者問，不辭讓而對，非禮也。當謝不敏，若曾子之爲。○從於先生，不越路而與人言。遭先生於道，趨而進，正立拱手。先生與之言，則對。不與之言，則趨而退。從長者而上丘陵，則必鄉長者所視。爲遠視不察有所問。○將即席，容毋怍。怍謂顔色變也。兩手摳衣，去齊尺，衣毋撥。撥，發揚貌。足毋蹶。蹶，行遽貌。先生書策琴瑟在前，坐而遷之，戒勿越，虚坐盡後。疏曰：虚，空也，空謂非飲食坐也。玉藻云：徒坐不盡席尺是也。食坐盡前，疏曰：古者地鋪席，而俎豆皆陳於席前之地。若坐近後，則濺汙席，故盡前也。玉藻云「讀書，食，則齊；豆去席尺」是也。坐必安，執爾顔。安，謂不動。執，猶守也。長者不及，毋儳言。儳言，儳長者之先而言也。正爾容，聽必恭。毋勦説，謂取人之説以爲已説。毋雷同。雷之發聲，物無不同時應者。人之言，當各由已，不當然也。必則古昔，稱先王。○毋踐履，毋踖席。摳衣趨隅，必慎唯諾。疏曰：踐，蹋也，後進者不得蹋先入者屨也。踖，猶躐也。將就坐，當從下而升當己位上，不發初從上也。既不踖席，當兩手提裳之前，向席之下角，從下而升就己位也。侍坐於先生，先生問焉，終則對。不敢錯亂尊長之言。請業則起，請益則起。○父召無諾，先生召無諾，唯而起。○侍坐於所尊敬，毋餘席。言先生坐一席，已坐一席，必盡其所近尊者之席端，無使有餘。蓋欲得親近，若扶持，備顧問。見同等不起。疏曰：同等後來者，任其坐於下也。燭至起，食至起，上客起。燭不見跋。跋，本也，燭盡則去之，嫌若燼多有厭倦意。○疏曰：本把處也，古者未有蠟燭，惟呼火炬爲燭。尊客之前不叱狗，讓食不唾。嫌有穢惡。○以上曲禮。○洗，盥，執食飲者，勿氣。有問焉則辟咡而對。疏曰：洗，謂洗足。盥，謂洗手也，與尊者盥洗，及執飲食，俱不以鼻嗅。○少儀。○侍坐於君子，君子問更端，則起而對。更端，謂向語已畢，更問他事。○侍於君子，不顧望而對，非禮也。禮尚謙也。○長者賜，少者、賤者不敢辭。不敢亢禮也。○侍坐於君子，若有告者，曰少間，願有復也，則左右屏而侍。毋側聽，毋噭應，毋淫視，毋怠荒，遊毋倨。立毋跛，坐毋箕，寢毋伏，斂髮毋髢，冠毋免，勞毋袒，暑毋褰裳。毋側聽，嫌探人之私也。噭，號呼之聲也。淫視，流動邪睇也。怠荒，身體放縱不自拘斂也。遊，行。倨，慢也。跛，偏任也。立當雙足並立，不得挈舉一足，一足蹋地也。箕，謂舒展兩足，狀如箕舌也。伏，覆也。髢，髲也，毋垂餘如髲也。免，去。褰，袪也。○以上曲禮。○侍坐於君子，請見不請退。君子欠伸，運笏，澤劍首。還屨，問日之蚤莫，雖請退可也。不請退者，去止不敢自由。欠伸以下，皆解倦之狀。運，動也。澤，光澤也。玩弄劍首，則生光澤。旋，轉也，尊者脱屨於户内，屨常在側。○少儀。○侍坐於長者，屨不上於堂。長者在堂，則侍坐者脱屨於階下，不得上堂。解屨，不敢當階。就屨，跪而舉之，屏於側。謂獨退也。就，猶著也。屏亦不當階。鄉長者而屨。跪而遷屨。俯而納屨。謂長者送之也。不跪者，若跪則足嚮後不便，故俯也。雖不並跪，亦坐左納右，坐右納左。○今按汪云：長者送之。恐非是。雖降階出户，猶鄉長者不敢背耳。○曲禮。○排闔説屨於户内者，一人而已矣。有尊長在則否。在，在内也，後來之衆，皆説屨於户外。○少儀。

侍食

燕侍食於君子，則先飯而後已。所以勸也。○疏曰：先飯若嘗食然，後已若勸食然。毋放飯，毋流歠，小飯而亟之。亟，疾也。備噦噎，若見問也。數噍，毋爲口容。數噍，謂數數嚼之。口容，弄口。客自徹，辭焉則止。主人辭其徹。○少儀。○侍食於先生異爵者，後祭先飯。謙也。玉藻。侍食於長者，主人親饋，則拜而食。主人不親饋，則不拜而食。以其禮於己不隆。○曲禮。○凡食果實者後君子。陰陽所成，非人事也。火食者先君子。備火齊不得，故先嘗之也。○食棗桃李弗致於核。恭也。弗致者，謂不置于地。瓜祭上環，食中，棄所操。疏曰：食瓜，亦祭先圃也。環者，橫斷形如環也。上環是疐間，下環是脱華處也。○今按：頭忖謂疐頭所切一環也。以其所生之本味最甘美，又先斷而不污，故以爲祭。中者，中環也，亦甘且潔，故以奉尊者，所操下環，爲手所持處，以其味薄而不潔，故棄之而不食也。○玉藻。○侍飲於長者，酒進則起，拜受於尊所。近尊罇長者，故往於尊所，罇長者而拜也。○長者辭，少者反席而飲。長者舉未釂，少者不敢飲。不敢先尊者。盡爵曰釂。燕禮曰：公卒爵，而後飲也。○御同於長者，雖貳不辭。謂侍食於長者，饌具與之同也。貳謂重殽膳也，本爲長者設，辭之爲長者嫌。偶坐不辭。偶，媿也。或彼爲客設饌而召己往媿其食。○以上曲禮。

通言

曲禮曰：毋不敬，儼若思。思，計慮也，人心有所計慮，則其形狀必端慤也。安定辭，審言語也。安民哉。言人能如此上三句者，則可以安民哉。○或問敬，程子曰：主一之謂敬。問一，曰無適之謂一。又曰但整齊嚴肅，則心自一，一則自無非辟之干矣。○吕大臨曰：毋不敬者，正其心也。儼若思者，正其貌也。安定辭者，正其言也。三者正矣，則無所往而非正。所謂大人正己而物正者也，以我對彼，我安則彼安，此修己以安人也。推我之所安而天下平，此修己以安百姓也。天下至大，取諸修身而無不足，故曰安民哉，此禮之本。故於曲禮首章言之。○敖不可長，欲不可從。志不可滿，樂不可極。皆慢遊事。○賢者狎而敬之，畏而愛之。人之常情，與人親狎，則敬弛。有所畏敬，則愛衰。唯賢者乃能狎而敬之，是以雖安而不慢，畏而愛之，是以貌恭而情親也。愛而知其惡，憎而知其善。己之愛憎或出私心，人之善惡自有公論。積而能散，謂己有蓄積，見貧窮者，則當能散以賙救之。安安而能遷。○臨財毋苟得，臨難毋苟免。狠毋求勝，分毋求多。爲傷平也。狠，鬩也，謂争訟也。詩云：兄弟鬩于牆。○脩身踐言，謂之善行。行脩言道，禮之質也。○禮不妄説人，不辭費。辭達則止。禮不踰節，不侵侮，不好狎。禮聞取於人，不聞取人。禮聞來學，不聞往教。○禮尚往來，往而不來，非禮也。來而不往，亦非禮也。○疑事毋質。質，成也。彼己俱疑，而己成言之，終不然，則傷知。○疏曰：人多專固，未知而爲已知，故戒之。直而勿有。直，正也，己若不疑，則當稱師友而正之，謙也。曲禮。○不疑在躬，躬，身也。不服行所不知，使身疑也。不度尺械，械，兵器也。不計度民家之器物，爲不欲校人之强弱，且嫌不審也。不願於大家，大家之富，不可願望，嫌有貪欲僭之萌。不訾重器。不鄙毁重器。不窺密，不旁狎，不道舊故，舊事既非今日所急，且或揚人宿過，以取憎惡。如陳勝賓客言勝故情，爲勝所殺之類也。不戲色。戲色，謂嬉笑侮慢之容。○毋拔來，毋報往。拔，赴，皆疾也，往不可卒也。毋瀆神。瀆謂數而不敬。毋循枉。前日之不正，不可復遵行，當求自伸。毋測未至。測，意度也，孔子所謂逆詐億不信之類也。毋訾衣服成器。與不訾重器之意同。毋身質言語。質，成也。聞疑則傳疑，若成之，或有所誤，即上文疑事毋質之意也。此三節十七事，皆非謙遜謹厚之道，故戒之。○少儀。○博聞强識而讓，敦善行而不怠，謂之君子。○君子不盡人之歡，不竭人之忠，以全交也。呂大臨曰：君子躬自厚而薄責於人。責人厚而莫之應，此交之所以難全也。歡謂好於我也，忠謂盡心於我也。好於我者，望之不深，則不至于倦而難繼也，酬酒不舉三酌，油油而退是也。盡心於我者，不要其必力致，則不至于不能勉而絶也，詩云「每有良朋，烝也無戎」是也。○曲禮。傳曰：禮者所以定親疏，決嫌疑，别同異，明是非也。○道德仁義，非禮不成。教訓正俗，非禮不備。分争辨訟，非禮不決。君臣上下，父子兄弟，非禮不定。宦學事師，非禮不親。班朝治軍，涖官行法，非禮威嚴不行。禱祠祭祀，供給鬼神，非禮不誠不莊。是故君子恭敬撙節退讓以明禮。○鸚鵡能言，不離飛鳥。猩猩能言，不離禽獸。今人而無禮，雖能言，不亦禽獸之心乎？夫唯禽獸無禮，故父子聚麀。是故聖人作，爲禮以教人，使人以有禮知自别於禽獸。○人有禮則安，無禮則危，故曰禮者，不可不學也。○夫禮者，自卑而尊人，雖負販者，必有尊也，而況富貴乎？富貴而知好禮，則不驕不淫。貧賤而知好禮，則志不懾。俱曲禮。

容節

君子之容舒遲，見所尊者齊遬。○足容重，舉欲遲也。手容恭，高且正也。目容端，不邪睇而視也。口容止，不妄動也。聲容静，不噦咳也。頭容直，不傾顧也。氣容肅，似不息也。立容德，應氏曰：德謂中立不倚，儼然有德之氣象。色容莊，勃如戰色。○坐如尸。尸居神位，敬慎也。立如齊。磬且聽也，齊謂祭祀之時。燕居告温温。告謂教使也。○凡祭，容貌顔色如見所祭者。○喪容纍纍，羸備貌，瘦瘠也。色容顛顛，憂思貌，不舒暢也。視容瞿瞿梅梅，不審貌也。○疏曰：瞿瞿，驚遽之貌。梅梅，猶微微，謂微昧也。言容繭繭。聲氣微也。○疏曰：繭繭猶綿綿，此上四句皆爲喪容也。戎容暨暨，果毅貌也。言容詻詻，教令嚴也。色容厲肅，義形貌也。視容清明，察於事也。立容辨。卑毋讇，辨讀爲貶，自貶卑，謂磬折也。讇爲傾身以有下也。○讇讀諂。頭頸必中。頭容直。山立。不動摇也。時行。時而後行也。盛氣顛實揚休。顛讀爲闐。揚讀爲陽，聲之誤也。盛身中之氣，使之闐滿，其息若陽氣之休物也。玉色。正不變也，自立容以下至此又通言之。○玉藻。○吉事尚尊，喪事尚親。吉事，朝廷列立也。喪事以親者爲主。禮曰：以服之精麤爲序。○賓客主恭，祭祀主敬，喪事主哀。會同主詡，詡，謂言語敏大而有勇。軍旅思險。隱情以虞。險，阻也。隱，意也，思也。虞，度也，當思念己情之所能，以度彼之將然否。○優游喜樂者，鍾鼓之色。愀然清静者，縗絰之色。勃然充滿者，兵革之色。○臨喪則必有哀色。介胄則有不可犯之色。貌與事宜相配。介，甲也。故君子戒慎，不失色於人。失色，謂失其所當，如臨喪不哀，軍旅不嚴之類。○言語之美，穆穆皇皇。朝廷之美，濟濟翔翔。祭祀之美，齊齊皇皇。車馬之美，匪匪翼翼。鸞和之美，肅肅雍雍。少儀。坐視膝，立視足，應對言語視面，立視前六尺而大之。蓋臣於君前視也。近視六尺，自此而廣之，雖遠視而不過三丈六尺。曲禮曰：立視五巂。彼在車上，與此不同也。○九拜：一曰稽首，二曰頓首，三曰空首，四曰振動，五曰吉拜。六曰凶拜。七曰奇拜。八曰襃拜。九曰肅拜。以享右祭祀。解見前問禮。

居處齊潔之事

君子之居恒當户，鄉明也。寢恒東首。若有疾風迅雷甚雨，則必變。雖夜必興，衣服冠而坐。浴用二巾，上絺下綌。刷去垢也。○玉藻。○齊必有明衣，布必有寢衣，長一身有半。齊必變食，居必遷坐。論語。

步趨奉持之容

步中武象，趨中韶濩。佩玉之聲，緩則中武象，速則中韶濩也。○君與尸行接武，疏曰：二足相躡，每蹈於半，不得各自成迹，故云接武。大夫繼武，迹相及也。士中武。疏曰：中，猶間也，每徙足間，容一足地。徐趨皆用是，疾趨則欲發，而手足毋移。疾趨，謂直行也，疏數自若。發謂起屨也。移之言靡也，毋移欲其直且正，不邪低摇動也，欲或爲數。圈豚行，不舉足，齊如流。圈，轉也。豚之言若有所循，不舉足曳踵，則衣之齊如水之流矣。孔子執圭則然，此徐趨也。○疏曰：圈豚行者，言徐趨法，曳轉足循地而行也。齊如流者，齊，裳下緝也。足既不舉，身又俯節，則裳下委地，如水流也。席上亦然。尊處亦尚除，言未坐時也。端行，頤霤如矢。弁行，剡剡起屨。疏曰：頤者，行既疾，身乃小抑，而頭直俯臨前，頤如屋之垂也。如矢者，身趨前進，不斜如箭也。弁，急也。剡剡，身起貌也，急行欲速而身屨常起也。執龜、玉，舉前曳踵，蹜蹜如也。疏曰：謂將行之時。初舉足前，後曳足根。行不離地，舉足狹數也。凡行，容惕惕，廟中齊齊。恭懿嚴正貌。朝廷濟濟翔翔。玉藻。帷薄之外不趨。帷，幔；薄，簾也。不見尊者，行自由，不爲容也。堂上不趨。爲其迫也，堂下則趨。城上不趨。於迫狹無容。執玉不趨。志重玉也。執龜筴不趨。於重器無容。堂上接武，堂下布武。布武謂每移足各自成迹不相躡。室中不翔。又爲其迫也，行而張拱曰翔。○凡奉者當心，提者當帶。曲禮。

言語之禮

入竟而問禁，入國而問俗，入門而問諱。〇適有喪者曰比。曰某願比於將命者，比猶比方，俱給事。童子曰聽事。適公卿之喪，則曰聽役於司徒。〇始入而辭，曰辭矣，即席曰可矣。疏曰：始入謂始入門。辭謂擯者告主人辭讓賓，令賓先入也。至階之時，擯者亦應告主人曰辭讓賓先登。此不言者，始入之文包入門、登階矣。〇少儀。〇其未有燭，而有後至者，則以在者告，道瞽亦然。〇問品味，曰子亟食於某乎？問道藝，曰子習於某乎，子善於某乎？亟，數也。少儀。〇儗人必於其倫。問天子之年，對曰：聞之，始服衣若干尺矣。問國君之年，長，曰：能從宗廟社稷之事矣；幼，曰：未能從宗廟社稷之事也。問大夫之子，長，曰：能御矣；幼，曰：未能御也。問士之子，長，曰：能典謁矣；幼，曰：未能典謁也。問庶人之子。長，曰：能負薪矣；幼，曰：未能負薪也。曲禮。問國君之子長幼，長則曰：能從社稷之事矣；幼則曰：能御、未能御。問大夫之子長幼，長則曰能從樂人之事矣，幼則曰能正於樂人、未能正於樂人。正，樂政也，謂幼者習樂未成，但聽政令於樂人。周禮大司樂以樂德、樂舞教國子。問士之子長幼，長則曰能耕矣，幼則曰能負薪、未能負薪。士禄薄，子以農事爲業。〇少儀。〇君使士射，不能，則辭以疾，言曰某有負薪之憂。〇問國君之富，數地以對，山澤之所出。問大夫之富，曰有宰食力，祭器衣服不假。問士之富，以事數對。問庶人之富，數畜以對。〇弔喪弗能賻，不問其所費。問疾弗能遺，不問其所欲。見人弗能館，不問其所舍。賜人者不曰來取，與人者不問其所欲。○國君去其國，止之曰：奈何去社稷也。大夫，曰：奈何去宗廟也。士，曰：奈何去墳墓也。○在朝言禮，問禮，對以禮。輟朝而顧，不有異事，必有異慮。心不正，志不在君。輟猶止也。顧，謂廻顧。故輟朝而顧，君子謂之固。在官言官，在府言府，在庫言庫，在朝言朝。朝言不及犬馬，公庭不言婦女，公事不私議。曲禮。朝廷曰退。言於朝廷之中若欲散還則稱曰退，下句放此。燕遊曰歸。禮褻，主於家也。師役曰罷。罷之言罷勞也，春秋傳曰：師還曰罷。○少儀。賀取妻者，曰某子使某，聞子有客，使某羞。○望柩不歌，入臨不翔。哀傷之無容樂。當食不歎，適墓不歌。哭日不歌，執紼不笑。臨樂不歎，臨祭不惰。居喪不言樂，祭事不言凶。曲禮。

傳：魏中山舍人倉唐使，文侯召倉唐而見之曰：「擊無恙？」倉唐曰：「唯，唯。」如是者三，乃曰：「君出太子而封之國，君名之，非禮也。」文侯怵然爲之變容，問曰：「子之君無恙乎？」倉唐曰：「臣來時，拜送書於庭。」文侯指顧左右曰：「子之君，長孰與是？」倉唐曰：「禮，擬人必以其倫，諸侯無偶，無所擬之。」曰：「長大孰與寡人？」倉唐曰：「君賜之外府之裘，則能勝之。賜之斥帶，則不更其造。」○晉獻文子成室，大夫發焉。張老曰：「美哉輪焉，美哉奐焉。歌於斯，哭於斯，聚國族於斯。」文子曰：「武也得歌於斯，哭於斯，聚國族於斯，是全要領以從先大夫於九京也。」北面再拜稽首，君子謂之善頌善禱。

飲食之禮

凡飲酒，爲獻主者，執燭抱燋，客作而辭，然後以授人。爲宵言也。主人親執燭，敬賓示不倦也。言獻主者，容君使宰夫也。未爇曰燋。○疏曰：凡飲酒，主人自獻賓。若尊卑不敵，則使宰夫爲主人以獻賓。故云爲獻主也。執燭不讓，不辭，不歌。以燭繼晝，禮殺。○疏曰：禮，賓主有讓，及更相辭謝，又各歌詩相顯德，今既夜莫，所以殺於三事。○凡羞有湆者，不以齊。齊，和也。○疏曰：賀瑒云：凡湆皆謂大羹，大羹不和也。爲君子擇葱薤，則絶其本末。疏曰：根不净，末萎乾。羞首者，进喙祭耳。疏曰：若膳羞有牲頭者，則進口以嚮尊者。尊者若祭，先取牲耳祭之也。牛羊之肺，離而不提心。提，猶絶也。刲離之，不絶中央少許，使易絶以祭耳。尊者以酌之左爲上尊。尊者，設尊者也。酌者鄉尊，其左則右尊也。尊壺者面其鼻。鼻在面中，言鄉人也。○凡洗必盥。洗盥，乃洗爵先自潔也，盥有不洗也。○未步爵不嘗羞。步，行也。○少儀。○柄尺不跪。豆有柄，長尺則立進之。○弟子職。○飲酒者，機者，醮者，有折俎不坐。折俎尊，徹之乃坐也。已沐飲曰機；酌始冠曰醮。○疏曰：案鄉飲酒、燕禮，有折俎者，皆不坐。獨云者醮者不坐者，以二者無折俎之時，則得坐，嫌於有折俎亦坐，故特明之。○少儀。○其有折俎者，取祭反之，不坐，燔亦如之。亦爲有足柄尺之類。折俎，折骨於俎也。燔，炙也。鄉射曰：賓奠爵于薦西，興，取肺，坐絶祭，左手嚌之。興，加于俎，坐帨手。尸則坐。尸尊也。少牢禮曰：尸左執爵，右兼取肝肺，擩于俎鹽。振祭，嚌之，加于菹豆。○疏曰：前所引鄉射云興，則知不坐。此引少牢不云興，故知尸則坐也。少儀。一室之人，非賓客，一人徹。同事合居者。一人則當少者也，賓客則各徹其饌也。壹食之人，一人徹。壹，猶聚也，爲赴事聚食也。凡燕食，婦人不徹。婦人質，不備禮。○玉藻。○餕餘不祭。父不祭子，夫不祭妻。妻、子雖卑於己，然既没，則以神道接之，故亦不以祭也。曲禮。○諸侯無故不殺牛，大夫無故不殺羊，士無故不殺犬豕，庶人無故不食珍。王制。○君子不食圂腴。圂與豢同，音患。○周禮圂作豢，謂犬豕之屬，食米穀者也。腴有似於人穢。○疏曰：腴謂腸胃，故鼎闕一也。少儀。

問遺之禮

爲人祭，曰致福。爲己祭，而致膳於君子曰膳，祔、練曰告。此皆致祭祀之餘於君子。攝主言致福，申其辭也。自祭言膳，謙也。祔、練言告，不敢以爲福膳也。凡膳告於君子，主人展之，以授使者于阼階之南，南面，再拜稽首送，反命，主人又再拜稽首。展，省具也。其禮：大牢則以牛左肩、臂、臑折九个，少牢則以羊左肩七个，犆豕則以豕左肩五个。折，斷分之。个猶段也，皆用左者，右以祭也。○疏曰：禮得太牢，則用牛膳。周人牲體尚左，右邊已祭，所以獻左也。周貴肩，故用左肩也。九个者，取肩自上斷折之，至蹄爲九段，以獻之也。臂臑，謂肩脚也。若禮得少牢者，則膳羊左肩，折爲七个。不云臂臑，從上可知。然並用上牲，不并備饌，故太牢者惟牛，少牢者惟羊也。若祭唯特豕，亦用豕左肩五个以爲膳也。◯其以乘壺酒、束脩、一犬賜人。若獻人，則陳酒、執脩以將命，亦曰乘壺酒、束脩、一犬。陳重者，執輕者，便也。乘壺，四壺也。酒，謂清也，糟也。不言陳犬，或無脩者，牽犬以致命也。於卑者曰賜，於尊者曰獻。酒重脯輕，陳列重者於門外，而執輕者入以將命。其以鼎肉，則以將命。鼎肉，謂牲體已解，可升於鼎。其禽加於一雙，則執一雙以將命，委其餘。加，猶多也。犬則執緤，守犬、田犬則授擯者，既受，乃問犬名。牛則執紖，馬則執靮，皆右之。緤、紖、靮，皆以繫制者。犬有三種，一曰守犬，二曰用犬，三曰食犬。守犬、田犬問名，畜養者當呼之名，謂若韓之盧、宋之鵲之屬。右之者，執之宜由便也。臣則左之。異於衆物。臣謂囚俘。車則説綏，執以將命。甲，若有以前之，則執以將命；無以前之，則袒櫜奉胄。甲，鎧也。有以前之，謂它摯幣也。櫜，弢鎧，出兜鍪以致命。器則執蓋。謂有表裏。弓則以左手屈韣執拊。韣，弓衣也。左手屈衣，并於拊執之，而右手執簫。劍則啓櫝，蓋襲之，加夫襓與劍焉。櫝謂劍函也。襓，劍衣也。加衣於函中，而置劍於衣上。◯疏曰：蓋，劍函之蓋也。開函而以蓋却合於函下，底於蓋上，加劍衣於函中。復以劍置衣上也。笏、書、脩、苞苴、弓、茵、席、枕、几、熲、杖、琴瑟、戈有刃者櫝、筴、籥，其執之，皆尚左手。苞苴，謂編。佛其首。爲其喙害人也，佛戾也。畜鳥者，則勿佛也。畜養也，養則馴。獻車馬者執策綏，獻甲者執胄，獻杖者執末，獻民虜者操右袂，獻粟者執右契，獻米者操量鼓，獻孰食者操醬齊，獻田宅者操書致。凡操執者，謂手所舉以告者也。設其大者，舉其小者，便也。甲，鎧也。胄，兜鍪也。民虜，軍所獲也，操其右袂制之。契，要也。右爲尊。量鼓，量器名。凡以弓劍苞苴簞笥問人者。問，猶遺也。簞笥，盛飲食者。圓曰簞，方曰笥。操以受命，如使之容。謂使者。◯酒肉之賜，弗再拜。輕也，受重賜者拜受，又拜於其室。◯以上並曲禮。

在車之容

升車，必正立執綏，車中不内顧，不疾言，不親指。論語。◯國君不乘奇車。出入必正也。奇車，獵衣之屬。◯疏曰：獵車之形，今之鉤車是也。衣車，如鼈而長也。漢桓帝之時，禁臣下乘之。車上不廣欬。爲若自矜。廣，猶弘也。不妄指。爲惑衆。立視五巂。立，平視也。巂，謂規也。謂輪轉之度，巂或爲繫。◯疏曰：車輪一周爲一規。式視馬尾，顧不過轂。國中以策彗卹勿驅，塵不出軌。入國不馳。彗，竹帚。卹勿，搔摩也。◯疏曰：入國不馳，故不用鞭策。但取竹帚帶葉者爲杖，形如埽帚，故云策彗。云卹勿者。以策微近馬體，不欲令疾也。但僕搔摩之時，其形狀卹勿然。◯今按策彗，疑謂策之彗，若今時鞭末韋帶耳。◯鸞設於鑣，和設於軾。馬動而鸞鳴，鸞鳴而和應，行之節也。鸞，和，皆鈴也。◯國君束萑葦，以裹魚肉，或宅物也。茵，著蓐也。既夕禮云：茵著用荼。謂用荼莠以著茵也。煩，警枕也。筴，著也。籥如笛三孔。皆，十六物也。左手執上，上陽也。右手執下，下陰也。刀却刃授穎，削授拊。却，却後也。穎，鐶也。削，曲刀也。拊，謂杷。凡有刺刃者，以授人則辟刃。辟刃，不以正鄉人也。◯少儀。

◯凡遺人弓者，張弓尚筋，弛弓尚角。弓有往來體，皆欲令其常曲，瓚然順也。人無時，已定體則張之，未定體則弛之。右手執簫，左手承弣，尊卑垂帨。帨，佩巾也。磬折則佩垂，授受之儀。尊卑一。○今按此謂賓主雖或一尊一卑，然皆當磬折垂帨也。若主人拜，則客還辟，辟拜。疏曰：還辟，猶逡巡也。不答拜者，方執弓，不得拜也。主人自受，由客之左。接下承弣，鄉與客並，然後受。於堂上則俱南面，禮敵者並授。○疏曰：言於堂上，俱南面，是嚮明故也。若不於堂上，則未必南面，當隨時便，而俱嚮明云。進劍者左首。左首尊也。進戈者前其鐏，後其刃。進矛戟者前其鐓。進几杖者拂之。效馬效羊者右牽之。疏曰：馬羊有力。人右手亦有力，故用右手牽之。效犬者左牽之。犬齕齧人，右手當禁捕之，執禽者左首，左首尊。○疏曰：左陽也，首亦陽也。左首謂横捧之也，凡鳥皆然。若並授，則主人在左，故客以鳥首授之也。飾羔雁者以繢。繢，畫也。諸侯大夫以布，天子大夫以畫。○疏曰：飾，覆也，畫布爲雲氣，以覆羔雁爲飾。士相見禮云：下大夫以雁，上大夫以羔。飾之以布，不言繢者，彼是諸侯鄉大夫卑，故但用布也。受珠玉者以掬。慎也，掬手中。受弓劍者以袂。敬也。○疏曰：不露手取之，故用衣袂承接。水潦降。不獻魚鼈，獻鳥者下齊牛。式宗廟。大夫士下公門。式路馬。○君子式黄髮。自下齊牛以下，皆敬孝也，髮白變黄彌老。下卿位。尊賢也，鄉位，鄉之朝位也。人國不馳，入里必式。○國君撫式，大夫下之。大夫撫式，士下之。曲禮。

從宜

禮從宜，使從俗。貧者不以貨財爲禮，老者不以筋力爲禮。○介者不拜，爲其拜而蓌拜。蓌，猶言有所枝柱，不利屈伸也。曲禮。○受立授立不坐。受人之物而立，以物予人而立，皆不跪。○少儀。○凡祭於室中，堂上無跣，燕則有之。祭不跣者，主敬也。燕則有跣，爲歡也。天子、諸侯祭，有坐尸於堂之禮。祭所尊在室，燕所尊在堂，將燕降説屨乃升堂。○少儀。

晏子聘魯，上堂則趨，授玉則跪。子貢怪之，問孔子曰：「晏子知禮乎？」孔子曰：「其有方矣，我將問焉。」俄而晏子至，孔子問之。晏子對曰：「夫上堂之禮，君行一，臣行二。今君行疾，臣敢不趨乎。今君之受幣也卑，臣敢不跪乎。」孔子曰：「善。禮中又有禮，賜寡使也，何足以識禮。」

雜記

登城不指，城上不呼。為惑人。將適舍，求毋固。謂行而就人館。固，欲必得也。將入門，問孰存。將上堂，聲必揚。警內人也。將入户，視必下。户外有二屨，言聞則入，言不聞則不入。入户奉扃，視瞻毋回。皆不干掩人之私也。視必下，不舉目也。禮有鼎扃，所以關鼎，故關户之木，亦謂之扃。奉扃，謂以兩手當心，徐徐開户，如奉扃然，不敢放手排闔也。回，迴轉，廣有瞻視也。户開亦開，户闔亦闔。有後入者，闔而勿遂。勿遂，謂徐徐作闔勢，示不拒人也。離坐離立，毋往參焉。離立者不出中間。離，兩也，參與之為三也。非但不往參其坐，立亦不行出其中間，皆為干人私也。揖人必違其位。禮以變為敬。曲禮。○執虛如執盈，入虛如有人。重慎。○少儀。○並坐不橫肱。為害旁人。授立不跪，授坐不立。為煩尊者俛仰受之。曲禮。

傳：孟子既娶，將入私室，其婦袒而在內。孟子不悅，遂去不入。婦辭孟母而求去。曰：「妾聞夫婦之道，私室不與焉。今者妾隋在室，而夫子見妾，勃然不悅，是客妾也。婦人之義，蓋不客宿，請歸父母。」孟母召孟子而謂之曰：「夫禮，將入門，問孰存，所以致敬也。將上堂，聲必揚，所以戒人也。將入户，視必下，惡見人過也。今子不察於禮，而責禮於人，不亦遠乎？」孟子謝，遂留其婦。君子謂孟母知禮，而明於姑母之道。列女傳。

傳：正考父疏曰：家語云：宋湣公熙生弗父何，何生宋父周，周生世子勝，勝生正考父，考父生孔父嘉，其後以孔爲氏也。孔父生木金父，金父生皋夷父，夷父生防叔，防叔辟華氏之偪而奔魯，生伯夏，伯夏生梁紇，梁紇即生孔子也。佐戴、武、宣。三人皆宋君。三命茲益共。三命上卿也，言位高益共。故其鼎銘云：考父廟之鼎。一命而僂，再命而傴，三命而俯，循牆而走，言不敢安行。亦莫余敢侮。其共如是，人亦不敢侮慢之。饘於是，鬻於是，以糊余口。於是鼎中爲饘鬻，糊屬其口，言至儉。其共也如是。○諸侯從劉康公、成肅公會晉侯伐秦。劉康公，王季子。成子受脤于社不敬。脤，宜社之肉也，盛以脤器，故曰脤。宜，出兵祭社之名。劉子曰：「吾聞之，民受天地之中以生，所謂命也，是以有動作禮義威儀之則，以定命也。能者養之以福，養威儀以致福。不能者敗以取禍。是故君子勤禮，小人盡力。動禮莫如致敬，盡力莫如敦篤。敬在養神，篤在守業。國之大事，在祀與戎。祀有執膰，戎有受脤，神之大節也。今成子惰棄其命矣，其不反乎？」既行成。肅公卒于瑕。○柯陵之會。晉厲公視遠步高。單襄公曰：「夫君子目以定體，足以從之。足以觀其容，而知其心矣。目以處義，義宜也。足以步目。今晉侯視遠而足高，目不在體，而足不步目，其心必異矣。目體不相從，何以能久？夫合諸侯，民之大事也，於是乎觀存亡。故國將無咎，其君在會。步言視聽必皆無讁，則可以知德矣。」明年晉弑厲公。○晉孫談之子周適周，事單襄公。立無跛，視無還，聽無聳，言無遠。晉國有憂，未嘗不戚。有慶，未嘗不怡。襄公有疾，召頃公而告之曰：「必善晉周，將得晉國，其行也文，能文則得天地，天地所胙，小而後國。天之所福，小則得國，大則得天下。且夫立無跛，正也；視無還，端也；聽無聳，成也；成定也。言無遠，慎也。爲晉休戚，不背本也。被文相德，非國何取？」被服文德，又以四行輔助之，非國何取？言必得也。及晉弒厲公，迎而立之，是爲悼公。晉以復霸。○衛侯在楚，北宮文子見令尹圍之威儀。言於衛侯曰：「令尹似君矣，將有他志。言語瞻視行步不常。雖獲其志，不能終也。詩云：『靡不有初，鮮克有終。』終之實難，令尹其將不免。」公曰：「子何以知之？」對曰：「詩云：『敬慎威儀，惟民之則。』令尹無威儀，民無則焉。民所不則，以在民上，不可以終。」公曰：「善哉！何謂威儀？」對曰：「有威而可畏謂之威，有儀而可象謂之儀。君有君之威儀，其臣畏而愛之，則而象之，故能有其國家，令聞長世。臣有臣之威儀，其下畏而愛之，故能守其官職，保族宜家。順是以下皆如是。是以上下能相固也。衛詩曰：『威儀棣棣，不可選也。』言君臣上下，父子兄弟，内外大小，皆有威儀也。周詩曰：『朋友攸攝，攝以威儀。』言朋友之道，必相教訓以威儀也。故君子在位可畏，施舍可愛。進退可度，周旋可則。容止可觀，作事可法。德行可象，聲氣可樂。動作有文，言語有章，以臨其下，謂之有威儀也。」明年，令尹圍弒楚子而自立，是爲靈王。後十三年，楚人弒之于乾谿。○子贛由其家來謁於孔子，孔子正顔舉杖，磬折而立曰：「子之大親，毋乃不寧乎？」放杖而立曰：「子之兄弟，亦得無恙乎？」曳杖倍而行，曰：「妻子家中得毋病乎？」故身之倨佝，手之高下，顔色聲氣，各有宜稱。所以明尊卑，别疏戚也。

附朱子論學數則

童蒙須知

夫童蒙之學，始於衣服冠履，次及語言步趨，次及灑掃涓潔，次及讀書寫文字，及有雜細事宜，皆所當知。今逐目條列，名曰童蒙須知。若其脩身、治心、事親、接物，與夫窮理、盡性之要，自有聖賢典訓，昭然可考。當次第曉達，兹不復詳著云。

衣服冠履第一

大抵爲人，先要身體端整，自冠巾、衣服、鞵韈，皆須收拾愛護，常令潔浄整齊。我先人常訓子弟云：男子有三緊，謂頭緊、腰緊、脚緊。頭謂頭巾，未冠者總髻；腰謂以絛或帶束腰，脚謂鞵韈。此三者，要緊束，不可寬慢。寬慢則身體放肆，不端嚴。爲人所輕賤矣。

凡著衣服，必先提整衿領，結兩衽，紐帶，不可令有闕落。飲食照管，勿令污壞；行路看顧，勿令泥漬。

凡脱衣服，必齊整摺疊箱篋中。勿散亂頓放，則不爲塵埃雜穢所污，仍易於尋取，不致散失。著衣既久，則不免垢膩，須要動動洗澣。破綻，則補綴之。儘補綴無害，只要完潔。

凡盥面，必以巾帨遮護衣領，捲束兩袖，勿令有所濕。

凡就勞役，必去上籠衣服。只著短便，愛護，勿使損污。

凡日中所著衣服，夜卧必更，則不藏蚤蝨，不即敝壞。苟能如此，則不但威儀可法，又可不費衣服。晏子一狐裘三十年，雖意在以儉化俗，亦其愛惜有道也。此最飭身之要，毋忽。

語言步趨第二

凡爲人子弟，須是常低聲下氣，語言詳緩，不可高言諠鬨，浮言戲笑。父兄長上有所教督，但當低首聽愛，不可妄大議論。長上檢責，或有過誤，不可便自分解，姑且隱默。久，却徐徐細意條陳，云此事恐是如此，向者當是偶爾遺忘。或曰當是偶爾思省未至，若爾，則無傷忤，事理自明。至於朋友分上，亦當如此。

凡聞人所爲不善，下至婢僕違過，宜且包藏，不應便爾聲言，當相告語，使其知改。

凡行步趨蹌，須是端正，不可疾走跳躑。若父母長上，有所唤召，却當疾走而前，不可舒緩。

灑掃涓潔第三

凡爲人子弟，當灑掃居處之地，拂拭几案。常令潔淨。文字筆硯，凡百器用，皆當嚴肅整齊，頓放有常處。取用既畢，復置元所。父兄長上坐起處，文字紙札之屬，或有散亂，當加意整齊，不可輒自取用。凡借人文字，皆置簿鈔録主名，及時取還。牕壁几案，文字閒，不可書字。前輩云：壞筆污墨，瘝子弟職。書几書硯，自黥其面。此爲最不雅潔。切宜深戒。

讀書寫文字第四

凡讀書，須整頓几案，令潔淨端正。將書册整齊頓放。正身體，對書册，詳緩看字，子細分明讀之。須要讀得字字響亮，不可誤一字，不可少一字，不可多一字，不可倒一字，不可牽强暗記。只是要多誦遍數，自然上口，久遠不忘。古人云：讀書千遍，其義自見。謂讀熟，則不待解説，自曉其義也。余嘗謂讀書有三到，謂心到、眼到、口到。心不在此，則眼不看子細。心眼既不專一，却只漫浪誦讀。決不能記。記，亦不能久也。三到之法，心到最急。心既到矣，眼口豈不到乎？

凡書册，須要愛護，不可損污縐摺。濟陽江禄，書讀未完，雖有急速，必待掩束整齊，然後起。此最爲可法。

凡寫文字，須高執墨錠，端正研磨，勿使墨汁污手。高執筆，雙鈎，端楷書字，不得令手指著毫。

凡寫字，未問寫得工拙如何，且要一筆一畫，嚴正分明，不可潦草。

凡寫文字。須要子細看本，不可差訛。

雜細事宜第五

凡子弟，須要早起晏眠。

凡諠閧争之處，不可近。無益之事，不可爲。謂如賭博籠養，打毬踢毬，放風禽等事。

凡飲食，有則食之，無則不可思索。但粥飯充饑，不可闕。

凡向火，勿迫近火旁。不惟舉止不佳，且防焚爇衣服。

凡相揖必折腰。

凡對父母長上朋友，必稱名。

凡稱呼長上，不可以字，必云某丈。如弟行者，則云某姓某丈。弟行，見弟行也。

凡出外及歸，必于長上前作揖。雖暫出，亦然。

凡飲食於長上之前，必輕嚼緩嚥，不可聞飲食之聲。

凡飲食之物，勿争較多少美惡。

凡侍長者之側，必正立拱手。有所問，則必誠實對，言不可忘。

凡開門揭簾，須徐徐輕手，不可令震驚聲響。

凡衆坐，必斂身，勿廣占坐席。

凡侍長上出行，必居路之右。住必居左。

凡飲酒，不可令至醉。

凡如厠，必去外衣。下必盥手。

凡夜行，必以燈燭。無燭則止。

凡待婢僕，必端嚴，勿得與之嬉笑。執器皿，必端嚴，惟恐有失。

凡危險不可近。

凡道路遇長者，必正立拱手。疾趨而揖。

凡夜臥，必用枕，勿以寢衣覆首。

凡飲食，舉匙必置筯。舉筯，必置匙。食已，則置匙筯於案。

雜細事宜，品目甚多。姑舉其略，然大概具矣。凡此五篇，若能遵守不違，自不失爲謹愿之士。必又能讀聖賢之書，恢大此心，進德脩業。入於大賢君子之域，無不可者。汝曹宜勉之。

程董學則　子朱子論定。

凡學於此者，必嚴朔望之儀。

其日昧爽，值日一人，主擊板。始擊，咸起，盥漱，總，櫛，衣冠。再擊，皆著深衣或涼衫，升堂。師長率弟子詣先聖像前，再拜，焚香，訖。又再拜，退。師長西南嚮立，諸生之長者，率以次，東北嚮，再拜。師長立而扶之，長者一人前致辭，訖。又再拜。師長入於室，諸生以次環立，再拜，退，各就案。

謹晨昏之令。

常日，擊板如前。再擊，諸生升堂。序立。俟師長出户，立定。皆揖。次分兩序，相揖而退。至夜，將寢，擊板會揖如朝禮。會講、會食、會茶，亦擊板如前。朝揖、會講以深衣或涼衫。餘以道服褙子。

居處必恭。

居有常處，序坐以齒。凡坐，必直身正體，毋箕踞、傾倚、交脛、搖足。寢，必後長者，既寢勿言，當晝勿寢。

步立必正。

行必徐，立必拱，必後長者。毋背所尊，毋踐閾，毋跛倚。

視聽必端。

毋淫視，毋傾聽。

言語必謹。

致詳審，重然諾。肅聲氣，毋輕，毋誕，毋戲謔諠譁。毋論及鄉里人物長短，及市井鄙俚無益之談。

容貌必莊。

必端嚴凝重，毋輕易放肆，毋粗豪狠傲，毋輕有喜怒。

衣冠必整。

毋爲詭異華靡，毋致垢敝簡率。雖燕處，不得裸袒露頂。雖盛暑，不得輒去鞋襪。

飲食必節。

毋求飽，毋貪味。食必以時，毋恥惡食。非節假及尊命，不得飲酒。飲，不過三爵，勿至醉。

出入必省。

非尊長呼喚、師長使令，及己有急幹，不得輒出學門。出必告，反必面。出不易方，入不踰期。

讀書必專一。

必正心肅容，計遍數。遍數已足，而未成誦，必須成誦。遍數未足，雖已成誦，必滿遍數。一書已熟，方讀一書。毋務泛觀，毋務强記。非聖賢之書勿讀，無益之文勿觀。

寫字必楷敬。

勿草，勿欹傾。

几案必整齊。

位置有倫，簡帙不亂。書篋、衣笥，必謹扃鑰。

堂室必潔淨。

逐日值日，再擊板如前。以木灑堂上，良久，以帚掃去塵埃，以巾拭几案。其餘悉令齋僕掃拭之。別有污穢，悉令掃除，不拘早晚。

相呼必以齒。

年長倍者以丈，十年長者以兄，年相若以字，勿以爾汝。書問稱謂，亦如之。

接見必有定。

凡客請見師長，坐定，值日擊板。諸生如其服升堂，序揖，立侍。師長命之退則退。若客於諸生中，有自欲相見者，則見師長畢，就其位見之。非其類者，勿與親狎。

修業有餘功，遊藝以適性。

彈琴，習射，投壺，各有儀矩，非時勿弄。博奕鄙事，不宜親學。

使人莊以恕，而必專所聽。

擇謹愿勤力者，莊以臨之，恕以待之。有小過者訶之。甚則白於師長懲之。不悛，衆稟師長遣之。不許直行己意。苟日從事於斯而不敢忽，則入德之方，庶乎其近之矣。

道不遠人，理不外事。故古人之教者，自其能食能言，而所以訓導整齊之者，莫不有法，而況家塾、黨庠、術序之閒乎？彼學者所以入孝出弟，行謹言信，群居終日，德進業修，而暴慢放肆之氣不設於身體者，由此故也。番陽程端蒙與其友生董銖共爲此書，將以教其鄉人子弟而作新之。蓋有古人小學之遺意矣。余以爲凡爲庠序之師者，能以是而率其徒，則所謂成人有德。小子有造者，將復見於今日矣，於以助成后王降德之意，豈不美哉？

訓子從學帖 子朱子著。

塗中事

離家後，凡事不得縱恣，如在父母之側，逐日食後，或晚間三兩次，下轎徐行，共約十餘里，以寬僕夫之力。登高歷險，皆須出轎，以防不測。遇過津渡，切勿争先，舟中人已多，寧少須後，戒飭僕從，勿與人争。尋店不可太迫巖險，及侵水際。晚間少食，夜間早睡。留親僕在房内，以防寇盜。

過州縣市井，擇曠僻清浄店舍安泊，閉門静坐，不得出入。離店，雖店中亦不必行，勿妄與人接。酒食之肆，博戲之場，皆不可輒入。不得妄費錢物買飲食雜物。

到婺州

事師如事父，凡事咨而後行。

朋友年長以倍，丈人行也。十年以長，兄事之。年少於己，而事業賢於己者，厚而敬之。

初到，便禀先生，合做甚工夫。自寫一節目，逐日早起夜眠，遵依巑趁，日閒勿接閑人，説閑話。專意辨自己工夫，則自然習熟進益矣。

早晚授業請益，隨衆例，不得怠慢。日閒思索有疑，用册子隨手劄記。候見質問，不得放過。所聞誨語，歸安下處，思省要切之言，逐日劄記，歸日要看，見好文字，亦録取歸來。

不得自擅出入，與人往還。初到問先生，有合見者見之，不令見則不必往。人來相見，亦啓禀然後往報之。此外，不得出入一步。

居處須是恭敬，不得倨肆惰慢，言語須要諦當，不得戲笑諠譁。

凡事謙恭，不得尚氣陵人，自取恥辱。

不得飲酒，荒思廢業，亦恐言語差錯，失己忤人，尤當深戒。

不可言人過惡，及説人家長短是非。有來告者，亦勿酬答。

交遊之間，尤當審擇。雖是同學，亦不可無親疏之辨，此皆當請於先生，聽其所教。大凡敦厚忠信能攻吾過者，益友也。其諂諛輕薄，傲慢褻狎，導人爲惡者，損友也。推此求之，亦自合見得五七分，更問以審之，百無所失矣。但恐志趣卑凡，不能克己從善，則益者不期疏而日遠，損者不期近而日親，此須痛加檢點而矯革之，不可荏冉漸習，自趨小人之域。如此則雖有賢師長，亦無救拔自家處矣。

見人嘉言善行，則敬慕而紀録之，見人好文字勝己者，則借來熟看或傳録而咨問之，思與之齊而後已。

以上數條，切宜謹守。其所未及，亦可據此推廣。大抵只是勤謹二字，循之而上，有無限好事，吾雖未敢言，而爲汝願之。反之而下，有無限不好事，吾雖不欲言，而未免爲汝憂之也。蓋汝若好學，在家足可讀書作文，講明義理，不待遠離膝下，千里從師。汝既不能如此，即是自不好學，已無可望之理。然今遣汝者，恐汝在家，汩於俗務，不得專意。又父子之間，不欲晝夜督責，及無朋友聞見。故令汝一行，汝若到彼，能奮然勇爲，力改故習，一味勤謹，則吾猶有望。不然，則徒爾勞費，只與在家一般，他日歸來，又只是舊時伎倆人物，不知汝將何面目歸見父母、親戚、鄉黨、故舊耶？念之念之，夙興夜寐，無忝爾所生。在此一行，千萬努力。此朱子遣長子受之往從婺州東萊先生時所授，自在途至縣舍儀飾，委曲周悉，亦小學之遺意也。

白鹿洞書院揭示

父子有親，君臣有義，夫婦有别，長幼有序，朋友有信。

右五教之目。堯舜使契爲司徒，敬敷五教，即此是也。學者學此而已，而其所以學之之序，亦有五焉。其别如左：

博學之，審問之，慎思之，明辨之，篤行之。

右爲學之序。學、問、思、辨四者，所以窮理也。若夫篤行之事，則自脩身以至於處事接物，亦各有要。其别如左：

言忠信，行篤敬。懲忿窒欲，遷善改過。

右脩身之要。

正其誼不謀其利，明其道不計其功。

右處事之要。

己所不欲，勿施於人。行有不得，反求諸己。

右接物之要。

熹觀古昔聖賢，所以教人爲學之意，莫非使之講明義理，以脩其身，然後推以及人。非徒欲其務記覽，爲詞章，以釣聲名，取利禄而已也。今人之爲學者，則既反是矣，然聖賢所以教人之法，具存於經，有志之士，固當熟讀深思而問辨之，苟知其理之當然，而責其身以必然，則夫規矩禁防之具，豈待他人設之，而後有所持循哉！近世於學有規，其待學者爲已淺矣，而其爲法，又未必古人之意也。故今不復以施於此堂，而特取凡聖賢所以教人爲學之大端，條列如右，而揭之楣閒。諸君其相與講明遵守而責之於身焉，則夫思慮云爲之際，其所以戒謹而恐懼者，必有嚴於彼者矣。其有不然，而或出於此言之所棄，則彼所謂規者，必將取之。固不得而略也。諸君其亦念之哉。

右弟子職等篇，記下學日用行習之禮最悉。而子朱子所定教學諸則，尤深切著明。學者苟能服習不倦，則耳目有所養，心思日益斂，久之醇正專一，非僻自不得而干之矣。曲禮曰：「毋不敬。」孝經曰：「禮者，敬而已矣。」先生制禮，凡以範圍人心，使不至於放失，然必退藏宥密之地，先有嚴威儼恪者存，而後能隨事體察，以求合乎天理之節文。和靖謂整齊嚴肅，上蔡謂常惺，皆包内外，兼動静而言。學者所當交修並養，而不容偏廢也。軾質本庸下，兼乏師資，垂老蹉跎，深自痛恨，邇年衣冠動履，稍知謹飭，乃惰慢之氣，每發於不及覺，而勉强操持，不勝苦倦。盡至是而返求之本原之地，抑非日夕所能期其效矣。謹録朱子論學若干章，時加諷咏，用以自警，兼告同志。

總論爲學之方

而今緊要，且看聖人是如何，常人是如何，自家因甚便不似聖人，因甚便只是常人。就此理會得透，自可超凡入聖。

爲學之道，大立志向，而細密著工夫。如立志以古聖賢遠大自期，便是責難。然聖賢爲法於天下，我猶未免爲鄉人，其何以到？須是擇其善者而從之，其非者而去之，如日用閒，凡一事須有箇是，有箇非，去其非便爲是，克去己私，便復禮。如此，雖未便到聖賢地位，已是入聖賢路了。問人氣力怯弱，於學有妨否？曰：爲學在立志，不于氣禀强弱事。又曰：爲學何用憂惱？但須令平易寬快去，審舉聖門弟子，唯稱顔子好學，其次方説及曾子，以此知事大難，曰固是如此。某看來亦有甚難有甚易，只是堅立著志。順義理做去，他無蹺欹也。

立志要如饑渴之於飲食，才有悠悠，便是志不立。學者做工夫，當忘寢食做一上，使得些入處。自後方滋味接續浮浮沈沈，半上落下，不濟得事。

聖賢于言萬語，無非只説此事，須是策勵此心。勇猛奮發，拔出心肝，與他去做。如兩邊擂起戰鼓，莫問前頭如何，只認捲將去。如此，方做得工夫。若半上落下，半沈半浮，濟得甚事。

且如項羽救趙，既渡，沉船破釜，持三日糧，示士必死無還心，故能破秦，若瞻前顧後，便做不成。

如居燒屋之下，如坐漏船之中。

陽氣發處，金石亦透。精神一到，何事不成。

須磨礪精神去理會。天下事，非燕安暇豫之可得。學者爲學，譬如煉丹。須是將百十斤炭火煅一餉，方好用微微火養教成就。今人未曾將百十斤炭火去煅，便要將微火養將去，如何得會成。

今語學問，正如煮物相似。須爇猛火先煮，方用微火慢煮。若一向只用微火，何由得熟？欲復自家元來之性，乃恁地悠悠，幾時會做得。大要須先立頭緒，頭緒既立，然後有所持守。《書》曰："若藥弗瞑眩，厥疾弗瘳。"今日學者，皆是養病。

某見今之學者，皆似箇無所作爲，無圖底人相似。人之爲學，當如救火追亡猶恐不及，如自家有箇光明寶藏被人奪去，尋求趕捉。必要取得始得。今學者只是悠悠地，無所用心，所以兩年、三年、五年、七年相別，及再相見，只是如此。

諸友只有箇學之意，都散漫。不恁地勇猛，恐度了日子。須著火急痛切意，嚴了期限，趲了工夫，辦幾箇月日氣力，去攻破一過，便就裏面旋旋涵養，如攻寨，須出萬死一生之計，攻破了關限始得。而今都打寨未破，只循寨外走，道理都咬不斷，何時得透？

如大片石，須是和根拔。今只於石面上薄削，濟甚事？作意向學，不十日、五日又懶。孟子曰：一日暴之，十日寒之。

爲學極要求把篙處著力，到工夫要斷絶處，又更增工夫著力，不放令倒，方是向進處。爲學正如撑上水船，方平穩處，行不妨。及到灘脊急流之中，舟人來這上，一篙不可放緩。直須著力撑上，不得一步不緊，放退一步，則此船不得上矣。

若不見得入頭處緊也不可，慢也不得。若識得些路頭，須是莫斷了。若斷了，便不成。待得再新整頓起來，費多少力，如雞抱卵，看來抱得有甚煖氣，只被他常常恁地抱得成。若把湯去盪，便死了。若抱才住，便冷了。然而實是見得入頭處，也自不解住了。自要做去，他自得些滋味了，如喫菓子相似，未識滋味時，喫也得，不消喫也得，到識滋味了，要住自住不得。

人多言爲事所奪，有妨講學，此謂不能使船，嫌溪曲者也。遇富貴，就富貴上做工夫。遇貧賤，就貧賤上做工夫。兵法一言甚佳，因其勢而利導之也。人謂齊人弱，田忌乃因其弱以取勝。今日三萬竈，明日二萬竈，後日一萬竈。又如韓信特地送許多人安於死地，乃始得勝。學者若有絲毫氣在，必須進力。除非無了此氣，只口不會説話，方可休也。因舉浮屠語曰，假使鐵輪頂上旋，定慧圓明終不失。

今人做工夫，不肯便下手，皆是要等待。如今日早間有事，午間無事，則午間便可下手。午間有事，晚間便可下手。却須要待明日，今月若尚有數日，必直待後月，今年尚有數月，不做工夫，必曰今年歲月無幾，直須來年，如此何緣長進？

爲學正如推車子相似，才用力推得動了，便自轉將去，更不費力。故論語首章只説箇「學而時習之，不亦説乎」，便言其效驗者，蓋學至説處，則自不容已矣。

學者若有本領，相次千枝萬葉，都來湊著這裏。看也須易曉，讀也須易記。

有一分心向裏，得一分力。有兩分心向裏，得兩分力。因言前輩也多是背處，做幾年方成。

學者只是不爲己，故日間此心。安頓在義理上時少，安頓在閒事上時多。於義理却生，於閒事却熱。爲學須是切實爲己，則安静篤實，承載得許多道理。若輕揚淺露，如何探討得道理。縱使探討得，説得去，也承載不住。

務反求者，以博觀爲外馳。務博觀者，以内省爲狹隘。墮於一偏，此皆學者之大病也。

小立課程，大作工夫。

嚴立功程，寬著意思，久之自當有味，不可求欲速之功。

咬得破時，正好咀味。

如見陳斯殺，擂著鼓，只是向前去，有死無二，莫更回頭始得。

識得道理原頭，便是地盤。如人要起屋，須是先築教基址堅牢，上面方可架屋。若自無好基址，空自今日買得多少木去起屋，少間只起在别人地上，自家身已自没頓放處。

書不記，熟讀可記。義不精，細思可精。唯有志不立，直是無著力處。只如而今貪利禄而不貪道義，要做貴人，而不要做好人，皆是志不立之病，直須反復思量，究見病痛起處，勇猛奮躍，不復作此等人。一躍躍出，見得聖賢所説千言萬語，都無一事不是實語，方始立得此志。就此積累工夫，迤邐向上去，大有事在。

日用之間，以莊敬爲主。凡事自立章程，鞭約近裏，勿令心志流漫，其剛大之本乎。由此益加窮理之功，以聖賢之言爲必可信。以古人之事爲必可行，則世俗小小利害，不能爲吾累矣。

欲速好徑，是今日學者大病，向來所講，近覺亦未免此。以身驗之，乃知伊洛拈出敬字，真是學問始終，日用親切之妙。近與朋友商量，不若只於此處用力，而讀書窮理以發揮之，真到聖賢究竟地位，亦不出此。坦然平白，不須妄意思想頓悟懸絶處，徒使人顛狂粗率，而於日用常行之處，反不得其所安也。

學者先須置身於法度規矩中，使持於此者，足以勝乎彼，則自然有進步處。如孔子之告顔淵，以非禮勿視、聽、言、動爲克己之目，可見矣。若自無措足之地，而欲搜羅抉剔於思慮隱微之中，以求所謂人欲之難免者而克之，則亦代翕代張。没世窮年，而不能有以立矣。

無事静坐，有事應酬。隨時處無非自己身心運用，但常自提撕，不與俱往，便是工夫。事物之來，豈以漠然不應爲是耶？

古人爲學，只是升高自下，步步踏實，漸次解剥。人欲自去，天理自明，無似此一般作捺紐捏底工夫，必要豁然頓悟，然後漸次脩行也。曾子工夫，只是戰兢臨履，是終身事。中間一唯，蓋不期而會，偶然得之，非是别有一節工夫做得到此。而曾子本心蘄向，必欲得此，然後施下學之功也。

存養　持敬　主静　省察

或問存心，曰：存心只是知有此身，謂如對客，但知道我此身在此對客。

平居須是儼然若思。

三國時朱然終日欽欽，如在行陣。學者持此，則心長不放矣。

若存得此心，則氣常時清，不特平旦時清。若不存得此心，雖歇得些時，氣亦不清，良心亦不長。又曰睡夢裏，亦七撈八攘，如井水不打，他便清，只管去打便濁了。

叔重問所謂求放心者，不是但低眉合眼，死守此心而已。要須常使此心頓放在義理上，曰：也須是有專静之功始得。

某近因病中，兀坐存息，遂覺有進步處。大抵人心流濫四極，何有定止？一日十二時中，有幾時在軀殼内，與其四散閒走，無所歸著，何不收拾令在腔子中。且今縱其營營思慮，假饒求有所得，譬如無家之商，四方營求，得錢雖多，若無處安頓，亦是徒費心力耳。

問無事時，如何戒謹恐懼？若只管如此，又恐執持太過。若不如此，又恐都忘了。曰：也有甚麽矜持，只不要昏了他，便是戒懼。

問：伊川謂敬是涵養一事，敬不足以盡涵養否？曰：五色養其目，聲音養其耳，義理養其心。皆是養也。器之問：嘗讀孟子求放心章，今每覺心中有三病，籠統不專一。看義理每覺有一重似簾幕遮蔽，又多有苦心不舒快之意。曰：若論求此心放失，有千般萬樣病，何止於三？然亦别無道理醫治，只在專一。果能專一則静，静則明，明則自無蔽，既無蔽，須自有舒泰寬展處。這也未會如此，且收斂此心專一，漸漸自會熟，熟了，自有此意，看來百事只在熟，且如百工技藝，也只要熟，熟則精，精則巧。

自浮沉了二十年，只是説取去，今乃知當涵養。

人心常炯炯在此，則四體不待羈束，而自入規矩。只爲人心有散緩時，故立許多規矩來維持之，但常常提警，教身入規矩内，則此心不放逸，而炯然在矣。心既常惺惺，又以規矩繩檢之，此内外交相養之道也。

心只是一箇心，非是以一箇心治一箇心，所謂存。所謂收，只是唤醒。

學者常用提省此心，使如日之升，則群邪自息。他本是光明廣大，自家只著些子力去提省照管他，便了。不要苦著力，著力則反不是。

持守之要。大抵只是要得此心，常自整頓惺惺了了，即未發時不昏昧，已發時不放縱耳。

所諭涵養本原之功，誠易閒斷，然纔覺得間斷，便是相續處。只要常自提撕，分寸積累將去，久之自然接續，打成一片耳。

問孝述覺得閒嘗心存時，神氣清爽，是時視必明，聽必聰，言則有倫，動則有序，有思慮則必專一。若身無所事，則一身之内，如鼻息出入之粗細緩急，血脈流行，閒或凝滯者，而有纖微疾癢之處，無不分明。覺得當時别是一般精神，如醉醒寐覺不知可以言存心否，曰理固如此，然亦不可如此屑屑計功效也。

問孝述自覺心放時，精神出外，更不自知。如夢然，才知得放時，即是心便不放了。如知得夢時，即是夢覺。孔子言我欲仁便是仁至，似亦此意。故日用閒覺得直須謹操持，勤檢點。蓋操持容有懈時，若不測地猛省起來，則其懈時之放，自不得遠去，且不得久去，如此維繫之久，恐此心只得住裏面，如欲睡底人，須自家打起精神，不可放倒。間或精神倦時，不覺坐睡。又自家擺灑起來，不容睡著。每每如此，自是睡不得。愚見如此，不知是否。曰是是，但説太多了。

堯是初頭出治第一箇聖人，尚書堯典是第一篇典籍，説堯之德，都未下别字，欽是第一箇字，如今看聖賢千言萬語，大事小事，莫不本於敬，收拾得自家精神在此。方看得道理盡，看道理不盡，只是不曾專一。或云：主一之謂敬，敬莫只是主一。曰主一又是敬字注解，要之事無小無大，常令自家精神思慮盡在此。遇事時如此，無事時也如此。

因説敬曰：聖人言語。當初未曾關聚，如説出門如見大賓，使民如承大祭等類，皆是敬之目。到程子始關聚説出一箇敬來教人，然敬有甚物，只是畏字相似，不是塊然兀坐，耳無聞，目無見，全不省事之謂。只收歛身心整齊純一，不恁地放縱，便是敬。敬字前輩都輕説過了，唯程子看得重，人只是要求放心。何者爲心，只是箇敬。人纔敬時，這心便在身上了。

敬字工夫乃聖門第一義，徹頭徹尾，不可頃刻閒斷。

仲思問敬者德之聚。曰：敬則德聚，不敬則都散了。持敬之説，不必多言。但熟味整齊嚴肅，嚴威儼恪。動容貌，整思慮，正衣冠，尊瞻視。此等數語，而實加功焉，則所謂直内。所謂主一，自然不費安排，而身心肅然，表裏如一矣。

或問持敬患不能久，當如何下工夫？曰：某舊時亦曾如此思量，要得一箇直截道理。元來都無他法，只是習得熟，熟則自久。

或問一向把捉，待放下，便覺恁衰颯，不知當如何？曰：這箇也不須只管恁地把捉，若要去把捉，又添一箇要把捉底心，是生許多事。公若知得放下不好，便提掇起來，便是敬。曰：静坐久之，一念不免發動，當如何？曰：也須看一念是要做甚麽事，若是好事，合當做底事，須去幹了。或此事思量未透，須著思量教了，若是不好底事，便不要做。自家纔覺得如此，這敬便在這裏。

或問先生説敬處。舉伊川主一與整齊嚴肅之説，與謝氏常惺惺之説。就其中看，謝氏尤切當。曰如某所見，伊川説得切當，且如整齊嚴肅，此心便存，便能惺惺。若無整齊嚴肅，却要惺惺。恐無捉摸不能常惺惺矣。

或問謝氏常惺惺之説，佛氏亦有此語，曰其唤醒此心則同，而其爲道則異。吾儒唤醒此心，欲他照管許多道理。佛氏則空唤醒在此，無所作爲。其異處在此。

問和靖説其心收斂，不容一物。曰：這心都不著一物，便收斂。他上文云：今人入神祠。當那時，直是更不著得些子事，只有箇恭敬，此最親切。今人若能專一此心，便收斂緊密，都無些子空罅，若這事思量未了，又走作那邊去？心便成兩路。

敬字不可只把做一箇敬字説過，須於日用間體認是如何，此心常卓然公正，無有私意，便是敬。有些子計較，有些子放慢意思，便是不敬，故曰敬以直内。要得無些子偏邪，又與文振説，平日須提掇精神，莫令頽塌放倒，方可看得義理分明，看公多恁地困漫漫地，則不敬莫大乎是。

主一之謂敬，無適之謂一。敬主於一，做這件事，更不做别事。無適是不走作。

問蘇季明問静坐時，乃説未發之前，伊川以祭祀前旒黈纊答之。據祭祀時，恭敬之心，向於神明，此是已略發，還只是未發。曰只是如此恭敬，未有喜怒哀樂，亦未有思，唤做已發不得。然前旒黈纊，非謂全不見聞。若全不見聞，則薦奠有時而不知，拜伏有時而不能起也。

近來覺得敬之一字，真聖學始終之要。向來之論，謂必先致其知，然後有以用力於此，疑若未安。蓋古人由小學而進於大學，其於灑掃、應對、進退之閒，持守堅定，涵養純熟，固已久矣。是以大學之序，特因小學已成之功，而以格物、致知爲始。今人未嘗一日從事於小學，而曰必先致其知，然後敬有所施，則未知其以何爲主，而格物以致其知也。故程子曰：人道莫如敬，未有能致知而不在敬者。又論敬云，但存此久之，則天理自明，推而上之，凡古昔聖賢之言，亦莫不如此者。試考其言，而以身驗之，則彼此之得失見矣。

比因朋友講論，深究近世學者之病，只是合下欠却持敬工夫，所以事事滅裂。其言敬者，又只説能存此心，自然中理。至於容貌辭氣，往往全不加功，設使真能如此存得，亦與釋、老何異？上蔡説便有此病了，又況心慮荒忽，未必真能存得耶。程子言敬，必以整齊嚴肅，正衣冠，尊瞻視爲先，又言未有箕踞而心不慢者，如此乃是至論。而先聖説克己復禮，尋常講説，於禮字每不快意，必訓作理字然後已。今乃知其精微縝密，非常情所及耳。

所論敬者，存在之謂。此語固好，然乃指敬之成功而言，若只論敬字下工夫處，蓋所以持守此心，而欲其存在之術耳。只著一畏字形容，亦自見得。故和靖尹公，只以收斂身心言之，此理至約。

問某常學持敬，讀書心在書，爲事心在事，如此頗覺有力。只是瞑目静坐時，支遣思慮不去，或云只瞑目時，已是生妄想之端。讀書心在書，爲事心在事，只是收聚得心，未見敬之體。曰：静坐而不能遣思慮，便是静坐時不曾敬。敬則只是敬，更尋甚敬之體，似此支離，病痛愈多，更不曾得做工夫，只了得安排杜撰也。

持敬之説甚善。但如所諭，則須是天資高底人，不甚假脩爲之力，方能如此。若顔、曾以下，尤須就視、聽、言、動、容貌、辭氣上做工夫。蓋人心無形，出入不定，須就規矩繩墨上守定，便自内外帖然，豈曰放僻邪侈於内，而姑正容謹節於外乎？且放僻邪侈，正與莊整齊肅相反。誠能莊整齊肅，則放避邪侈決知其無所容矣。此日用工夫至要約處，亦不能多談。但請尊兄以一事驗之，儼然端莊、執事恭恪時，此心如何？怠惰頹靡、渙然不收時，此心如何？試於此審之。則知内外未始相離，而所謂莊整齊肅者，正所以存其心也。

或問疲倦時，静坐少頃，可否？曰：也不必要似禪和子樣去坐禪。方爲静坐，但只令放教意思静便了。

問動静兩字。人日間静時煞少，動時常多。曰：若聖人動時，亦未嘗不静；至衆人動時，却是膠擾亂了。如今人欲爲一事，未嘗能專此一事，處之從容不亂，其思慮之發，既欲爲此，又欲爲彼此，是動時却無那静也。

與好諧戲者處，即自覺言語多爲所引也。

問程子云：須是静中有物始得，此莫是先生所謂知覺不昧之意否？曰：此只是言静時，那道理自在，却不是塊然如死底物也。

或問而今看道理不出，只是心不虚静否？曰：也是不曾去看，會看底，就看處自虚静，這箇互相發。

問璘昨日卧雲庵中何所爲？璘曰：歸時日已暮，不曾觀書，静坐而已。先生舉横渠六有：説言有教，動有法，書有爲，宵有得，息有養，瞬有存。以爲雖静坐，亦有所存主始得。不然，兀兀而已。

横渠云：言有教，動有法，書有爲，宵有得，息有養，瞬有存。此語極好。君子終日乾乾，不可食息閒，亦不必終日讀書。或静坐存養亦是天地之生物，以四時運動，春生夏長，固是不息；

及至秋冬凋落，亦只是藏於其中，故明年復生。若使至秋冬已絶，則來春無緣復有生意，學者常喚令此心不死，則日有進。

或問不拘静坐與應事，皆要專一否？曰：静坐非是要如坐禪入定斷絶思慮，只收斂此心，莫令走作閒思慮，則此心湛然。無事自然專一，及其有事，則隨事而應，事已，則復湛然矣。不要因一事而惹出三件兩件，如此則雜然無頭項，何以得他專一？只觀文王「雝雝在宫，肅肅在廟。不顯亦臨，無射亦保」，便可見敬只是如此。古人自少小時，便做了這工夫。故方其灑掃時加帚之禮，至於學詩，學樂舞，學絃誦，皆要專一。且如學射時，心若不在，何以能中？學御時，心若不在，何以使得他馬？書數皆然。今既自小不曾做得，不奈何，須著從今做去方得。若不做這工夫，却要讀書看義理，恰似要立屋，無基地，且無安頓屋柱處。今且説那營營底心，會與道理相入否？會與聖賢之心相契否？今求此心，正爲要立箇基址，得此心光明，有箇存主處，然後爲學，便有歸著不錯。若心雜然昏亂，自無頭當，却學從那頭去，又何處是收功處？故程先生須令就敬字上做工夫，正爲此也。

伊川亦有時教人静坐，然孔孟以上，却無此説。要須從上推尋，見得静坐與觀理兩不相妨，乃爲的當爾。

敬有死敬，有活敬。若只守著主一之敬，遇事不濟之以義，辨其是非，則不活。若熟後敬便有義，義便有敬。静則察其敬與不敬，動則察其義與不義，如出門如見大賓，使民如承大祭，不敬時如何？坐如尸、立如齊，不敬時如何？須敬義夾持，循環無端，則内外透徹。

人須將那不錯底心，去驗他那錯底心，不錯底是本心，錯底是失其本心。

人有一正念，自是分曉。又從旁别生一小念，漸漸放闊去，不可不察。

何以窒欲？伊川曰：思。此莫是言欲心一萌，當思禮義以勝之否？曰：然。又問：思與敬如何？曰：人於敬上未有用力處。且自思入，庶幾有箇巴攬處。思之一字，於學者最有力。

思可以勝欲，亦是。曰：莫是要唤醒否。曰：然。

天理人欲之分，只争些子，故周先生只管説幾字，然辨之又不可不早，故横渠每説豫字。

問平日無涵養者，臨事必不能强勉省察。曰：有涵養者，固要省察；不曾涵養者，亦當省察，不可道我無涵養工夫，後於已發處更不管他。若於發處能點檢，亦可知得是與不是。今言涵養，則曰不先知理義底，涵養不得。言省察，則曰無涵養，省察不得。二者相捱，却成擔閣。

又曰如涵養熟者，固是自然中節。便做聖賢，於發處，亦須審其是非而行。涵養不熟底，雖未必能中節，亦須直要中節可也。要知二者可以交相助，不可交相待。

示喻静中私意横生，此學者之通患。能自省察至此，甚不易得，此當以敬爲主，而深察私意之明，多爲何事。就其重處，痛加懲窒，久之純熟，自當見效。不可計功於旦暮，而多爲説以亂之也。《論語別本》，未曾改定，俟後便寄去。然且專意就日用處做涵養省察工夫，未必不勝讀書也。

附先儒箴銘

程子四箴有序

顔淵問克治復禮之目。夫子曰：「非禮勿視，非禮勿聽，非禮勿言，非禮勿動。」四者身之用也，由乎中而應乎外，制於外，所以養其中也。顔淵事斯語，所以進於聖人，後之學聖人者，宜服膺而勿失也，因箴以自警。

視箴

心兮本虛，應物無迹，操之有要，視爲之一作之爲則。蔽交於前，其中則遷。制之於外，以安其内。克己復禮，久而誠矣。

聽箴

人有秉彝，本乎天性。知誘物化，遂亡其正。卓彼先覺，知止有定。閑邪存誠，非禮勿聽。

言箴

人心之動，因言以宣。發禁躁妄，内斯静專。矧是樞機，興戎出好。吉凶榮辱，惟其所召。傷易則誕，傷煩則支。已肆物忤，出悖來違。非法不道，欽哉訓辭。

動箴

哲人知幾，誠之於思。志士厲行，守之於爲。順禮則裕，從欲惟一作爲危。造次克念，戰兢自持。習與性成，聖賢同歸。

張南軒主一箴

人禀天性，其生也直。克慎厥彝，則靡有忒。事物之感，紛綸朝夕。動而無節，生道或息。惟學有要，持敬弗失。驗厥操舍，乃知出入。曷爲其敬，妙在主一。曷爲其一，惟以無適。居無越思，事靡他及。涵泳于中，匪忘匪亟。斯須造次，是保是積。既久而精，乃會于極。勉哉勿倦，聖賢可則。

真西山勿齋箴

天命之性，得之者人。人之有心，其孰不仁。人之不仁，曰爲物役。耳蕩於聲，目眩於色。以言則肆，以動則輕。人欲放縱，天理晦冥。于焉有道，禮以爲準。惟禮是由，匪禮勿狥。曰禮伊何，理之當然。不雜以人，一循乎天。勿之爲言，如防止水。孰其尸之，曰心而已。聖言十六，一字其機。機牙既斡，鈞石必隨。我乘我車，駟馬交驟。孰範其驅，維轡在手。是以君子，必正其心。翼翼兢兢，不顯亦臨。萬夫之屯，一將之令。霆鍧飈馳，孰敢于命。衆形役之，統於心官。外止勿流，内守愈安。其道伊何，所主者敬。表裏相維，動静俱正。莠盡苗長，醅化醴醇。方寸盎然，無物不春。惟勿一言，萬善自出。念兹在兹，其永無斁。

思誠齋箴

誠者天道，本乎自然。誠之者人，以人合天。曰天與人，其本則一。云胡差殊，蓋累於物。心爲物誘，性逐情移。天理之真，其存幾希。豈惟與天，邈不相似。形雖人斯，實則物只。皇皇上帝，命我以人。我顧物之，抑何弗仁。惟子思子，深憫斯世。指其本源，祛俗之蔽。學問辨行，統之以思。擇善固執，惟日孜孜。狂聖本同，其忍自棄。人十己千，弗至弗已。雲披霧捲，太虚湛然。塵掃鏡空，清光自全。曰人與天，既判復合。渾然一真，諸妄弗作。孟氏繼之，命曰思誠。更兩鉅賢，其指益明。大哉思乎，作聖之本。歸而求之，實近非遠。

夜氣箴

子盍觀夫冬之爲氣乎？木歸其根，蟄壞其封。凝然寂然，不見兆朕。而造化發育之妙，實胚胎乎其中。蓋闔者闢之基，正者元之本，而艮所以爲物之始終。夫一晝一夜者，三百六旬之積。故冬乃四時之夜，而夜乃一日之冬。天壤之間，群動俱閴。窈乎如未判之鴻濛，維人之身。嚮晦宴息，亦當以造物而爲宗。必齊其心，必肅其躬。不敢弛然自放於牀第之上，使慢易非僻，得以賊吾之衷。雖終日乾乾，靡容一息之間斷，而昏冥易忽之際，尤富致戒謹之功。蓋安其身以爲朝聽晝訪之地，而夜氣深厚，則仁義之心，亦浩乎其不窮。本既立矣，而又致察於事物周旋之頃，敬義夾持，動静交養，則人欲無隙之可入，天理皦乎其昭融，然知及之而仁弗能守之，亦空言其奚庸。爰作箴以自砭，常懔懔而瘝恫。

薛文清謹言箴

誦謹言之訓，習謹言之事。將三十年，夕悔其失，寤寐惶汗，而旦或復然。殆將漸流於放，終不克謹。以速尤召愆，汝縱不自愛。獨不念先人遺體之重，降衷秉之全，誓自今始，語不妄發，保厥中之静專，至此而猶飾虚詞，尚循故態者，當指證於蒼天。

慎行箴

思厥一身，或動或静，曰可見者，皆謂之行。行有天則，至明至正。云胡小子，操履靡定。語默或流於群妄，應接復牽於多病。是以德業不至於崇廣，馳騖將迷於蹊徑。其自今始，加夕惕以乾乾，欽聖謨而非禮勿動。

懲忿箴

在損著象，懲忿有教。樊昔辨惑，孔亦以告。蓋觸物易動，惟是爲先。苟勃然而妄發，必焚如以自煎。德既有乖，生亦受賊。速禍召尤，變故匪測。我思我心，本自湛如。云胡震撼，弗克寧處。制之有法，必懲必戒。懲摧其暴，戒思其害。惟暴若苗，惟忿若根。根除苗剪，事我天君。天君既安，百職從令。怒或當然，因感而應。應己而休，無迎將，雖曰顔樂，亦以是求。

改過箴

繼善成性，天然之中。安行者聖，纖失曷從。降自衆人，人有舛駁。自心及身，靡過不作。

所貴士賢，希聖希天。希之之要，改過爲先。如思之邪，如事之失。既炳其然，必去必亟。過去善復，日進可期。尤謹再作，迷復斯述。藐予小子，仰賴先業。氣質愚庸，過兼隱白。亦云有覺，厥治不剛。頻復厲矣，徒發赧惶。恐遂頑然，將不省憶。天畀謂何，而乃自棄。因是發憤，自訟以箴。風雷宜法，大壯宜欽。日悔日改，期無則止。希之之功，勿替終始。

存理箴

惟天生人，惟人有理。理謂之何，物則是矣。圓外竅中，五性渾全。感而遂通，四端秩然。貌色手足，口鼻耳目。以及衆體，至微之物。直温重恭，又肅明聰。或動或静，咸有厥中。身之所接，萬事五品。其理昭如，各有程準。凡此衆善，悉備吾身。放之則失，操之斯存。存之之要，明誠有教。明炳其真，誠踐其道。惟此二者，功不可偏。循之勿失，士賢聖天。

持敬箴

一刻之謹，心在理存。一刻之怠，心放理昏。是知敬之一字，乃直内之樞機，養性之本根。昔在伊洛，道繼孔學。開示群迷，敬爲要約。其曰主一無適者，欲人必專其念而不雜於多岐。其曰整齊嚴肅者，欲人必極其莊而不失於怠隋，斯實内外交養之法，持循之久，自不容私。其及門之士有曰惺惺法者，蓋必有事焉，而提撕於頃刻。有曰其心收斂不容一物者，蓋中虛無物，而必極其静一。偉哉晦翁，統承二程。小大之學，一以爲宗。慨彼前脩，年代云往。豈無瑶琴？寶匣絶響。在末小子，氣質愚頑。七情内蠹，百妄外干。雖曰爲學，徒侈華博。究厥本真，久矣戕斲。一日大覺，前爲可羞。蓋昧往訓，放心靡收。念彼寸膠，黄流可碧。顛末既陳，期守勿失。

慎微箴

眇忽之間，其動曰幾。究其所極，千里斯違。是以作易君子，觀羸豕而著象，因地雷而謹微。言發乎日，雖捫舌其靡及。行達乎遠，知駟馬之難追。惟兢兢焉日嚴乎斯語，庶遠悔尤而天理靡虧。

程子顔樂亭銘

天之生民，是爲物則。非學非師，孰覺孰識。聖賢之分，古難其明。有孔之遇，有顔之生。聖以道化，賢以學行。萬世心目，破昏爲醒。周爰闕裏，惟顔舊止。巷汙以榛，井堙而圮。鄉閭蚩蚩，弗視弗履。有卓其誰，師門之嗣。追古念今，有惻其心。良價善諭，發帑出金。巷治以闢，井渫而深。清泉澤物，佳木成陰。載基載落，亭曰顔樂。昔人有心，予忖予度。千載之上，顔惟孔樂。百世之下，顔居孔作。盛德彌光，風流日長。道之無疆，古今所常。水不忍廢，地不忍荒。嗚呼正學，其何可忘。

楊龜山書銘

含其英，茹其實。精于思，貫于一。

吕藍田克己銘

凡厥有生，均氣同體。胡爲不仁，我則有己。立已與物，私爲町畦。勝心橫生，擾擾不齊。大人存誠，心見帝則。初無吝驕，作我蟊賊。志以爲帥，氣爲卒徒。奉辭于天，誰敢侮予。且戰且徠，勝私窒欲。昔焉寇讐，今則臣僕。方其未克，窘我室廬。婦姑勃谿，安取其餘。亦既克之，皇皇四達。洞然八荒，皆在我闥。孰曰天下，不歸吾仁。癢疴疾痛，舉切吾身。一日至之，莫非吾事。顔何人哉，希之則是。

朱子敬恕齋銘

出門如賓，承事如祭。以是存之，敢有失墜。己所不欲，勿施於人。以是行之，與物皆春。

胡世之人，恣己窮物。惟我所便，謂彼奚卹。孰能反是，斂焉厥躬。于牆于羹，仲尼子弓。内順于家，外同于邦。無小無大，罔時怨恫。爲仁之功，曰此其極。敬哉恕哉，永永無斁。

學古齋銘

相古先民，學以爲己。今也不然，爲人而已。爲己之學，先誠其身。君臣之義，父子之仁。聚辨居行，無怠無忽。至足之餘，澤及萬物。爲人之學，燠然春華。誦數是力，纂組是誇。結駟懷金，煌煌煒煒。世俗之榮，君子之鄙。維是二者，其端則微。眇緜不察，胡越其歸。卓哉周侯，克承先志。日新此齋，以迪來裔。此齋何有，有圖有書。厥裔伊何，衣冠進趨。夜思書行，咨詢謀度。絶今不爲，惟古是學。先難後獲，匪亟匪徐。我則銘之，以警厥初。

求放心齋銘

天地變化。其心孔仁。成之在我，則主于身。其主伊何，神明不測。發揮萬變，立此人極。晷刻放之，千里其奔。非誠曷有，非敬曷存。孰放孰求，孰亡孰有。屈伸在臂，反覆惟手。防微慎獨，兹守之常。切問近思，曰惟以相。

尊德性齋銘

維皇上帝，降此下民。何以予之，曰義曰仁。惟義惟仁，維帝之則。欽斯承斯，猶懼弗克。孰昏且狂，苟賤汙卑。浮視傾聽，惰其四肢。褻天之明，慢人之紀。甘此下流，衆惡之委。我其監此，祇栗厥心。有幽其室，有赫其靈。執玉奉盈，須臾顛沛。任重道遠，其敢或怠。

志道齋銘

曰趨而挹者，孰履而持。曰饑而寒者，誰食而衣。故道也者，不可須臾離。子不志於道，獨罔罔其何之。

據德齋銘

語道術，則無往而不通。談性命，則疑獨而難窮。惟其厚於外而薄於内，故無地以崇之。

依仁齋銘

舉之莫能勝，行之莫能至。雖欲依之，安得而依之。爲仁由己，而由人乎哉？雖欲違之，安得而違之？

游藝齋銘

禮云樂云，射、御、書、數，俯仰自得。心安體舒，是之謂游，以游以居。嗚呼游乎！非有得於内。孰能如此其從容而有餘乎？

崇德齋銘

尊我德性，希聖學兮。玩心神明，蜕污濁兮。

廣業齋銘

樂節禮樂，道中庸兮。克勤小物，奏膚公兮。

居仁齋銘

勝己之私，復天理兮。宅此廣居，純不已兮。

由義齋銘

羞惡爾汝，勉擴充兮。遵彼大路，行無窮兮。

張南軒克齋銘

惟人之生，父乾母坤。允受其中，天命則存。血氣之萌，物欲斯誘。日削月朘，噫鮮能久。越其云爲，匪我之自。營營四馳，擾擾萬事。聖有謨訓，克治是宜。其克伊何，本乎致知。其致伊何，格物是期。動静以察，晨昏以思。良知固有，匪緣事物。卓然獨見，我心皦日。物格知至，萬理可窮。請事克治，日新其功。莫險於人欲，我其平之。莫危於人心，我其安之。我視我聽，勿蔽勿流。我言我動，是出是由。涵濡游泳，不競不絿。允蹈彝則，靡息厥修。逮夫既克，曰人而天。悠久無疆，匪然而然。爲仁之功，於斯其至。我稽古人，其惟顔氏。於穆聖學，具有始終。循循不舍，與天同功。請先致知，以事克治。仁遠乎哉，勉旃吾子。

敬齋銘

天生斯人，良心則存。聖愚曷異，敬肆是分。事有萬變，統乎心君。一頹其綱，泯焉絲棼。自昔先民，修己以敬。克持其身，順保常性。敬匪有加，惟主乎是。履薄臨深，不昧厥理。事至理形，其應若響。而實卓然，不與俱往。動静不違，體用無忒。惟敬之功，協乎天德。嗟爾君子，敬之敬之。用力之久，其惟自知。勿憚其艱，而或怠遑。亦勿迫切，而以不常。毋忽事物，必精吾思。察其所發，以會于微。忿欲之萌，則杜其源。有過斯改，見善則遷。是則天命，不遏于躬。魚躍鳶飛，仁在其中。於焉有得，學則不窮。知至而至，知終而終。嗟爾君子，勉哉敬止。成己成物，匪曰二致。任重道遠，其端伊邇。毫釐有差，繆則千里。惟建安公，自力古義。我作銘詩，以諗同志。

主一齋銘

人之心，一何危。紛百慮，走千岐。惟君子，克自持。正衣冠，攝威儀。澹以整，儼若思。主于一，復何之。事物來，審其幾。應以專，匪可移。理在我，寧彼隨。積之久，昭厥微。静不偏，動靡違。嗟勉哉，自邇卑。惟勿替，日在兹。

勿欺齋銘

動而未形，此心之幾。幾有善惡，人莫吾知。吾既知矣，其將何爲。賢有明訓，而曰勿欺。蓋欺之爲義，不專所持。雖曰好善，若有所疑。雖曰去惡，若有所縻。謂之勿者，庸以禁止於斯。故知善可好，如嗜甘肥。知惡可去，如厭糟醨。果專專於是道，復念念而無違。則眇眇之善端，可以擴之於天地之涯。美哉張君，令德是頤。勿欺名齋，顧以自規。庶幾匪懈，賢可士希。

存誠齋銘

惟天地萬物，實理爲之樞機。本厥一源，諒無不齊。自稟賦之雜揉，紛虚僞之交馳。爰有元聖，乃曰無爲。斯太極之全體，兼動静而靡違。降聖而賢，必由保持。視聽言動，敬以主之。群邪退伏，誠斯不虧。温温李生，往哲是希。爰居爰處，左箴右規。弦韋是服，絲桐是揮。沉酣古訓，詠歌古詩。斯須動作，靡敢怠墮。窒欲止水，如防如隄。庶邪妄之可閑，冀存誠之在兹。美厥志之名齋，述法言以勵之。

儀禮節略第三卷

昏禮

禮注疏：謂之昏者，娶妻之禮以昏爲期，故名焉，取陽往陰來之義也。

軾按：儀禮士昏禮：凡行事必用昏昕。疏：用昕使者，謂男氏使向女家納采、問名、納吉、請期五者，皆用昕，即詩所謂「旭日始旦」也。昏，親迎時也。然今兩家有相去數十里者，安得昏往昏來？世俗先一日往迎，次日未旦行，至昏入門，似於禮無礙。

議昏

男子年十六至三十，女子年十四至二十，身及主昏者無期以上喪，乃可成昏。大功未葬，亦不可主昏。

軾按：人情生女欲得快壻，生男欲得佳婦。卒難如意，徒爾愆期。又或貪財賄而人莫應，競奢華而力不勝，室家之願弗遂，父母之心奚安。此先王制禮，限以二十、三十，過此則有罰，非謂必至是而後可也。又有鑒愆期之失，襁褓童稚，輒訂婚盟，及長而變故多端，悔無及矣。律有指腹割襟之禁，亦此意也。

程正公曰：世人多謹于擇壻，而忽于擇婦，其實壻易見，婦難知。所繫甚重，豈可忽哉？

司馬温公云：凡議婚姻，當先察其壻與婦之性行，及家法何如，勿苟慕其富貴。壻苟賢矣，今雖貧賤，安知異日不富貴乎？苟爲不肖，今雖富貴，安知異日不貧賤乎？今世俗之貪鄙者，將娶婦，先問資妝之厚薄；將嫁女，先問聘財之多少。是乃駔儈賣婢鬻奴之法，豈得謂之士大夫婚姻哉？又曰：婦者家之所由盛衰也，苟慕一時之富貴而娶之，彼挾其富貴，鮮有不輕其夫而傲其舅姑，養成驕妒之性，爲患無窮。借使因婦財以致富，依婦勢以取貴，苟有丈夫之志氣，能無愧乎？

胡致堂云：後世婚姻，或以富貴結，或以急難合，或憑媒妁兩美之言，或因意氣一時之諾。初未嘗深知二人之性行也，及德下衰，又惟財色是迷，而不思家之隆替，自内助始也，可勝嘆哉！

袁氏曰：人家有男雖欲擇婦，有女雖欲澤壻，又須自量我家子女何如，如我子凡下，若娶美婦，豈特不和，或生他事。如我女不如彼子，萬一不和，卒爲所棄。男女婚嫁，切須自揣。

軾按：虞翻與弟書云：長子容當爲求婦，遠求小姓，足使生子，天其福人，不在貴族，芝草無根，醴泉無源。謂此論，可破世俗扳附之妄。然必求小姓，則亦未當。鄭公子忽辭齊婚，曰：齊大國，非我匹。所謂匹者，惟其稱而已。勝我者非匹，不如我者亦非匹也。芝草不生糞壤，醴泉不出污泥，此必然之理也。大戴禮云：謹爲子孫取婦，必擇孝弟世有行義者。如是，則其子孫慈孝，不敢婬暴。黨無不善，三族輔之，故曰鳳凰生而有仁義之意，虎狼生而有貪戾之心，兩者不等，各以其母。晉武帝爲子擇配，曰：衛氏種賢而多子，賈氏種妒而少子。即戴記各以其母之謂也，擇婦者可不慎歟！

又按：律禁同姓爲婚，分别問罪離異。禮云：取於異姓，所以附遠厚别也。故買妾不知其姓，則卜之。又曰：同姓雖遠，男女不相及，畏黷敬也。黷則生怨，怨亂毓災，災毓滅性。是故娶妻避其同姓，畏亂災也。家語曰：同姓雖百世，婚姻不得通，周道然也。今世古道不講同姓爲婚者，士夫家時復有之。獨江西則村野田夫，奴隸下賤，亦知其不可。故吾謂禮失而求諸野，其必於吾鄉而可。竟陵王帶存嘗云：姓氏有分别，同出一祖者，謂之同姓，而或異氏；不同出一祖者，謂之異姓，而或同氏。鄭夾漈謂氏同姓不同者，婚姻可通；姓同氏不同者，婚姻不可通。愚意同出一祖者，如魯出周公，晉出叔虞是也。同祖而異氏者，魯之孟、季，晉之欒、郤是也；異姓同氏者，其氏偶同，非真同氏，如晉有欒，齊亦有欒，魯有季，楚亦有季是也。自宗法廢，人有不知五屬之親者，何從别其爲姓、爲氏之異。今有季人、欒人于此，能考其果爲魯、爲楚、爲晉、爲齊耶？吾家之比鄰，有魯氏者，本葉姓，其女子出嫁稱葉，慎婚姻也，然魯不婚葉，亦并不婚魯，謂夫魯本出葉，而他魯之是葉、非葉，不可知也。三代以後，有賜姓，無分氏，今人即氏即姓，雖有好古者，不能以無徵之言，爲之辨晰源流，不如據見在同姓不婚之爲確也。

主昏謂昏者之祖若父，及凡爲家長者無，則族人爲之主。按：吾鄉以共高祖之長輩主之，蓋宗法既不可復，不得已而以長者爲之，於義近似。

必先使媒氏往來通言，候女家許之，乃行納采禮。

納采

納其采擇之禮，求女家採擇，即俗定親也。

主人具書。 主人即主昏者書用牋紙。如世俗之禮，如族人之子，則其父具書告于宗子。

丘氏曰：儀禮士昏禮：下達用雁，家禮削去，從簡也。會典：婚姻定爲三等，用絹布猪羊鵝酒菓麪之類。世俗往往踰制奢侈，狃于見聞已久，而行古禮者，過于落漠如此。蓋人情有所不堪，今擬用酒果合之類，有力者用羊酒亦可。○彭魯岡曰：世俗往往踰制奢侈，相習而不以爲非。夫帛與猪羊惟有力者用之，外此惟用鵝酒菓麪，奢侈不可爲訓，此惟士大夫之賢者力行之，良有司力禁之，庶或禮義之化行，而貨財之習可漸止也。

書氏：某郡姓某啓，不稱親者，方議而未成也。某郡某官執事。稱呼隨宜。伏承尊慈，不鄙寒微，曲從媒議，許以令愛貺室僕之男某。或某親之子某。兹有先人之禮，謹專人納采，因以問名。敢請令愛爲誰氏，并生年月日，其某生年月日名，敬列別幅。伏惟尊慈，俯賜鑒念。不宣。近俗另開復歷三代母氏姓，并男女生年月日，似可從。

軾按：納采者，以男名納之女氏，使采擇可否也。雁賓贄，非聘物也。論見後。朱子謂即言定，今俗謂之求允。言定，尚未定也；求允，尚未允也。丘氏增禮物禮書，是納徵矣，夫何采之有？然風俗相沿已久，于義無礙。姑從之。

夙興奉書以告祠堂。

儀如告冠。

祝文：某年某月某日，孝玄孫某，敢昭告於高曾祖考妣。某之子某，若某之某親之子某，議取某郡某之女，今日納采，就以問名，不勝感愴，用申虔告。○若宗子自昏，則自告。

乃使子弟爲使者，如女氏。

軾按：儀禮用賓，家禮用子弟爲使者，世俗遣僕具禮。授書致詞，一任媒人，謂婚禮萬世之始，納采、納幣，何等鄭重，可任媒人爲政耶？媒人詞多欺誑，甚至搆成兩家之釁，不可不慎也。吾鄉用兩家公親二人，名爲保親，此似近禮。

女氏主人出見使者。

使者盛服如女氏，女氏主人盛服見使者，啜茶畢。使者起致詞曰：吾子有惠，貺室某也。某之某親某官，有先人之禮，使某請納采。從者以書進，使者以書授主人。主人對曰：某之子若妹姪愚蠢，弗能教，吾子命之，某不敢辭，北向再拜。使者避不答拜，者以書進主人，主人以奉賓。受書。賓受之以授從者。主人曰：敢備薄禮，請醴從者。賓曰：敢辭。主人固請，賓曰：敢不從命。鞠躬，拜，興。拜，興，平身。賓拜主人，主人答拜。各就位。主人就東階，客就西階。俱北面。主人獻酒。主人降階酌酒至賓席前，奉酒于賓，賓趨席末。主人揖，送酒，賓趨席末受之，而揖。且遍揖坐客，而後飲，如常儀。飲畢，復揖主人，主人報之。賓酢酒。賓降階酌酒以奉主人如前儀，飲畢，主人以盞置卓子上。請升席。主人自席末先升，賓次升，媒氏及陪席者以次皆升坐。執事者，行酒。或三行五行隨意。進饌。或三或五如俗。奉幣，賓謝主人。賓出席。鞠躬，拜，興。拜，興，平身。主人答拜。送賓。至大門外。揖，平身。主人拱俟賓上馬。

軾按：世俗女家亦答禮物，于義似協。納采答韈履之類，納幣答文房四寶，及袍帽皆可。

復書式：某郡某官執事。稱呼隨宜。伏承尊慈，不棄寒陋，過聽媒氏之言。擇僕之第幾女某，或某親之幾女某。作配令嗣。或作某親弟姪隨稱。弱息蠢愚，又不能教。既辱采擇，敢不拜從，重問名。謹具所出及所生年月日于別幅。伏惟尊慈，特賜鑒念不宣。

使者復命主人復以告祠堂。

告曰：某之子某，聘于某氏女，今日納采問名畢，敢告。儀如前。

乃禮賓。

軾按：家禮無禮賓，缺也。雖子弟媒人，亦當有以勞之，而況賓乎？吾鄉于納采、納幣之前一日，設席禮賓，族黨親戚之長者皆與，即爲酒食以召鄉黨僚友之意也。但席不過四五，餚或四或六，酒十行而止。世俗鼓樂演戲，飲食若流。失禮甚矣。

士昏禮：下達納采用雁。達，通達也，將欲與彼合昏姻，必先使媒氏下通其言。女氏許之，乃後使人納其采擇之禮。昏必由媒，交接設紹介，皆所以養廉恥。納采而用雁爲贄者，取其順陰陰往來。陸佃曰：若逆女之類，自天子達是也。主人筵于户西，西上右几。主人，女父也。筵爲神布席也，户西者尊處，將以先祖之遺體許人，故受其禮于禰廟也。使者玄端至，擯者出請事，入告。擯者，有司佐禮者。請猶問也，雖知猶問之，重慎也。主人如賓服，迎于門外，再拜。賓不答拜，揖入。門外，大門外。不答拜者，奉使不敢當其盛禮。至于廟門，揖入。三揖，至于階。三讓，主人以賓升，西面。賓升西階，當阿東面致命。主人阼階上北面再拜。阿，棟也。尊卑不懸故俱升。授于楹間南面。授于楹間，明爲合好，其節同也，南面並授也。○疏曰：楹間謂兩楹之間，賓以雁授主人于楹間者，明和合親好，令其賓主遠近節同也。凡賓主敵者，授于楹間。不敵者，不于楹間。今使者不敵而于楹間，故云明好合也。賓降出，主人降授老雁。老，群吏之尊者。○疏曰：大夫家臣稱老。

記：士昏禮。凡行事，必用昏昕。受諸禰廟，宗子無父母命之，親皆没，己躬命之。支子則稱其宗，弟則稱其兄。辭無不腆，無辱。腆，善也。賓不稱幣不善，主人不謝來辱。摯不用死。疏曰：死謂雉。今禮用雁，故云不用死也。昏辭曰：吾子有惠，貺室某也。昏辭，擯者請事告之辭。吾子，謂女父也。稱有惠，明下達。貺，賜也。室，猶妻也。某，壻名。某有先人之禮，使某也請納采。某，壻父名也。某也，使名也。對曰：某之子惷愚，又弗能教，吾子命之，某不敢辭。對曰者，擯出納賓之辭。某，女父名也。吾子謂使者。致命曰：敢納采。疏曰：此使者升堂致命于主人。對辭如納徵。不言之者，文不具也。按：不答者，待其問名而答之。非文不具也。擯者出請，賓執雁請問名。主人許。賓入授，如初禮。

記：問名。主人受雁還西面對賓受命，乃降。○辭問名曰：某既受命，將加諸上，敢請女爲誰氏。曰：吾子有命，且以備數而擇之，某不敢辭。

納吉用雁，如納采禮。歸卜于廟得吉兆，復使使者往告，婚姻之事于是定。○辭。納吉曰：吾子有貺命，某加諸卜，占曰吉。使某也敢告。貺，賜也。賜命，謂許以女名也。某，壻父名。對曰：某之子不教，唯恐弗堪。子有吉，我與在，某不敢辭。與，猶兼也。疏曰：夫婦一體，夫既得吉，婦吉可知，故云我兼在吉中也。

軾按：家禮無問名、納吉，從簡也。丘氏問名并入納采，納吉并入納徵，於義無礙，從之。

納幣 一名納徵。徵，成也。納幣以成昏禮，且以爲證。

曲禮：非受幣不交不親。

坊記：無幣不相見。

儀禮：納徵用玄纁束帛，儷皮。注：徵，成也，納幣以成婚禮。用玄纁者，象陰陽備也。束帛，十端也。皮，鹿皮。儷，兩也。執束帛以致命，兩皮爲庭實。疏：婚禮有六，惟納徵不用雁，以其自有儷皮可執也。

雜記：納幣一束，束五兩，兩五尋。注：十個爲一束。兩兩個也。八尺爲尋。

或問朱子曰：古人納幣五兩，恐太簡。朱子曰：計繁簡，則是以利言矣。且吾儕無望復古，風俗更教誰變。古人云：婚娶而論財，君子不入其鄉。

軾按：一箇四尺，八尺爲兩箇。束五兩，五箇兩個也，不言十箇而言五兩，猶今布帛以聊計。兩五尋，申言五兩之數，謂其爲兩不過五尋而已。五尋合四十尺，以周尺計之，不及今緞一匹，故或人以爲簡。

具書，夙興主人以書告祠堂。

儀如納采。祝文：某之子某，娶某之女。今行納幣禮，擇于某日成婚，敢申虔告。女家同。如期遠，去「擇于」六字。

書式：忝親某郡姓某，啓某郡某官尊親家執事。稱呼隨宜。伏承嘉命，許以令女貺室僕之子某，若某親之子某加之卜占，已叶吉兆。茲有先人之禮，敬遣使者行納徵禮，謹涓吉日以請曰，某日甲子，實惟昏期。可否惟命？端拜以俟，伏惟尊慈。俯賜鑒念不宣。若昏期尚遠，去「謹涓」以下至「以俟」二十三字。

使者奉書如女氏，女氏出見使者，受書。奉以告祠堂。復書，禮賓。俱如納采儀。使者致辭，改采爲幣，從者以書幣進，使者以書授主人。主人對曰：吾子順先典，貺某重禮，某不敢辭，敢不承命。乃受書。

復書式：忝親某郡姓某，啓某郡某官尊親家執事。伏承嘉命，委禽寒宗，顧惟弱息，教訓無素，恐勿堪。卜既叶吉，僕何敢辭？茲又蒙順先典，貺以重禮。辭既不獲，敢不重拜。若夫婚期，惟命是聽。敬備以須，伏惟鑒念不宣。若另請期，不用「若夫」十三字。

使者復命，主人復以告祠堂。

儀如前。

請期

家禮請期附入納徵，謂已有婚期乃納徵也。今俗有納徵逾年而親迎者，則請期當特舉。

具書告祠堂。使者如女氏，受書。復書。禮賓，復命，告祠堂。俱如納采。

軾按：儀禮請期用雁，如納徵禮。吾鄉止用餅麪果子之類。禮書開明親迎冠笄日期，後稱伏求俯允云云。女家復書曰：惟命是聽。此似可行。

親迎　近則迎于其家，遠則迎于其館。

軾按：壻往婦家親迎，男先于女，剛柔之義也。齊俗不親迎，風人譏之。今古道不講，奢侈於物，而苟簡于禮，又或少年以行禮爲羞。親迎之舉，十無一二。是使女先于男，失剛柔倡隨之義矣。彼夫懦婦悍，牝雞晨鳴，長舌階厲，都由于此。親迎之禮，斷不可廢也。

前一日，女氏使人張陳其壻之室。　妝奩隨往。

張陳不過被褥帳幕應用之物，其衣服鎖之篋笥，不必陳。

彭魯岡曰：張陳于室，所以備用，非張陳于道也。今乃出服飾器具枕褥帳幕，一切瑣細豔麗之物，用鼓樂迎導于通衢大市，此何禮也？兒女事用以矜富炫俗，不亦醜乎？此在士庶不過演債負，在縉紳不過演贜私，有何好處？而張皇若此也。

初昏，主人告于祠堂。

儀如前，祝文前後同。但云某之子某，將以今日親迎於某官某氏。

遂醮其子而命之迎。

先以卓子盛酒注盤盞於堂上，設主人座于東序西向，設壻席于西北南向。○擇子弟之習禮者一人爲贊者。○非宗子之子，則其父醮于私室。

軾按：古人宮室之制，前爲堂，後爲室，故壻席南向。今應設父座于北南向，壻席東向。

丘氏儀節：請升座，父升座畢。壻就位。壻先立于階下，至是升自西階，立于席西南向。贊者酌酒。贊者取酒斟于盤盞，執詣壻席前。鞠躬，拜，興。拜，興，平身。壻拜訖。升醮席，受酒。壻受之。祭酒，傾少許于地。啐酒。略飲少許。降席。壻降席西，授盞于贊者。鞠躬，拜，興。拜，興，平身。詣父座前。壻詣父座前東向。跪。聽訓戒，父曰：往迎爾相，承我宗事。勉率以敬，若則有常。壻答曰：諾。惟恐不堪，不敢忘命。俯伏，興。拜，興。拜，興，平身。若宗子已孤而自昏，則不用此禮。非宗子之子改宗事爲家事。

壻乘馬出。

以二燈導前。○士大夫家，用從者二人，俱乘馬。婦車隨往，亦以二燈導前。

軾按：儀禮主人爵弁，纁裳，緇袘。從者畢玄端。乘墨車。注：主人，壻也。壻與婦爲賓主也。乘墨車，攝盛也。今俗壻乘四人轎，頂帽公服。亦似無礙，義取攝盛也。儀禮又云：婦車如之，有裧。注：士妻之車，夫家供之。大夫以上嫁女，則自以車送之。今皆以婦車隨壻往，于義爲協。至于花轎妝飾，動費多金。鼓樂旗幟，填巷塞衢，大非禮制。禮云：昏禮不用樂，幽陰之義也。又曰：取婦之家，三日不舉樂，思嗣親也。思嗣親，故不忍用樂；以幽陰，故不宜用樂。古人無昏禮用樂之事，今舉世用之，反以不用爲怪。人心陷溺，風俗敗壞，非細故也，有世道之責者可不戒諸。又按：陋習相沿日久，驟欲變俗行禮，恐女家不從。當先期開送儀注，遣人致詞，務期必行。朱子曰：士人欲行昏禮，而彼家不從，只得婉轉使人與議。丘氏曰：與議弗從，勿與爲昏可也。

至女家俟於次。

親迎不見女父母，以婦未見舅姑也。女家先設次大門外，壻下馬入，俟于次。女家使子姪導之。

女家主人，告於祠堂。

儀如前，祝文前後並同。但改某之弟幾女，將以今日歸于某郡某氏。

遂醮其女而命之。

醮席設於母座之西，東向。○擇乳母或老女僕一人爲姆，是日女盛飾，姆相之，立于室外。○又擇侍女一人爲贊者。

丘氏儀節：請升座。父母皆南向並坐。補：諸親屬以次序列。姆導女出，至兩階間，北向立。○其有父之尊屬，先一日父母導之，就其室辭。辭父母。拜，興。拜，興。拜，興。拜，興。辭親屬。或逐位，或東西向，各二拜。拜，興。拜，興。拜畢，行醮禮。女就席。贊者酌酒，女侍者用盞。酌酒，執詣女席前。受酒。贊以酒授。女受祭酒，女受酒傾少許於地。啐酒。以盞略沾唇。拜，興。拜，興。拜，興。拜，興。父命辭。姆導女出于母左，父起命之曰：戒之敬之，夙夜毋違爾舅姑之命。或易以俗語曰：戒謹小心，早晚聽你公婆言語。母命辭。姆導女至西階上，母起送之，整其冠帔。命之曰：勉之敬之，夙夜毋違爾閨門之禮。易以俗語曰：勉力敬謹，早晚守你閨門禮數。諸母命辭。諸母及諸姑嫂姊送至于中門之外，申以父母之命曰：謹聽爾父母之言。易以俗語曰：謹聽你爺娘的言語。

記：父醴女而俟迎者，母南面于房外。注：女既次純衣，父醴之于房中，南面，蓋母薦焉，重昏禮也。女奠爵于薦東，立于位，而俟壻。壻至，父出，使擯者請事。母出，南面房外，示親授壻，且戒女也。女出于母左，父西面戒之，必有正焉。若衣，若笄。母戒諸西階上，不降。必有正焉者，以托戒之，使不忘。母施衿結帨，諸母施鞶，俱托戒也。欲其目覩衿帨鞶之類，而不忘戒詞也。

主人出迎，壻入奠雁。

丘氏儀節：壻至門外，賓至，請迎。主人出大門外迎之，主東壻西。揖讓請行。主人舉手揖遜，請壻行。壻辭，主人先入。壻從之，至廳事。升階。主人升自東階立西向，壻升自西階北向。跪，壻跪。奠雁，置雁于地，主人侍者受之。俯伏，興。拜，興。拜，興，平身。主人立不答拜。

姆奉女登車。

丘氏儀節：壻奠雁畢，姆奉女出中門。壻揖新人行。壻舉手揖遜女行，降自西階先出，女從之，至轎邊。壻舉簾。壻舉轎簾以俟，姆致辭曰：未教，不足以爲禮。請升車。女登轎。

儀禮：女次，純衣，纁袡。注：次，首飾也。純衣，絲衣，玄色。袡，亦緣也，以纁緣其衣，婦人不常施袡之衣，盛婚禮，爲此服。袡衣，是士妻助祭之服，不常用，故云盛。疏：不言裳者，以婦人之服不殊裳。内司服云：婦人尚專一，衣裳不異其色。軾按：世俗婦人多穿五色衣，相沿成俗，驟難更易。今酌定禮衣，照儀禮用青繒大領闊衽，禮衣之内，用别色亦可，裳與衣異色亦可，首飾隨俗。但稱家貧富，無取奢麗。至珠寶貴重之物，不惟侈費，亦非惜福之道。雖富厚之家，亦可不用。吴越風俗，多用鳳冠霞帔，豈但越分，竊恐服之不衷，身之災也。

壻乘馬先婦車。

郊特牲曰：出乎大門而先，男帥女，女從男，夫婦之義從此始也。

軾按：女行宜有從者。有力之家，僕婢丫鬟，惟其所遣；貧者或遣老婢，隨從三月而歸；家貧無婢，不妨于親鄰家借用；庶民家無婢者，亦大可省。又儀禮舅饗送者，姑饗婦人送者。注：送者，有司也。疏：尊無送卑之法，大夫嫁女，遣臣送之。士無臣，故有司送之。又云：婦人送者，隸子弟之妻妾，隸子弟者，士卑無臣，自以其子弟爲隸也，竊意子弟妻妾送嫁，亦屬未便，此古禮之不可從者。遣子弟一二人送可耳。今世仕宦送女，僕從如雲，供張滿路，殊失禮意，且滋擾累。

至其家，導婦以入。

壻至家，立于聽事。俟婦下車，揖之，導以入室。

壻婦交拜。

婦從者布壻席于東，壻從者布婦席于西。

司馬温公曰：從者皆以其家女僕爲之。

就坐，飲食畢。壻出。

壻東婦西，從者斟酒設饌。壻祭酒，從者以兩巹杯斟酒，和合以進，壻婦各執其一。飲訖，徹饌案。壻脱服出。

主人禮賓。

男賓禮于外廳，女賓禮于中堂。

饗送者。

婦見舅姑

明日夙興，婦見於舅姑。舅禮之。

丘氏儀節：舅姑坐定序立。壻婦並立兩階間。鞠躬，拜，興。凡四。平身。拜畢，壻立不動。○家禮無壻拜之文，從俗補之。姆引婦稍前。婦從者以棗栗服脩爲贄授婦，婦奉贄。舅姑侍者受之。復位。壻婦拜，興。凡四。壻先退，婦亦退立。禮婦。設席，執事者設婦席于姑座之側。婦就席。侍者斟酒于盞，婦奉至舅姑前。拜，興。升席。婦自席右升席。受酒，祭酒，啐酒。飲沾唇。拜，興，凡二。禮畢。按壻婦既同拜，醴婦并設壻席亦可。

士昏禮：夙興，婦沐浴纚笄，宵衣以俟見。質明，贊見婦于舅姑，贊醴婦。婦升席，祭脯醢，祭醴。姑舅入於室。婦盥饋，是日婦家具酒饌，送至壻家。卒食。舅姑共饗婦以一獻之禮。軾按：婦家遠近不一，貧富不等，必具酒食以饗舅姑，又開煩費之端矣。且饋饗之禮，惟冢婦爲然，庶婦則使人醮之，婦不饋，今俗于冢婦、庶婦無甚分別。饗饋之禮，殺之亦可。吾家于婦至之三日，姑饗婦，舅不與，亦未甚悖禮。

士昏禮：舅姑即席，婦執棗栗腵脩奠于席。疏：棗栗，取其早自謹敬。腵脩，取其斷斷自脩也。白虎通義曰：婦人之贄以棗栗腵脩者，婦人無專制之義，御衆之任，交接辭讓之禮，職在供養饋食之閒，其義一也。故后夫人贄以棗栗腶脩者，凡肉脩陰也，棗取其朝早起，栗戰栗自正也。

婦見於諸尊長。

同居有尊於舅姑，以婦見於其室，不同居，則廟見而後往，無贄。軾按：今人家娶婦，親屬畢聚。宜留至次日，見舅姑禮畢。先見本族尊長及卑幼，次見諸親屬。見尊長四拜，不答拜，卑幼見新婦再拜，婦答拜。○軾按：今俗婦見族親尊長，俱贈以衣飾，亦大非禮，且無以處尊長之貧者，泥于有贈，將不復見矣。宜正之。

廟見

三日，主人以婦見於祠堂。

古者三月廟見，三月之内，恐有可去之事。三月無可去，則婦定矣。今改用三日。

軾按：今世俗多有次日先拜祖而後見舅姑者，蓋宗法既廢，人家罕有祠堂，祖先神主，多供於堂中，故先見於祖而後見舅姑，于禮無礙。

丘氏儀節：自序立至斟酒點茶，如常儀。告辭曰：某之子某，或某親之子某。以某日昏畢。

新婦某氏敢見，俯伏，興，平身。新婦見，壻婦並立兩階閒並拜。○古無壻拜之禮，今從俗補入。鞠躬，拜，興。拜，興。拜，興。拜，興，平身。復位。辭神。衆拜。鞠躬，拜，興。拜，興。拜，興。拜，興，平身。若宗子自昏，則告辭云：某今昏畢，敢以新婦某氏見，行四拜禮，畢。新婦點茶，復位，又四拜。

壻見婦之父母

明日，壻見婦之父母。

婦父非宗子，即先見宗子夫婦，不用幣如儀，然後見婦之父母。

次見婦黨諸親。

不用幣。

婦家禮壻如常儀。

丘氏儀節：其日壻盛服往婦家，至大門外立，侍者先入。壻至，請出迎，婦父出大門外迎之。揖壻請行。婦父舉手揖壻。入，先行，壻從之，從者執幣隨壻後，婦父升自東階，壻自西階。各就位。婦父立于東少北，壻立西少南。鞠躬，拜，興。拜，興。拜，興。拜，興，平身。婦父跪而扶之。奉贄幣。從者授壻幣，壻以奉婦父，受之以授從者。見外姑。婦母闔門左扉立于門内，壻拜于門外。鞠躬，拜，興。拜，興。拜，興。拜，興，平身。○奉贄幣。壻以奉婦母，從者受以入。○以下補。廟見。婦父引壻至祠堂前，婦父拜。鞠躬，拜，興。拜，興，平身。跪，上香。○告辭曰：某之女某，若某親之女某。壻某，來見。俯伏，興，平身。新壻見。壻立兩階間。鞠躬，拜，興。拜，興。拜，興。拜，興。平身。畢。婦父鞠躬，拜，興。拜，興，平身。禮畢。按：禮止有壻見婦黨諸親之禮，而無廟見之儀，今據集禮等書補之。蓋以女適人，生者既有謁見之禮，而于死者漠然不相干，況又有已孤而嫁者乎？見尊長。婦父引壻回廳事，有尊長，則就所居見之。鞠躬，拜，興。拜，興。拜，興。拜，興，平身。無幣。卑幼見。皆再拜，或答，或跪而扶之，隨婦父所命。禮壻。其日預設酒席，如時俗儀，婦父曰：今備薄酒，敢醴從者。壻辭之不獲。壻答曰：敢不從命。壻拜。鞠躬，拜，興。拜，興，平身。答拜。各就位。婦父立東階上，壻西階，俱北向。主人酌酒。婦父持酒以奉壻，壻趨席末，受之而揖，又遍揖在席諸親。壻跪。壻跪而飲，婦父以一手扶之。啐酒，興。揖，平身。壻酢酒，壻降階，洗盞斟酒以奉婦父，婦父亦受而遍揖在席者。跪，壻跪，婦父以一手扶之，飲訖。興。壻起，婦父以盞置酒案上。請升席。婦父及諸陪者，皆席于東序，壻獨席于西序，少南近階。執事者行酒。或三行，或五行，隨宜。進饌。如時俗儀，酒闌壻起。壻拜謝，鞠躬。拜，興。拜，興，平身。婦父跪而扶之。答壻幣。或巾服幣帛之類隨宜，壻受之，以授從者。鞠躬，拜，興。拜，興，平身。亦跪而扶之。送壻。至大門外。揖平身。今詳于禮壻儀者，以鄉俗有尊壻太過者，或又有卑壻太甚者。謹按：集禮等書，酌中道以爲此儀。

餘論

王吉上疏曰：夫婦，人倫大綱，夭壽之萌也。世俗昏娶大蚤，未知爲人父母之道，而有子，是以教化不明而多夭。

文中子曰：昏娶而論財，夷虜之道也，君子不入其鄉。古者男女之族，各擇德焉不以財爲禮。

蚤昏少娶，教人以偷。妾媵無數，教人以亂。且貴賤有等，一夫一婦，庶人之職也。

匡衡曰：妃匹之際，生民之始，萬福之原。昏姻之禮正，然後品物遂，而天命全。

二程全書：或問孀婦於理似不可取，如何？伊川曰：然。凡娶婦以妃身，若娶失節者以妃身，是已失節也。

司馬温公曰：古者男子三十而娶，女子二十而嫁。今令文男年十三以上，並聽昏嫁。今爲此說，所以參古今之道，酌禮令之中，順天地之理，合人情之宜也。

朱子語類：天子諸侯不再娶。亡了后妃，只是以一娶十二女，九女者推上。魯、齊破了此法再娶，大夫娶三，士二，却得再娶。

因論今之士大夫多是死於欲。曰：古人法度好，天子一娶十二女，諸侯一娶九女。老則一齊老了，都無許多患。

親迎之禮。從伊川之説爲是。近則迎於其國，遠則迎於其館。

問程氏昏儀，與温公儀，如何？曰：互有得失。曰：當以何爲主？曰：迎婦以前，温公底是；婦入門以後，程儀是。温公儀，親迎只拜妻之父兩拜，便受婦以行，却是；程儀偏見妻之黨，則不是。温公儀入門便廟見，不是；程儀未廟見，却是。大概只此兩條，以此爲準去子細看。曰：廟見當以何日？曰：古人三月而後見。曰：何必待三月？曰：未知得婦人性行如何。三月之久，則婦儀亦熟，方成婦矣。然今也不能到三月，只做箇節次如此。曰：古人納采後又納吉，若卜不吉，則如何？曰：便休也。曰：古人納幣五兩，只五匹耳，恐太簡難行否？曰：計繁簡則是以利言矣，且吾儕無望於復古，則風俗更教誰變。曰：温公用鹿皮如何？曰：大節是了，小小不能皆然，亦没緊要。曰：温公婦見舅姑，及舅姑享婦儀，是否？曰：亦是古人有此禮。或問：古者婦三月廟見，而温公禮用次日，今有當日即廟見者，如何？曰：古人是從下做上，其初日是行夫婦禮，次日方見舅姑，服事舅姑已及三月，不得罪於舅姑。方得奉祭。

問婦當日廟見非禮否？曰：固然。温公如此，他是取左氏先配後祖之説，不知左氏之語何足憑？豈可取不足憑之左氏，而棄可信之儀禮乎？

人著書，只是自入些已意，便做病痛。司馬與伊川定昏禮，都是依儀禮，只是各改了一處，便不是古人意。司馬禮云：親迎奠雁，見主昏者即出，不先見妻父母者，以婦未見舅姑也。是古禮如此。伊川却教拜了，又入堂拜大男小女，這不是。伊川云壻迎婦，既至，即揖入内，次日見舅姑，三月而廟見，是古禮。司馬禮却説婦入門，即拜影堂，這又不是。古人初未成婦，次日方見舅姑，蓋先得於夫，方可見舅姑。到兩三月，得舅姑意了，舅姑方令見祖廟。某思量，今亦不能三月之久，亦須第二日見舅姑，第三日廟見乃安。亦行親迎之禮，古者天子必無親至后家之禮，今妻家遠，要行禮，一則令妻家就近處設一處，却就彼往迎歸館成禮；一則妻家出至一處，婿即就彼迎歸，自成禮。

叔器問：昏禮，温公儀婦先拜夫，程儀夫先拜婦，或以爲妻者齊也，當齊拜。何者爲是？曰：古者婦人與男子爲禮，皆俠拜，每拜以二爲禮。昏禮婦先二拜，夫答一拜。婦又二拜，夫又答一拜。禮雖見母，母亦俠拜。

問今有士人對俗人結姻，欲行昏禮，而彼俗人不從，却如何？先生微笑，顧義剛久之，乃曰：這也是費力。只得宛轉使人去與他商量，古禮也省徑，人也何苦不行？直卿曰：若古禮有甚難行者，也不必拘。如三周御輪不成，是硬要扛定轎子旋三匝。先生亦笑而應。義則曰：如俗禮，若不大段害理者，些小不必盡去也得。曰：是。久之，云：古人也有不可曉，古人於男女之際甚嚴，却如何地親迎乃用男子御車，但只令略偏些子，不知怎生地。直卿舉今人結髮之説爲笑。先生曰：若娶用結髮，則結髮從軍，皆先用結了頭髮，後方與番人厮殺耶？

堯卿問姑舅之子爲昏，曰：據律中不許，然自仁宗之女嫁李瑋家，乃是姑舅之子。故歐陽公曰：公私皆已通行，此句最是。把㟁去聲這事，又如魯初間與宋世爲昏，後又與齊世爲昏，其間皆有姑舅之子者，從古已然，只怕位不是。

答胡伯逢曰：男女居室，人事之至近，而道行乎其間。此君子之道，所以費而隱也。然幽暗之中，衽席之上，人或褻而慢之，則天命有所不行矣。此君子之道，所以造端乎夫婦之微密，而語其極，則察乎天地之高深也。然非知幾慎獨之君子，其孰能體之？易首於乾坤，而中於咸恒。禮謹大昏，而詩以二南爲正始之道，其以此與？知言亦曰：道存乎飲食男女之事，而溺其流者，不知其精。又曰：接而知有禮焉，交而知有道焉，惟敬者能守而不失耳，亦此意也。

夫婦情意密而易於陷溺，不於此致謹，則私欲行於狎玩之地，自欺於人不知之境。倘知造端之重，隱微之際，戒謹恐懼，則是工夫從裏面做出，以之事父兄，處朋友，皆易爲力而有功矣。

孔明擇婦，正得醜女，奉身調度，人所不堪。彼其正大之氣，經綸之藴，固已得於天資，然意其志慮之所以日精明，威望之所以日益隆重者，則寡欲養心之助爲多。

陳用之禮書：士納吉用雁，如納采禮。納徵，玄纁、束帛、儷皮，如納吉禮。鄭氏曰：徵，成也，使使者納幣以成昏禮。用玄纁者，象陰陽備也。束帛，十端也。周禮曰：凡嫁子娶妻，入幣純帛，無過五兩。儷，兩也，執束帛以致命，兩皮爲庭實。皮，鹿皮。釋周禮曰：純實緇字也，古緇以才爲聲。士大夫乃以玄纁束帛，天子加以穀圭，諸侯加以大璋。雜記曰：納幣一束，束五兩，兩五尋。然則每端二丈。賈公彦曰：庶人用緇無纁，其大夫無冠禮，有昏禮。若試爲大夫及幼爲大夫者，依士禮。若五十而爵，改娶者，昏禮玄纁及鹿皮，則同於士。餘有異者，無文以言之也。然考之於史曰：錦繡千純。蘇秦傳。又曰文繡千纯。張儀傳。則純，匹端也，周禮所謂純帛，乃匹帛也。鄭改以爲緇，誤矣。匹帛無過五兩，則庶人不必五兩，大夫士不得過焉。非謂庶人用緇，大夫用玄纁也。先王之制昏禮，其用財不過如此，則婦之所飾可知矣。以爲合二姓之好，上以事宗廟，下以繼後世，而不在財也。是以梁鴻鄙孟光之綺繡，袁隗却馬倫之囊裝，王通亦曰：婚娶論財，夷虜之道也。後世之俗，有以金幣相高。蓋不知此。

曲禮曰：納女於天子曰備百姓，於國君曰備酒漿，於大夫曰備埽灑。鄭氏曰：納女猶致女，不親迎，則女之家遣人致之，此其辭也。春秋之時，晉韓宣子叔向如楚送女，左氏曰：上卿及上大夫致之。魯季孫行父如宋致女，其辭蓋亦如曲禮云爾。

士昏禮：主人爵弁纁裳，從車二乘，婦車亦如之。氓之詩曰：「以爾車來，以我賄遷。」鵲巢詩曰：「百兩御之，百兩將之。」何彼襛矣詩曰：「曷不肅雝？」上姬乘車下嫁也。鄭氏謂：士妻之車，夫家共之。大夫以上嫁女，則自以車送之。然諸侯夫人百兩御之，不特有送之之車而已。送車繼又乘之以歸，故泉水詩有「還車言邁」之嘆。鄭氏曰：還車者，嫁時乘來，今思乘以歸。春秋之時，齊高固子叔姬有反馬之禮，此皆古之遺制也。

吕坤四禮疑：昏之不可已者三，曰納采，曰納幣，曰親迎。禮用六者何？猶冠之有三也，三加重冠，六禮重昏，男女萬物之始也，可弗重與？昏禮納采、問名、納吉、納幣、請期、親迎，凡六。家禮略去問名、納吉、請期，似極簡實。俗禮有起媒、謝親、定禮、送緬、下財、催妝、親迎，凡七。與古互有詳略，而送緬尤爲非禮。廟見以前，猶有裳之刺，在室豈執婦功耶？

禮疏不干親，主昏喪，禮之大者也。父無族，母無兄弟，以内外兄從母姑姊之夫主之，不猶愈乎？奚取於父執里宰也？家禮主昏無父族母舅，則以父執里宰主之，是以疏遠之人于親戚之事。姑之子曰内兄，舅之子曰外兄，母姊妹家有從母之夫，父姊妹家有姑之夫，姊妹家有姊妹之夫，皆近親尊長，情誼相關，内外相及，乃棄不用，而父執里長是請，亦迂矣。至於父母死，無喪主，寧用東西家，前後家，閭胥里宰，而不用女與婿，曰女既適人，明其爲外人也，不亦拂情亂常之甚乎？女雖外父母兄弟家，然期親，壻亦緦親也。閭胥里宰，於死者何有焉？

孩提議昏，非禮也。世無不孩提矣，而吾待成人，不亦暮乎？暮不伉儷。温公云：吾家男女俟長議昏，不數月而嫁娶，良是。但舉世皆於孩提之時求昏許嫁，甚者指腹。雖庶人無十歲不聘之女，況世數相班，意氣相期，男女相宜，桑梓相近，門户相當，有此五可，而相求不應，待其別議，而子女既長，以求人之餘，豈能媲美耶？虞詡云：遠求小姓，足使生子。若是，則待其長成可矣。

納幣，重女也。君子不儉，貧無財。君子不争，儉與争，市道也。女家已不可矣，以無厭求婦，虜且恥之。古人惟罪女家，偏也夫。六禮惟納幣爲重，故幣不嫌於豐。貧而無財，苟足成禮，君子無争心焉。儉者吝，争者貪，市井交易之道乃爾。雖然，女家貧而送嫁無資。倘涉於争，情猶可諒。言猶有執，彼納人之女者，既儉於禮幣，又索其妝奩，入門之後，日餽月供，禮恭物厚，若謂當然。稍不如意，女受其殃，甚者吞聲而疾，非命而死，質人之女，以殫人之家，與虜何異？恐虜有良心者，當亦恥焉。江南貧者溺女，古人生女則悲，人情亦大苦矣。寡廉喪恥，莫甚於斯。余爲此語，以媿世之爲人壻，爲人舅姑者。

昏禮六，二姓父母無相見之文，皆以使者通，何爲也？六禮，嘉禮之重者也，二姓之父母，無相見之文，始終以使者通往來之命，豈事體當相回避耶？不知二姓何年是識面之日耶，近世男家先拜媒，媒報通於女家，許婚後，男家送定帖，女家報許帖。然後男家主者同媒往謝，女家報謝，且請三族近親，謂之會親。凡大禮必親往，女家亦如之，似於禮無害。

媒妁二姓之合，而百年之始也。大賓以重之，吉人以榮之，使者褻矣，禮耦，故媒妁必耦。

催妝，告親迎也。往之女家，始進爲重。父母兄弟，終遠爲難。催之，示從人非得已也。此可代請期之禮，近世用果酒二席，大紅衣裳一套，脂粉一色，巾櫛二事。先親迎一日蚤，女賓二人，以車往，先回，薄暮壻至。

壻盛服，盛其所有也，攝盛僭矣，制許之，君子不敢居焉。

醮禮。主人西向，壻南向，蓋東南户之禮也，北面聽戒，今制得之矣。

婦人無拜興。拜興，非古也。男醮之拜六，女醮之拜二十，既醮而不拜，尤非禮也。儀節父醮子就席，北面再拜，聽命也。就醮席再拜，謝醮也。受訓再拜，謝命也，甚簡質。女將歸而四拜於父母，又左右八拜於親屬，以辭，是矣。此禮當行於醮後，不宜拜於父母升座之始，愚欲醮女如醮子。禮畢，設賓女之席，席畢辭父母四拜，辭親屬尊者四拜，平交以下再拜，庶於情禮爲便。

壻見婦家祠堂，報禮也。主人不以，不引壻見。先告祠而壻自行之。儀禮缺而家禮補之，極是。主人不以，不敢以父道率壻也。

婦黨之拜皆四，不已隆乎？婦尊可也。四拜不宜泛施，今宜於婦祖父母父母，餘皆再拜。

外祖父母，外父母，非外之也，乃祖父母，父母之也。祖父母、父母無二，故外，以别之。壻與婦父母均禮，衰世之薄俗也。禮稱三族，分殊而尊同。鄉先生父執，且受拜也。婦父母不得當尊可乎，簡倨以陵婦翁，有由來矣。家禮壻四拜，婦翁跪而扶之，似不便，不如受其再拜，不答拜，侍坐隨行，呼行或呼字。

王艸堂人鑑：唐裴坦長子娶楊收女，裝資豐厚，坦尚儉，聞之不樂。一日與夫人至新婦院臺上，視果碟，乃卧魚犀。遽拂袖出曰：亂我家法。令撤回。宋范文正公將爲子純仁娶婦，或傳以羅爲幃幔者，公不悦。曰：羅綺豈幃帳之物耶？吾家素清儉，安得亂吾家法，敢持至，當火於庭。王艸堂云：貪圖裝奩，而較論責備者，當鑑此。

宋劉廷式與鄰翁議婚，入太學五年登第而歸，翁死女瞽，又貧甚，不復敢言姻事。廷式知之，擇日成婚，或勸納其幼女，廷式堅不可。曰：此女某若不娶，一生遂無所歸，竟娶之。後廷式坐小譴，監司嘉其行誼，爲之闊略。及妻死，哭甚哀，東坡爲文美之。周恭叔幼議母黨之女，登科後，女目雙瞽，遂娶焉，愛過常人。吕君舉華陰人，聘而未娶，成進士歸，女已瞽，其家辭之。吕云：既聘而後盲，君不爲欺，又何辭？遂娶之，生五男，皆進士，其一爲相，即汲公也。文紹祖，福清人，聘柴公行之女爲媳，忽患中風，紹祖欲更之，其妻不從，仍娶歸，後其子登第，而媳疾亦愈。劉以平，猗氏人，聘關氏，未娶而病廢，及婚，以次女代，以平疑其無病容，詰之，媒以實告。以平曰：定聘者病女也，棄之不義，然次女已歸吾家，無復還理，即配吾弟以寬可也。更迎病女，于歸後，病遂愈，後以平登進士，官太僕卿。王艸堂云：世之輕棄其妻者，當鑑此。

漢梁鴻，世慕其高節，多欲妻之，鴻絶不允。同郡孟光，壯肥而黑，擇對不嫁，至年三十，父母問故，答曰：欲得賢如梁伯鸞者。鴻聞而聘之，女求作布衣麻縷織績之具，共遯霸陵山中，後去吴，依皋伯通。居廡下，爲人賃舂，每歸，妻爲具食，舉案齊眉，伯通察而異之曰：彼傭能使其妻敬如此，非凡人也。沔南名士黄承彦謂諸葛孔明曰：聞君擇婦，身有醜女，黄頭黑色，而才堪相配。孔明許諾，即載送之。鄉里爲之諺曰：莫作孔明擇婦，正得阿承醜女。後生子瞻，尚公主，歷官尚書僕射，盡忠于漢。王艸堂云：好色不能好德者，當鑑此。

宋弘爲司空時，帝妹湖陽公主新寡，帝與共論群臣，以微觀其意。主曰：宋弘威容，群臣莫及。帝因召弘問曰：貴易交，富易妻，人情乎？弘曰：貧賤之交不可忘，糟糠之妻不下堂。帝謂主曰：事不諧矣。王艸堂云：停妻再娶，而棄舊憐新者，當鑑此。

漢鮑宣妻桓氏，字少君，宣嘗就少君父學，父奇其清苦，以女妻之，裝送資賄甚盛。宣不悦，謂妻曰：少君生富貴，習美飾，而吾實貧賤，不敢當禮。妻曰：大人以先生脩德守約，故使賤妾侍執巾櫛，既奉承君子，惟命是從。宣笑曰：能如是，是吾志也。妻乃悉歸侍御服飾，更著短布裳，與宣共挽鹿車歸鄉里，拜姑禮畢，提甕出汲，修行婦道，鄉邦稱之。王艸堂云：妻嫌夫貧，而不能脩婦道者，當鑑此。

宋英宗嘗謂神宗云：舊制帝女出降，輒皆升行以避舅姑之尊，義甚無謂，朕嘗思此，寤寐不平，豈可以富貴之故，屈人倫長幼之序也？可詔有司革之。因詔令公主行見舅姑禮，著爲令。王艸堂云：以公主之尊，而敬禮舅姑，則自恃富貴而傲慢輕忽者，當鑑此。

張待制昷，呂正獻公著，皆魯參政宗道之壻。張幼女嫁正獻之子，原明張夫人，一日來視女，見舍後有鍋釜之類，大不樂，謂妹曰：豈可使小兒輩私作飲食，壞家法。王艸堂云：世之寵女怙惡者，當鑑此。

孫明復居泰山，年五十一，家貧未娶，李迪就見之，曰：吾弟之女甚賢，可以奉先生箕箒。明復固辭，迪曰：吾女不妻先生，不過一官人妻，先生德高天下，幸壻李氏，榮貴莫大于此。門人石介進曰：公卿不下士久矣，今丞相不以先生貧賤，而欲託以子，是高先生行義也。遂娶之，其女亦甘淡薄，事夫盡禮，當時士夫莫不賢之。王艸堂云：貪勢利而薄行誼者，當鑑此。

漢任延爲九真太守，爲民嫁娶二千餘人，時感其德，多以任名其子。唐柳公綽，姑姊妹姪有孤嫠者，雖疏遠必擇嫁，皆用刻木妝奩，纈文絹爲資裝，常言必待資裝豐備，何如嫁不失時？其姪柳仲郢，歷官境内，有孤貧衣纓家女及笄者，皆爲選壻，出俸金爲資裝嫁之。周竇禹鈞嫁同宗及外姻貧困者二十八女，宋鍾瑾離爲德化令，將嫁女，買婢，見其涕泣，問之。答曰：父亦爲令，五歲而孤至此，因念先人故泣也。瑾遂撤女資以嫁，明沈仲説無子買妾，問其姓氏，乃故友范復初之女也，遂擇壻以嫁。吴中稱之。王艸堂云：今人視族女如路人，況戚女、友女、他人女乎？民胞義舉者，當鑑此。

梁州刺史楊欣，有姊喪未經旬，車騎長史韓預，强聘其女爲妻，張輔爲中正，貶預以清風俗。世子文學王籍之，居叔母喪而婚，東閣祭酒顔含，在叔父喪嫁女，劉隗並奏被罰。後唐天成二年九月，敕原州司馬翟璵，喪妻未及半年，别成婚，棄母動逾千里，不奉晨昏，令本處賜死。王艸堂云：期功之喪嫁娶有罪，況父母乎？世有乘喪完姻，以及妻死即續者，當鑑此。

附論

冠禮之廢久矣，喪祭亦徒有其名，惟昏姻雖變古制，猶未大遠禮意，故予纂昏禮，未敢矯異。然古有不可盡泥，今有不容姑徇者，又逐條著爲論。

婚姻以時。

軾按：男女居室，人之大倫，上事宗廟，下繼後世，何其重也？故先王制禮，男女必以正，婚姻必以時。男子三十而娶，女子二十而嫁。大戴記云：合于五也，中節也。周官凡男女自成名以上，皆書年月日名，媒氏掌之，年三十、二十不嫁娶者有罰。又仲春會男女，若無故而不用令者，罰之。白虎通云：嫁娶以春者，春天地交通，萬物始生，陰陽交接之時也。摽梅之詩曰：迨其吉兮，畏愆期也。毛氏釋東門之楊曰：不逮秋冬。鄭氏曰：女春盛而不嫁，夏則衰。綢繆之詩曰：三星在户。謂心星當昏見户，建辰之月也。國亂民貧，男女失其時也。家語：霜降而婦功成，嫁女者行焉；冰泮農業起，昏禮殺于此。所謂昏禮者，納采、納徵之禮也。行者，行此也。非親迎之謂也。

行媒。

周官媒氏掌萬民之判。注：判，半也，得耦爲合，主合其半爲夫婦也。曲禮：男女非有行媒，不相知名。詩云：娶妻如之何，匪媒不得。孟子曰：媒妁之言。説文云：媒者，謀也，謀合二姓。妁者，斟酌二姓而合之也。儀禮不言媒妁，缺也。鄭注謂媒妁通言而許之，乃行納采禮。

卜筮。

卜筮是婚禮一大關鍵。采者，采以卜筮也。將卜筮，而先問名，既卜筮而後納吉、納徵。士昏禮無卜筮儀，儀已見于冠禮，故于昏禮省之也。或曰：古大夫不藏龜，士庶不立卜筮。周禮太卜卜大封、大祭、大遷、大喪，而不及婚姻。士禮問名加之卜筮，此後世神道設教，而非真先王之禮歟？愚謂：昏、喪、祭，等重也，言喪、祭而昏可類推矣。詩云：卜筮偕止，會言近止。征婦爲其夫也。爾卜爾筮，體無咎言。婦人期所私也。又握粟出卜，自何能穀。買卜也，安得謂士庶不得卜筮哉？

納采，問名，納吉，納徵。

儀禮賓至，納采致命出，擯者出請事，賓入問名，是納采、問名，一使一時事也。納采者，以男名進而告之女氏，使采擇也。辭曰：惠貺室某。某者，男名也。然女擇男，男亦擇女，故問名。而主人曰：以備數而擇之。或曰：既已媒妁通言而許之矣，夫何擇焉？曰：擇者，擇吉凶也。婚姻大事，雖年相若，德相稱，人事本無可擇，猶必待命于鬼神。曰：然則女氏亦卜筮乎？曰：在古有之。懿氏卜妻敬仲，晉獻公筮嫁伯姬于秦是也。士禮無之，謂男之吉，即女之吉也。故納采而問其母，亦屬無謂。詩曰：仲氏任只。氏，即名也。誰，何也，問女何名也，然則禮何以無答詞？曰：婦嫁則稱氏，女子不以名行，故不以名面告使者，意必書而致之也。

醴賓。

儀禮請醴賓，酌醴，薦脯醢。賓啐醴，取脯，主人辭。賓降授人脯，出。注云：脯長尺有二寸。自取脯者，尊主人之賜，將歸執以反命。辭者，辭其親撤。人謂賓從者，疏云：賓將歸以脯授從者也。按：吾鄉禮賓以重席，燕畢主人徹饌授從者，亦猶行古之道也。

張陳。

呂氏四禮疑：張陳壻室，不見儀禮，後儒增之。六禮以聘，重貞也，未往而先飾寢，不棘欲乎？非貞女不行之義也。愚按：今人出門，一舍之地，亦使人位置掃除，況女子有行，居處食息，動關父母之念。張陳，爲女也，非爲壻也。吾鄉富室嫁女，用老僕、老嫗二人，送裝先至壻家，凡風俗好尚，及壻與姑舅之性情，預爲察問。女至，則老嫗密以告之，此爲女計者甚善也。

同牢合巹。

禮，婦至，主人揖婦入。及寢門，揖入，升自西階。按：主人謂婿，婦至，壻道自西階入，義取倡隨，故主人不于東階也。贊者徹尊，舉者陳鼎于阼階，贊者設醬、設豆、設稷，告具。揖婦對筵坐。告者，贊。揖者，壻也。陳設雖于阼階，既具移于室，贊出户，壻乃揖婦坐。所謂爾黍授肺者，意必贊唱于户外也。三飯卒，贊洗爵酌酳壻婦，壻婦拜，贊答拜于户内。可知未酳，贊在户外；洗爵酌酳，乃入户内也。所謂户内，亦必遠于筵，非即筵而拜也。然贊酌壻婦，贊復自酢，壻婦答贊拜，贊又答壻婦拜。是非同牢也，合巹也，一室獻酬，壻婦與贊爲禮也。禮非祭，男女不交爵，女子已嫁而返，兄弟不與同器而食，而況贊乎？而況新婦乎？此禮家之謬也。至媵御餕餘而贊酳，更屬無謂。

互餕，互衽。

儀禮：主人脱服于房，媵受。婦脱服于室，御受。姆授巾。御衽于奥，媵衽良席在東。衽：卧席也。婦謂夫曰良人。皆有枕，北止。止，趾也，曲禮所謂「請衽何趾」也。主人入，親脱婦之纓。女子許嫁而纓，明有繫屬也。壻爲脱，親之也，亦謂爲己繫也。燭出。媵餕主人之餘，御餕婦餘，贊酌外尊酳之，媵侍于户外，呼則聞。呂叔簡先生曰：互餕，誨嬻也。壻從必男，婦從必女。新婦口餘，而男餕之，可乎？若兩從皆女，奚取互哉？又曰：媵侍户外，呼則聞，禮家之猥也；婦脱服，壻從者受之，禮家之陋也；賓在客位，女賓在中堂，而壻婦脱衣，燭出，禮家之謬也。按：褌褷，枕席，婦所有事，夫婦始接情，有廉恥，故使媵受壻衣，衽壻席，爲婦執事也。御之受衣衽席，答婦也。媵餕壻餘，勞之也。壻勞媵，故婦亦勞御。御不侍户外者，以婦爲主，故不用御也。呼者，呼而使令之，此居室之常，無足異者，且媵不于户外而于何歟？媵，送也，送婦者也。御，迓也，迎婦者也。上文婦至御媵沃盥交。疏云：以其與婦人爲盥，非男子之事，明乎御亦女使也。豈有男御而爲婦沃盥衽席者乎？細玩禮文，周詳慎重，下逮媵御，莫不矜莊嚴肅。閨門之内，無狎無褻，相敬如賓，初接而已然矣。呂氏反謂其嬻而猥，何也？至云賓在客位，女賓在中堂，不應脱衣出燭，不知所謂賓在者何據？豈以贊酌外尊耶？贊非賓也，酌而酳者，媵也，御也，非賓也。朱子增禮賓一條于同牢之後，謂禮送者于婦至之日，非必待燭出而後禮賓也。脱衣者，脱去上服也。燭出，爲媵御餕餘，非必室中無他燭也。固矣哉！呂氏之爲禮乎。

醴婦饗婦。

昏禮：夙興，婦沐浴以俟見。質明，見婦于舅姑。執笲棗栗、腶脩以見。贊醴婦，婦祭醴，成婦禮也。舅姑入室，婦以特饋，明婦順也。厥明，舅姑共饗婦以一獻之禮，奠酬，舅姑先降自西階，婦降自阼階，以著代也。按：婦見舅姑，舅姑禮之，婦饋舅姑，舅姑又饗之。禮何頻也？尊俎鼎、黍豆、酒醴、脯醢、特魚腊、肺脊、醬湆之陳設，拜送、拜受、拜祭、洗爵、奠酬、飯錯、周旋、升降之儀節，何其縟也？一堂之上，有贊，有御，有娣，有媵，舅有宰，姑有司，紛紛籍籍，而壻不與焉，不知置壻于何地也？贊何人斯，而見婦酌婦，婦東贊西，相面也，相拜也，相答也，男女之別謂何？同牢而御媵互餕，謂取陰陽往來之義猶之可也，御餕姑餘，媵餕舅餘，此何說也？

見尊長。

士禮雜記：婦見舅姑，姊妹皆立于堂下，西面，北上，是見已。見諸父，各就其寢，蓋謂婦見時。夫之親屬俱在，皆于是時見訖。惟見尊長，則就而見之也。

饗送者。

士禮：饗婦後，舅饗送者以一獻之禮，酬以束錦。姑饗婦人送者，酬以束錦。若異邦，則贈丈夫送者以束錦。徐仲山傳是齋日記云：納幣不過五兩，酬送者以束錦，何不倫也。

廟見。

儀禮云：若舅姑既没，則婦入三月乃奠菜。祝告曰：某氏來婦，敢奠佳菜于皇舅某子，皇姑某氏。疏云：婦有供養之禮，猶舅姑存時，盥饋特于室也。又記云：婦入三月然後祭行。愚謂祭行，即廟見也。朱子經傳通解補此記于若舅姑既没之前，謂婦入三月然後廟見。若舅姑没者，則廟見後又奠菜于禰廟，賈疏謂祭行爲助祭，非是。曾子問云：三月而廟見，擇日而祭于禰。廟見與祭禰，明明兩事。陳氏謂廟見即是祭禰，致疑三月廟見專指舅姑没者而言，是舅姑存者，竟無廟見之禮矣。或曰：婦入門即告廟，然後合，故春秋譏先配後祖，以爲非禮。考左傳隱公二十七年，鄭公子忽爲質于王所，故陳侯請妻之，鄭伯許之。二十九年四月，鄭公子忽如陳逆婦嬀，歸于鄭。陳鍼子送女，先配而後祖。陳鍼子曰：是不爲夫婦，誣其祖矣。蓋謂鄭忽不告廟而迎婦，非謂未廟見而婚也。家禮自納采至親迎俱先告廟，廟見改三月爲三日。於義允協，無庸矯異。

婿見妻父母。

儀禮：若不親迎，則婦入三月，然後壻見。曰：某以得爲外婚姻，請覿。釋：必待三月者，亦如三月婦廟見，一時天氣變，婦道成也。女氏稱婚，壻氏稱姻者，爾雅釋親文，所以別男女。則男曰昏，女曰姻者，義取壻昏時往娶，女則因之而來，及其親，則女氏稱昏，男氏稱姻，義取送女者昏時往，男家因得見之故也。主人對曰：某以得爲外婚姻之數，某之子，未得濯溉于祭祀，是以未敢見。今吾子辱，請吾子就宫，某將走見。對曰：某以非他故，非別親也。故不足以辱命，請終賜見。對曰：某以得爲婚姻之故，不敢固辭，敢不從。主人出門左西面，壻入門東面，奠摯，再拜，出。擯者以摯出請受，壻禮辭，許，受摯入。主人再拜受，壻再拜送，出見主婦。主婦闔扉立于其内，壻立于門外東面。主婦一拜，壻答再拜。主婦又拜，壻出。主人請醴，及揖讓入，醴以一獻之禮。主婦薦奠，酬無幣。壻出，主人送再拜。呂氏四禮疑：外祖父母、外父母，非外之也，乃祖父母、父母之也。祖父母、父母無二，故外以別之。壻與婦父母均禮，衰世之薄俗也。禮稱三族，分殊而尊同。鄉先生父執，且受拜也，婦父母不得稱尊可乎？簡倨以陵婦翁，有由來矣。又曰：壻見妻母答拜不受非也，闔左扉而立于門内，壻拜于門外。古者執友之子，子之執友，皆升堂拜母，未聞如此内外之嚴也。愚按：冠者見于母，母拜之。婦見舅姑，舅姑拜之。況外父母之于壻，而可受而不答耶？闔左扉，男女之別也，後世子婦避翁，猶此意也，且初見如是，燕見則殺矣，惟是請而辭，曰辱，曰走見，請而許，出而再拜，儼然敵體主賓，此縟節煩文之可删者也。又禮無不親迎者，曰若不親迎，其有他故，非得已也。不親迎而後見，是親迎者可不見也，豈謂親迎已見妻父母，無待三月之見與？朱子謂親迎不見妻父母者，婦未見父母也。奠雁之拜，妻父不答，以非見己也，豈得因親迎而遂缺三月之見乎？家禮明日往見，謂婦見之明日也，以三日易三月也。壻見婦家祠堂，主人不率，不敢以父道率壻也，此禮經所無，家禮補之是也。

請期。

陳用之曰：納采以至納徵，主人不辭，而請期辭者，以期在夫家，而不在主人也。請期曰：吾子有賜命，某既申命矣，惟是三族之不虞，使某也請吉日。蓋惟父之昆弟，己與子之昆弟，無死喪之凶，然後可以行禮焉，其言止于三族，而不及母妻之黨者。雜記曰：大功之末，可以冠子、嫁子。外親之服，小功也，故不避焉。按：本告期，而曰請者，謙也。主人再辭，乃曰：吾子不許，某敢不告期。曰：某日。

用雁。

六禮五用雁，陳用之謂不以死贄，亦攝盛也。觀其所乘大夫之墨車，所衣助祭之爵弁，而女必次純衣纁袡，腊必用鮮，魚必殽全，則攝贄以雁不爲過也。鄭氏曰：用雁，取其順陰陽來往。理必不然。愚謂：昏禮下達用雁，謂自上達下，俱用雁也。若云攝盛，則大夫應用羔，庶人亦可用雉矣，何云下達？鄭氏之説是也。

告廟。

曲禮：齋戒以告鬼神。即告廟之謂也。春秋楚公子娶於鄭。曰：告于莊、共之廟而來。鄭公子忽先配後祖，君子譏之。士昏禮無男氏告廟之文，女氏筵几于户，亦不言告廟，家禮補之，於義允協。然必納采、問名，乃加之卜筮。士冠禮筮于廟門。疏云：言廟者，禰廟也。冠筮于禰廟，昏可知矣。士昏禮無卜筮儀，省文也。以此知納采、問名可不告，告自卜筮始也。然今人議婚已定，然後納采，則納采亦不容不告。

醮。

酌無獻酬曰醮，夏、殷禮也。昏禮用醮，致其誠敬而示之質也。禮疏：父醮子于寢，用酒；女父醴女則于廟，用醴，所以然者，以先祖遺體許人以適他族，婦人外成，故重之。若男子直取婦入室，故輕之。愚謂：醮子亦必于廟，禮無筵于户西之文，缺也。父命子，子曰：諾，不敢忘命。父母、庶母命女無答辭，有恥也。

婚禮不賀。

郊特牲曰：婚禮不賀，人之序也。而曲禮又有賀人取妻曰：聞子有客，使某羞之文。吕氏曰：賀者以物遺人，而有所慶也，著代以爲先祖後，人子之所不得已，故不用樂，且不賀也。然爲酒食以召鄉黨僚友，則遺問不可廢也。故其辭曰：聞子有客，使某羞。舍曰：婚禮而謂之有客，則所以羞者，佐其供具之費而已，非賀也，作記者用俗之名稱賀。愚按：昏，嘉禮也，賀亦無害，從俗可耳。

撒帳。

王艸堂曰：合璧事類：漢武帝李夫人初至，坐七寶流蘇輦，障鳳尾長生扇，迎入帳中，預戒宮人，遥撒五色同心花果，上與夫人以衣裾盛之。云得多，得子多也。近俗新婦坐牀撒帳本此。按：吾鄉婚日親友醵錢爲賀，壻家置酒高會。飲畢，少年轟還人房，撒帳勸酒，甚而以墨塗壻面，鍼刺侍婢，謂之鬧房。予年廿一完姻，先期告之族長，及親戚之長者，嚴爲拒絶。嗣是吾家此風遂息。

蒙頭。

呂東萊：婚禮壻婦交拜後，舉蒙頭，遂就坐。按：內則女子出門，必擁閉其面。蒙頭，即擁面也，俗謂之蓋頭，以錦爲方帕，横直四尺。女辭父母拜畢，即以帕蓋頭，升車，至夫家，交拜，必姆爲去帕，乃合巹。此俗之近理可從者。

變禮。

曾子問：曾子問曰：昏禮既納幣，有吉日，女之父母死，則如之何？孔子曰：壻使人弔，如壻之父母死，則女之家亦使人弔。父喪稱父，母喪稱母，父母不在，則稱伯父世母。壻已葬，壻之伯父致命女氏曰：某之子有父母之喪，不得嗣爲兄弟，使某致命。女氏許諾而弗敢嫁，禮也。壻免喪，女之父母使人請，弗取而後嫁之，禮也。按：男女婚姻，時爲大，禮次之。摽梅之迨吉，畏强暴也。綢繆之詩曰：見此良人，見此粲者。若謂不圖今夕得見，出望外也。以是知愆期之患方大耳。況室家嗣續，所關綦重，年三十、二十矣，父母之心，能毋汲汲乎。又或親老待養，井臼之供不可缺，女父母老，且死，無期功親族可依，必遲之三年，豈徒情有未安、勢亦有所不可，不寧惟是。天時人事，常出意外，假而鋒烟乍起，饑饉薦臻，轉徙流離之不免，相待也，不相負乎。壻之辭，爲女計女之辭，爲壻計也，古人之厚道也。或曰：納幣矣，因喪而易之，貞婦義夫，當不其然。曰：同牢而後成妻，廟見而後成婦，未親迎，尚未爲夫婦也。未爲夫婦，何不貞不義之有？曰：律嚴悔婚何也？曰：此後世爲不信者防，古人未嘗有是。女子已嫁，爲其父母降服期，既爲人婦，不得而子之也。若在室，則服斬衰，猶然子耳。知禮君子，忍以己喪累人子乎？曰：果爾，何以許而不嫁，既不嫁，又何以許爲？曰：不嫁者，禮之常也。苟有故，如所謂女無依，男不能待，强暴之污可慮，鋒烟饑饉出于意外，則竟嫁矣。許諾者，不敢必三年中之必無故也，幸而無故，不敢遽嫁，此女氏之自處以禮也。男與女，各盡其道，於此見古人之厚，禮意之周焉。禮也二字，兼男女言之。下段一氣讀，申明上文不敢嫁之意。免而請，弗取而後嫁，正見未免未請不敢嫁也。曰：女不敢嫁，壻何爲而不取？曰：致命而許之矣，又從而取之，何以處夫有故而嫁者？曰：請而取，于義無害乎？曰：始而謝之，禮也。女氏再請，則復行納幣禮，如新議昏，誰曰不？待而弗嫁者，經常不易之道。有故而輒嫁者，權也，權以濟經，斯精于禮者矣。細玩「禮也」二字，聖人之意，重在教人不得遽嫁，謂夫苟非有故，不得假愆期之説，而別嫁、別娶也，語意最斟酌無弊。然以行于今日，則有斷斷未可者。風俗人心，日趨于下，秉禮者，惟守此經常不易之道，以防其流焉耳。曾子問曰：女未廟見而死，則如之何？孔子曰：不遷于祖，不祔于皇姑，壻不杖，不菲，不次，歸葬于女氏之黨，示未成婦也。按：不遷于祖，不祔于姑，是也。夫既爲服期矣，猶以未爲婦而歸葬何也？古人族葬以昭穆，合葬則未爲婦，以中殤之位葬之，則又不可，故歸葬焉。然與其歸也，毋寧以中殤之位葬，必曰未成婦也，而出其尸，忍矣，且何以處婦之無所歸者？又曰：取女有吉日而女死，壻衰齊而弔，既葬而除之，夫死亦如之。謂壻弔女也，壻死而女弔，則不能無疑焉。在塗爲婦，故父母死，反而服期。在室爲女，故壻有父母喪，使人致命曰：不得嗣爲兄弟。婦人不出疆而弔人，禮也。今壻死而弔，弔也與哉？婦哭其夫也，既已服其服而哭之矣，是未亡人也。既葬可輒除乎？除而嫁，可謂貞乎？予長女幼許李氏年二十，已納幣，有吉日，以前室喪而止，越二年，壻卒。時予官秦中，又逾年而歸，將擇配，女泫然涕零，以守義請。予曰：爾讀曾子問乎？女未成婦而死，歸葬于女氏之黨，未昏可即其室乎？又女死壻齊衰待弔，既葬除，壻死亦如之。未聞未嫁有守義之禮也。女默然不語，卒不可奪，乃聽之。此賢智之過也。雖然，可以爲難矣。

曾子問曰：如壻親迎，女未至，而有齊衰大功之喪，則如之何？孔子曰：男不入，改服于外次。女入，改服于內次，然後即位而哭。曾子問曰：除喪則不復昏禮乎？孔子曰：祭，過時不祭，禮也，又何反於初？黃叔陽曰：親迎未至，猶未成婚也。舅姑與廟，猶未見也。齊衰、大功之喪，視舅姑與廟，孰爲輕重？豈有舍成昏見舅姑與廟之重，而遂改服即位以哭其輕喪者乎？且除喪不復昏，則將苟合已乎？終廢見舅姑與廟見之禮乎？愚按：合室衰麻哭踊，而壻與婦，盛服成昏，苟有人心，奚忍出此？改服即位，天理人情之正也，至除喪不復昏禮，所謂禮者。注云：同牢饋饗相飲食之道，非廟見及見舅姑之禮也。古者廟見于三月之後，若除喪而昏，昏之日即廟見，無待三月。况婦入門，雖未成昏，無不見舅姑之理，舅猶可也，寧有期年、九月之久，婦姑隔絶不相見者乎？既相見矣，能不一拜、再拜乎？意既殯喪事稍就以深衣見舅姑，除喪合巹不事陳設贄拜。注：言飲食之道，正謂陳設贄拜之儀，非謂同牢之禮盡可廢也。

曾子問曰：親迎女在途，而壻之父母死，如之何？孔子曰：女改服深衣縞總以趨喪。女在塗而女之父母死，則女反。按：深衣縞總，始死服也。親迎在塗，雖未成昏，已不爲女而爲婦矣，故改服趨喪。斬衰三年，既除而後成昏，若冢婦無姑，則執奠拜賓，行主婦禮。女父母死，亦服深衣縞總而奔喪。齊衰不杖期，除喪而歸。壻俟于堂，不復親迎。

小功卒哭可娶。

雜記：大功之末，可以冠子，可以嫁子。父小功之末，可以冠子，可以嫁子，可以取婦。己雖小功，既卒哭，可以冠取妻，下殤之小功則不可。按：云可者，謂不得已而爲之，亦猶可耳。不得已者，畏愆期也，抑或别有故也。大功之末，止可嫁子。小功之末，得取婦。二段俱指父言。乃下文又云：己雖小功，既卒哭，可冠可取妻，夫父之大功，子之小功也。大功既不可取子婦，小功又安得取妻耶？曰：有舅姑，則言婦不言妻；無舅姑，則言妻不言婦。小功可取妻者，無父而自爲主者也，昏禮取婦，父爲主； 取妻，己爲主。 故父大功之末，不得取婦，而己小功卒哭可取妻，至下殤、小功，自期服而降，本服重，故不可冠、娶。

内表不得昏。

或有問于予曰： 中表可爲昏乎？曰： 此最易曉。 謂我姪者，而妻父母之； 謂我從母姑者，而女夫之，無論。 名不正，言不順也。 婦以母黨爲夫黨，壻以母黨爲妻黨，是重夫妻而輕母也。三黨紊矣，何以爲人？男女非有行媒，不相知名。 非納幣，不交不親。 親迎而後壻見婦，成昏而見舅姑，三月壻見妻父母，禮也。 今中表往來，童稚相見，得毋黷而生怨乎？自舅姑視之，此純衣纁袡而來者，吾兄弟子，姊妹子也。 厥明之見，不已贅乎？壻見妻母，闔門左扉，姑于姪，從母舅母于甥，將率是乎？抑略妻母之禮，而以姑從母見乎？六禮最重問名，外内之親，猶待問乎？抑將廢此一禮乎？喪服爲妻父母緦，爲舅爲從母小功，爲姑大功。 已嫁而返，及無主者，杖期。今將改重爲輕乎？抑仍服姑舅之服乎？公子爲妻父母無服，將以妻之故而不服姑舅之服乎？南州有王生者，子幼議取妹女爲婦，比女長，聲音笑貌，絶似己女，乃悔之。 謂此先人一脉骨肉也。 人生骨格之父，形貌之母，故甥多類舅，今以骨肉爲夫婦，于理安乎？或曰： 禮同姓萬世不昏，未有姑舅不昏之文。 曰： 同姓疏遠，漠不相知，猶且不可。 況生有姊弟兄妹之稱，死有三月之服者乎？魏袁淮正論曰：古人以爲無疑，故不制。今因經無文，遂謂可昏，不知禮者也。曰：古人有行之者矣。晉之王、謝，唐之崔、盧、潘、揚，世爲昏姻，寧避中表之親乎？温嶠之玉鏡臺以舅之子妻姑之女，吕榮公夫人張氏，母申國夫人之姊之女，此往事之顯然可見者。曰：温嶠紿姑而取其女，蕩檢踰閑，儒者不齒。吕榮公取姨女，自是古人過處。王、謝、潘、揚之世爲昏，非必姑舅兩姨也。且吾輩考禮，但求其是，正不得附會古人。

尊卑不可爲昏。

通典：永徽元年，御史大夫奏鄭州人鄭宣道聘少府監主簿李元義妹爲婦，即宣道堂姨，請敕罷婚。略曰：同堂姨甥，雖則無服，既稱從母，何得爲婚？又母與堂姨，本是大功之服，親亦至矣，子而不子，辱以爲妻，名教所悲，人倫是棄，且堂姑堂姨，内外之族雖别；而父黨母黨，骨肉之恩是同。愛敬本自天性，禽獸亦猶知母，豈可令母之堂妹降以爲妻，從母之名，將何所寄？古人正名遠别，後代違道任意，寖以成俗，然本屬無服而尊卑不可爲婚，非止一條。請付群官詳議，永爲後世法。按律載：凡外姻尊屬卑幼共爲婚姻，及娶同母異父姊妹，若妻前夫之子者，各以親屬相姦論，離異。其父母之姑舅兩姨姊妹，及姨，若堂姨，母之姑，堂姑，己之堂姨，及再從姨，己之堂外甥女，若女壻之姊妹，及子孫婦之姊妹，並不得爲昏。違者各杖一百，離異。

戒侈費。

第曰：婚姻論財非禮也，吾無責焉矣。所鰓鰓長慮者，奢侈之流生禍耳。雁幣之資，已非容易，況乃誇多靡，酒食有費，供張有費，輿隸有費，結綵張燈有費。一婦入門，中人之産蕩矣，以是寠人終身不遂居室之願，而奸徒之鑽穴踰牆曰：不摟不得妻也。傷風敗化，有自來矣。若夫珠翠羅綺，相沿成俗；裙布荆釵，人以爲恥。其或家貧女長，妝笥無措，坐待愆期，内怨外曠，可無慮乎？匪惟是也，習尚浮誇，人懷貪黷遂有嫌貧悔昏者，有厚賂謀娶者，有扳附覬覦不顧所締之非耦，卒致反目離異者，有因奩薄而怒其婦，致吞聲而疾，非命而死者，獄訟繁興不可究詰，孰非風俗侈靡之故哉？戒之戒之，毋謂言之迂而無當也。

不用鼓樂。

禮云：昏禮不用樂，幽陰之義也。又曰：娶婦之家，三日不舉樂，思嗣親也。古無昏娶用樂之事，今舉世用之，反以不用爲怪，人心陷溺甚矣。或曰：關雎琴瑟鐘鼓，非樂耶？固矣哉，斯之論詩也，關雎樂得賢后妃，甚言喜悦尊奉之意，非真考鐘伐鼓，彈琴鼓瑟也。借曰：有之，詎於來嫁初昏時耶，碩人、韓奕之詩，備言朱幩翟茀，盈門百兩之盛，假而昏禮用樂，詩從豈無一言及之？東晉升平八年，符問迎皇后大駕，應作樂否？太常主者。按儀注云：皇后入自閶闔掖昏禮三日不作樂，經典明文。宜如舊儀，迎皇后大駕，不應鼓吹。由此觀之，皇家納后，尚不鼓吹。況士庶人乎？門，鳴鐘鼓，露仗。王彪之議云：鳴鐘鼓，所以聲告内外。吉凶之常，非樂也。

儀禮節略第四卷

昏禮

昏義

天地合，而后萬物興焉。夫昏禮，萬世之始也。取于異姓，所以附遠厚別也。幣必誠，辭無不腆，疏曰：誠者，謂勿令濫惡，使可裁制。賓之傳辭，無自謙退云幣不善，不詐飾也。告之以直信。直，猶正也。此二者，所以教婦正直信也。信，事人也。信，婦德也。事，猶立也。○疏曰：人有是身，非信不立。婦人之德，尤在貞信。壹與之齊，終身不改，故夫死不嫁。齊謂其牢而食，同尊卑也。齊或爲醮。男子親迎，男先于女，剛柔之義也。天先乎地，君先乎臣，其義一也。執贄以相見，敬章別也。疏曰：章，明也。壻親迎，先奠雁，後乃與婦相見，是先行敬，以明夫婦禮有分別不妄交親。男女有別，然後父子親；父子親，然後義生；義生，然後禮作；禮作然後萬物安。無別無義，禽獸之道也。壻親御授綏，親之也。親之也者，親之也。言己親之，所以使之親己。敬而親之，先王之所以得天下也。出乎大門而先，男帥女，女從男，夫婦之義，由此始也。婦人，從人者也。幼從父兄，嫁從夫，夫死從子。夫也者，夫也。夫也者，以知帥人者也。玄冕齊戒，鬼神陰陽也。將以爲社稷主，爲先祖後，而可以不致敬乎？疏曰：玄冕謂助祭服也。著祭服，而齊戒親迎，是敬此夫婦之道，如事鬼神也。共牢而食，同尊卑也。故婦人無爵，從夫之爵。坐以夫之齒，器用陶匏，尚禮然也。此謂大古之禮器也。三王作牢用陶匏。言大古無其牢之禮，三王之世作之，而用大古之器，重夫婦之始也。厥明婦盥饋，舅姑卒食，婦餕餘，私之也。私之猶言恩也。舅姑降自西階，婦降自阼階，授之室也。昏禮不用樂，幽陰之義也。樂，陽氣也。幽，深也，欲使婦深思其義，不以陽散之也。昏禮不賀，人之序也。序，代也。○郊特牲。昏禮者將合二姓之好，上以事宗廟，而下以繼後世也，故君子重之。是以昏禮，納采、問名、納吉、納徵、請期，皆主人筵几于廟，而拜迎于門外。入，揖讓而升，聽命于廟，所以敬慎重正昏禮也。父親醮子，而命之迎，男先于女也。子承命以迎，主人筵几于廟而拜迎于門外。壻執雁入，揖讓升堂，再拜，奠雁，蓋親受之于父母也。降御婦車，而壻授綏，御輪三周，先俟于門外。婦至，壻揖婦以入，共牢而食，合巹而酳，所以合體同尊卑，以親之也。敬慎重正而后親之，禮之大體，而所以成男女之别，而立夫婦之義也。男女有别，而后夫婦有義；夫婦有義，而后父子有親；父子有親，而后君臣有正。故曰：昏禮者，禮之本也。夙興，婦沐浴以俟見。質明，贊見婦于舅姑。執笲，棗栗、腶脩以見。贊醴婦，婦祭脯醢，祭醴，成婦禮也。舅姑入室，婦以特豚饋，明婦順也。厥明，舅姑其饗婦以一獻之禮，奠酬，舅姑先降自西階。婦降自阼階，以著代也。疏曰：此以士爲主，亦兼明大夫。故厥明饗婦，若士。婦見舅姑之日，即舅姑饗婦，不待厥明。著代者，謂阼階是舅姑所升之處，今婦由阼階而降，是著明代舅姑之事也。成婦禮，明婦順，又申之以著代，所以重責婦順焉也。婦順者順于舅姑，和于室人，而后當于夫，以成絲麻布帛之事，以審守委積蓋藏，是故婦順備，而后内和理。内和理，而后家可長久也，故聖王重之。是以古者婦人，先嫁三月。祖廟未毁，教于公宫。祖廟既毁，教于宗室，教以婦德、婦言、婦容、婦功，教成祭之。牲用魚，芼之以蘋藻，所以成婦順也。以下係補。〇魯哀公問于孔子曰：禮，男必三十而有室，女必二十而有夫也，豈不晚哉？孔子曰：夫禮，言其極也，不是過也。男子二十冠，有爲人父之端；女子十五許嫁，有適人之道。于此而往，則爲昏矣。群生閉藏乎陰，而爲化育之始，故聖人因時以合偶男女，窮天數也。霜降而婦功成，嫁娶者行焉。水泮而農桑起，婚禮而殺于此。男子者，任天道而長萬物者也，知可爲，知不可爲；知可言，知不可言；知可行，知不可行者也。是故審其倫，而明其别，謂之知，所以効匹夫之聽也。女子者，順男子之教，而長其理者也。是故無專制之義，而有三從之道，幼從父兄，既嫁從夫，夫死從子，言無再醮之端，教令不出于閨門，事在供酒食而已，無閫外之非儀也，不越境而奔喪，事無擅爲，行無獨成，參知而後動，可驗而後言。晝不遨庭，夜行以火，所以効匹婦之德也。孔子遂言曰：女有五不取：逆家子者，謂其逆德也；亂家子者，謂其亂倫；世有刑人者，謂其棄于人也；有惡疾子，謂其棄于天也；喪父長子，謂其無受命也。婦有七出三不去，七出者，不順父母者出，謂其逆德也；無子者，謂其絶世也；淫僻者，謂其亂族；嫉妒者，謂其亂家；惡疾者，謂其不可供粢盛；多口舌者，謂其離親；竊盜者，謂其反義。三不去者，謂其有所取，無所歸，一也；與共更三年之喪，二也；先貧賤，後富貴，三也，凡此聖人所以順男女之際，重婚姻之始也。家語。○子云：夫禮，坊民所淫，章民之别，使民無嫌，以爲民紀者也。故男女無媒不交，無幣不相見，恐男女之無别也。以此坊民，民猶有自獻其身。取妻不取同姓，以厚别也，故買妾不知其姓，則卜之。以此坊民，魯春秋猶去夫人之姓曰吴，其死曰孟子卒。禮非祭，男女不交爵，交爵謂相獻酢。○疏曰：唯祭之時，乃得交爵，特牲饋食禮曰：主婦獻尸，尸酢主婦，是交爵也。以此坊民，陽侯猶殺繆侯而竊其夫人，故大饗廢夫人之禮。寡婦之子，不有見焉，則弗友也，君子以辟遠也，故朋友之交，主人不在，不有大故則不入其門。以此坊民，民猶以色厚于德。子云：好德如好色，諸侯不下漁色。故君子遠色以爲民紀，故男女授受不親。御婦人，則進左手。姑姊妹女子子，已嫁而反，男子不與同席而坐。寡婦不夜哭，婦人疾，問之，不問其疾。嫌媚略之也，問增損而已。以此坊民，民猶淫泆而亂于族。昏禮壻親迎，見于舅姑，舅姑承子以授壻，恐事之違也。舅姑，妻之父母也。妻之父爲外舅，妻之母爲外姑。父戒女曰：夙夜無違命。母戒女曰：毋違宫事。○疏曰：恐此女人于昏事乖違，故親以女授壻也。以此坊民，婦猶有不至者。不至，不親夫以孝舅姑也。○以上坊記。○衛公使其大夫求婚于季氏，桓子問禮于孔子。子曰：同姓爲宗，有合族之義。故繫之以姓而弗別，綴之以食而弗殊，雖百世婚姻不得通，周道然也。桓子曰：魯、衛之先，雖寡兄弟，今以絶遠矣，可乎？孔子曰：固非禮也，夫上治祖禰，以尊尊也。下治子孫，以親親也。旁治昆弟，所以敦睦也，此先王不易之教也。以上家語。○白虎通義曰：娶妻不先告廟者，示不必安也。昏禮請期，不敢必也。遺女于禰廟，重先人之遺支體也，不敢自專，故告禰也。去不辭，誠不諾者，蓋恥之，重去也。婦人三月然後祭行，舅姑既没，亦婦入三月奠采于廟。三月一時，物有成者，人之善惡可得知也，然後可得事宗廟之禮。未廟見而死，歸葬于女氏之黨，示未成婦也。夫有惡行，妻不得去者，地無去天之義也。天子諸侯一娶九女何？重國家，廣繼嗣也。娶九女，亦足以承君之施也，九而無子，百亦無益也。王度記曰：天子諸侯娶九女。娶一國，則兩國媵之，皆以姪娣從也。或曰：天子娶十二女，法天有十二月，萬物必生也。必一娶何？防淫佚也，爲其棄德嗜色，故一娶而已，人君無再娶之義也。備姪娣從者，爲其不相嫉妒也，一人有子，三人共之，若己有也。不娶兩娣何？傳異氣也。娶三國女何？異類也，恐一國血脈相似，俱無子也。姪娣年少，猶從適人者，明人君無再娶之義，還待年于父母之國，未任答君子也。娶妻卜之何？卜女之德，知相宜否？人君及宗子無父母，自定娶者，卑不主尊，賤不主貴也。大夫功成受封，得備八妾者，重國家，廣繼嗣也。不更娉大國者，不忘本適也。天子諸侯之世子，皆以諸侯禮娶與君同，示無再娶之義也。不娶同姓者，重人倫，防淫佚，恥與禽獸同也。外屬小功以上亦不得娶也。王者嫁女，必使同姓諸侯主之，何？昏禮貴和，不可相答，爲傷君臣之義，亦欲使女不以天子尊乘諸侯也。必使同姓者，以其同宗其祖，可以主親，故使攝父事也。卿大夫一妻二妾者何？尊賢重繼嗣也，不備姪娣何，北面之勢不足盡人骨肉之親。士一妻一妾何？下卿大夫也。婦人所以有師何？學事人之道也，學一時足以成矣。與君有緦麻之親者，教于公宫三月。與君無親者，各教于宗廟宗婦之室。國君取大夫之妾、士之妻老無子，而明于婦道者，又禄之，使教宗室五屬之女，大夫士皆有宗族，自于宗子之室學事人也。女必有傅姆何？尊之也。○魯師春姜曰：夫婦人以順從爲務，貞慤爲首。故婦人事夫有五：平旦纚笄而朝，則有君臣之嚴；沃盥饋食，則有父子之敬；報反而行，則有兄弟之道；受期必誠，則有朋友之信；寢席之交，而後有夫婦之際。列女傳。司空季子曰：昔少典娶于有蟜氏，生黄帝、炎帝，黄帝以姬水成，炎帝以姜水成，成而異德。故黄帝爲姬，炎帝爲姜，異姓則異類，雖近，男女相及以生民也。同姓雖遠，男女不相及，畏黷敬也。黷則生怨，怨亂毓災，災毓滅性，是故娶妻避其同姓，畏亂災也。國語。劉向曰：親迎其禮奈何？曰：諸侯以屨二兩加琮，大夫、庶人以屨二兩加束脩二，曰：某國寡小君使寡人奉不珍之琮，不珍之屨，禮夫人貞女。夫人曰：有幽室數辱之産，未論于傅姆之教，得承執衣裳之事，敢不敬。拜祝，祝答拜。夫人受琮，取一兩復以履女，正笄衣裳，而命之曰：往矣善事爾舅姑，以順爲宫室，無二爾心，無敢回也。女拜，乃親引其手授夫于户。夫引手出户，夫行，女從，拜辭父于堂，拜諸母于大門。夫先升輿執轡，女乃升輿，轂三轉，然後夫下先行。大夫士庶人稱其父曰某之父，某之師友，使某執不珍之復，不珍之束脩，敢不敬禮某氏貞女。母曰：有草茅之産，未習于織紝紡績之事，得奉箕帚之事，敢不敬拜。以上説苑。○周靈王求后于齊，齊侯問對于晏桓子。桓子對曰：先王之禮辭有之，天子求后于諸侯，諸侯對曰：夫婦所生若而人。不敢譽，亦不敢毁。故曰若如人。妾婦之子若而人，無女而有姊妹及姑姊妹，則曰：先守某公之遺女若而人。左傳。國君取夫人之辭曰：請君之王女與寡人共有敝邑，事宗廟社稷。此求助之本也。以上祭統。○左氏曰：凡公女嫁于敵國，姊妹，則上卿送之，以禮于先君。公子，則下卿送之。于大國，雖公子，亦上卿送之。于天子，則諸卿皆行，公不自送。于小國，則上大夫送之。○凡諸侯嫁女，同姓媵之，異姓則否。左傳。公羊子曰：諸侯取一國，則二國往媵之，以姪娣從。姪者何，兄之子也。娣者何，女弟也。諸侯一聘九女，諸侯不再娶。公羊。鄭公子忽如陳逆婦嬀，陳鍼子送女。先配而後祖，鍼子曰：是不爲夫婦，誣其祖矣，非禮也，何以能育？○春秋：魯莊公夫人姜氏入，大夫宗婦覿，用幣。御孫曰：男贄，大者玉帛，小者禽鳥，以章物也。女贄，不過榛栗棗脩以告虔也。今男女同贄，是無別也。男女之別，國之大節也，而由夫人亂之，無乃不可乎。左傳。白虎通義曰：婦人之贄，以棗栗腶脩者，婦人無專制之義，御衆之任，交接辭讓之禮，職在供養饋食之間，其義一也。故后夫人以棗栗腶脩者，凡肉脩，陰也；棗取其朝早起；栗，戰慄自正也。○曾子問曰：昏禮既納幣，有吉日，女之父母死，則如之何？孔子曰：壻使人弔，如壻之父母死，則女之家亦使人弔。父喪稱父，母喪稱母，父母不在，則稱伯父世母。壻已葬，壻之伯父致命曰：某之子，有父母之喪，不得嗣爲兄弟，使某致命。女氏許諾，而弗敢嫁，禮也。必致命者，不敢以累年之喪，使人失嘉會之時。壻免喪，女之父母，使人請，壻弗取，而后嫁之，禮也。女之父母死，壻亦如之。曾子問曰：親迎女在塗，而壻之父母死，如之何？孔子曰：女改服布深衣縞總以趨喪。女在塗而女之父母死，則女反。如壻親迎女未至，而有齊衰、大功之喪，則如之何？孔子曰：男不入，改服于外次。女入，改服于內次。然後即位而哭。曾子問曰：除喪則不復昏禮乎？孔子曰：祭過時不祭，禮也，又何反于初？○孔子曰：嫁女之家，三夜不息燭，思相離也。取婦之家，三日不舉樂，思嗣親也。三月而廟見，稱來婦也。擇日而祭于禰，成婦之義也。○曾子問曰：女未廟見而死，則如之何？孔子曰：不遷于祖，不祔于皇姑，壻不杖不菲不次，歸葬于女氏之黨，示未成婦也。○曾子問曰：取女有吉日而女死，如之何？孔子曰：壻齊衰而弔，既葬而除之，夫死亦如之。○衛世子共伯蚤死，其妻守義，父母欲奪而嫁之，誓而弗許，故作詩以絶之。其詩曰：汎彼柏舟，在彼中河。髧彼兩髦，實維我儀。之死矢靡它。母也天只，不諒人只。髧，兩髦之貌。髦者，髮至眉，子事父母之飾。儀，匹也。之，至。矢，誓。靡，無也。箋云：兩髦之人，謂共伯也，實是我之匹，故我不嫁也。汎彼柏舟，在彼河側。髧彼兩髦，實維我特。之死矢靡慝。母也天只，不諒人只。◯魯寡陶嬰者，魯門之女也，少寡，養幼孤，無强昆弟，紡績爲産。魯人或聞其義，將求焉。嬰聞之，恐不得免，作歌明己之不更二也。其歌曰：悲夫黄鵠之早寡兮，七年不雙。宛頸獨宿兮，不與衆同。夜半悲鳴兮，想其故雄。天命早寡兮，獨宿何傷。寡婦念此兮，泣下數行。嗚呼哀哉兮，死者不可忘。飛鳥尚然兮，況于貞良。雖有賢雄兮，終不重行。魯人聞之，曰：斯女不可得已。遂不敢復求。嬰寡終身不改。◯梁寡高行者，梁之寡婦也，其爲人榮于色，而美于行。夫死，早寡，不嫁。梁貴人多争欲娶之者，不能得。梁王聞之，使相聘焉。高行曰：妾聞婦人之義，壹往而不改，以全貞信之節。今忘死而趨生，是不信也。貪貴而忘賤，是不貞也。棄義而從利，無以爲人。乃援鏡持刅以割其鼻。曰：妾已刑矣，所以不死者，不忍幼弱之重孤也，于是相以報。王大其義而高其行，乃復其身，尊其號曰高行。◯陳寡孝婦者，陳之少寡婦也。年十六而嫁，未有子，其夫當行戍，夫且行時，屬孝婦曰：我生死未可知，幸有老母，無他兄弟，儻吾不還，汝肯養吾母乎？婦應曰：諾。夫果死，不還。婦養姑不衰，慈愛愈固，紡績以爲家業，終無嫁意。居喪三年，其父母哀其年少無子而早寡也，將取而嫁之。孝婦曰：妾聞之，信者，人之幹也；義者，行之節也，妾幸得離襁褓，受嚴命而事夫，夫且行時，屬妾以其老母，既許諾之，夫受人之託，豈可棄哉？棄託不信，背死不義，不可也。母固欲嫁之。孝婦不從，因欲自殺，其父母懼而不敢嫁也，遂使養其姑也。二十八年，姑死，葬之，終奉祭祀。淮陽太守以聞漢孝文皇帝，高其義，貴其信，美其行，使使者賜之黄金四十斤，復之終身，無所與，號曰孝婦。以上列女傳。○諸侯出夫人，夫人比至于其國，以夫人之禮行，至以夫人入，使者將命曰：寡君不敏，不能從而事社稷宗廟，使使臣某敢告于執事。主人對曰：寡君固前辭不教矣，寡君敢不敬須以俟命。有司官陳器皿。主人有司，亦官受之。器皿，本其所賫物也，律棄妻畀所齎。○此以上三節，諸侯禮也。妻出，夫使人致之曰：某不敏，不能從而共粢盛，使某也，敢告于侍者。主人對曰：某之子不肖，不敢辟誅，敢不敬須以俟命。使者退，主人拜送之。此一節，卿大夫以下之禮也。如舅在，則稱舅。舅没，則稱兄。無兄則稱夫。主人之辭曰：某之子不肖，如姑姊妹，亦皆稱之。今按此兩節通禮也。○以上雜記。○曾參後母遇之無恩，而供養不衰，及其妻以藜烝不熟，因出之。人曰：非七出也。參曰：藜烝小物耳，吾欲使熟而不用吾命，況大事乎？遂出之。終身不取妻，其子元請焉。參告其子曰：高宗以後妻殺孝己，尹吉甫以後妻放伯奇，吾上不及高宗，中不比吉甫，庸知其得免于非乎？家語。

内則

通解目録：此小戴第十二篇，蓋古經也。鄭氏以爲記男女居室事，父母舅姑之法，以閨門之内儀禮可則，故曰内則。今按：此必古者學校教民之書，宜以次于昏禮，故取以補經，而附以經傳之説云。

事親事長。

子事父母，雞初鳴，咸盥、漱，櫛、縰、笄、總，拂髦、冠、緌、纓、端、韠、紳，搢笏。陳注：盥，洗手也。漱，滌口也。櫛，梳也。縰，黑繒韜髮者，以縰韜髮，作髻訖，即横插笄以固髻。總，亦繒爲之，以束髮之本，而垂于髻後以爲飾也。拂髦，振去髦上之塵也，髦用髮爲之，象幼時剪髮爲鬌之形。冠之纓，結于頷下以爲固，結之餘者下垂謂之緌。紳，大帶也。搢，插也，插笏于帶中。韠，以韋爲之。古者席地而坐，以臨俎豆，故設蔽膝以備濡漬，韠之言蔽也，在冕服謂之韍，他服則謂之韠。髦者，以髮作僞髻垂兩眉之上。左右佩用，左佩紛、帨、刀、礪、小觿、金燧。所佩之物，皆是備尊者使令之。紛以拭器，帨以拭手，皆巾也。刀礪，小刀與礪石也。觿，狀如錐，象骨爲之，小觿所以解小結者。金燧，用以取火于日中者。右佩玦、捍、管、遰、大觿、木燧。玦，射者著于右手大指，所以鉤弦而開弓體也。捍，拾也，韜左臂而收拾衣袖以利弦也。管，舊注云筆彄，其形制未聞。遰，刀室也。大觿，所以解大結，木燧鑽火之器，晴則用金燧以取火，陰則用木燧以鑽火也。偪，即詩所謂邪幅也，偪束其脛，自足至膝，故謂之偪也。屨著綦。綦，屨頭之飾也，即絇也。著，猶施也。婦事舅姑，如事父母，雞初鳴，咸盥、漱、櫛、縰、笄、總，衣紳。笄，今之簪也。左佩紛、帨、刀、礪、小觿、金燧，右佩箴、管、線、纊，施縏袠，大觿、木燧，衿纓、綦屨。以適父母舅姑之所。箴管，箴在管中也。縏袠，皆囊屬，施縏袠者，爲貯箴線纊也。衿，結也。纓，香囊也。〇軾按：纓所以繫香囊，非即香囊也。衣燠寒，疾痛苛癢，而敬抑搔之。出入則或先或後，而敬扶持之。進盥，少者奉槃，長者奉水，請沃盥，盥卒，授巾。問所欲而敬進之，柔色以温之。苛，疥也。抑，按。蚤，摩也。温，承藉之義，謂以柔順之色，承藉尊者之意。饘、酏、酒、醴、芼、羹、菽、麥、蕡、稻、黍、粱、秫，唯所欲。饘，厚粥。酏，薄粥也。芼羹，以菜雜肉爲羹也。蕡，大麻子。棗、栗、飴、蜜以甘之，堇、荁、枌、榆、免、薧、滫、瀡以滑之，脂、膏以膏之，父母、舅姑必嘗之而後退。飴，餳也。堇，菜名，荁，似堇而葉大。榆之白者名枌。免，新鮮者。薧，乾陳者。言堇荁枌榆四物，或用新或用舊也。滫，説文久泔也。瀡，滑也。滫瀡，滫之滑者也。凝者爲脂，釋者爲膏，甘之、滑之、膏之，皆謂調和飲食之味也。男女未冠笄者，雞初鳴，咸盥、漱、櫛、縰、拂髦，總角、衿纓，皆佩容臭。昧爽而朝，問：何飲食矣？若已食則退，若未食，則佐長者視具。總角，總聚其髮而結束之爲角，童子之飾也。容臭，香物也，以纓佩之，後世香囊即其遺制。凡内外，雞初鳴，咸盥、漱、衣服，斂枕簟，灑埽室堂及庭，布席，各從其事。孺子蚤寢晏起，唯所欲，食無時。古人枕席之具，夜則設之，曉則斂之，不以私褻之用示人也。由命士以上，父子皆異宫，昧爽而朝，慈以旨甘。日出而退，各從其事。日入而夕，慈以旨甘。慈，愛也，謂敬愛其親，故以旨甘之味致其愛。各從其事者，名治其所當爲之事也。晚朝爲夕。○鄭氏曰：異宫，崇敬也。父母舅姑將坐，奉席請何鄉；將衽，長者奉席請何趾，少者執牀與坐。御者舉几，斂席與簟，縣衾，篋枕，斂簟而襡之。將坐，旦起時也。奉坐席而鋪者，必問何向。衽，卧席也。將衽，謂更卧處也。長者奉此卧席而鋪，必問是向何所。牀，説文云：安身之几坐，非今之卧牀也。將坐之時，少者執此牀以與之坐，御侍者舉几進之，使之憑以爲安。卧必簟在席上，旦起則斂之，而簟又以襡韜之者，以親身，恐穢汙也。衾則束而懸之，枕則貯于篋也。父母舅姑之衣、衾、簟、席、枕、几不傳；杖、屨祗敬之，勿敢近；敦、牟、卮、匜，非餕莫敢用。與恒食飲，非餕莫之敢飲食。

傳，移也，謂此數者，每日置之有常處，子與婦不得輒移置他所也。近，謂挨偪之也。敦與牟，皆盛黍稷之器。牟讀爲堥，土釜也，此器則木爲之，象土釜之形耳。巵，酒器。匜，盛水漿之器。此四器，皆尊者所用。子與婦，非餕其餘，無敢用此器也。與，及也，及尊者所常食飲之物。子與婦，非餕餘不敢擅飲食之也。父母在，朝夕恒食，子婦佐餕，既食恒餕，父没母存，冢子御食，群子婦佐餕如初。旨甘柔滑，孺子餕。佐餕者，勸勉之使食，而後餕其餘也。既食恒餕者，盡食其常食之餘也。御食，侍母食也。如初，如父在時也。在父母舅姑之所，有命之，應唯，敬對，進退、周旋慎齊。升降、出入揖遊不敢噦噫、嚏咳、欠伸、跛倚、睇視，不敢唾洟，寒不敢襲，癢不敢搔。不有敬事，不敢袒裼，不涉不撅，褻衣衾不見裏。父母唾洟不見，冠帶垢，和灰請漱；衣裳垢，和灰請澣；衣裳綻裂，紉箴請補綴。唾洟不見，謂即刷除不使見示于人也。五日則燂湯請浴，三日具沐。其間面垢，燂潘請靧；足垢，燂湯請洗。少事長，賤事貴，共帥時。燂，温也。潘，淅米汁也。靧，洗面也。共帥時，皆循是禮也。子婦孝者敬者，父母舅姑之命，勿逆勿怠。子而孝，父母必愛之。婦而敬，舅姑必愛之。然猶恐其恃愛，而于命或有所違也，故以勿逆勿怠爲戒。若飲食之，雖不耆，必嘗而待。加之衣服，雖不欲，必服而待。加之事，人代之，己雖弗欲，姑與之，而姑使之，而后復之。尊者任之以事，而己既爲之矣，或念其勞，又使他人代爲，己意雖不以爲勞，而不欲其代。然必順尊者之意，而姑與之。若慮其爲之不如己意，姑教使之，及其果不能，而後己復爲之也。子婦有勤勞之事，雖甚愛之，姑縱之，而寧數休之。謂雖甚愛此子婦，而不忍其勞，然必且縱使爲之，而寧數數休息之，必使終竟其事而後已，不可以姑息爲愛，而使之不事事也。子婦未孝未敬，勿庸疾怨，姑教之。若不可教，而后怒之。不可怒，子放婦出，而不表禮焉。庸，用也。怒之，譴責之也。不可怒，謂雖譴責之而不改也。雖放逐其子，出棄其婦，而不表明其失禮之罪，示不終絶之也。父母有過，下氣怡色柔聲以諫，諫若不入，起敬起孝，説則復諫。不説，與其得罪于鄉黨州閭，寧孰諫。父母怒不説，而撻之流血，不敢疾怨，起敬起孝。疏曰：孰諫，謂純熟殷勤而諫，若物之成熟然。父母有婢子若庶子庶孫，甚愛之，雖父母没，没身敬之不衰。婢子，賤者之所生也。若，及也，或也。没身，終身也，父母之所愛亦愛之，至于犬馬盡然，而況于人乎。子有二妾，父母愛一人焉，子愛一人焉，由衣服飲食，由執事，毋敢視父母所愛，雖父母没不衰。由，自也。不敢以私愛違父母之情，孝也。子甚宜其妻，父母不説，出。子不宜其妻，父母曰：是善事我。子行夫婦之禮焉，没身不衰。父母雖没，將爲善，思貽父母令名，必果；將爲不善，思貽父母羞辱，必不果。舅没則姑老，冢婦所祭祀賓客，每事必請于姑。介婦請于冢婦。老，謂傳家事于長婦也，然長婦猶不敢專行。舅姑使冢婦，毋怠、不友、無禮于介婦。毋，禁止辭。不友者，不愛也。無禮者，不敬也。言舅姑以事命冢婦，則冢婦當自任其勞，不可怠于勞，而怨介婦不助己，遂不愛敬之也。舅姑若使介婦，毋敢敵耦于冢婦。敵耦者，欲求分任均勞之意。不敢並行，不敢並命，不敢並坐。又言介婦之與冢婦，分有尊卑，非惟任事毋敢敵耦，亦且不敢並肩而行，不敢並受命于尊者，不敢並出命于卑者。蓋介婦當請命于冢婦也，坐次亦必異列。凡婦，不命適私室，不敢退，婦將有事，大小必請于舅姑。子婦無私貨，無私畜，無私器，不敢私假，不敢私與。家事統于尊也。婦或賜之飲食、衣服、布帛、佩帨、茝蘭，則受而獻諸舅姑。舅姑受之則喜，如新受賜。若反賜之，則辭；不得命，如更受賜，藏以待乏。婦若有私親兄弟，將與之，則必復請其故。句。賜而后與之。故，即前者所獻之物，而舅姑不受者，雖藏于私室，今必請于尊者。既許，然後取以與之也。

記：凡爲人子之禮，冬温而夏清，昏定而晨省，在醜夷不争。醜，衆也。夷，儕也。朋儕多争勝負，故誡之。○夫爲人子者，三賜不及車馬。三賜，三命也。凡仕者一命而受爵，再命而受衣服，三命而受車馬。車馬而身所以尊者備矣。卿大夫士之子不受，不敢以成尊比踰于父。天子諸侯之子不受，自卑遠于君。故州閭鄉黨稱其孝也，兄弟親戚稱其慈也，僚友稱其弟也，執友稱其仁也，交遊稱其信也。○夫爲人子者，出必告，反必面，所遊必有常，所習必有業，恒言不稱老。疏曰：老是尊稱，稱老是自尊大，非孝子卑退之情。或云：子若自稱老，則明父母爲甚老而感動之也。○爲人子者，居不主奥，坐不中席，行不中道，立不中門。謂與父同宫者也，不敢當其尊處。室中西南隅謂之奥。道有左右。中門，謂棖闑之中央。内則曰：由命士以上，父子皆異宫。食饗不爲概，概，量也。○疏曰：大夫士或相往來，設于饗食，制設饌具。事由尊者所裁，子不得輒豫限量多少也。祭祀不爲尸。○父命呼，唯而不諾，手執業則投之，食在口則吐之，走而不趨。命謂遣人呼，非自唤，應以唯，不稱諾，唯恭于諾也。○聽于無聲，視于無形，不登高，不臨深，不苟訾，不苟笑，孝子不服闇，不登危，懼辱親也。服，事也。闇，冥也。不于闇冥之中從事，爲卒有非常，且嫌失禮也，男女夜行以燭。○父母存，不許友以死，不有私財。○未仕者，不敢税人，如税人，則以父兄之命。不專家財也。税謂遺予人。○親在行禮于人稱父，人或賜之，則稱父拜之。○父子不同席。○父母有疾，冠者不櫛。行不翔，言不惰，琴瑟不御，食肉不至變味，飲酒不至變貌。少食則味不變，多食則口味變也。笑不至矧，怒不至詈。憂在心難變也。齒本曰矧，大笑則見。疾止復故。○親老，出不易方，復不過時。親癠，色容不盛，此孝子之疏節也。疏曰：言如文王乃爲至孝，今但色容不盛，乃孝子疏簡之節耳。○父没而不能讀父之書，手澤存焉爾。母没而杯圈不能飲焉，口澤之氣存焉爾。○爲人子者，父母存，冠衣不純素。爲其有喪象也。純，緣也。孤子當室，冠衣不純采。○曾子曰：「孝子之養老也，樂其心，不違其志，樂其耳目，安其寢處，以其飲食忠養之。孝子之身終，終身也者，非終父母之身，終其身也。是故父母之所愛亦愛之，父母之所敬亦敬之。至于犬馬盡然，而況于人乎？」○曾子曰：「孝有三，大孝尊親，其次弗辱，其下能養。」公明儀問于曾子曰：「夫子可以爲孝乎？」曾子曰：「是何言歟！是何言歟！君子所謂孝者，先意承志，喻父母于道。參直養者也。安能爲孝乎？」○曾子曰：「身也者，父母之遺體也。行父母之遺體，敢不敬乎？居處不莊，非孝也。事君不忠，非孝也。涖官不敬，非孝也。朋友不信，非孝也。戰陳無勇，非孝也。五者不遂，裁及于親，敢不敬乎？亨、孰、羶、薌，嘗而薦之，非孝也，養也。君子之所謂孝也者，國人稱願然曰：幸哉，有子如此！所謂孝也已。然，猶而也。衆之本教曰孝，其行曰養，養可能也，敬爲難。敬可能也，安爲難。安可能也，卒爲難。父母既没，慎行其身，不遺父母惡名，可謂能終矣。仁者，仁此者也。禮者，履此者也。義者，宜此者也。信者，信此者也。强者，强此者也。樂自順此生，刑自反此作。」○曾子曰：「夫孝，置之而塞乎天地，溥之而横乎四海，施諸後世而無朝夕，推而放諸東海而準，推而放諸西海而準，推而放諸南海而準，推而放諸北海而準。詩云：『自西自東，自南自北，無思不服』，此之謂也。」○曾子曰：「樹木以時伐焉，禽獸以時殺焉。夫子曰：斷一樹，殺一獸，不以其時，非孝也。孝有三，小孝用力，中孝用勞，大孝不匱。思慈愛忘勞，可謂用力矣。尊仁安義，可謂用勞矣。博施備物，可謂不匱矣。父母愛之，喜而弗忘。父母惡之，懼而無怨。父母有過，諫而不逆。父母既没，必求仁者之粟以祀之。此之謂禮終。」○樂正子春下堂而傷其足，數月不出，猶有憂色。門弟子曰：「夫子之足瘳矣，數月不出，猶有憂色，何也？」樂正子春曰：「善如爾之問也，善如爾之問也！吾聞諸曾子，曾子聞諸夫子曰：天之所生，地之所養，無人爲大。疏曰：言天地生養萬物之中，無如人最爲大。故孝經云：天地之性人爲貴是也。父母全而生之，子全而歸之，可謂孝矣。不虧其體，不辱其親，可謂全矣。故君子頃步而不敢忘孝也。今予忘孝之道，予是以有憂色也，壹舉足而不敢忘父母，壹出言而不敢忘父母。壹舉足而不敢忘父母。是故道而不徑，舟而不遊，不敢以先父母之遺體行殆，壹出言而不敢忘父母。是故惡言不出于口，忿言不反于身，不辱其身，不羞其親，可謂孝矣。」○單居離問于曾子曰：「事父母有道乎？」曾子曰：「有。愛而敬，父母之行若中道，則從。若不中道，則諫。諫而不用，行之如由己。且俯從所行，而思諫道也。從而不諫，非孝也。諫而不從，亦非孝也。徒以義諫，而行不從。孝子之諫，達善而不敢争辨。争辨者，作亂之所由興也。由己爲無咎則寧，由己爲賢人則亂。謂争辨，賢與無咎互相足。孝子無私樂，父母所憂憂之，父母所樂樂之。孝子唯巧變，故父母安之。若夫坐如尸，立如齊，弗訊不言，言必齊色，嚴敬其色。此成人之善者也，未得爲人子之道也。」單居離問曰：「事兄有道乎？」曾子曰：「有。尊視之以爲己望也，兄事之不遺其言。兄之行若中道，則兄事之。兄之行若不中道，則養之。養猶隱之。養之内，不養于外，則是越之也。養之外，不養于内，則是疏之也。是故君子内外養之也。」單居離問之曰：「使弟有道乎？」曾子曰：「有。嘉事不失時也。謂冠、娶也。弟之行若中道，則正以使之。弟之行若不中道，則兄事之。且以兄禮敬之。詘事兄之道，若不可，然后舍之矣。」屈事兄之道，然猶不變，則怒罰之。曾子曰：「夫禮，大之由也，不與小之自也。言大者，得自由也。飲食以齒，力事不讓，辱事不齒，執觴觚杯豆而不醉，和歌而不哀。觚，器也。實之曰觴。杯，盤盎盆盞之總名也。豆，醬器。以木曰登。夫弟者，不衡坐，不苟越，不于逆色，趨翔周旋，俛仰從命，不見于顔色，未成于弟也。」

飲食。

飯：黍、稷、稻、粱、白黍、黄粱，稰、穛。飯之品，有黄黍、稷、稻、白粱、白黍、黄粱，凡六。其穀熟而穫之則曰稰。生穫之曰穛，穛是斂縮之名，以生穫故其物縮斂也。此諸侯之飯。天子又有麥與苽。膳：膷、臐、膮、牛炙，膷，牛膗；臐，羊膗；膮，豕膗，皆香美之名也。牛炙，炙牛肉也。此四物爲四豆，共爲一行。醢、牛胾、醢、牛膾。牛胾，牛膾。間二醢爲四，意食胾膾而兼醢，各有宜也。醢，肉醬也。牛胾，切牛肉也，并醢與牛膾四物爲四豆，是第二行。羊炙、羊胾、醢、豕炙。此四物爲四豆，是第三行。醢、豕胾、芥醬、魚膾。此四物爲四豆，是第四行。共十六豆，下大夫之禮也。雉、兔、鶉、鴽。此四物爲四豆，列爲第五行，共二十四豆，則上大夫禮也。飲：重醴，稻醴清、糟，黍醴清、糟，粱醴清、糟，或以酏爲醴，黍酏，漿，水，醷，濫。醴者，稻、黍、粱三者各爲之，已泲者爲清，未泲者爲糟，是三醴各有清、有糟也，以清與糟相配重設，故云重醴。蓋致飲于賓客，則兼設之也。以酏爲醴，釀粥爲醴也。黍酏，以黍爲粥也。漿，醋水也。醷，梅漿也。濫，雜糗飯之屬和水也。酒：清、白。清，清酒也，祭祀之酒，事酒、昔酒俱白，故以白名之。有事而飲者謂之事酒，無事而飲者名昔酒。羞：糗餌、粉酏。周禮：羞籩之實，糗餌粉餈。此酏字，當讀爲餈，記者誤耳。許慎云：餈，稻餅也，炊米擣之。粉餈，以豆爲粉。糝，餈上也。糗，炒乾米麥也，擣之以爲粉，然後搏之爲餌。餌之言堅潔，若玉珥。餈之言滋也。食：蝸醢而苽食、雉羹，麥食、脯羹、雞羹，折稌、犬羹、兔羹，和糝不蓼。此言進飯之宜，蝸與螺同。苽，雕胡也。脯羹，析脯爲羹也。稌，稻。折稌，謂細折稻米爲飯也。此五羹者，宜以五味調和米屑爲糝，不須加蓼，故云和糝不蓼也。濡豚包苦實蓼，濡雞醢醬實蓼，濡魚卵醬實蓼，濡鼈醢醬實蓼。濡讀爲胹，烹煑之也，胹豚者，包裹之以苦菜，而實蓼于腹中。此四物，皆以蓼實其腹而煑之也，醬魚子爲醬也，三物之用醬，蓋以調和其汁耳。腶脩，蚳醢；脯羹，兔醢；麋膚，魚醢；魚膾，芥醬；麋腥，醢，醬；桃諸，梅諸，卵鹽。蚳醢，以蚍蜉子爲醢也，謂食腶脩者，以蚳醢配之，食脯羹者以兔醢配之，餘放此。麋，鹿之大者。膚，切肉也。麋腥，生麋肉也。諸，菹也。桃梅皆爲菹藏之，欲藏必令稍乾，故周禮謂之乾，食之則和以鹽。大鹽形似鳥，故名鹽也。凡食齊視春時，羹齊視夏時，醬齊視秋時，飲齊視冬時。飯宜温，羹宜熱，醬宜涼，飲宜寒也。凡和，春多酸，夏多苦，秋多辛，冬多鹹，調以滑甘。酸苦辛鹹，木火金水之所屬，多其時味，所以養氣也。四時皆調以滑甘，象土之寄歟？牛宜稌，羊宜黍，豕宜稷，犬宜粱，雁宜麥，魚宜苽。上云折稌犬羹兔羹，此云牛宜稌者，上是人君燕食以滋味爲羹，此據尊者正食而言也。春宜羔、豚，膳膏薌；夏宜腒、鱐，膳膏臊；秋宜犢、麛，膳膏腥；冬宜鮮羽，膳膏羶。牛膏薌，犬膏臊，雞膏腥，羊膏羶。如春時食羔豚，則煎之以牛膏，故云膳膏薌也。餘倣此。腒，乾雉。鱐，乾魚。麛，鹿子。鮮，生魚。羽，雁也。舊説此膳所宜，以五行衰王相參，乃方氏燥濕疾遲强弱之説，今皆略之。牛脩、鹿脯、田豕脯、麋脯、麕脯，麋、鹿、田豕、麕，皆有軒。雉、兔皆有芼。疏曰：麋鹿田豕麕皆有軒者，言此等非但爲脯，又可腥食。腥食之時，皆以藿葉起之，而不細切，故云皆有軒。不云牛者，牛惟可細切爲膾，不宜大切爲軒。雉兔皆有芼者，爲雉羹、兔羹，皆有芼菜以和之。○鄭氏曰：軒讀爲憲，憲謂藿葉切也。爵、鷃、蜩、范、芝、栭、蔆、椇、棗、栗、榛、柿、瓜、桃、李、梅、杏、楂、梨、薑、桂。蜩，蟬。范，蜂。芝，如今木耳之類。栭，韻會注云：江淮呼小栗爲栭栗。蔆，芰也。椇，形似珊瑚，味甜美，一名白石李。○鄭氏曰：自牛脩至此三十一物，皆人君燕食所加庶羞也。周禮：天子羞用百有二十品，記者不能次録。大夫燕食，有膾無脯，有脯無膾。士不貳羹、胾。庶人耆老不徒食。因上文言人君燕食之物，而言大夫燕食。士不貳羹胾，亦謂燕食也。徒，猶空也，不徒食，言必有饌。膾，春用葱，秋用芥。豚，春用韭，秋用蓼。脂用葱，膏用薤。三牲用藙。和用醯。獸用梅。芥，芥醬也。肥凝者爲脂，釋者爲膏。三牲，牛羊豕也。藙，茱萸也。和用醯，以和三牲也。獸用梅，以梅和獸也。鶉羹、雞羹、鴐，釀之蓼。魴、鱮烝，雛燒，雉薌，無蓼。鴐，不爲羹，惟烝煮而已，故不曰羹。此三味，皆切蓼以雜和之，故曰釀之蓼。魴鱮二魚，烝而食之，故曰魴、鱮烝。雛，鳥之小者，燒熟然後調和，故云雛燒。雉則或燒或烝，或以爲羹，皆可。薌謂香草，若白蘇、紫蘇之屬也。言烝魴鱮，燒雛，及烹雉，皆調和之以香草，無用蓼也。不食，句。雛鼈。狼去腸，狗去腎，狸去正脊，兔去尻，狐去首，豚去腦，魚去乙，鼈去醜。此九者，皆爲不利于雛鼈。伏乳者，魚體中有骨，如篆乙之形，去之，爲鯁人也。醜，竅也，或云頸下有骨能毒人。肉曰脱之，魚曰作之，棗曰新之，栗曰撰之，桃曰膽之，柤梨曰攢之。脱者，剥去其筋膜。作者，摇動之以觀其鮮餒，一説作，猶斮也，謂削其鱗。棗則拭治而使之新潔。撰，猶選也。栗多蟲蠹，宜選擇之。桃多毛，拭治令清滑如膽。攢之者，鑽治其蟲處也。此皆治擇之名。牛夜鳴則庮；羊泠毛而毳，羶；狗赤股而躁，臊；鳥皫色而沙鳴，鬱；豕望視而交睫，腥；馬黑脊而般臂，漏。牛之夜鳴者，其肉臭。羊之毛本稀泠，而毛端毳結者，其肉羶氣。狗股裏無毛，而舉動急躁者，其肉臊惡。皫色，色變而無潤澤也。沙，嘶也，鳴而其聲沙嘶者。鬱，謂腐臭也。望視，舉目高也。交睫，目睫毛交也。般臂，前脛毛斑也。漏，讀爲螻，謂其肉如螻蛄臭也。牛至馬六物若此者，皆不可食。雛尾不盈握弗食。舒雁翠，鵠、鴞胖，舒鳧翠，雞肝，雁腎，鴇奥，鹿胃。舒雁，鵝也。翠，尾肉也。胖，脇側薄肉也。舒鳧，鴨也。鴇似雁而大，無後指。奥，脾肶也，藏之深奥處也。此九物亦不可食。肉腥，細者爲膾，大者爲軒。切葱若薤，實諸以柔之。細縷切者爲膾，大片切者爲軒。或用葱，或用薤，故云切葱若薤。肉與葱薤皆置之醯中，故云實諸。浸漬而熟，則柔軟矣，故曰柔之。

軾按：易曰：「無攸遂，在中饋。」詩曰：「無非無儀，惟酒食是議。」飲食之關于婦德，非淺鮮也。朱子經傳通解，録内則所記，珍羞品物烹飪和劑之宜，多諸侯大夫禮，于士庶人日用飲食無當，又不别補傳記，讀者憾其略。爰雜引經傳數則附後。

王制：五十異粻，六十宿肉，七十貳膳，八十常珍，九十飲食不離寢，膳飲從于遊可也。粻，糧也。異，精粗與少者殊也。宿肉，謂隔日備之，不使求而不得也。膳，食之善者，每有副貳，不使缺乏也。常珍，常食皆珍味也。不離寢，言寢處之所，恒有皮閣之飲食也。美善之膳，水漿之飲，隨其常遊之處，而爲之備具可也。○詩曰：有椒其馨，胡考之寧。○八月剥棗，十月獲稻。爲此春酒，以介眉壽。○孟子曰：「五母雞，二母彘，無失其時，七十者可以食肉矣。」又曰：「曾子養曾晳必有酒肉。將徹，必請所與。問有余，必曰有。」○白虎通：婦人職在供養饋食之間。○孟母曰：「婦人之禮，精五飯，幂五漿，養舅姑，縫衣裳而已。」○陸績之母，切肉未嘗不方，斷葱以寸爲度。○吕榮公張夫人，待制諱昷之之幼女也，最鍾愛，然居常至微細事，教之必有法度。如飲食之類，飯羹許更益，魚肉不更進也。時張公已爲待制河北都轉運使矣，及夫人嫁吕氏，夫人之母申國夫人姊也，一日來視女，見舍後有鍋釜之類，大不樂，謂申國夫人曰：「豈可使小兒輩私作飲食，壞家法耶？」○漢梁鴻避地于吴，依大家皋伯通，居廡下。爲人賃舂，妻爲具食，不敢于鴻前仰視，舉案齊眉。伯通察而異之，曰：「彼傭能使其妻敬之如此，非凡人也。」方舍之于家。○晉太尉陶侃早孤，爲縣吏。番陽孝廉范逵，常過侃時，倉卒無以待賓，其母乃截髮得雙髲以易酒肴，逵薦侃于廬江太守，召爲督郵，由此得仕進。

男女之别。

爲宫室，辨外内。男子居外，女子居内，深宫固門，閽、寺守之。男不入，女不出。男不言内，女不言外。非祭非喪，不相授器。其相授，則女受以篚。其無篚，則皆坐。奠之而后取之。奠，停地也。外内不共井，不共湢浴，不通寢席，不通乞假，男女不通衣裳。内言不出，外言不入。湢，浴室也。男子入内，不嘯不指。夜行以燭，無燭則止。嘯讀爲叱。叱，嫌有隱使也。○疏曰：常事以言語處分，是顯使人也。如有姦私，恐人知聞，不以言語，但諷叱而已，故云嫌有隱使也。女子出門，必擁蔽其面。夜行以燭，無燭則止。道路男子由右，女子由左。地道尊右。○男女不雜坐，不同椸枷，不同巾櫛，不親授。嫂叔不通問，諸母不漱裳。外言不入于梱，内言不出于梱。女子許嫁纓，非有大故，不入其門。姑姊妹女子子，已嫁而反，兄弟弗與同席而坐，弗與同器而食。不雜坐，謂男子在堂，女子在房也。椸可以枷衣者。通問謂相稱謝也。諸母，庶母也。漱，澣也。庶母賤，可使漱衣，不可使漱裳，裳賤，尊之者，亦所以遠别。外言、内言，男女之職也，不出入者，不以相問也。梱，門限也。女子許嫁繫纓，有從人之端也。大故，宫中有災變，若疾病，然後入也。○疏曰：諸母謂父之諸妾有子者，衣謂盛服，裳卑褻也，欲尊崇于兄弟之母，故不可使漱裳耳，又欲遠别也。男子單稱子，女子重言子者，案鄭注喪服云：重言女子子，别于男子也。

傳：孔子適季氏，康子晝居内寢，孔子問其所疾。康子出見之，言終，孔子退。子貢問曰：「季孫不疾而問諸疾，禮與？」孔子曰：「夫禮，君子不有大故，則不宿于外。大故，謂喪憂。非致齋也，非疾也，則不晝夜處于内，是故夜居于外，雖弔之可也。晝居于内，雖問其疾可也。」家語。○公父文伯之母敬姜者，季康子之從祖叔母也，康子往焉，闖門而與之言。闖，闢也。門，寢門也。皆不踰閾。閾，門限也。敬姜不踰閾而出，康子不踰閾而入。傳曰：婦人迎送不出門，見兄弟不踰閾是也。祭悼子，康子與焉。悼子，穆伯之父，敬姜先舅也。與，與祭也。酢不受，徹俎不宴。禮，祭主人獻賓，賓酢主人。不受，敬姜不親受也。祭畢徹俎，又不與康子飲宴。宗不具，不繹。繹，又祭也。賈侍中云：宗，宗臣祭主祀之禮。不具，謂宗臣不具在，則敬姜不與繹也。繹不盡飫則退。立曰飫，坐曰宴，言宗具，則與繹。繹畢而飲，不盡飫禮而退，恐有酬飽之失，皆所以遠嫌也。孔子聞之曰：「男女之别，禮之大經。公父氏之婦，動中禮趣度於禮矣。」

夫婦之别。

禮始于謹夫婦，不敢縣于夫之楎椸，不敢藏于夫之篋笥，不敢共湢浴。竿謂之椸。楎，杙也。夫不在，斂枕篋，簟席襡器而藏之。不敢褻也。少事長，賤事貴，咸如之。

傳：臼季使過冀，見冀缺耨，其妻饁之敬，相待如賓，與之歸，言諸文公。曰：「敬，德之聚也。能敬必有德，德以治民。請用之。臣聞之：出門如賓，承事如祭，仁之則也。」

胎教。

姙子者，寢不側，坐不邊，立不蹕，不食邪味。割不正不食，席不正不坐。目不視邪色，耳不聽淫聲。夜則令瞽誦詩，道正事。

傳曰：姙子之時，必謹所感。心感于物，則其子形音肖之。故姙者能謹于此，則生子形容端正，才識必過人矣。此之謂胎教。

生子。

妻將生子，及月辰，居側室。側室，謂夾之室，次燕寢也。○疏曰：夫正寢之室在前，燕寢在後，側室又次燕寢之旁，故謂之側室。妻既居側室，則妾亦當然也。夫使人日再問之，作而自問之。妻不敢見，使姆衣服而對。至于子生，夫復使人日再問之。作，有感動。夫齊，則不入側室之門。子生，男子設弧于門左，女子設帨于門右。表男女也。弧者，示有事于武也。帨，事人之佩巾也。三日接子，大夫少牢，士特豕，庶人特豚。其非冢子，則皆降一等。接，王肅、杜預並以爲接待之義。始負子，男射女否。始有事也，負之，謂抱之而使鄉前也。○今按：射謂以桑弧蓬矢六，射天地四方。鄭云：桑弧蓬矢，本大古也。天地四方，男子所有事也。異爲孺子室于宫中，特埽一處以處之。擇于諸母與可者，必求其寬裕、慈惠、温良、恭敬、慎而寡言者，使爲子師，其次爲慈母，其次爲保母。皆居子室。諸母，衆妾也。可者，傅御之屬也。子師，教示以善道者。慈母知其嗜欲者。保母安其居處者。○疏曰：此人君養子之禮，兼大夫士也。大夫之子有食母，士之妻自養其子。賤不敢使人也。它人無事不往。爲見精氣微弱，將驚動也。○凡接子擇日。按：此與上章不同，或别記異聞也。○三月之末，擇日翦髮爲鬌，男角女羈，否則男左女右。鬌，所遺髮也。夾囟曰角，午達曰羈。○疏曰：三月翦髮。所不翦者，謂之鬌。云囟者，是首腦之上縫。故説文云十其字，象小兒腦不合也。夾囟兩旁當角之處，髮不翦也。儀禮注云：一縱一横曰午，翦髮其頂上縱横各一，交相通達，故云午達。羈者，隻也。文雖據大夫士，天子諸侯之子亦當然也。是日也，妻以子見于父，貴人則爲衣服，由命士以下，皆漱澣。男女夙興沐浴衣服，具視朔食。朔食，天子太牢，諸侯少牢，大夫特豕，士特豚也。夫入門，升自阼階，立于阼西鄉。妻抱子出自房，當楣立，東面。姆先相曰：母某敢用時日祗見孺之。某妻名。夫對曰：欽有帥。父執子之右手，咳而名之。欽，敬也。帥，循也。言教之敬，使有循也。執右手，明將授之事也。咳，小兒笑聲，謂父作咳聲笑容以示慈愛而名之也。妻對曰：記有成。遂左還授師。記，猶識也，識夫之言，使有成也。子師辯告諸婦諸母名。辯，讀遍。○疏曰：諸婦謂同族卑者之妻，諸母同族尊者之妻，後告諸母，欲名成于尊。妻遂適寢。夫告宰名，宰辯告諸男名，書曰：某年某月某日某生而藏之。宰，謂屬吏也。○疏曰：此經所陳，謂卿大夫以下，故以名徧告同宗諸男也。若諸侯既絶宗，則不告諸男也。此舉諸男，舉其卑者。卑者尚告，則告諸父可知。藏之，謂藏之家之書府。宰告閭史，閭史書爲二，其一藏諸閭府，其一獻諸州史，州史獻諸州伯，州伯命藏諸州府。疏曰：州伯則州長也，州府是州長之府藏。夫入食如養禮。夫入，已見子入室也，其與妻食，如饋舅姑之禮也。○疏曰：養禮即士昏禮婦盥饋舅姑之禮也。以下文云妾生子，及三月之末見子之禮，如始入室。明知此亦如之也。○凡名子，不以國，不以日月，不以隱疾，不以山川。此一節文不足，今取曲禮移入。○此在常語之中，爲後難諱也。春秋傳曰：名終將諱之。隱疾，衣中之疾也，謂若黑臀、黑肱矣。疾在外者，雖不得言，尚可指擿。此則無時可辟，俗語云：隱疾難爲醫也。○疏曰：杜氏春秋注云：不以本國爲名，他國即得爲名，如衛侯晉、晉侯周是也。日月，甲乙丙丁也，殷家得以爲名者，殷質不諱名故也。然春秋魯僖公名申，蔡莊公名甲午者，亂世不能如禮也。案傳又云：不以官，不以畜牲，不以器幣。此記文略耳。傳云：以官則廢職，以山川則廢主，以畜牲則廢祀，以器幣則廢禮。晉以僖侯廢司徒，宋以武公廢司空，先君獻武廢二山是也。大夫士之子，不敢與世子同名。○妾將生子，及月辰，夫使人日一问之，子生三月之末，漱澣夙齊。見于内寢，禮之如始入室。君已食，徹焉。使之特餕，遂入御。内寢，適妾寢也。禮謂已見子，夫食而使獨餕也。如始入室，始來嫁時，妾餕夫婦之餘亦如之。既見子，可以御，此謂大夫士之妾也。凡妾稱夫曰君。○庶人無側室者，及月辰，夫出居群室，其問之也，與子見父之禮，無以異也。○凡父在，孫見于祖，祖亦名之，禮如子見父無辭。見子于祖，家統于尊也。○應氏曰：辭者，夫婦所以相授受也。祖尊，故有其禮，而無其辭。

教子。

幼子常視母誑。子能食食，教以右手。能言，男唯女俞。男鞶革，女鞶絲。六年，教之數與方名。七年，男女不同席，不共食。八年，出入門户及即席飲食，必後長者，始教之讓。九年，教之數日。十年，出就外傅，居宿于外，學書計。衣不帛襦袴。禮帥初，朝夕學幼儀，請肄簡諒。簡謂篇章簡策也。諒，信也，謂言語信實也。十有三年，學樂，誦詩，舞勺。成童，舞象，學射御。二十而冠，始學禮，可以衣裘帛，舞大夏，惇行孝弟，博學不教，内而不出。三十而有室，始理男事，博學無方，孫友視志。室，猶妻也。男事，授田給政役也。方，猶常也。至此無常在，志所好也。孫，順也。順于友，視其所志也。四十始仕，方物出謀發慮，道合則服從，不可則去。方，猶對也。物，猶事也。比對事物，而窮其理也。方物出謀，則謀不過物。方物發慮，則慮不過物。五十命爲大夫，服官政。統一官之政也。七十致事。凡男拜，尚左手。○女子十年不出，姆教婉娩聽從。婉謂言語也。娩之言媚也。媚，謂容貌也。執麻枲，治絲繭，織紝、組、紃，學女事以共衣服。觀于祭祀，納酒漿、籩豆、菹醢，禮相助奠。當及女時而知。○今按：納謂奉而入之。十有五年而笄。二十而嫁，有故，二十三而嫁。聘則爲妻，奔則爲妾。凡女拜，尚右手。

記：婦人吉事，雖有君賜肅拜，爲尸坐，則不手拜。肅拜，爲喪主則不手拜。肅拜，拜低頭也。手拜，手至地也。婦人以肅拜爲正，凶事乃手拜耳，爲尸爲祖姑之尸也。士虞禮曰：男，男尸。女，女尸。爲喪主不手拜者，爲夫與長子當稽顙也，其餘亦手拜而已。

冠。笄。嫁。取。

男女異長。各自爲伯季也。男子二十，冠而字。女子許嫁，笄而字。男女非有行媒，不相知名。非受幣，不交不親。故日月以告君。周禮：凡取判妻入子者，媒氏書之以告君。謂此也。○疏曰：妻是判合，故云判也。入子者，謂容媵及姪娣不聘者也。既非判合，但廣于子嗣而已，故云入子。齊戒以告鬼神，爲酒食以召鄉黨僚友，以厚其別也。厚，重慎也。取妻不取同姓，故買妾不知其姓則卜之。寡婦之子，非有見焉，弗與爲友。辟嫌也。有見，謂有奇才卓然衆人所知。

附温公居家雜儀 子朱子定。

凡爲家長，必謹守禮法，以御群子弟，及家衆，分之以職，授之以事，而責其成功。制財用之節，量入以爲出，稱家之有無，以給上下之衣食，及吉凶之費，皆有品節而莫不均壹。裁省冗費，禁止奢華，常須稍存贏餘，以備不虞。

凡諸卑幼，事無大小，毋得專行，必咨禀于家長。

凡爲子爲婦者，毋得蓄私財。俸禄及田宅所入，盡歸之父母舅姑。當用則請而用之，不敢私假，不敢私與。

凡子事父母，婦事舅姑，天欲明，咸起，盥、漱、櫛、總，具冠帶。昧爽，適父母舅姑之所，省問。父母舅姑起，子供藥物。藥物乃關身之切務，人子當親自檢數，調羮供進，不可但委婢僕，脱若有誤，即其禍不測。婦具晨羞。俗謂點心，易曰在中饋。《詩》云：「惟酒食是議。」凡烹調飲膳，婦人之職也。近年婦女驕倨，皆不肯入庖廚，今縱不親執刀匕，亦當檢校監視，務令精潔。供具畢，乃退，各從其事。將食，婦請所欲于家長，退具而供之。尊長舉筯，子婦乃各退就食。丈夫婦人，各設食于他所，依長幼而坐其飲食必均壹。幼子又食于他所，亦依長幼席地而坐。男坐于左，女坐于右，及夕食，亦如之。既夜，父母舅姑將寢，則安置而退。居閑無事，則侍于父母舅姑之所。容貌必恭，執事必謹，言語應對，必下氣怡聲，出入起居，必謹扶衛之，不敢涕唾諠呼于父母舅姑之側。父母舅姑不命之坐，不敢坐。不命之退，不敢退。

凡子受父母之命，必籍記而佩之，時省而速行之，事畢，則返命焉。或所命有不可行者，則和色柔聲，具是非利害而白之。待父母之許，然後改之；若不許，苟于事無大害者，亦當曲從。若以父母之命爲非，而直行己志，雖所執皆是，猶爲不順之子。況未是乎？

凡父母有過，下氣怡色柔聲以諫。諫若不入，起敬起孝，悦則復諫。不悦，與其得罪于鄉黨州閭，寧熟諫。父母怒，不悦，而撻之流血，不敢疾怨，起敬起孝。凡爲人子弟者，不敢以貴富加于父兄宗族。凡爲人子者，出必告，反必面。有賓客，不敢坐於正廳。升降，不敢用東階。上下馬，不敢當廳。凡事不敢自擬于其父。

凡父母舅姑有疾，子婦無故不離側，親調嘗藥餌而供之。父母有疾，子色不滿容。不戲笑，不宴遊，舍置餘事，專以延醫檢方合藥爲務。疾已復初。顔氏家訓曰：父母有疾，子拜醫以求藥，蓋以醫者親之存亡所繫，豈可傲忽也。

凡子事父母，父母所愛亦當愛之，所敬亦當敬之。至于犬馬盡然，而況于人乎。

凡子事父母，樂其心，不違其志，樂其耳目，安其寢處以其飲食忠養之。幼事長，賤事貴，皆倣此。

凡子婦未敬未孝，不可遽有憎疾。姑教之，若不可教，然後怒之。若不可怒，然後笞之。屢笞而終不改，子放婦出，然亦不明言其犯禮也。子甚宜其妻，父母不悦，出。子不宜其妻，父母曰：是善事我。子行夫婦之禮焉，没身不衰。凡爲宫室，必辨内外，深宫固門，内外不共井，不共浴室，不共厠。男治外事，女治内事。男子晝無故不處私室，婦人無故不窺中門。男子夜行以燭。婦人有故出中門，必擁蔽其面。男僕，非有繕脩，及有大故，不入中門。入中門，婦人必避之；不可避，亦必以袖遮其面。女僕無故不出中門，有故出中門，亦必擁蔽其面。鈴下蒼頭，但主通内外之言，傳致内外之物，毋得輒升堂室，入庖廚。

凡卑幼于尊長，晨亦省問，夜亦安置。丈夫唱喏，婦人道萬福安置。坐，而尊長過之，則起。出，遇尊長于塗，則下馬。不見尊長，經再宿以上，則再拜。五宿以上，則四拜。賀冬至、正旦，六拜。朔望，四拜。凡拜數，或尊長臨時減而止之，則從尊長之命。吾家同居宗族衆多，冬正朔望，聚于堂上。丈夫處左西上，婦人處右東上。左右謂家長之左右。皆北向共爲一列，各以長幼爲序。婦以夫之長幼爲序。共拜家長，畢。長兄立于門之左，長姊立于門之右，皆南向。諸弟妹以次拜訖，各就列，丈夫西上，婦人東上，共受卑幼拜。以宗族多，若人人致拜，則不勝煩勞，故同列共受之。受拜訖，先退。後輩立受拜于門東西，如前輩之儀。若卑幼自遠方至，見尊長，遇尊長，三人以上同處者，先共再拜，叙寒暄，問起居訖。又再三拜而止。晨夜唱喏，萬福安置。若尊長，三人以上同處，亦三而止，皆所以避煩也。

凡受女壻及外甥拜，立而扶之，外孫則立而受之可也。

凡節序，及非時家宴，上壽于家長，卑幼盛服序立，如朔望之儀，先再拜，子弟之最長者一人進立于家長之前。幼者一人搢笏執酒盞，立于其左，一人搢笏執酒注立于其右。長者搢笏跪斟酒。祝曰：伏願某官，備膺五福，保族宜家。尊長飲畢，授幼者盞注，反其故處。長者出笏俛伏，興。退與卑幼皆再拜。家長命諸卑幼坐，皆再拜而坐。家長命侍者徧酢諸卑幼，諸卑幼皆起序立，如前，俱再拜就坐飲訖。家長命易服，皆退易便服，還復就坐。

凡子始生，若爲之求乳母，必擇良家婦人，稍温謹者。子能食，飼之，教以右手。子能言，教之自名，及唱喏萬福安置。稍有知，則教之以恭敬尊長。有不識尊卑長幼者，則嚴訶禁之。古有胎教，況于已生，子始生未有知，固舉以禮，況于已有知。孔子曰：幼成若天性，習慣成自然。顔氏家訓曰：教婦初來，教子嬰孩，故于其始有知，不可不使之知尊卑長幼之禮。若侮詈父母，毆擊兄姊，父母不加訶禁，反笑而獎之。彼既未辨好惡，謂禮當然。及其既長，習已成性，乃怒而禁之，不可復制。于是父疾其子，子怨其父，殘忍悖逆，無所不至。蓋父母無深識遠慮，不能防微杜漸，溺于小慈，養成其惡故也。六歲，教之數與方名，男子始習書字，女子始習女工之小者。七歲，男女不同席，不共食，始誦孝經、論語，雖女子亦宜誦之。自七歲以下，謂之孺子，早寢晏起，食無時。八歲，出入門户及即席飲食，必後長者，始教之以謙讓，男子誦尚書，女子不出中門。九歲，男子誦春秋及諸史，始爲之講解，使曉義理，女子亦爲之講解論語、孝經，及列女傳、女戒之類，略曉大意。古之賢女，無不觀圖史以自鑒，如曹大家之徒，皆精通經術，議論明正。今人或教女子以作歌詩，執俗樂，殊非所宜也。十歲，男子出就外傳，居宿于外，讀詩、禮，傳爲之講解，使知仁義禮知信。自是以往，可以讀孟、荀、揚子，博觀群書。凡所讀書，必擇其精要者而讀之，其異端非聖賢之書，傳宜禁之，勿使妄觀，以惑亂其志。觀書皆通，始可學文辭，女子則教以婉娩聽從，及女工之大者。女工謂桑績裁縫，及爲飲膳，不惟正是婦人之職，兼欲使之知衣食所來之艱難，不敢恣爲奢麗。至于纂組華巧之物，亦不必習也。未冠笄者，質明而起，總角靧面，以見尊長。佐長者供養，祭祀則佐執酒食。若既冠笄，則皆責以成人之禮，不得復言童幼矣。

凡内外僕妾，雞初鳴，咸起，櫛、總、盥、漱、衣服。男僕灑掃廳事及庭，鈴下蒼頭灑掃中庭，女僕灑掃堂室，設倚卓，陳盥漱櫛靧之具。主父、主母既起，則拂牀襞疊衣也。衾，侍立左右，以備使令，退而具飲食。得閒，則浣濯紉縫，先公後私。及夜，則復拂牀展衾，當晝，内外僕妾，惟主人之命，各從其事，以供百役。

凡女僕，同輩謂長者爲姊，後輩謂前輩爲姨。內則云：雖婢妾、衣服、飲食，必後長者。鄭康成曰：人貴賤不可以無禮，故使之序長幼。務相雍睦。其有争者，主父主母聞之，即訶禁之。不止，即杖之，理曲者杖多，一止一不止，獨杖不止者。

凡男僕有忠信可任者，重其禄，能幹家事次之；其專務欺詐，背公徇私，屢爲盜竊，弄權犯上者逐之。凡女僕，年滿不願者縱之。勤舊少過者，資而嫁之；其兩面二舌，飾虚造讒，離間骨肉者逐之，屢爲盜竊者逐之，放蕩不謹者逐之，有離叛之志者逐之。

儀禮節略第五卷

士相見禮

執贄

注：贄所執以至者，君子見于所尊敬，必執贄以將其厚意也。

儀禮：士贄，冬用雉，夏用腒，左頭奉之。注：士贄用雉者，取其耿介，交有時，别有倫也。雉必用死者，爲其不可生服也。夏用腒，備腐臭也。左頭，頭陽也。

敖繼公曰：冬言雉，夏言腒，文互見耳。乾禽謂之腒，猶乾獸謂之腊也。惟見冬夏，而不言春秋。蓋春則先後冬，後從夏，秋則反之。左頭奉之，亦但言其執之之法如是，其實此時賓未執也。必左頭者，頭宜向内也。不言服者，亦玄端可知。

白虎通義：私相見有贄何？所以相尊敬，長和睦也。朋友之際，五常之道，有通財之義，賑窮救急之意。中心好之，欲飲食之。故財幣者，所以副至意也。

軾按：縞紵言歡，瓊瑤未好，此定交後事也。若相見執贄，藉物以表尊敬云爾。白虎通義謂「通財幣，長和睦」，誤矣。今人相見，不必定以雉雁，但隨意具物可耳。

將命者通詞

軾按：古人傳命，或以子弟，或門弟子，大夫以上用有司，非媚于禮者弗使也。今人寄喉舌于僕隸，惷者不習介紹之儀，黠者或釀賓主之隙，可不慎與？賓曰：某也願見無由達，某子以命命某見。注：無由達者，謂久無紹介中間之人，達彼此意。某子是紹介中間之姓名。命某，賓自言姓名也。○凡不載何書皆經文。敖繼公曰：以命，以主人之命也，言某子以主人之命命某見，乃敢見也。

主人對曰：某子命某見，吾子有辱，請吾子之就家也，某將走見。注：有，又也。走，往也。

賓對曰：某不足以辱命，請終賜見。

主人對曰：某不敢爲儀，固請吾子之就家也，某將走見。注：言不敢外貌爲儀文，忠誠欲往也。固，如故也。○按：凡言固者，皆堅執之意。

賓對曰：某不敢爲儀。固以請。

主人對曰：某也固辭，不得命，將走見。聞吾子稱贄，敢辭贄。注：不得命者。不得見許之命也。走，出。稱，舉也。

賓對曰：某不以贄，不敢見。注：見于所尊敬，無贄嫌太簡。

主人對曰：某不足以習禮，敢固辭。

賓對曰：某也不依子贄，不敢見，固以請。注：言依于贄，謙自卑也。

主人對曰：某也固辭不得命，敢不敬從。

軾按：賓一請，主人一辭，再請再辭，三請，乃曰：固請不得，將走見。又辭贄。賓固請。主人又固辭。賓又固請。乃從。若是者，重賓也，亦自重也。重賓，故不敢當其崇禮；自重，故再辭以觀其誠。近代士人，濫交苟合，不擇可否。若陳遵鄭當時之流無論已，即倒中郎之屣，盈北海之尊，于交道庸有當乎？若夫執贄而請者，將以講道論德也。豈徒識韓御李，增重聲價已哉，故非其人則不見，見則重以擯介，表以雁雉，齋宿而後請焉，非苟焉而已也。晉人放蕩禮法之外，有聞所聞而來，見所見而去者。有乘興而來，興盡而返者。是皆先王之罪人也夫！

相見

主人出迎于門外，再拜。賓答再拜。主人揖入門右，賓奉贄入門左。主人再拜受，賓再拜送贄。出。

軾按：家禮冠儀注：賓既至，暫于便處少憩。待主人出，意士相見禮亦然。其請見之詞，皆擯介傳命，非若今人望門投刺，下氣柔聲于閽人之前也。

又按冠昏喪禮，俱有賓主相見，請答慰謝之詞。士相見無之，非缺也。三禮各言所事，相見事無一定。且主客矜莊，歡情未洽，相對恂恂。豈若今人交臂促膝，一見歡若平生耶？儀封人請見及出數語，予賜無以過，而問答不傳，相見之禮然也。彼抵掌高談，揮麈風生，烏足與言禮哉？

請反見

主人請見，賓反見，退。主人送于門外，再拜。注：請見者，爲賓主崇禮來，相接以矜莊，歡心未洽也。賓反見，則燕矣。

軾按：賓見主人，成禮而退。主人又請賓見，賓入升堂。主賓歡洽，從容笑語，講道論德，相得益章。此鄭注所謂反見則燕也。疏謂如冠昏禮賓、饗賓，誤矣。蓋式飲式食，乃賓主之常，所不待言。非若冠昏二者，特禮、特饗也。

記：凡執幣者不趨，容彌蹙以爲儀。注：不趨，主慎也，以進而益恭爲威儀耳。疏：凡趨有二種，有疾趨，行而張足曰趨是也。有徐趨，則下文舒武舉前曳踵是也。此云不趨者不爲疾趨，又不爲徐趨，但徐疾之間爲之，故以進而益恭爲威儀也。執玉者，則唯舒武，舉前曳踵。注：唯舒者，重玉器尤慎也。武，迹也。舉前曳踵，備蹶跲也。○以上本記，以下補記。聞始見君子者辭，曰：某固願聞名于將命者，不得階主。階字活看，造也。敵者曰：某固願見。罕見曰聞名，亟見曰朝夕。瞽曰聞名。○少儀。○凡與客入者，每門讓于客。客至于寢門，則主人請入爲席，然後出迎客，客固辭。主人肅客而入，主人入門而右，客入門而左。主人就東階，客就西階。客若降等，則就主人之階。主人固辭，然後客復就西階，主人與客讓登，主人先登，客從之。拾級聚足，注：拾當爲涉聲之誤也。級，等也。涉等聚足，謂前足躡一等，後足從之併。○疏：賓初至階，各讓不先登也，讓必以三，三竟而客不從。故主人先登，客從之者，言主人先升至第二級，客乃升第一級，故云從之。公食禮云：公升二等，賓升是也。連步以上。謂足相隨，不相過也。上于東階，則先右足。上于西階，則先左足。○席南鄉北鄉，以西方爲上。東鄉西鄉，以南方爲上。若非飲食之客，則布席席間函丈。謂講問之客也。函，猶容也，講問宜相對。容丈，足以指畫也。主人跪正席，客跪撫席而辭。撫之者，答主人之親正席。○疏曰：撫謂以手按止之也。辭，不聽主人之正席也。客徹重席，主人固辭。徹，去也。去重席，謙也。再辭曰固。疏曰：禮器云：席，諸侯三重，大夫再重。又鄉飲酒之禮：公三重，大夫再重。是尊者多，卑者少。故主人爲客設多重席，客謙而自徹也。客踐席乃坐。主人不問，客不先舉。客自外來，宜問其安否無恙，及所爲來故。○凡進食之禮，左殽右胾。食居人之左，羹居人之右。注：皆便食也。殽，骨體也。胾，切肉也。食，飯屬也，居人左順，明其近也。殽在俎，胾在豆。膾火處外，醯醬處内。疏曰：此饌之設，羹食最近人。羹食之外，乃有殽胾。今云外内，明不得在羹食之内，故知在殽胾之外内也。蔥渿處末。疏曰：地道尊右。言處末，則在醯醬之左矣。正饌，唯有菹醢。無蔥渿，故知蔥渿爲殊加也。以其菹類，故知在豆也。酒漿處右。處羹之右，此言若酒若漿耳。兩有之，則左酒右漿，此大夫士與賓客燕食之禮。其禮食，則宜放公食大夫禮云。以脯脩置者，左朐右末。疏曰：脩亦脯也。左朐，朐置左也。右末，末，邊際，置右，右手取際，擘之便也。○曲禮。羞濡魚者進尾。擗之由後，鯁肉易離也。乾魚進首，擗之由前，理易析也。冬右腴。陽氣在下。腴，腹下也。夏右鰭。陽氣在上。鰭，脊也。祭膴。膴，大臠，謂刳魚腹，讀如哻。○疏曰：食魚則取此肥美處以祭先也。凡齊，執之以右，居之于左。齊，謂食羹醬，飲有齊和者也。居于左手之上，右手執而正之，由便也。○少儀。客若降等，執食興辭。注：辭者，辭主人之臨己食，若欲食于堂下然。○疏曰：降等，謂若大夫爲卿之客也。食，飯也。興，起也。客既卑，故未食必執飯以辭謝，飯爲食主故也。若欲往堂下食者，公食禮云：賓左擁簠粱，右執湆以降。鄭云「辭主人臨己食，若欲食于堂下然」是也。此降等，謂大夫于卿，故欲降而不降也。若敵者，則公食禮云：大夫相食，賓執粱與湆之西序端。無降法也。主人興，辭于客，然後客坐。疏曰：主人起辭止之，則客從辭而止。主人延客祭。延，道也。客不降等，則先祭。祭食，祭所先進。主人所先進，先祭之。所後進，後祭之。如其次。殽之序，徧祭之。疏曰：序，次序也，謂炙胾之屬。同出于牲，疑若不必徧匝而祭，故特明之。○曲禮。○凡羞有俎者，則于俎内祭。唯水漿不祭，若祭，爲已偞卑。水漿，非盛饌也。已猶太也，〔一〕祭之爲大有所畏迫。臣于君則祭之。○玉

〔一〕按：太，禮記正義鄭玄注作「大」。

藻。○三飯，主人延客食胾，然後辯殽。疏曰：三飯謂三飧而告飽，須勸乃更食，故三飯竟，主人乃導客食胾也。三飧後，乃食胾者。案公食禮亦以胾爲加，故客三飧前，未食之也。辯，遍也，謂先食胾乃遍殽。特牲、少牢云：初食殽，次食脊，次食骼，後食肩，是辯于肩也。主人未辯，客不虛口。虛口，謂酳也。客自敵以上，其酳不待主人飽，主人不先飽也。疏謂食竟蕩口也，以酒曰酳，以水曰漱。主人常讓客，故客待主人辦乃得酳也。侍食于長者，主人親饋，則拜而食。主人不親饋，則不拜而食。共食不飽，共飯不澤手。呂氏曰：共食者，所食非一品。共飯者，止飯而已。共食而求飽，非讓道也。不澤手者，古之飯者以手。與人共飯，摩手而有汗澤，人將惡之而難言。毋摶飯，毋放飯，毋流歠。毋摶飯。疏云：若取飯作摶，則易多得，是欲爭飽也。○朱子曰：放謂食之放肆而無所節也，流謂飲之流行而不知止也。毋咤食，毋齧骨，毋反魚肉，毋投與狗骨，毋固獲。咤食，謂當食而叱咤，疏謂以舌口中作聲。毋咤，恐似于氣之怒也。毋齧，嫌其聲之聞也。毋反魚肉，不以所餘反于器，鄭云謂已歷口，人所穢也。毋投與狗骨，不敢賤主人之物也。求之堅曰固，得之難曰獲。固獲，謂必欲取之也。毋揚飯，飯黍毋以箸。揚，謂以手散其執氣，嫌于欲食之急也。毋以箸，貴其匕之便也。毋嚃羹，毋絮羹，毋刺齒，毋歠醢。客絮羹，主人辭不能亨。客歠醢，主人辭以窶。羹之有菜宜用梜，不宜以口嚃取食之也。絮，就器中調和也。口容止，不宜以物刺于齒也。醢宜鹹，歠之，以其味淡也。客或有絮羹者，則主人以不能烹飪爲辭。客或有歠醢者，則主人以貧窶乏味爲辭。濡肉齒決，乾肉不齒決，毋嘬炙。濡肉，殽胾之類。乾肉，脯脩之類。決，斷也。不齒決，則當治之以手也。○疏曰：火灼曰炙。若食炙，不一舉而併食。併食之曰嘬，是貪食也。羹之有菜者用梜，無菜者不用梜。卒食。客自前跪，徹飯齊，以授相者。齊，醬屬也。○疏曰：

食坐在前南鄉。客食竟，起從坐前北面，當已坐而跪，自徹己所食飯與齊，飯齊食主，故答主人初所親饋者也。此是卑者，侍食之客耳，若敵者則否。相者，謂佐助進食者。○曲禮。客祭，主人辭曰：不足祭也。客飧，主人辭以疏。飧者，美主人之食也。疏之言麤也。主人興辭于客，然後客坐。疏：主人起辭，不聽自徹，則客亦止而坐也。主人自置其醬，則客自徹之。○玉藻。

復見　即今還拜也。

主人復見之以其贄。注：鄉所執來之贄也。

將命者通言

賓即向之主人也。曰：鄉者吾子辱使某見。注：不言吾子見某，而曰辱使某見，謙詞也，請還贄于將命者。

主人對曰：某也既得見矣。敢辭。

賓對曰：某也非敢求見，請還贄于將命者。注：言不敢求見，嫌褻主人，不敢當也。○疏：賓主頻見是褻，故不敢當相見之法，直云還贄而已。

主人曰：某也既得見矣，敢固辭。

賓對曰：某不敢以聞，固以請于將命者。注：言不敢以聞，又益不敢當也。疏上云非敢求見，此云不敢以聞。耳聞疏于目見，故云又益不敢當也。

敖繼公曰：謂不敢以還贄之詞聞于主人，特固請于將命者耳。

軾按：不敢以聞，猶言不敢聞命也。

主人對曰：某也固辭，不得命，敢不從。

賓主相見

賓奉贄入，主人再拜受。賓再拜送贄，出。主人送于門外，再拜。

軾按：卑之于尊，幼之于長，見必以贄。敵體用贄者，表尊敬也。必平時聞名而未見，或因事見于他所，而未嘗特見。若既見矣，則不復用贄。故士復見，第還贄而已。○復見退，主人不請見，故拜而送之。其不請見者，以賓主相習，情意歡洽，無待請見也。

士見大夫

士見于大夫，終辭其贄。于其入也，一拜其辱也。賓退，送，再拜。注：終辭其贄，以將不親答也。凡不答而受其贄，惟君于臣耳。大夫于士，不出迎，入一拜，正禮也。送再拜，尊賓。

敖繼公曰：終辭，謂主人三辭，則賓不復請也，士于大夫降等者也。受贄而不答，則疑于君，答之則疑于敵，使人還之，則又疑于待舊臣，是以終辭之也。一拜其辱，亦于大門内之東爲之。大夫云一拜，則士或答再拜與？大夫于士不出迎，入一拜，又不出送，亦以其降等也。入一拜，而送乃再拜，則是凡拜而送者之禮皆然，固不可得而殺也。送而一拜，喪禮也。

軾按：此所謂士，官師也，如今鄰屬然，非未仕之士。然則大夫于未仕之士如何？曰：賢者，父事之，兄事之，執弟子禮焉，德相等者，以敵禮待之。

嘗爲臣者見于大夫

若嘗爲臣者，則禮辭其贄，曰：某也辭不得命，不敢固辭。注：禮辭，一辭其贄而許也，將不答而聽其以贄入，有臣道也。

賓入，奠贄，再拜。主人答一拜。注：奠贄，尊卑異，不親授也。

賓出，使擯者還其贄于門外，曰：某也使某還贄。

賓對曰：某也既得見矣，敢辭。

擯者對曰：某也命某，某非敢爲儀也，敢以請。擯者自爲詞，以主人尊也。

賓對曰：某也夫子之賤私，不足以踐禮，敢固辭。家臣稱私。踐，行也。

擯者對曰：某也使某，使猶命也。不敢爲儀也，固以請。

賓對曰：某固辭，不得命，敢不從，再拜受。注：受其贄而去之。疏曰：以其嘗爲臣爲輕，既不受其贄，又相見無饗、燕之禮，故鄭云去之，以絶之也。

軾按：古者大夫得自用臣，請命諸侯而已，故于舊臣一辭而許，答以一拜。後世雖有尊卑統屬，同爲國家選用之人，後不爲臣，而來見，即敵體也，當以友道處之。彼士之嘗爲臣者，又不可不存謙遜，各盡其道則得矣。至鄭注受其贄而去，謂大夫不請見，又不復見，則無所待，可以去也。然大夫不請見，士何必不再見，疏謂去以絶之，不惟不解禮文，并未喻注義也。

大夫相見

下大夫相見以雁，飾之以布，維之以索，如執雉。注：雁取知時，飛翔有行列也。飾之以布，謂裁縫衣其身也。維，繫聯其足也。

上大夫相見以羔，飾以布，四維之，結于面。左頭，如麛執之。上大夫，卿也。羔取其從帥，群而不黨也。面，前也。繫聯四足，交出背上，于胸前結之也。如麛者，執之如獻麛也。如士相見之禮。大夫雖贄異，其儀猶如士。

言

凡言非對也，妥而後傳言。妥，安坐也。傳言，猶出言也。○此節之上，有見君禮四條，朱子儀禮通解入臣禮。

軾按：妥，適也，當也。論語：侍于君子有三愆，言未及之而言謂之躁，言及之而不言謂之隱，未見顔色而言謂之瞽。去此三愆，言必有中，庶幾妥之謂與？與君言，言使臣；與大人言，言事君；與老者言，言使子弟；與幼者言，言孝弟于父兄；與衆言，言忠信慈祥；與居官者言，言忠信。博陳燕見言語之儀也。

〈記：士于君所言大夫，没矣，則稱謚若字，名士。與大夫言，名士，字大夫。君所，大夫存亦名。于大夫所，有公諱，無私諱。

凡與大人言，始視面，中視抱，卒視面，毋改。衆皆若是。始視面，謂觀其顔色可傳言未也。中視抱，容其思之，且爲敬也。卒視面，察其納己言否也。毋改，謂正容以待，毋懈怠也。衆謂諸鄉大夫同在此者，皆若是。其視之儀，無以異也。若父，則遊目，毋上于面，毋下于帶。注：子于父主孝，不主敬，所視廣也，因觀安否何如也。

軾按：人子事親，膝下依依，孺慕之誠，根于心，達于目，有不覺其左之右之，展轉顧盼而不去者。諺所謂念不足，看不足是也。注訓遊目爲視廣，廣者，猶云豁如也，曠如也。彼「陟岵陟屺，瞻望涕零」者，即與之仰觀宇宙，俯察品類，瞑然如無見也。反是而思之，而知家庭聚順之樂，極天下之爾遊爾休，無以加于是矣。一遊字，摹擬孝子依戀之情，愉婉之色。如視上于面則仰，下于帶則俯，仰有似于他顧，俯有似于不顧者，故戒之。此與大人言無異，于父云云者，謂雖遊目，而仍不上于面，下于帶也。

若不言，立則視足，坐則視膝。不言，則伺其行起而已。

請退

凡侍坐于君子，君子欠伸，問日之早晏，以食具告。改居，則請退可也。君子謂卿大夫及國中賢者也。志倦則欠，體倦則伸。問日早晏，近于久也。改居謂自變動也。夜侍坐，問夜，膳葷，請退可也。問夜，問其時數也。膳謂食之。葷，辛物，葱薤之屬，食之以止卧。○疏曰：注云時數者，謂鐘鼓刻漏之數。

長者請見

若先生異爵者，請見之，則辭。辭不得命，則曰：某無以見，辭不得命，將走見。先見之。注：先生致仕者也。異爵謂卿大夫也。辭，辭其降而來。走，猶出也。先見之者，出先拜也。曲禮曰：主人敬賓，則先拜賓。敖繼公曰：大夫之爵，于士爲踰等，故曰異爵。辭者謂其以尊就卑，己不敢當也。辭不得命，謂三辭而不見許也。無以見，言其非敵，不可以接見之。走者，行之速也。先見之，先亦當作走，蓋既傳言即走而見之也。

記：大夫士相見，雖貴賤不敵。主人敬客，則先拜客。客敬主人，則先拜主人。凡非弔喪，非見國君，無不答拜者。大夫見于國君，國君拜其辱。自外來而拜，拜見也。自内來而拜，拜辱也。士見于大夫，大夫拜其辱。同國始相見，主人拜其辱。主人必先拜辱，不論有德也。君于士，不答拜也。非其臣，則答拜之。不臣人之臣。大夫于其臣，雖賤必答拜之。疏：大夫爲君，宜避正君，故不辨己臣貴賤，皆答拜也。○曲禮。士于大夫，不敢拜迎，而拜送。禮不敵，始來拜，則士避也。疏：此謂大夫詣士，禮既不敵，故士不敢迎而先拜。大夫雖拜，士則辟之，不敢拜迎。士于尊者，先拜進面，答之拜則走。士往見卿大夫，卿大夫出迎答拜，亦辟也。疏謂士往詣卿大夫，即先于門外拜之。拜竟，乃進面，親相見。若大夫出迎而答其門外之拜，則士走辟之也。○玉藻。男女相答拜也。男女宜别，或嫌其不相答，故明雖别必宜答也。○曲禮。

陳師道曰：宗周之制，士見于大夫卿公，介以厚其别，詞以正其名，摯以効其情，儀以致其敬，四者備矣，謂之禮成。士之相見，如女之從人，有願見之心，而無自行之義。必有紹介爲之前焉，所以别嫌而慎微也。故曰介以厚其别，名以舉事，詞以導名。名者，先王所以定名分也。名正則詞不悖，分定則名不犯，故曰詞以正其名。言不足以盡意，名不可以過情。又爲之摯以成其終，故授受焉。介以通名，儐以將命，勤亦至矣。然因人而後達也，禮莫重于自盡，故祭主于重，婚主于迎，賓主于摯，故曰摯以効其情，誠發于心而諭于身，達于容色，故又有儀焉。詞以三請，贄以三獻。三揖而升，三拜而出。禮煩則泰，簡則野。三者，禮之中也。故曰：儀以致其敬。是以貴不陵賤，下不援上，謹其分守，順于時命，志不屈而身不辱，以成其善。當是之時，豈特士之自賢，而亦有禮爲之節也。夫周之制禮，其所爲防至矣。及其晚世，禮存而俗變，猶自是而失身，況于禮之乎？自周之禮亡，士知免者寡矣，世無君子，明禮以正之，既相循以爲常，而史官又載其事，故其弊習而不自知也。○又曰：先王之制，上不傳贄爲臣，則不見于王公。夫相所以成禮，而其弊必至于自鬻。故先王謹其始以爲防，而爲士者世守焉。

士相見義

士相見之禮，必依于介紹，以言其不苟合也，必依于摯。以言其以道親也，苟而合，唯小人而不恥者能之。君子可見也，不可屈也。可親也，不可狎也。可達也，不可疏也。賓至門，主人三辭，見。賓稱贄，主人三辭贄者，以致尊嚴也。大夫以禮相見，士以禮相諭，庶人以禮相同。然而爭奪興于末者，未之有也。人苟爲悦而相親，若者未必爭；苟爲簡而相親，若者未必怨。是故士相見之禮者，人道之大也。所以使人重其身，而毋邇于辱也；所以使人慎其交，而毋邇于禍也。○古者非其君不仕，非其師不學，非其人不友，非其大夫不見。○唯仕于君者，召而往。未仕而見于君者，冠而奠贄。在邦曰市井之臣，在野曰草奔之臣〔一〕。君雖召不往也，是故

〔一〕「草奔之臣」，儀禮士相見禮作「草茅之臣」。

雖有南面之貴，千乘之富，士之所以結者，禮義而已矣，利不足稱焉。刑罰行于國，所誅者，好利之人也，未有好利而其俗不亂者也。○自天子至于庶人，皆有贄。贄者，致也，所以致其志也。天子之贄鬯，諸侯玉，卿羔，大夫雁，士雉。鬯也者，言德之遠聞也；玉也者，言一度不易也；羔也者，言柔而有禮也；雁也者，言進退之時也；雉也者，言死其節也。故天子以遠德爲志，諸侯以一度爲志，卿以有禮爲志，大夫以進退爲志，士以死節爲志。明乎其志之義，而天下治矣。故執斯贄也者，致斯志者也。君之贄以事神，臣之贄以養人。惟君受贄者，惟君受養也。非其君則辭贄，不敢當養也。○無介而相見，君子以爲謟。故諸侯大國九介，次國七介，小國五介。

儀禮節略第六卷

鄉飲酒禮

鄭目録云：諸侯之鄉大夫，三年大比，獻賢者、能者于其君，以禮賓之，與之飲。疏曰：凡鄉飲酒之禮，其名有四：此賓賢、能，一也；六十者坐，五十者立侍，是黨正蜡祭飲酒，二也；州長春秋習射于序，先行鄉飲酒，三也；又有卿大夫士飲酒中賢者，用鄉飲酒，四也。其王制云「習鄉尚齒」，即是黨正飲酒法。○吕大臨曰：鄉人凡有會聚，皆當行此禮，恐不止四事。論語載「鄉人飲酒，杖者出，斯出矣」，亦指鄉人而言之。

謀賓介

儀禮：主人就先生而謀賓介。

將與其鄉人飲酒，乃于衆賓之中，擇其最賢者爲賓，其次者爲介。謀謂商度其孰優也，必就先生謀之者，不敢擅自可否去取，且示有所尊也。

通典：主人朝服就先生而謀賓介。注云：主人謂諸侯之鄉大夫。朝服者，冠玄端，緇帶，素韠，白屨。先生，鄉中致仕者。賓、介，處士賢者也。古者七十而致仕，老于鄉里，大夫名曰父師，士名曰少師，而教學焉，恒知鄉人之賢者，是以就而謀之。

軾按：今鄉飲酒禮，非復賓興之舊。然尊賢尚齒，所以教仁讓、興禮樂，使民觀感發奮，而化其澆薄凌競之習，非細故也。邇來鄉先生既少公論，有司亦不復就謀，郡邑率循故事，歲一舉行，甚而以飲酒之巨典，爲漁利之甘餌，豈徒虚縻廩餼已哉？或曰：世風日下，安所得賢者而賓之、介之？與其濫，無寧缺也。予曰：十室之邑，必有忠信。郡邑有司苟能虚懷延訪，實力奉行，但得謹愿無過之人而禮之，亦足以鼓勵末俗，且使觀乎揖讓周旋之儀，而曉然于潔敬尊讓之義，孝弟之心，油然生矣。

戒賓 謀之鄉先生，已得其人，乃就而請之。

主人戒賓，賓拜辱。主人答拜，乃請賓。賓禮辭，許。主人再拜，賓答拜。主人退，賓拜辱，介亦如之。

鄭注云：拜辱，拜其自屈辱至己門也。不固辭者，素所有志。疏云：士相見固辭，此禮辭即許者。賓已知欲貢己，又以學習德業，情意相許也。冠禮主人戒同僚尊，又使之加冠于子，尊重之，故主人先拜。此則鄉大夫尊矣，賓是鄉人，卑矣，又將貢己，宜尊敬主人，故賓先拜辱也。○不言衆賓，遣人戒速也，經言戒賓之儀略者，已見于冠禮也。

既戒賓乃陳設

賓席牖前西北南面，主人席阼階上西面，介席西階上東面。衆賓之席皆不屬焉。設衆賓席于賓席西，不相續，皆獨坐，明其德各特也。尊兩壺于房户間，玄酒在西。設洗于阼階東南。

乃速賓介

主人速賓，賓拜辱，主人答拜，還，賓拜辱。凡速賓，賓不拜送主人，爲從之，不終事，故不拜送。此獨拜送者，亦是鄉大夫尊，賓卑，又擬貢，故拜辱而送之。介亦如之，賓及衆賓皆從之。

敖繼公曰：主人既速賓介，即先歸。介及衆賓皆至于賓之門外，俟賓同往。

軾按：從之者，主人歸，賓介從其後而往。鄭注謂言及衆賓，介亦在其中矣。

迎賓

主人一相。于有司中，立一人爲相以傳命。迎于門外，再拜賓，賓答拜。拜介，介答拜。揖衆賓。注：差卑也。拜介，揖衆賓，皆西面。

敖繼公曰：亦相者入告主人，乃出迎之。拜介，亦再拜，文省耳。

主人揖先入。由門右。賓厭介，介厭衆賓，皆入門左北上。推手曰揖，引手曰厭。主人與賓三揖，至于階。三讓，主人升，賓升。主人阼階上當楣北面答拜，賓西階上當楣北面答拜。三揖，將進揖，當塗揖，當階揖也。楣，前梁也。

主人獻賓

主人坐取爵于篚，降洗。將獻賓也。賓降，從主人也。主人辭，辭賓之降。賓對。注：對，答也。賓主之辭未聞。主人適洗，賓進東北面辭，主人對，賓復位，復所降西階下位。當西序東面。主人卒洗，一揖一讓升。賓拜洗，主人坐奠爵，遂答拜，降盥。既洗爵，又盥手，而後實而獻。賓降，主人辭，賓對，復位，當西序。卒盥，揖讓升。賓西階上疑立。不言一升一讓，從上可知。

敖繼公曰：既拜而盥，爲拜時以右手據地，不無坋汙也。

軾按：洗而復盥，以致潔，不厭頻也，非必據地汙手而後盥。

主人坐取爵，實之，賓席前西北面獻賓。繼公謂西北面者，以將授賓，而不宜背之也。軾按：據敖説，是於席前西北面實爵而獻也。考楊氏圖，尊在東北，又似就尊所實爵，然後西北面向賓席獻之。賓西階上拜，主人少退。辟也，不敢當拜也。○繼公謂主人西北面于賓席前，賓拜于西階上，而主人乃少退，則是凡拜皆有相之者矣。賓進，受爵以復位。將升席也。主人阼階上拜送爵，賓少退。薦脯醢。薦，進也。進之者，主人有司也。賓升席自西方，乃設折俎。賓坐，左執爵，祭脯醢。坐，坐于席也。祭脯醢者以右手。奠爵于薦西，嚌肺，祭酒，啐酒。降席拜，告旨。主人阼階上答拜，賓西階上，北面坐，卒爵，拜。主人答拜。繼公云：拜乃告旨者，謝其以旨酒飲己也。降席即拜者，欲近于啐酒之處，且以别于拜既也。既拜則坐以告旨。

軾按：啐而告旨，猶今人初嘗酒而贊酒美也。

賓酢主人

賓降洗，降盥，實爵。拜送，主人卒爵，拜，賓答拜，俱如主人獻賓禮。惟啐酒不告旨。又主人于序端阼階上北面再拜崇酒，賓西階上答拜。

軾按：不告旨者，以所飲乃己酒也。再拜崇酒，崇，重也，謂賓崇重己酒，不嫌其薄，而飲之既，故拜謝之。卒爵乃拜者，若謂己飲之，乃知酒之薄，而賓之崇重爲過當也。

主人酬賓

主人坐取觶于篚，降洗。賓降，主人辭降。賓不辭洗，立當西序東面。注：不辭洗者，以其將自飲。

敖繼公曰：主人辭不言賓對者，如上禮可知。自飲乃洗者，亦象賓之飲己也。

卒洗，揖讓升，賓西階上疑立。主人實觶酬賓，阼階上北面，坐奠觶，遂拜，執觶興。賓西階上答拜。坐祭，遂飲，卒觶，興，坐奠觶，遂拜，執觶興。賓西階上答拜。

敖繼公曰：此象賓之飲己，故其拜亦皆與受之于人者同。

軾按：酬，勸也。惟恐賓不飲，故先自飲以勸之，所謂導飲也。

主人降洗，賓降，辭，如獻禮，不拜洗。注：不拜洗，殺于獻也。賓西階上立，主人實觶賓之席前北面，賓西階上拜，主人少退。卒拜，進，坐奠于薦西。賓拜，主人少退，拜畢，乃進而奠觶。

席前北面，變于獻者，以奠觶薦西而不親授也。不親授者，以此觶不舉，故不敢親授以勞賓也。凡酬酒，有卒不舉者，有未即舉者，主人皆奠之而不授，則同。燕與大射，及少牢下薦主人酬尸與賓，皆授觶，與士禮異。

賓辭，坐取觶，復位。

辭，辭其奠觶也。奠觶，酬之正禮也，然奠而不授，亦不能無降等之嫌，故辭之。辭之而不獲命，乃坐取觶，示受也。辭及取觶，皆當東面。復位，待主人拜也。

主人阼階上拜送，賓北面坐奠觶于薦東，復位。

北面辭奠觶，由便。凡賓于主人所奠之物，必取面還之，以示其不敢當之意。且爲禮也，堂上則左之，堂下則右之，亦各從其便也。

楊氏云：酬酒不舉，君子不盡人之歡也。

軾按：奠觶薦東，非不飲也，獻則主人待其卒爵，酬則聽賓自飲也。惟一人舉觶，則奠而不飲。

獻介

主人揖降，賓降，立于階西當序東面。主人將降而揖，所以禮賓。賓降者，以主人將與介及衆賓爲禮，故不敢居堂上也。

主人以介揖讓升，拜，如賓禮。主人取爵降洗，介降。主人辭降，介辭洗，如賓禮。升不拜洗。介不拜洗，下于賓也。

介西階上立，主人實爵介之席前西南面獻介，介北面拜，主人少退。介進北面受爵復位，主人介右北面拜送爵，介少退。主人拜于介右，降尊就卑也。主人立于西階東。薦脯醢，介升席自北方。設折俎。祭，如賓禮，自南方降席，北面坐，卒爵，興，坐奠爵，遂拜，執爵興。主人介右答拜。不嚌、不啐、不告旨，下賓也。

主人自酢

介降洗，主人復阼階。降辭如初。注：如賓酢之時。

敖繼公曰：洗爲主人將自酢也。

卒洗。賓洗爵卒也。主人盥。

敖繼公曰：主人自飲而盥者，達介意也。

軾按：介不敢酢主人，但爲洗爵。主人自酢者，代介之酢己也。盥者，亦若介酢己而盥也。

介揖讓升，授主人爵于兩楹之間。

主人之盥也，介立于洗南以俟之。主人既盥，乃揖而行也。介授主人爵者，不敢酢也。主人受之者，亦達介意也。凡受獻而親酢者，一人而已，其餘則或所獻者自酢焉。此介雖尊，視賓爲殺，故其酢禮如此。然其初乃得于主人洗爵，亦其異者也。

介西階上立，主人實爵，酢于西階上介右，坐奠爵，遂拜，執爵興。介答拜。

主人坐祭，遂飲，卒爵，興，坐奠爵，遂拜，執爵興。介答拜。主人坐，奠爵于西楹南介右，再拜崇酒。介答拜。

獻衆賓

主人復阼階，揖降。介降立于賓南。

軾按：主人與介行禮在西階，至是乃復東階主位，與介揖讓而降，介降于西階下賓南，主人降于東階下。

主人西南面三拜衆賓，衆賓皆答一拜。注：衆賓在賓介之南，故主人西南面拜之。三拜者，示徧也。答一拜者，答大夫不備禮。若答士，則再拜。不升拜，賤也。

主人揖升，坐，取爵于西楹下，降洗，升，實爵于西階上獻衆賓，衆賓之長升，拜受者三人。揖升者，揖三人升也。不獻于席前，避尊者禮也。

主人拜送，坐祭，立飲，不拜既爵。授主人爵，降復位。既，卒也。不拜既爵，卒爵不拜也。獻而不拜既，差卑也。自别于尊者，且重勞主人之答己也。不拜既爵，故但立飲。

衆賓獻，則不拜。受爵坐祭，立飲。自第四人以下又不拜受，愈簡也。

每一人獻，則薦諸其席。注：謂三人也。疏：席，謂席前。

敖繼公曰：此薦之節，當在坐祭立飲之後，與特牲饋食之衆賓，同無俎矣。又既飲乃薦，遠下賓、介也。不言不祭者，可知也。

衆賓辯有脯醢。注：每獻薦于其位，位在下，今文辯作遍。

敖繼公曰：衆賓，三人之外者也。

主人以爵降奠于篚。不復用也。

記：坐卒爵者，拜既爵。立卒爵者，不拜既爵。○衆賓之長一人，辭洗，如賓禮。○立者東南北上，若有北面者，則東上。樂正與立者，皆薦以齒。主人之贊者，西南北上不與，無算爵然後與。

一人舉觶

一人洗升，舉觶于賓。

獻禮既備，即舉觶爲旅酬，始示留賓之意。一人，主人之贊者。舉觶，代主人之行禮。中庸所謂「旅酬下爲上，所以逮賤也」。

實觶西階上，坐奠觶，遂拜，執觶興。賓席末答拜。坐祭，遂飲，卒觶，拜。賓答拜。

舉觶者，自飲，洗且拜，其意與主人酬賓之禮同。賓席末拜，示違其位也。不降席答之者，以其賤也。下二人舉觶，放此。

乃降洗，升，實觶，立于西階上，賓拜，將受觶故拜。進，一人進也。坐奠觶于薦西。賓辭，坐，受以興。受，取也。舉觶者西階上拜送，賓坐奠觶于其所，舉觶者降。

下經云「賓坐取俎西之觶」，即此觶也。其于薦西爲少南，乃云其所者，明其近于故處也。

樂賓

设席于堂簾，東上。爲工布席也。側邊曰簾。

樂正先升，立于西階東。正，長也。工入，升自西階，北面坐。

工歌鹿鳴、四牡、皇皇者華。三者，小雅之首篇也。春秋傳曰：文王、大明、綿，兩君相見之樂也。兩君相見，得歌大雅，則士大夫相飲，得歌小雅，差之宜也。此凡所歌者，皆不取其詩之義，但以其所得用者樂賓耳。

朱子曰：鹿鳴謂今日燕飲之事，所以道達主人之誠意，而美嘉賓之德也。四牡言其去家而仕于朝，辭親而從王事，於此乎始也。皇皇者華言其將爲君使，而賦政于外也。學記曰：宵雅肄三，官其始也。正謂此也。蓋此三詩，先王所制以爲燕飲之樂，用之鄉人，用之邦國，各取其象而歌之也。

笙入堂下，磬南，北而立。樂南陔、白華、華黍。注：笙，吹笙者也，以笙吹此詩以爲樂也。三詩，小雅篇，今亡，未聞其義。

敖繼公曰：磬南，阼階西南也。北面立，蓋亦東上如工。立于聲南，近其所應之樂也。詩曰「笙磬同音」，而禮有笙磬、笙鐘，則吹笙之時，亦奏鐘聲之屬以應之矣。不言者，主于笙也。下放此。

乃間歌魚麗，笙由庚；歌南有嘉魚，笙崇丘；歌南山有臺，笙由儀。注：間，代也，謂一歌則一吹。笙詩皆小雅篇名，今亡。

乃合樂，周南關雎、葛覃、卷耳，召南鵲巢、采蘩、采蘋。

朱子曰：二南之分，惟程子以爲周公主内治，故以畿内之詩，言文王、太姒之化者，屬之周南。召公掌諸侯，故以畿外之詩，言列國諸侯大夫之室家，被文王、太姒化而成德，屬之召南。此爲得之。謂之南者，言其化自岐、雍之間，被于江域，自北而南也。詩曰「以雅以南」，即此謂也。

敖繼公曰：樂即此六篇詩也。合樂謂合周南、召南而歌之。

工告于樂正曰：正歌備。樂正告于賓，乃降。注：樂正降者，以正歌備，無事也。降立西階，東北面。

敖繼公曰：工，其長也。正歌，謂所歌者，皆風、雅之正也。凡歌以既合樂爲備，故告備于合樂之後焉。惟告正歌備者，蓋以己之所有事而言，故不及乎其他。必告于賓者，飲酒主于賓，歌亦有賓故也。

立司正

主人降席，自南方側降。不由北方，由便。

作相爲司正。注：作，使也。禮之正既成，將留賓，爲有懈惰，立司正以監之。

敕繼公曰：自是以後禮節，司正皆有事焉。于此立之，亦示留賓之意也。謂之司正者，以其正此飲酒之禮而名之。

司正洗觶升，北面，受命于主人。主人曰：請安于賓。司正告于賓，賓禮辭，許。安，安而留之也。

敕繼公曰：司正緣主人意，必欲安賓，故受命于主人以安之。安賓而賓辭，則是賓于此時果有不安之心矣。辭者，蓋以主人有旨酒嘉肴，己已受賜爲辭也。

司正實觶，降自西階，階間北面坐，奠觶，退共。拱手也。少立。乃坐取觶，不祭，飲，卒觶，興。坐奠觶，遂拜，執觶興。盥洗，北面坐奠觶于其所，退立于觶南。不祭者，變于獻酬也。卒觶拜者，謝主人也。主人不答拜，不與爲禮也。

軾按：主人請立司正，而司正自飲者，所以開旅酬之端也。共而立，又奠觶所立之處，以示旅酬俱當如是。

旅酬

賓北面坐取俎西之觶。即一人所舉之觶也。阼階上北面酬主人。主人降席，立于賓東。初起旅酬。賓坐，奠觶，遂拜，執觶興。主人答拜。不祭，立飲，不拜，卒觶不洗，實觶，東南面授主人。主人阼階上拜，賓少退。主人受觶。賓拜送于主人之西。旅酬同階，禮殺。賓揖復席。

主人西階上酬介，介立于主人之西，如賓酬主人之禮。主人揖復席。

軾按：主人即以賓所酬之酒酬介，儀如賓酬主人。惟既實觶，西南面酬介，異于賓禮也。

介酬衆賓，衆賓又相酬，司正升相旅曰：某子受酬。受酬者降席。注：旅，序也。

軾按：衆賓相酬，恐人衆而亂，故設司正而相之。旅即旅酬之禮也，其先後之次以齒。

辯，卒受者以觶降，坐奠于篚。

軾按：酬已辯矣，其末受觶者飲畢，而奠觶于篚，無所旅也。

二人舉觶

儀如一人舉觶，必二人者，一舉觶于賓，一舉觶于介。賓則薦西奠之，賓辭，坐取觶以興。介則薦南奠之，介辭，坐受以興。

徹俎

凡徹俎，賓主皆降。○記云：賓介之俎，受以降，遂出授使者。主人之俎以東。藏于東方也。

遂燕

揖讓升坐，如初。

乃羞。注：設啗具以案酒也。羞，進也。所進者，狗胾醢也。

軾按：如今换席也。

敖繼公曰：注云：所進者狗胾醢也。少牢、特牲饋食之庶羞，皆以其牲肉爲胾，又有醢，故如此禮，當放之也。

無算爵。無算樂。

記：主人之贊者西面，北上，不與。無算爵然後與。與，及也。不及謂不獻酒，燕乃及之。

軾按：既奠觶于篚，復取爵而飲。無算者，以酬爲度也。爵行則奏樂，爵止則樂闋，故曰無算樂。

賓出

奏陔。陔夏也，有聲無詩之樂，金奏陔一也。

楊氏曰：陔，陔夏也。陔之言戒也，終日燕飲酒罷，以陔爲節，明無失禮也。周禮鐘師以鐘鼓奏九夏，是奏陔夏則有鐘鼓矣。鐘鼓者，天子諸侯備用之，大夫士鼓而已。

明日賓鄉服以拜賜，主人如賓服以拜辱。

鄉服，鄉飲酒之服，即朝服也。鄉飲酒，士禮也。乃朝服，放君之燕禮，故如其服也。介不拜賜，禮主于賓也。

鄉射禮曰：賓朝服以拜賜于門外，主人不見。如賓服，遂從之。拜辱于門外，乃退。○疏曰：彼此賓主皆不相見，造門外拜謝而已。

息司正

息，勞也，勞賜昨日贊執事者，獨云司正，舉其長也。

無介。不殺。皆貶于飲酒。薦脯醢，羞惟所有，不拘何物。徵惟所欲。徵，召也。疏曰：昨日正行飲酒，不得唤親友。故今禮食之餘，可别召知友也。

鄉樂惟欲。鄉樂者，凡國風皆是也。惟欲者，惟其所欲，則使工歌之，不如昨日之有節也。

萬充宗論鄉飲酒席次：古今異宜，先王之禮，存于今者蓋寡，獨鄉飲酒禮，郡邑尚歲行之。憶予弱冠時，偕兄正符、公擇，弟允誠、季野，兄子言觀禮于郡庠，見懸圖一軸，書賓主位次，其設席如其圖，大賓之席在西北，而向東南；二賓之席在西南，而向東北；郡守爲主人，席于陳南，而向賓；郡丞而下爲丞席，東北向二賓；通判、推官席東面西向，三賓之席在堂西。予竊心異之，謂古人有憂者，側席而坐，鄉飲酒，嘉禮也，胡爲其側席也？孔子平居，席不正不坐，鄉飲酒，禮席也，胡爲其不正也？問之相禮者，則曰：此見于鄉飲酒義，古禮實然。時予于禮未深考，雖心疑之，亦姑信之。年來纂集禮說，取鄉飲酒義詳思之，始曉然曰：前章云坐賓于西北，而坐介于西南，主人坐于東南，而坐于東北者，言其方也。後章云：賓必南鄉，介必東鄉，主人坐于東方者，言其鄉也。後人行禮，信其前而遺其後，遂定爲側坐相向，垂爲令典。郡縣諸司以吏治爲急，于此無過遵行故事，孰爲審察其非？其相禮執事之人，類皆庸碌無知，豈能深究？行之既久，群視爲禮之固然，至有忘乎今之失，而反致疑于經者。如郝仲輿邃于經學，其于賓必南鄉，介必東鄉，云：此坐位與前異。則亦以前文爲側坐矣。嗚呼！不察經文，而致今之失，不可也；因今之失，而致疑于經，益不可也。儀禮鄉飲酒篇云：乃席。賓、主人、介、衆賓之位，皆不屬焉。不詳其方與鄉，故鄉飲酒義特明之，然儀禮獻賓時，云賓升席自西方。記云主人、介升席自北方，降自南方。則其席之正，而賓南鄉，介東鄉，主人西鄉，皆可得而推之矣。鄭注儀禮云：賓席牖前南面，主人席阼階上西面，介席西階上東面，衆賓席於賓席之西。是四面之坐，禮經固明，注家未失也。又鄭云：今郡國十月行此飲酒禮，則漢時亦非側坐也。張子云：坐位賓主不相對，禮不主於敬主，欲以尊賢也。若相對，則主於敬主矣，斯言深得布席之義。自餘諸家，亦無解爲相鄉者，獨方氏云：賓面東南，介面東北，主人面西北。僎面西南，豈其因時俗行禮如此，而爲是言乎？考明會典：洪武十六年，頒行圖式，實與經注同。至二十二年更定，則如方氏説。其非禮不正，舉世莫知，蓋已久矣。或曰：古之時，謀賓、介也以齒德，今率貴富人耳。古之時獻酬交錯，三揖百拜，今皆略矣。不責其大，而責其席次之末，無乃已疏乎？曰：吾亦知此禮之名存而實亡，然吾甚愛其名之猶在也，使其名存實亡，而席次之設，悉更從今俗，如席地之易爲几案，籩俎之易爲陶器也，吾無責耳矣。乃觀其設，則側鄉也；問其由，則曰自古然也。嗚呼！禮隨時變，古禮之不行於今，何害？吾惡其非古而托於古，且恐儒者惑於今之失，而遂以之釋經也。故特爲之辨。

通典：後漢永平二年，郡縣行鄉飲酒于學校，祀先聖先師周公孔子，牲以大牢。○晉武帝大始六年十二月，帝臨辟雍，行鄉飲酒之禮。詔曰：「禮儀之廢久矣，乃令復講肄舊典，賜大常絹百疋，丞博士及學生牛酒。」咸寧三年，及惠帝元康九年，復行其禮。○唐貞觀六年詔曰：「比年豐稔，閭里無事，乃有隨業之人，不顧家產，朋遊無度，酣宴是耽，危身敗德，咸由于此。自非澄源正本，何以革兹弊俗？可先錄鄉飲禮一卷，頒示天下。每年令州縣長官，親率長幼依禮行之。庶乎時識廉恥，人知敬讓。」開元十八年，宣州刺史裴耀卿上疏曰：「州牧縣宰，所主者宣揚禮樂，典册經籍；所以教者，返古還淳，上奉君親，下安鄉族，外州遠郡。俗習未知，徒聞禮樂之名，不知禮樂之實。見以鄉飲酒禮頒行於天下，比來唯貢舉之日，略用其儀。閭里之間，未通其事。臣在州之日，率當州所管，一一與父老百姓勸遵，行禮奏樂，歌至白華、華黍、南陔、由庚等章，言孝子養親及物遂性之義，或有泣者，則人心有感，不可盡誣。但以州縣久絶雅聲，不識古樂，伏計太常具有樂器，太常久備和聲，請令天下三五十大州，簡有性識人，于太常調習雅聲，仍付笙竽琴瑟之類各三兩事，令此州轉次造習。每年各備禮儀，準令式行，稍加勸獎，以示風俗。」

陳用之禮書：禮義者，人性之所固有。然民勞于耕，則曠于尊卑長幼貴賤之節。先王于是因其暇時，制爲鄉飲之禮，以正齒位。此尊讓絜敬之俗所以成，而鬬辨暴亂之禍所以息也。其屬飲則于鄉學，其主人則鄉官，其賓、介則處士賢者，其謀賓介則就先生。黨正國索鬼神而祭祀，以禮屬民，飲酒于序。則黨之飲酒，必于每歲蜡時也，州長春秋以禮會民，射于州序，鄉大夫士之射，必先行鄉飲酒禮，則州之鄉飲必于春秋也。鄉大夫三年大比，而興賢者能者以禮之賓之，則鄉之飲酒，又于三年興賢能之時也。其坐，主人于東南，僎于東北，坐賓于西北，坐介于西南，此所以正齒位也。一命齒于鄉里，再命齒于父族，三命不齒。六十者三豆，七十者四豆，八十者五豆，九十者六豆，此所謂正齒也。以至牲，則用狗，樂則工歌鹿鳴之三，間歌魚麗之三，笙由庚之三。尊於房户之間，羞出東房，洗當東榮。與夫升降酬酢，繁省隆殺之辨，皆制之以道。此孔子所以觀之而知王道之易易也。然鄉射衆賓之席繼而西，鄉飲三賓之席不屬，鄉射無介，而飲有介。鄉射處士爲賓，大夫與，則易之以公；士鄉飲處士爲賓，有大夫與，不易之者，以鄉飲之所重者在賓，與射異也。後世鄉飲酒廢，間或講求而復古者，則漢明、晉武常舉之于上，伏湛、李忠常行之于下，而史臣稱之以爲美談，蓋名生于不足也。

禮經會元：有虞氏貴德而尚齒，夏后氏貴爵而尚齒，殷人貴富而尚齒，周人貴親而尚齒，年之貴乎天下久矣。古之教者，習鄉尚齒，故黨正屬五百家之民，因十二月之蜡，以鄉飲酒之禮，而行于黨序之學，教之以尊長敬老，而孝弟之道行焉。一命受職，下士也。再命受服，中士也。

三命受位，上士也。命爲九等，此謂三命者，以在此閭、族、黨者言之也。一命齒于鄉里，是爲下士者，與鄉里之賓同列，而以年相次也，則在鄉里者不以爵先齒矣。再命齒于父族，是爲中士者，與父兄之族同列，而以年相次也，則在宗族者不以爵先齒矣。三命不爵，是爲上士者，其爵稍尊，故特設席于尊東，而不與同族者相次也。則齒自齒，爵自爵，而不相踰矣。故祭義亦曰：「一命齒于鄉里，再命齒于族，三命不齒。」若夫族有七十者，則其年爲尊，雖有三命者，亦不敢先之，則依然貴親尚齒矣。以此見周人親親貴貴，尚爵尚齒，蓋並行而不相悖矣。然周人必以是禮而寓之于鄉飲者，以民之素習于學也。鄉飲酒之禮行，而尊長敬老之教立。民知尊長敬老，而後能入孝弟。入孝弟，出尊長敬老，而後成教，成教而後國可安也。故司徒以陽禮教讓者，教以此也。鄉大夫以禮禮賓興者，禮以此也。黨正掌教飲酒禮事者，掌以此也。故孔子曰：「吾觀于鄉而知王道之易。」雖然，鄉飲之禮，司徒、黨正固教之也，鄉大夫必三年而始一行，先王謂此禮之不可疏也。故命黨正于國索鬼神而祭，蜡之日，乃大會民而飲酒，而寓是教焉。夫蜡者，索也，歲十二月，合聚百物而索饗之，以報八神之有功于農也。蜡祭之日，天子且以黄冠野服，而與田夫野老，相周旋于俎豆之間。籥章曰：國祭蜡，則吹豳頌。擊土鼓，以息老物。吹豳頌者，告農功之成也。擊土鼓者，存古樂之本也。息老物者，當物之既成，勞農以休息之也。吹豳擊鼓，與民休息，其浹洽之意何如哉？故曰：百日之蜡，一日之澤。今黨正以此禮而行于黨序，其相接之意可知也，行鄉飲之禮而尚齒，以見先王之節民以禮，行鄉飲之禮而祭蜡，又見先王之漸民以仁。

又論酒政：成周酒政嚴矣，在周書則有酒誥一篇，在周禮則有酒政等官。夫祭祀必有酒，奉養必有酒，燕饗必有酒，是不容一日廢也。然甘酒有戒，湎酒有征，沈酒有誓，彝酒有誥，先王無不致謹于酒。今周人以酒設官，將共酒耶，抑禁酒耶？是五齊之酒，三酒、四飲之物，厚薄之異、清濁之異、新舊之異，此固酒正之所必辨也。祭祀之用、賓客之用、王后世子飲膳之用、耆老孤子士庶子饗食之用，此正酒正之所當共也。祭祀而無酒，則無以交此誠于神明。奉養而無酒，則無以將此誠于君親。燕饗而無酒，則無以暢此情于臣子。此酒之爲用博矣。故以對神而言，則謂之凡酒，司尊彝曰「凡酒羞酌」是也。以飲食而言，謂之飲酒，酒人曰「賓客之飲酒」是也。以陳設而言，謂之陳酒，酒人曰「賓客之陳酒」是也。以獻酬而言，謂之禮酒，酒人曰「賓客之禮酒」是也。以禄養而言，謂之秩酒，酒正曰「凡有秩酒」是也。凡酒用於祭，飲酒用於燕，禮酒用於饗，陳酒用於祭養，秩酒用於養老，合而言之，皆曰公酒，酒正曰「凡爲公酒」是也。若夫五齊則專用於共祭，四飲則專用于致養而已，此酒之用有别也。然而酒人以其酒入酒府，漿人以其飲入酒府，是故王之所得用，酒正之所必共，而酒正掌酒之政令，則未嘗不謹焉。其酒材也，以式授。其實尊也，以法共。須酒則有法以行之，秩酒則以書契授之。至于祭祀之酌，且有數。王之燕飲，亦有計。他官會計，惟以歲終，而獨酒正之出，日入其成，日計之也；月入其要，月計之也；而使小宰聽之，歲終則會，雖不及王后，而世子之飲酒亦會之，則周人之致謹于酒可知矣。不特此爾，先王于飲酒之器，而且有法存焉。彝有舟，以示其過量則有沉溺之禍；尊有罍，以示其不節，則有浸淫之患；六彝曰彝，所以示其祭酒之有常；六尊曰尊，所以示其祭酒之有等。先王器皿之度，每每示戒，而況於給用之際乎？然此皆示人君節飲之道也。酒人、漿人，固奄人也，酒正一官，獨無一語以示民飲酒之禁，而黨正方且屬民而飲酒于序，司徒之陽禮則教之飲酒，鄉大夫之賓興則賓之以飲酒，族師雖無飲酒之禮，亦因祭酺而行獻酬何邪？蓋周人未嘗禁民之飲，而亦未嘗縱民之飲，屬之而必以齒，教之而使不争，一則曰禮，二則曰禮，又何待于禁乎？萍氏，秋官之屬則掌幾酒、謹酒，蓋以酒之溺人，尤甚于水，故使掌水禁者，幾而謹之也。司虣，市官之屬，則禁以屬游飲酒于市者，亦以市者，人之所聚，易至鬭囂。故有群飲不禁者，則摶而戮之也。此二官，雖非酒官之屬，而實操酒禁以禁民者，不如是，則群囂以亂鄉井。沉酣以敗風俗，而獄訟日益繁滋矣。先王于此必立法以禁之，非若後世禁民酤酒，而自榷其利也。然酒禁不掌於酒官之屬，而掌於他官，是不忍因酒以禁民，而況因酒以取利乎？漢初蕭相定律，禁三人以上，無故飲酒，罰金四兩，禁群飲也。文帝以酒醪靡穀而下詔，景帝以五年夏旱而禁酤，慮民乏也。時于賜民群飲，則賜酺三日，賜天下大酺，示恩意也。至武帝天漢二年，初榷酒酤，禁其飲于下，而私其利于上，禁日益嚴，而民之犯法日益衆。昭帝元始六年，雖罷榷酤，而又令民以律占租，亦未免規酒利也。其後宣帝賜百户牛酒，詔勿禁鄉飲酒之會，則視之以爲非常之恩，豈知周人之禁民飲者以正民德，厚民生而已，豈設官以羅民利哉？周人之教民飲者，以暢民心、洽民禮而已，豈示恩以示民樂哉？故曰以禮導民而爲禁，則周之鄉飲，人不以爲私；其禁酒也，人不以爲怨。以利罔民而爲禁，則漢之榷酤，人不以爲法；其賜酺也，人不以爲恩。

鄉飲酒義

鄉飲酒之義：主人拜迎賓于庠門之外，入，三揖而后至階，三讓而后升，所以致尊讓也。盥洗揚觶，所以致絜也。拜至，拜洗，拜受，拜送，拜既，所以致敬也。尊讓、絜敬也者，君子之所以相接也。君子尊讓則不争，絜敬則不慢。不慢不争，則遠於鬬辨矣。不鬬辨，則無暴亂之禍矣。斯君子所以免於人禍也。

故聖人制之以道，鄉人、士、君子尊於房户之間，賓主共之也。尊有玄酒，貴其質也。羞出自東房，主人共之也。洗當東榮，主人之所以自潔而以事賓也。疏：鄉人謂鄉大夫也。士謂州長黨正也。君子謂鄉大夫也。尊於房户之間，賓主共之者，設酒尊於東房之西，室户之東，在賓主之間，酒雖主人之設，而賓亦以之酢主人，故云賓主共之也。北面設尊，玄酒在左，是在酒尊之西也。地道尊右，設玄酒在西者，貴其質素故也。共之者，供於賓也。榮，屋翼也。設洗於庭，當屋之翼。必在東者，示主人以此自潔而事賓也。

賓主，象天地也。介僎，象陰陽也。三賓，象三光也。贊皇浩齊曰：立賓以象天，所以尊之也。立主以象地，所以養之也。介以輔賓，僎以輔主人，象陰陽之輔天地也。三賓，衆賓之長也，其以輔賓，猶三光之輔于天地。三光，星之大者有三，其名不可得而考，先儒謂三大辰，心爲大辰，伐爲大辰，北辰亦爲大辰，理或然也。

讓之三也，象月之三日而成魄也。劉氏曰：以月魄思之，望後爲生魄。然人未嘗見其魄，蓋以明盛則魄不可見，月魄之可見，惟晦前三日之朝。月自東出，明將滅而魄可見，朔後三日之夕，月自西將隨，明始生而魄可見，過此則明漸盛，而魄不復可見矣。蓋明讓魄，則魄現；明不讓魄，則魄隱。魄陰象賓，明陽象主，主人讓賓至於三，象明之讓魄在前後三日，故曰讓之三也，象月之三日而成魄也。

四面之坐，象四時也。浩齊曰：謂賓、主、介、僎之坐，象春夏秋冬也。或曰：介有剛辨之義，僎有巽入之義，各從其義，理或然歟。

天地嚴凝之氣，始於西南而盛於西北，此天地之尊嚴氣也，此天地之義氣也。天地温厚之氣，始於東北而盛於東南，此天地之盛德氣也，此天地之仁氣也。主人者尊賓，故坐賓於西北，而坐介於西南以輔賓。賓者，接人以義者也，故坐於西北。主人者，接人以仁，以德厚者也，故坐於東南。而坐僎於東北，以輔主人也。仁義接，賓主有事，俎豆有數，曰聖。聖立而將之以敬曰禮，禮以體長幼曰德。德也者，得於身也。故曰：古之學術道者，將以得身也，是故聖人務焉。主人者，厚其飲食之禮，仁之道也。爲賓者，謹其進退之節，義之道也。求諸天地之氣，以定其賓主之位，至於俎豆，亦莫不有當然之數焉。聖，通明也，謂禮義所在，通貫而顯明也。敬其天理之節，體夫人倫之序，所得者皆吾身之實理也，孔子觀於鄉而知王道之易易，謂其足以正身而安國也，聖人務焉，豈無意哉？○浩齋曰：天下之理義無所不通，而器數皆有合於自然者，聖之謂也。無所不通，無所不敬，禮之所由制也。禮之行不在乎他，在吾長幼之分而已。性之德也，禮得於身之謂德，由學而後得於身，則與先得於人心之同然者，亦無異矣。故曰：古之學術道者，將以得身也。

祭薦，祭酒，敬禮也。嚌肺，嘗禮也。啐酒，成禮也。於席末，言是席之正，非專爲飲食也。爲行禮也，此所以貴禮而賤財也。卒觶，致實於西階上，言是席之上，非專爲飲食也。此先禮而後財之義也。先禮而後財，則民作敬讓而不争矣。疏曰：祭薦者，主人獻賓，賓即席祭所薦脯醢也。祭酒者，賓既祭薦，又祭酒也。此是賓敬重主人之禮也。賓既祭酒之後，興取俎上之肺嚌齒之，所以成主人之禮也。席末，席西頭也。按：儀禮祭薦、祭酒、嚌肺，皆在席之中，惟啐酒在席末，又嚌肺在前，祭酒在後，此先云祭酒者，嚌是嘗嚌之名，祭酒是未飲之稱，故祭酒與祭薦相連，表其敬禮之事。敬主人之物，故祭薦、祭酒、嚌肺皆在席中，啐酒入於己，故在席末。於席上者，是貴禮。於席末啐酒，是賤財也。啐纔始入口，猶在席末；卒觶則盡爵，故遠在西階上。云卒觶者，論其將欲卒觶之事。致實，則論其盡酒之體。酒爲觴中之實，今致盡此實也。

鄉飲酒之禮，六十者坐，五十者立侍以聽政役，所以明尊長也。六十者三豆，七十者四豆，八十者五豆，九十者六豆，所以明養老也。民知尊長養老而後乃能入孝弟，民入孝弟，出尊長養老，而後成教，成教而後國可安也。君子之所謂孝者，非家至而日見之也。合諸鄉射，教之鄉飲酒之禮，而孝弟之行立矣。坐者，坐于堂上。立者，立于堂下。豆當作偶數，此但十年而加一豆，非正禮也。舊説此是黨正屬民飲酒，正齒位之禮，非賓興賢能之飲也。

孔子曰：「吾觀於鄉，而知王道之易易也。」主人親速賓及介，而衆賓自從之，至于門外。主人拜賓及介，而衆賓自入，貴賤之義別矣。三揖至于階，三讓以賓升。拜至，獻酬辭讓之節繁；及介，省矣。至于衆賓升受，坐祭、立飲，不酢而降，隆殺之義辨矣。疏曰：主人既拜其來至，又酌酒獻賓，賓酢主人，主人又酌而自飲以酬賓，介酢主人則止，主人不酢介，是及介省矣。主人獻衆賓于西階上，受爵坐祭立飲，不酢主人而降。於賓禮隆，衆賓禮殺，是隆殺之義別矣。○方氏曰：主酌賓爲獻，賓答主，主又答賓，爲酬，是禮也。三賓則備之，至於介，則省酬焉。至於衆賓，則又省酬矣。升受坐祭立飲者，其升而受爵者，惟祭酒則坐，飲酒則立也。蓋飲酒所以養老，以其卑，不敢坐而當其養故也。此所以殺於三賓。

工入升歌三終，主人獻之。笙入三終，主人獻之。間歌三終，合樂三終，工告樂備，遂出。句。一人揚觶，乃立司正焉，知其能和樂而不流也。工入而升堂，歌鹿鳴、四牡、皇皇者華，每一篇而一終，三篇終，則主人酌以獻工焉。吹笙者，入於堂下，奏南陔、白華、華黍，亦每一篇而一終，三篇終，則主人亦酌以獻之也。間者，代也，笙與歌皆畢，則堂上與堂下更代而作。堂上先歌魚麗，則堂下笙由庚，此爲一終。次則堂上歌南有嘉魚，則堂下笙崇丘，此爲二終。又其次堂上歌南山有臺，則堂下笙由儀，爲三終也。合樂三終者，謂堂上下歌瑟及笙並作也。工歌關雎，則笙吹鵲巢合之。工歌葛覃，則笙吹采蘩合之。工歌卷耳，則笙吹采蘋合之。如此皆竟，工以樂備告樂正，樂正告于賓而遂出，蓋樂正自此不復升堂矣，故云遂出也。一人者，主人之吏也，此人舉觶之後，主人使相禮者一人爲司正，恐旅酬時有懈惰失節者，以董正之也，如此則雖和樂而不至於流放矣。

賓酬主人，主人酬介，介酬衆賓，少長以齒，終於沃洗者焉，知其能弟長而無遺矣。浩齊曰：前言介之無酬，衆賓之無酢者，蓋未歌之時也。此言賓酬主人，主人酬介，介酬衆賓者。既歌之後，行旅酬之時也。沃洗者，滌濯之人也，雖至賤，旅酬之際，猶以齒焉，則貴者可知矣。自貴及賤，無不序齒，此所以知其能弟長而無遺矣。

降，説屨升坐，修爵無數。飲酒之節，朝不廢朝，莫不廢夕。賓出，主人拜送，節文終遂焉，知其能安燕而不亂也。浩齊曰：前此皆立而行禮，未徹俎，故未説屨。至此徹俎之後，乃説屨升堂而坐燕也。脩，舉也。脩爵無數，無算爵是也。凡治事者，朝以聽政，而鄉飲聽政罷方行，是朝不廢朝也；夕以脩令，而鄉飲禮畢猶可以治私事，是莫不廢夕也。若黨正飲酒，一國若狂，則無不酬矣。節文終遂者，終，竟也；遂，猶申也，言雖禮畢，主人猶拜以送賓。節文之禮終，申遂而無所缺，則知其安於燕樂而不至於亂矣。

貴賤明，隆殺辨，和樂而不流，弟長而無遺，安燕而不亂。此五行者，足以正身安國矣。彼國安而天下安，故曰：「吾觀於鄉，而知王道之易易也。」

鄉飲酒之義，立賓以象天，立主以象地，設介僎以象日月，立三賓以象三光。古之制禮也，經之以天地，紀之以日月，參之以三光，政教之本也。浩齊曰：飲酒之禮，莫先於賓主。立賓象天，立主象地，禮之經也。其次立介僎以輔之者，紀也。其次立三賓以陪之者，參矣。政教之立，必有經、有紀、有參，然後可行。故飲酒之禮，必有賓、主、介、僎、三賓，然後可行，故曰政教之本也。前言介、僎陰陽，此言象日月者，前章言氣，故以陰陽象之；此章言體，故以日月象之也。僎在東北，象日出也。介在西南，象月出也；以三光爲三大辰。正義按：昭公十七年，有星孛于大辰。公羊曰：大辰者，大火也。伐爲大辰，北辰亦爲大辰。爾雅房心尾大火謂之大辰，北極謂之北辰。大火與伐，天所以示民時早晚，天下之所取正，是亦政教所出也。

烹狗於東方，祖陽氣之發於東方也。洗之在阼，其水在洗東。祖天地之左海也。方氏曰：海有四，止言東者，取夫水之所歸也。水位居坎，而其流歸東者，由其生於天一，行於地中故也。天傾西北而不足，故水之源自此而生。地缺東南而不滿，故水之流順此而行。天之所傾，地之所缺，則其形下矣，而善下者，水之性也，故其理如此。然則水位居北者，本天位也；其流歸東者，因地勢也。南與北合，水位居北，而流不歸南者，蓋東方之德木，木則水之所生；南方之德火，火則水之所勝，生之爲利，勝之爲害，而善利者水之德也，故趍其所生焉。○浩齊曰：烹狗以養賓，陽氣以養萬物，故祖而法之，烹于東方焉。海，水之委也。天地之間，海居于東。東則左也，故洗之在阼。其水在洗東，有左海之義焉。

尊有玄酒，教民不忘本也。玄古之世無酒，以水行禮，故後世因謂水爲玄酒。不忘本者，思禮之所由起也。

賓必南鄉，東方者春，春之爲言蠢也，產萬物者聖也。南方者夏，夏之爲言假也，養之、長之、假之，仁也。西方者秋，秋之爲言愁也。愁之以時察，守義者也。北方者冬，冬之爲言中也。中者，藏也，是以天子之立也，左聖鄉仁，右義偝藏也。愁讀作揫。○蠢者，物生動之貌。天地大德曰生，聖人德合天地，故曰產萬物者聖也。假，大也。揫，斂縮之貌。察，猶察察嚴肅之意。揫之以時察，言揫斂之以秋時嚴肅之氣也。物之藏必自外而入内，故曰中者藏也。天子南面而立，則左東右西，南前北後也。

介必東鄉，介賓、主也。主人必居東方，東方者春，春之爲言蠢也，產萬物者也。主人者造之，產萬物者也。月者，三日則成魄，三月則成時。是以禮有三讓，建國必立三卿。三賓者，政教之本，禮之大參也。張子曰：坐有四位者。禮不主於敬主，欲以尊賢。若賓主相對，則是禮主於敬主矣，故其位賓主不相對，坐介、僎於其間，以見賓賢之義。因而説四時之坐，皆有義，其實欲明其尊賢。

軾按：世之惑人者多矣，而酒爲甚。古人祭祀燕賓養老外，無飲酒者。論語記孔子「惟酒無量」，即鄉飲酒禮所謂「無算爵」也。飲無算爵而不及亂，惟聖人爲然。然孔子嘗曰：「不爲酒困，何有於我。」是聖人且不敢自必其然也。夫以聖人所不敢自必者，而欲以責之常人，難矣。故欲無亂，不如不飲。而或且曰：酒忘憂也。嗜酒者有托而逃也，抑知人之所以異于禽獸，獨此心耳。心難覺而易昧，悚惕之，震動之，猶懼其未也。無端而昏之以酒，不大惑歟？孟子曰：「生于憂患，死於安樂。」忘憂是忘生矣。小宛之次章曰：「彼昏不知，壹醉日富。」此遭亂相戒免禍之時也。未聞終日酩酊，而能脱然于亂世者矣。吾嘗謂陰司果有地獄？其必何晏、王弼輩居之，蓋自曠達之説起，一時輕薄之徒，争相趨效，而學士大夫，又美之以文章風雅之目，而淑慎爾儀之君子，反詆爲鄙吝，蓋至是而酒之中于人心風俗甚矣！獄訟繁興，猶其後焉者與？先王知斯人飲食之欲，不可以盡蠲，而思所以遏其流，于是制爲飲酒之禮。一獻之禮，賓主百拜，終日飲酒而不得酬焉。不酬則不亂，不亂則無惡于酒已，此鄉飲酒之禮，不可不亟講與！

附呂氏鄉約 朱子定。

凡鄉之約四：一曰德業相勸，二曰過失相規，三曰禮俗相交，四曰患難相恤。衆推有齒德者一人爲都約正，有學行者二人副之。約中月輪一人爲直月。都副正不與。置三籍，凡願入約者，書於一籍，德業書于一籍，過失書於一籍，直月掌之。月終則以告於約正，而授於其次。

德業相勸。

德謂見善必行，聞過必改，能治其身，能治其家，能事父兄，能教子弟，能御童僕，能肅政教，能事長上，能睦親故，能擇交遊，能守廉介，能廣施惠，能受寄托，能救患難，能導人爲善，能規人過失，能爲人謀事，能爲衆集事，能解争，能决是非，能興利除害，能居官舉職。

業謂居家則事父兄、教于弟、待妻妾，在外則事長上、接朋友、教後生、御童僕，至於讀書治田、營家濟物、畏法令、謹租賦、好禮樂射御書數之類，皆可爲之。非此之類，皆爲無益。

右件德業同約之人，各自進脩，互相勸勉。會集之日，相與推舉其能者，書於籍，以警勵其不能者。

過失相規。

過失，謂犯義之過六，犯約之過四，不脩之過五。

犯義之過：一曰酗博鬬訟。酗謂縱酒諠競。博謂賭博財物。鬬謂鬬毆罵詈。訟謂告人罪惡，意在害人，誣賴争訴，得已不已者。若事干負累，及爲人侵損而訴之者，非。二曰行止踰違。踰禮違法，衆惡皆是。三曰行不恭遜。侮慢齒德者，持人短長者，恃强陵人者，知過不改、聞諫愈甚者。四曰言不忠信。或爲人謀事，陷人於惡。或與人要約，退即背之。或妄説事端，熒惑衆聽者。五曰造言誣毁。誣人過惡，以無爲有，以小爲大，面是背非。或作嘲詠，匿名文書，及發揚人之私隱，無狀可求，及喜談人之舊過者。六曰營私太甚。與人交易，傷於掊克者。專務進取，不恤餘事者。無故而好干求假貸者，受人寄託而有所欺者。

犯約之過：一曰德業不相勸，二曰過失不相規，三曰禮俗不相成，四曰患難不相恤。按：别本成作交。

不脩之過：一曰交非其人。所交不限士庶，但凶惡及遊惰無行，衆所不齒者，而已朝夕與之遊處，則爲交非其人。若不得已而暫往還者，非。二曰遊戲怠惰。遊謂無故出入，及謁見人，止務閑適者。戲謂戲笑無度，及意在侵侮，或馳馬擊鞠，而不賭財物者。怠惰謂不脩事業，及家事不治，門庭不潔者。三曰動作無儀。謂進退太疏野，及不恭者。不當言而言，及當言而不言者。衣冠太華飾，及全不完整者，不衣冠而入街市者。四曰臨事不恪。主事廢忘，期會後時，臨事怠慢者。五曰用度不節。謂不計有無，過爲多費者，不能安貧，非道營求者。

右件過失，同約之人，各自省察，互相規戒。小則密規之，大則衆戒之，不聽則會集之日，直月以告於約正，約正以義理誨諭之，謝過請改，則書於籍，以俟。其爭辨不服，與終不能改者，皆聽其出約。

禮俗相交。

禮俗之交。一曰尊幼輩行，二曰造請拜揖，三曰請召送迎，四曰慶弔贈遺。

尊幼輩行凡五等。○曰尊者。謂長於己二十歲以上，在父行者。曰長者。謂長於己十歲以上，在兄行者。曰敵者。謂年上下不滿十歲者，長者爲稍長，少者爲稍少。曰少者。謂少於己十歲以下者。曰幼者。謂少於己二十歲以下者。

按：謂長於己二十歲，別本作三十歲。

造請拜揖凡三條。○曰：凡少者、幼者於尊者、長者，歲首、冬至、四孟、月朔辭見賀謝皆爲禮見。皆具門狀，用幞頭公服，腰帶靴笏。無官具名紙，用幞頭襴衫，腰帶繫鞋，惟四孟通用帽子，皂衫，腰帶。○凡當行禮而有恙故，皆先使人白之，或遇雨雪，則尊長銜使人諭止來者。此外候問起居，質疑白事，及赴請召，皆爲燕見。深衣、涼衫皆可，尊長令免，即去之。尊者受謁不報。歲首冬至，具己名牓子，令子弟報之，如其服。長者歲首冬至，具牓子報之，如其服。餘令子弟以己名牓子代行。凡敵者，歲首冬至，辭見賀謝相往還。門狀名紙同上，唯止服帽子。凡尊者、長者，無事而至少者、幼者之家，唯所服。深衣涼衫，道服背子可也。敵者燕見亦然。○曰：凡見尊者、長者，門外下馬，俟於外次，乃通名。凡往見人，入門必問主人食否，有他客否，有他幹否。度無所妨，乃命展刺。有妨，則少俟，或且退，後皆倣此。主人使將命者先出迎客，客趨入，至廡間。主人出降階，客趨進。主人揖之升堂，禮見，四拜而後坐，燕見，不拜。旅見，則旅拜。少者、幼者，自爲一列。幼者拜則跪而扶之，少者拜則跪扶而答其半。若尊者、長者齒德殊絶，則少者、幼者堅請納拜。尊者許，則立而受之。長者許，則跪而扶之。拜訖，則揖而退。主人命之坐，則致謝訖，揖而坐。退。凡相見主人語終。不更端。則告退。或主人有倦色。或方幹事。而有所俟者。皆告退可也。後皆倣此。則主人送於廡下。若命之上馬，則三辭，許，則揖而退，出大門，乃上馬；不許，則從其命。凡見敵者，門外下馬。使人通名，俟於廡下，或廳側。禮見則再拜。稍少者先拜，旅見則特拜。退則主人請就階上馬。徒行則主人送於門外。凡少者以下，則先遣人通名。主人具衣冠以俟，客入門下馬，則趨出。迎揖升堂，來報禮，則再拜謝。客止之，則止。退則就階上馬。客徒行則迎於大門之外，送亦如之。仍隨其行數步，揖之則止，望其行遠乃入。〇曰：凡遇尊長於道，皆徒行，則趨進。揖尊長，與之言則對，否則立於道側以俟。尊長已過，乃揖而行。或皆乘馬，於尊者，則迴避之。於長者，則立馬道側揖之。俟過，乃揖而行。若己徒行，而尊長乘馬，則迴避之。凡徒行遇所識乘馬，皆倣此。若己乘馬，而尊長徒行，望見，則下馬前揖，已避亦然。過既遠，乃上馬。若尊長令上馬，則固辭。遇敵者皆乘馬，則分道相揖而過。彼徒行而不及避，則下馬揖之。過，則上馬。遇少者以下皆乘馬，彼不及避，則揖之而過。彼徒行不及避，則下馬揖之。於幼者，則不必下，可也。

請召迎送凡四條。○凡請尊長飲食，親往投書。禮薄則不必書，專召他客，則不可兼召尊長。既來赴，明日親往謝之。召敵者，以書簡。明日交使相謝，召少者，用客目，明日客親往謝。○曰凡聚會，皆鄉人，則坐以齒。非士類則不。若有親，則別叙。若有他客有爵者，則坐以爵。不相妨者，坐以齒。若有異爵者，雖鄉人亦不以齒。異爵，謂命士大夫以上，今陞朝官是。若特請召，或迎勞出餞，皆以專召者爲上客。如婚禮，則姻家爲上客，皆不以齒爵爲序。○曰：凡燕集，初坐別設卓子於兩楹間，置大盃於其上。主人降席，立於卓東西向。上客亦降席，立於卓西東向。主人取盃親洗，上客辭。主人置盃卓子上，親執酒斟之，以器授執事者，遂執盃以獻上客。上客受之，復置卓子上。主人西向再拜，上客東向再拜。興，取酒東向，跪，祭，遂飲，以盃授贊者，遂拜，主人答拜。若少者以下爲客，飲畢而拜，則主人跪受如常。上客酢主人，如前儀。主人乃獻衆賓，如前儀，惟獻酒不拜。若衆賓中有齒爵者，則特獻如上客之儀，不酢。若婚會，姻家爲上客，則雖少亦答其拜。○曰：凡有遠出遠歸者，則迎送之。少者、幼者不過五里，敵者不過三里，各期會於一處，拜揖如禮，有飲食，則就飲食之。少者以下，俟其既歸，又至其家省之。慶弔贈遺凡四條。○曰：凡同約有吉事則慶之。冠子、生子、預薦、登第、進官之屬，皆可賀。婚禮雖曰不賀，然禮亦曰賀娶妻者，蓋但以物助其賓客之費而已。有凶事則弔之。喪葬水火之類。每家只家長一人，與同約者俱往，其書問亦如之。若家長有故，或與所慶弔者不相接，則其次者當之。○曰：凡慶禮如常儀，有贈物。用幣帛、酒食、果實之屬，衆議量力定數，多不過三五千，少至一二百。如情分厚薄不同，則從其厚薄。或其家力有不足，則同約爲之借助器用，及爲營幹。凡弔禮聞其初喪，聞喪同。未易服，則率同約者深衣而往哭弔之。凡弔尊者，則爲首者，致辭而旅拜，敵以下則不拜，主人拜則答之，少者以下則扶之。不識生者，則不弔；不識死者，則不哭。且助其凡百經營之事。主人既成服，則相率素幞頭、素襴衫、素帶。皆以生白紗絹爲之。具酒果食物而往奠之。死者是敵以上，則拜而奠。以下，則奠而不拜。主人不易服，則亦不易服。主人不哭，則亦不哭。情重則雖主人不變不哭，亦變而哭之。賻禮用錢帛，衆議其數，如慶禮。及葬，又相率致賵。俟發引，則素服而送之。賵如賻禮，或以酒食其役夫，及爲之幹事。及卒哭，及小祥，及大祥，皆常服弔之。〇曰：凡喪家不可具酒食衣服以待弔客，弔客亦不可受。〇曰：凡聞所知之喪，或遠不能往，則遣使致奠。就外次衣弔服，再拜，哭而送之。惟至親篤友爲然。過期年，則不哭，情重則哭其墓。

右禮俗相交之事。直月主之，有期日者爲之期日。當糾集者，督其違慢。凡不如約者，以告於約正，而詰之，且書於籍。

患難相恤。

患難之事七：一曰水火。小則遣人救之，甚則親往，多率人救，且弔之。二曰盜賊。近者同力追捕，有力者爲告之官司，其家貧，則爲之助出募賞。三曰疾病。小則遣人問之，甚則爲訪醫藥，貧則助其養疾之費。四曰死喪。闕人則助其幹辦，乏財則賭贈借貸。五曰孤弱。孤遺無依者，若能自贍，則爲之區處。稽其出納，或聞於官司，或擇人教之，及爲求婚姻。貧者協力濟之，無令失所。若有侵欺之者，衆人力爲之辦理。若稍長而放逸不檢，亦防察約束之，無令陷於不義。六曰誣枉。有爲人誣枉過惡，不能自伸者，勢可以聞於官府，則爲言之，有方略可以救解，則爲解之。或其家因而失所者，衆共以財濟之。七曰貧乏。有安貧守分，而生計大不足者，衆以財濟之，或爲之假貸置産，以歲月償之。

右患難相恤之事。凡有當救恤者，其家告於約正，急則同約之近者爲之告，約正命直月徧告之，且爲之糾集而程督之。凡同約者，財物、器用、車馬、人僕，皆有無相假。若不急之用，及有所妨者，則不必借。可借而不借，及踰期不還，及損壞借物者，論如犯約之過，書於籍。鄰里或有緩急，雖非同約而先聞知者，亦當救助。或不能救助，則爲之告於同約而謀之，有能如此者，則亦書其善於籍，以告鄉人。

以上鄉約四條，本出藍田吕氏。今取其他書，及附己意，稍增損之，以通於今，而又爲月旦集會讀約之禮，如左方。曰預約者，月朔皆會。朔日有故，則前期三日，別定一日。直月報會者，所居遠者，惟赴孟朔。又遠者，歲一再至可也。直月率錢具食。每人不過一二百，孟朔具，具果、酒三行，麵飯一會，餘月則去酒果，或直設飯可也。會日，夙興，約正、副正、直月本家行禮，若會族罷，皆深衣俟於鄉校，設先聖先師之象於北壁下。無鄉校，則別擇一寬閒處。先以長少序拜於東序。凡拜，尊者跪而扶之，長者跪而答其半，稍長者俟其俯伏而答之。同約者，如其服而至。有故，則先一日使人告於直月。同約之家，子弟雖未能入籍，亦許隨衆序拜，未能序拜，亦許侍立觀禮，但不與飲食之會。或別率錢，略設點心於他處。俟於外次。既集，以齒爲序，立於門外。東向北上，約正以下出門，西向南上。約正與齒最尊者，正相向。揖迎入門，至庭中北面，皆再拜。約正升堂上香，降，與在位者皆再拜。約正升降，皆自阼階。揖，分東西向立。如門外之位。約正三揖，客三讓。約正先升，客從之。約正以下，升自阼階，餘人升自西階。皆北面立。約正以下西上，餘人東上。約正少進，西向立，副正、直月次其右，少退。直月引尊者東向南上，長者西向南上。皆以約正之年推之，後倣此。西向者，其位在約正之右，少進，餘人如故。約正再拜，凡在位者皆再拜。此拜尊者。尊者受禮如儀。惟以約正之年爲受禮之節。退北壁下。南向東上立，直月引長者東面，如初禮，退則立於尊者之西，東上。此拜長者，拜時，惟尊者不拜。直月又引稍長者東向南上，約正與在位者皆再拜，稍長者答拜，退立於西序東向北上。此拜稍長者，拜時，尊者長者不拜。直月又引稍少者東面北上，拜約正，約正答之。稍少者退立於稍長者之南，直月以次引少者東北向西北上，拜約正，約正受禮如儀。拜者復位。又引幼者亦如之。既畢，揖，各就次。同列未講禮者，拜於西序如初。頃之。約正揖，就坐。約正坐堂東，南向，約中年最尊者，坐堂西，南向。副正、直月次約正之東，南向西上。餘人以齒爲序，東西相向，以北爲上。若有異爵者，則坐於尊者之西，南向東上。直月抗聲讀約一過，副正推説其意，未達者許其質問，於是約中有善者，衆推之。有過者，直月糾之，約正詢其實狀於衆，無異辭，乃命直月書之。直月遂讀記善籍一過，命執事以記過籍，偏呈在坐，各默觀一過。既畢，乃食。食畢，少休，復會於堂上，或説書，或習射，講論從容。講論須有益之事，不得輒道神怪邪僻悖亂之言，及私議朝廷州縣政事得失，及揚人過惡，違者直月糾而書之。至晡乃退。

儀禮節略第七卷

喪禮

初終

疾病，遷居正寢，東首。

丘氏曰：正寢，即今人家所居正廳。遷居正寢者，惟家長爲然，餘則遷于所居之室中。

軾按：廳是廳事，非寢之謂。廳與堂無室，寢有室。古人宮室之制，前爲堂，後爲正寢，燕寢則正寢之旁室也。士喪禮「死于適室」，疏云：天子、諸侯謂之路寢，鄉大夫、士謂之適室，亦謂適寢，總謂之正寢。必死于是者，欲其終于正也。然有無庸泥者，病劇則不可遷；不劇，又無遷理。且今士人所居，不必皆有堂寢，但卒于所居之室、所寢之牀，亦屬無礙。

丘氏儀節：戒内外。戒内外安静，毋得諠譁驚擾。書遺言。加新衣。徹去舊衣，加新衣。○喪大記用朝衣。今用新者可也。屬纊。置新綿于鼻口之間，以俟氣絶。○棉不動，則是氣絶。○按此四節，原本連後廢牀等儀，今分爲二，以此儀係未絶時事也。

記：士處適寢。寢東首，于北牖下。有疾，疾者齊，養者皆齊，徹琴瑟，疾病，外内皆埽。徹褻衣，加新衣。御者四人，皆坐持體。男女改服。屬纊以俟氣絶。男子不絶于婦人之手，婦人不絶于男子之手。注云：齊，正性情也。加新衣，明其終于正也。不絶於婦人、男子之手，爲其褻也。

軾按：君子重終，必得正而斃焉。曾子之易簀，子路之結纓是也。疾者正，養疾者亦不敢不正，故各齊焉。内外埽除，致潔也。徹褻衣，加新衣，爲不可使衣污褻之衣以死也。注謂爲有賓客來，穢惡之，非是。然疾劇易衣，慮爲風邪所中，且待革之頃，亦萬難力疾以易。論語：加朝服拖紳。加者，加于衣上耳，非必徹去舊衣也。又屬纊以俟氣絶，此最無謂。人死氣絶，無難辨者，何必屬纊？況一息猶存，養者方冀其生，疾者豈自信必死？今屬纊以俟氣絶，是早逆其死也，疾者痛心，養者可忍。不絶于婦人、男子之手者，謂持體之御者也。若夫妻、子、母之屬，已死且撫之、馮之，豈將死之頃，而不容握手一訣耶？春秋：僖公薨于小寢。左氏傳注云：小寢，夫人寢也。禮：男子不絶于婦人之手。今僖公薨于小寢，譏其近女室，蓋引禮文，以證僖公之不應近女室，非謂公絶于夫人之手也。禮：夫婦老同藏，死同穴。今士人不必皆有御者，持手足者，非夫、妻、子、母之屬而誰？雜記：叔不撫嫂，嫂不撫叔。喪大記：婦于舅姑，但捧衣而不服膺。今倣此禮。嫂叔遠嫌，舅婦不相持可耳。又按丘氏補書遺言一條，最當。人之將死，其言也善。凡在親屬俱當禀奉遺教，矧兹子孫，雖庭訓有素，不若彌留叮嚀數語，苟有人心，終身不忘。又姚崇疾將革析貲，曰：陸賈、石苞。古之達者，亦先有定分以息後争。近世人心不古，同室操戈，都緣財産，雖其子之不肖，亦緣親之未有成命也。故能力疾，則自書，否則子弟代書之，其有遺忘，書者敬詢之。書畢，長子收貯。他日藏之廟。至若非禮亂命，及兒女情態瑣屑語，不必書。或謂疾者宜静，可令鰓鰓計慮乎？況孝子冀親之生，遺命所不忍聞也。斯言良然，然疾者有未了之事，當知不可不言，尊長在旁，察其狀，可問，則問之；不可，則毋强。

既絶，哭。

丘氏儀節：廢床寢地，楔齒，舉哀。至是婦女入，男女哭擗無數。

軾按：古者廢床寢地之義，冀其受氣而生也。不知寢之於地，果能令親生乎？無論疾病垂死之身，奄奄一息，方保護之不暇，而舉而委之于地，地氣侵沁，是益其病而速之死也。即既絶矣，亦斷無藉地氣而復生之理。仁人孝子，忍舉親尸而置之地耶？楔齒用角柶，爲將飯含，恐死者口閉也。竊謂飯含之禮固不可廢，然以角柶楔死者之口，使不得合。人子之心，其何以安？況沐浴而飯含，口未即閉也，至綴足用燕几竈甓，其謬尤甚，斷不可從。又儀禮「始死用斂衾」，注：覆也。斂衾，大斂所并用之衾。小斂之衾當陳，故用大斂之衾。疏：必覆之者，爲其形褻也。竊謂復而後行死事，未復不當用斂衾。喪大記「始死，遷尸于床，用斂衾，去死衣」，疏：去死時所加新衣，及復衣，爲尸將沐浴故也，是衾在復後遷尸南牖時明矣。

復。

丘氏儀節：遣一人持死者之上衣。曾經服者，左執領，右執腰。升屋。自前屋升脊北面。招呼。呼曰：某人復。凡三次。○男子稱名，或字，及行第。婦人稱姓氏，或行第，隨常所稱呼。卷衣降。自屋後下，以所卷衣覆尸上。哭擗。復畢，男女哭擗。

檀弓：復，盡愛之道也，有禱祠之心焉。望反諸幽，求諸鬼神之道也。北面，求諸幽之義也。馬晞孟曰：始死者，人以不忍之心而望其重生。求生者，人以必還之禮而欲其不死，故謂之復。自君至於士，自夫人至於士妻，各以其祭服之至盛者招之，庶乎神之依是而來也。中屋履危，則求之上下之間。北面三號，則求諸幽陰之義，及乎不知神所在，而卒不復也，然後卷衣投于前而降焉。蓋死矣，滅矣，不可以復生矣，則自小斂以至於葬，此所謂唯哭先復，復而後行死事也。

温公書儀：侍者一人，以死者之上服。左執領，右執腰，就寢庭之南，北面，招以衣，三呼，卷衣而入。

軾按：禮運曰：天望而地藏也。疏：夫望，謂望天而招魂，此升屋而復之義也。然倉卒不能如儀，從書儀復于庭南，似較簡便。

乃易服，不食。

丘氏儀節：易服。妻子婦妾，皆去冠，及上服，諸有服男子，皆上衣之前衿于帶。餘有服者，皆去華飾。○華飾，謂凡衣服之有色者，男子腰帶，婦人首飾，簪、珥之類。被髮徒跣。婦人不徒跣。爲人後者，爲本生父母，及女子之已嫁者，則不被髮。不食。諸子三日不食，期、九月之喪三不食，五月、三月之喪再不食。○親戚鄰里爲糜粥以食之，尊長强之，少食可也。男女哭擗無數。

軾按：人日不再食則饑。三日不食，哀痛之至，不能食也。問喪云：惻怛之心，痛疾之意，傷腎乾肝焦肺，水漿不入口，三日不舉火。又曰：痛疾在心，故口不甘味，身不安美也。彼居喪飲酒食肉者，獨何心哉？又世俗于親死之日，營辨酒食，以供賓客。主人方哀號擗踊，水漿不入于口，而惡客乃豪飲大嚼于其家，忍心害理，于此已甚，是皆王法之所必誅者也。

立喪主。凡主人，謂死者長子，無則長孫承重者，專奉饋奠。主婦。謂死者之妻，無則主喪者之妻。護喪。以子弟或親戚知禮者一人爲之。主賓。用同居之尊且親者一人爲之，如無同居者，擇族屬之親而賢者，無族屬則用親戚，無親戚則用執友亦可，專主與賓客爲禮。相禮。禮：司徒敬子之喪，孔子爲之相。杜喬母喪，宮中無相，時人譏其粗略，則喪必有相也久矣。況禮廢之後，人家子弟未必皆知禮，宜議親友或鄉鄰中素習禮者一人爲相禮。凡喪事皆聽之處分，而以護喪助焉。司書。以子弟知書者爲之。司貨。置二曆，其一書凡喪禮當用之物，及財貨出入；其一書親賓賻襚祭奠之數。○凡喪事當用之物，相禮者俱命司貨豫爲之備，及所用之人，亦當與護喪議，豫求其人，庶臨時得用，不致缺乏，今謹詳其目如左。

備具。

棺具。

板。川杉爲上，土杉次之。○棺非死後可備之物，古者六十歲制，七十時制，八十月脩，縱年未迨六十，亦宜于疾病時備之。油。桐，麻。漆。灰。瀝青。用蚌粉黄蠟清油合煎之。○出厚終記。糯米。紙。麻穰。鐵釘。鐵鐶。大索。七星板。用板一片，其長廣棺中可容者，鑿爲七孔。○即楄柎也。

遷尸之具。

幃。聯白布爲之以障尸。尸床。以木爲之，去脚。牀簀。以竹爲之。枕。衾。以上皆用舊者，無則買之，或造。桌子。

沐浴之具。

掘坎爲坔。以土塊爲竈，煮沐浴湯者。盆。盛水者。沐巾。浴巾。俱用布，上下體，各一。櫛。梳也。

組。絲繩束髮根者。

襲具。

襲牀。草薦。席。褥。枕。幅巾。其制如煖帽，以代古之掩也。充耳。用白綿二塊，如棗核大，以塞耳。幎目帛。用熟絹方尺二寸，夾縫，内充以絮，四角有繫，後結之。握手帛。用熟絹二幅，各長尺二寸，廣五寸，以裹手兩端，各有繫。深衣。大帶。布履。袍襖。有綿者。汗衫。袴。布襪。裹肚。以上隨所用之多少，皆用白布新製。衾。

含具。

錢。米。匙。

歛具。

綿布。用細者，絹亦可用，以爲二歛之絞。衾。二，一無綿，一有綿。衿。單被也，用布五幅。牀。席。褥

薦。冒。二，一自頭韜下，自足韜上。

奠具。

桌子。香爐。香合。香匙。酒。酒注。酒盞。椀。盤。楪。茶盞。盞托。罩巾。製竹爲之，以細紗。盥盆。帨巾。燭臺。脯。醢。

括髪免髽之具。

麻繩。布頭𦈢。用以括髪者。裂布。用以免者。竹簪。木者亦可，用以髽者。

服制之具。

麻布。凡六等。極麤生者以爲斬衰服，次等麤生者以爲齊衰服，次等生者以爲期服，稍麤熟者爲大功服，稍細熟布爲小功服，細熟布爲緦麻服。有子麻，枲麻。草屨。綫。杖。綿。

靈座魂帛銘旌之具。

交椅。桌子。幃幕。用布爲之，設于堂裏，别内外者也。衣架。帕。坐褥。衣服。生時所用者。櫛合。類盆。帨巾。床。帳。枕席，衾褥，靸鞋，生時奉養之具皆備。紅絹。銘旌具。竹竿。木跗。白絹。爲魂帛者。粉。書銘旌者。箱。盛魂帛者。

治葬之具。

炭。石灰。細沙。黄土。瀝青。石。淡酒。薄板。桐油。

送葬之具。

明器。下帳。苞。筲。罌。方相。戈盾服面具。玄纁。翣。功布。喪車。竹格。木主箱。木主。并櫝。靈車。布幕。所以障婦人者。

以上俱詳喪具，其可不用者，論見後。

當用之人。

贊者。祝。侍者。以上皆用親戚及常役使者。內御者。沐浴時用之。執事者。木工。針工。漆工。石工。以上物事，皆相禮者與護喪者計議，或因其舊而用之，或一器而數處用之，或借諸親鄰，或買之市肆，或命工脩造，皆次第預爲措辦，免致臨時倉卒失誤，則禮不難行矣。

治棺。 詳見後。

訃告於親戚僚友。

護喪、司書爲之發書，無則主人自訃親戚，不訃僚友，自餘書問悉停，以書來弔者，卒哭後答之。

書氏〇某人以某月某日得疾，不幸于某月某日棄世，專人訃告。〇月日哀子某人泣血。

丘氏曰：禮，喪稱哀子哀孫，祭稱孝子孝孫，而書儀于父亡則稱孤子，母亡則稱哀子，父母俱亡則稱孤哀子，不知何據也？凡禮中所言孤子，如當室及不純采之類，皆謂已孤之子，非謂所自稱也，而鄭氏禮注亦云三十以下無父稱孤，明乎三十以上不得爲孤也。今既行古禮，父母喪俱宜稱哀子，然世俗相承已久，恐卒難變，或欲隨俗亦可。

沐浴　襲　奠　爲位　飯含

執事者設幃及牀，遷尸，掘坎。

丘氏儀節：設幃。縫白布爲幃幕，以障内外，尸未襲斂，不欲人褻之也，故斂即撤之。設尸牀。縱置于尸前，施簟設席枕。遷尸牀上。執事者盥手，共遷尸于牀上，南首，解衣，覆以衾。掘坎。掘于偏僻潔浄處。

温公書儀：將沐浴，則以幃障卧内，侍者設牀于尸，所卧牀前縱置之，施簀席簟枕，不施氈褥，遷尸于牀，南首，覆以衾。注云：古者疾病廢牀，將沐浴則復遷尸于牀，既死乃卧尸于地，訛也。古者沐浴飯含，皆在牖下。今室堂與古異制，故于所卧牀前置之，以從宜也。

朱子語類：答尸南首之問。云：士喪禮飯含章，鄭注云：南首；遷柩于祖，注云：此時柩北首；祖祭，注云：旋柩向外，足知古人尸柩皆南首，唯朝祖之時北首，非温公創爲南首之説也。君臨臣喪，升自阼階西向，撫尸當心，則尸之南首，本不爲君南面弔而然也。

檀弓：掘中霤而浴，毁竈以綴足，及葬，毁宗躐行，出于大門，殷道也。疏云：每一條義，兼二事。中霤，室中也。死而掘室中之地作坎，一則言此室于死者無用，二則令浴汁入坎也。又云：周人浴不中者，用盤承浴汁也。是以喪大記浴水用盆，沃水用枓，沐用瓦盤也。○軾按：應從喪記，家禮言掘坎，謂以沐浴餘水，傾于坎而埋之也。

陳襲衣。

以桌子陳襲具于堂前東壁下，西領南上。

沐浴、飯含之具。

以桌子陳沐浴、飯含之具于堂前西壁下。執事者爲湯于堊。

乃沐浴。

喪大記：管人汲，不説繘，屈之。盡階，授御者，御者差沐于堂上。君沐粱，大夫沐稷，士沐粱。甸人爲垼于西牆下，陶人出重鬲。管人受沐，乃煮之。甸人取所徹廟之西北厞薪，用爨之。管人授御者沐。注：差，淅也。淅飯米，取其潘以爲沐也。士喪禮沐稻，此云粱，蓋天子之士也。疏：重鬲者，謂懸重之罌也。取徹厞以然竈，煮沐瀋也。謂正寢爲廟，神之也。何取此薪而用之？示主人已死，此堂無復用也。○軾按：用粱、稷者，將爲粥縣于重，而先取其潘以沐。又内則：面垢，燂潘請靧。是生時靧沐，亦用潘也。今不設重，且倉卒不能如禮，但汲水温之以沐浴可耳。

丘氏儀節：侍者以盆盛湯入。喪主以下出幃，于帳外北面立。舉哀。俱哭。沐。侍者解髮沐之，晞以巾，且以組撮髮爲髻。浴。侍者以手抗其所覆之衾，先澡其上身，以巾拭之，又澡其下身，別以一巾拭之，畢，還覆以衾。翦爪。盛于囊，俟大斂納于棺。埋餘水。其沐浴餘水，并巾櫛，棄于所掘坎埋之。

吕氏曰：斷爪剪須，何謂也？體受歸全，存之何病？

毛大可曰：浴法就牀抗衾，湏之以二巾，而收其潘。以一巾乾之。蓋事死與事生不同，總之用其意，不備其事，故荀子曰：不沐，言不必如生人沐也。則濡櫛三律而止。濡櫛，濕櫛也。律者，批髮也。不浴，則濡巾三式而止。此易曉者。

軾按：士喪禮：外御受沐入。主人皆出，户外北面。沐浴設明衣，乃入即位。注云：象平生沐浴裸裎，子孫不在旁。已設明衣，可以入也。是沐浴必平時役使親近之内御方可。然今士人御者無幾而沐，而浴，而抗衾，而鬠髮蚤揃，豈一二人所能共事？且抗衾解帶而浴，浴畢遷牀，始去死衣，非必如生時裸浴也。内則云：五日燂湯請浴。面垢，燂潘請靧。足垢，燂湯請洗。又進盥，長者奉盤，少者奉巾，未聞沐盥蚤揃，而子孫遠避也。今但令御者一人易下體衣，主人以下稍退尸後。其他，則大功以下子弟皆可執事，内喪則用族姓婦女，主人主婦亦無庸避。惟男尸女出，女尸男出可也。至卒襲二斂，尤非侍者之所能任。士喪禮襲、斂用商祝。喪大記士與執事則斂，凡斂者六人。注云：與死者平生共事之人，則不至褻惡死者，故斂卒必哭。一不食，其情切也。今士大夫家，當以族子弟之習禮者執其事，臨之以護喪相禮，親友視斂者，聽其自來。孝子當事止哭，必詳必慎，勿之有悔焉，則得矣。

襲。

丘氏儀節：侍者先於帷外空處設襲牀，施薦席褥枕，加衣帶等物于其上。舉襲牀。遂舉以入，置浴牀之右。遷尸于襲牀上。執事者共舉尸至牀上。易衣。悉去病時衣，及復衣，易以新衣，但未著幅巾深衣履。○復衣不用斂。

徙尸牀置堂中間。

軾按：喪大記：小斂于户内，大斂于阼。又士喪禮：小斂卒，男女奉尸夷于堂，男女如室位。是小斂猶在室中，斂畢乃移于堂。今曰徙尸牀于堂中間，堂猶室也，與後遷尸牀于堂中不同。○户内即室中，非當户窔間之謂。

乃設奠。

執事者以桌子置脯醢，安于尸東當肩。曾子曰：始死之奠，其餘閣也與？奠用餘閣，亦不忍死其親之意也。奠謂祝斟酒奉置桌上而不酹也，奠畢以巾罩之。○主人虞祭，然後親奠。

記：即牀而奠，當腢，用吉器。若醴若酒，無巾柶。注：腢，肩。用吉器，器未變也。或卒無醴，用新酒。疏：即，就也，謂就尸牀而設之。尸南首，則在牀東當尸肩頭也。未忍異于生，故吉器。至小斂奠，則用毼豆等爲變矣。

温公書儀：執事者置脯醢酒于桌，升阼階。祝盥手洗盞，奠于尸東。士喪禮復而奠。開元禮：五品以上如士喪禮，六品以下含而奠。今不以官品高下，沐浴正尸，然後設奠，于事爲宜。

主人以下爲位而哭。

孝子自是夜寢尸旁，藉藁枕塊。期以下，寢于側近，男女異室。

丘氏儀節：就位。主人坐于尸牀東奠北。衆男應服三年者，坐主人之下，皆藉以藁。同姓丈夫期功以下，以服爲次。坐主人衆男之後，西面南上。尊行以長幼坐于牀東北壁下，南面西上，藉以席薦。主婦坐于尸牀西，對主人衆婦坐主婦之下。對衆男，皆藉以藁。同姓婦女以服爲次，坐主婦衆婦之後，東面南上。尊行以長幼坐于尸牀西北壁下，南向東上，藉以席薦。妾婢立于婦女之後以服爲行，無服在後。○異姓丈夫坐于幃外之東，北向西上；異姓婦女坐于幃外之西，北向東上，俱藉以席。○按書儀：異姓婦女坐于幃内之西，舉哀。自是以後，凡言爲位哭皆如此儀。○若内喪則親男及婦女皆如此儀，同姓丈夫不分尊卑皆坐于幃外之東，北向西上；異姓丈夫坐于幃外之西，北面東上。○有羸病者，不能寢藁，藉以草薦亦可。

乃飯含。

丘氏儀節：舉哀。主人哭盡哀，左袒，自前扱于腰之右。盥洗。洗手訖。奉含具。主人執箱以入，侍者匙于米枕。執以從，置于尸右。徹枕。徹去其枕。覆面。以幎巾入覆于面。舉巾。主人就尸左由足而向右，牀上坐，東面舉巾。初飯含。以匙抄米實于尸口之右，又實以一錢。再飯含。再以匙抄米實于尸口之左，又實以一錢。三飯含。三以匙抄米于尸口之中，又實以一錢。復位。主人含訖，掩所袒衣，哭盡哀。

呂坤四禮疑：楔齒，以含也。死欲安，氣散魄分之時，親心何似，而楔以困之，安用含爲？

此泥禮之過，而近于忍心者也。含之義，不忍親口之虛也，不知含以飯，能令親生乎？能令親飽乎？當氣欲絶之時，魂魄離合，親身必有難言之苦，而又楔其齒，使不得合親口，便乎，不便乎？口容止。一楔之後，雖含以物，而口不復有合時矣。若夫天暑飯壞，穢污生蟲，尤爲不宜。

軾按：吕先生此論甚當。但古人制爲此禮，以不虛口爲義。今竟置不用，于心亦有未安。帶存謂當以小珠或玉屑爲飯，最是。吾鄉用金銀屑少許，似亦無礙。惟楔齒，斷斷勿宜。

卒襲覆以衾。

丘氏儀節：先加幅巾，次充耳，次設幎目，次納履，次襲深衣，次結大帶，次設握手，次覆衾。

軾按：士喪禮：陳襲事，一明衣裳，用布。明衣，即家禮汗衫，以親身者，長下膝，不削幅。用布，取圭潔也。一鬠笄，用桑，長四寸中。笄以總髮，生時笄而加冠，死不冠，但撮髮安之耳。桑，喪也，取其名也。一布巾，環幅，不鑿。鑿，于巾上鑿開一口以含。士自含，不嫌穢，故不鑿也。一掩，練帛纊終幅，長五尺，析其木。掩，用以裹首也。充以纊，析其末，爲將結于頤下也。一瑱，用白纊。塞耳以以白纊也。一幎目，用緇，方尺二寸，赬裹，著，組繫。幎目，覆面者，面覆以布巾。又加幎目，組繫，爲可結也。一握手。一決。詳見後。一冒。一爵弁纯衣。爵弁，所衣之纯衣，祭服也。一皮弁服。皮弁，所衣之素積，朝服也。一褖衣。黑衣裳赤緣之，故曰褖。所以表袍者，即玄端服也。纯衣，素積，玄端，所謂三稱也。一緇帶。一韎韐。一竹笏。一屨，夏葛屨，冬白屨，皆繶緇、絇、純，綦繫於踵。淄帶，玄端之帶也。韎韐，爵弁之韐也。白屨，皮弁之屨也。注：謂各用一以當三也。繶、絇、純，皆屨飾，以緇爲之。此襲事之陳于房中者也。既沐浴蚤揃，組髻乃笄，設明衣。主人入即位。飯含，含畢。主人襲，反位。飯含時袒，至此乃襲。祝掩瑱，設幎目，屨綦結于跗，乃襲衣三稱。即前陳之純衣積素禄衣也。注：遷尸于襲牀而衣之，凡衣死者。左衽，不紐，反生時也。明衣不在算。設韐帶，搢笏，設決，設冒櫜之，用衾。冒，韜尸也，以布爲二囊，上曰質，黑色其長與手齊；下曰殺，絳色。其長三尺，下掩足，其制合一頭，又連一邊，餘一邊不縫，又于不縫之邊，上下安三帶，綴以結之。用時，先以殺韜足而上，後以質韜手而下。此襲之次第也。家禮陳襲衣下。注云：幅巾一，充耳二，幎目以覆面，握手以裹手。深衣一，大帶一，履二。袍襖、汗衫、褲襪、勒帛、裹肚之類，隨所用之多少，幅巾，即緇布冠，無梁，以代掩，最當。蓋不冠不可，用時冠，又不便于斂也。汗衫，即明衣，長下膝，裹肚袍襖，加于汗衫上，隨所用之多少，禮所謂不在算也。深衣制詳後。古者爵弁、皮弁、玄端之服，俱有中衣。中衣，即深衣也。襲用深衣，以一兼三也。韐笏不用，從省也。不用冒者，丘氏謂例斂衾，冒可省。愚謂：即欲用冒，亦必于入棺時，未斂尚望復生，孝子時欲見親之面，忍遽冒哉？今一遵家禮，襲深衣大帶，其明衣之上，深衣之内，多用新布衣可耳。

帶存曰：送死之事，附身爲大，人子盡心，惟襲與斂，襲所以衣尸，衣厚則水氣不易入，故襲衣宜多。既襲之後，雖有多衣，手不入袖，止是鋪而裹之耳。曾見大家襲尸，有用絲綿，每指細纏，復將五指合纏者，以手指骨節易于脱落也，足趾亦必包以絲綿，然後用布帛邪幅緊纏，自下而上，履用軟底，其面底俱不用布殼。凡可纏處，俱用軟帛纏定，而後襲。又儀禮設握手，設決，蓋施決于右手之大指。設握後，兩手交疊，其決連于左擘也。竊以爲疊兩手于胸前，不如使手下垂，貼身兩旁，于親體安適，且便于斂也。

軾按：士喪禮：握手用玄，纁裏，長尺二寸，廣五寸，牢中旁寸，著組繫，是其制爲複。外玄内纁，所謂裏親膚也。牢中旁寸，四字不可解。注：謂牢爲樓，樓，縷也。削，約也。據此解，則是握長尺二寸，其中央四寸容指處，殺其兩旁各一寸，止存三寸，其兩頭仍各廣五寸也，但取裹手，則中央似當寬，不應反窄于兩頭。著組繫，謂于四角安繩子以爲繫也。又曰：決用正王棘，若檡棘，組繫。纊極二，決，即決拾之決。正，善也。王棘檡棘，不知何物，蓋用此二物之善者爲決也。組繫，安組于決以爲結也。極，亦韜指者，以纊爲之。曰二者，食指將指俱用韜也。又曰：設決麗于擥，自飯持之，設握，乃連擥。注：謂擥，手後節中也，敖氏謂擥大擘之别名，似較確。飯字之意未詳。注：謂大指本也。麗，施也，持謂繞而固之，蓋設決于大指，而以其組繫，自指本貫紐中，繞而固持之，及設握，乃以握之繫與擥之決繫相結，則擥與握相連而不開。又記云：設握裏親膚，鈎于中指，結于擥，此文本無難解。鄭注：手無決者云云，不知何據。士喪禮第一段，言握手制，並未指爲右手，二段言決，決惟右手有之，所不待言，三段言決與握連，亦言右手。記補經文未詳，並非謂右手設握連于左手也。愚意：握手長一尺二寸，鉤于中指，環裹右手四指，所以固之，而勿使脱落，其大指必另設決，合握而繫之者，象其生時所有事，亦猶竹笏之設云耳。然取固指之義，不若連五指包之爲是，其左手亦必設握，但不用決耳，是握手明有二也。若謂兩手交胸，以一握連之，是梏之也。古人制禮，必不如是之謬。家禮：陳襲衣下注云：幅巾一，大帶一，深衣一，履二，充耳二。握手不言是二是一，第云所以裹手，手用裹，必包而纏之。握手長一尺二寸，必不能兩手並裹，其爲二不待言矣。始死綴足用几燕，恐辟戾也。手獨不患辟戾乎？若果襲時兩手交胸，則禮文必有結手之法，如几燕之類矣。

馮尸踊無算。

執友親厚之人，至是入哭可也。主人未成服而來哭者，當服深衣，臨尸哭，盡哀，出拜靈座，上香，再拜，遂弔主人，相向哭，盡哀。主人以哭對，無辭。

丘氏儀節：舉哀。弔者臨尸哭。詣靈座前。上香。鞠躬，拜，興。拜，興，平身。止哀，弔主人。弔者向主人致辭曰：某人如何不淑。主人稽顙，拜，興。主人徒跣扱衽，拊心，立西階下，向賓立，且拜且哭，無辭。賓答拜。相向哭。弔者與主人相向哭盡哀。禮畢。弔者哭出，主人哭入，護喪送弔者出門。○以上主人未成服有來弔者，用此，蓋本家禮及喪大記也。舉哀。弔者入門，望尸哭。弔者致辭曰：竊聞某如何不淑。拜，興。拜，興，平身。弔者拜，護喪答拜。護喪答辭曰：孤某遭此凶禍，慰問，以未成服不敢出見，不勝哀感，使某拜。拜，興。拜，興，平身。弔者答拜。禮畢。弔者退，護喪送出門外。○以上主人未成服時有來弔者，用此儀，蓋本書儀及厚終禮也，今于尊親者用前儀，于疏遠者用後儀可耳。若成服以後有來弔者，其儀見本條下。

軾按：未襲以前，本無弔禮，温公書儀有主賓交拜，客拜靈座之文，家禮因之，高氏以待成服而後弔爲非，引左氏「弔死不及尸」之語，左氏謂「贈死不及尸」，是時惠公已葬，而來歸賵，故譏其緩。及尸者，及其未葬之時也。若以及尸爲未襲之時，豈自周至魯所能及乎？禮，有喪者專席而坐。父母之喪，唯而不對。蓋孝子心一于哀，不能與人酬酢也。孝子一于哀，親厚之人，亦哀其哀，聞所親死而往哭之，望門而號，撫尸而痛，此其情爲何如，而脩尋常賓主之儀乎？考士喪禮，始死赴於君，拜送使者，有賓，則拜之。君使人弔，主人哭拜。賓出，拜送于門外，賓即君使弔者，君使人襚，主人拜如初。襚者出，主人拜送，遂拜賓。有大夫，則特拜之，是皆因拜君命而拜之。若無君命，則不出拜。其兄弟朋友之襚者，第拜于其位而已。小斂卒，奉尸俠于堂。主人拜賓，大夫特拜，士旅拜，賓出又拜送。此拜其祝斂，非拜其弔也。將大斂，有襚者，拜如初，大夫後至者，事畢拜之，斂卒而殯而奠，乃拜送賓，及兄弟于門外，然俱主人拜賓，賓不答拜。其意蓋爲執事而來，不敢自居于賓也。尸柩所在，孝子朝夕哭奠，從無拜禮。孝子且不拜，而客拜之。孝子于親且不拜，而與客交拜，慰藉感謝，如常賓常主，豈禮之所許乎？況尸尚未歛，斷無即設靈座魂帛之理。温公取束帛依神之意爲魂帛以易重，重之制，設于中庭，參分庭一，在南。未聞設于室，而拜以奠也。未歛以前，人子尚望親之復生，所以尸東之奠，止用餘閣，不以鬼神之道待之也。若未襲而設靈座魂帛，是死其親矣。家禮但云入哭，入哭者，臨尸而哭已耳，弔也與哉？本注出拜靈座云云，決非朱子語。丘氏演爲儀節，繁文縟數，于古不合，于情不安，删之可也。又按有服外親俱在爲位之列，其鄉鄰寮友親厚之人，即俟歛後入弔亦可。蓋主人哀痛迫切，幾不有生，賓至哭臨，益增悲愴，況方經營歛殯之具，舉室倉皇，即護喪祖禮，亦無暇與賓酬接。春秋：大夫三月同位至，士踰月外姻至。家禮謂親厚之人至是入哭亦可，非謂必及是入哭也。或曰：襚與賻者若何？曰：贈死及尸，弔生及哀。書儀云：其所賻襚者，則先遣人以書至之，然後往弔，既弔而致之亦可。以是知弔與賻襚本不同時。儀禮有君襚、親襚、友襚。親友之襚，皆坐而委之，不敢必其用也，又何親致爲哉？

厥明。 謂死之明日。

執事者陳小歛衣衾。 以桌子陳于堂東北壁下，據死者所有衣服，隨宜用之，不必盡用。衾用複者，絞用細白棉布爲之。横者三幅，縱者一幅，每一幅兩頭皆析爲三片。横者之長，取足以周身相結。直者之長，取足以掩首至足而結于身中。

設奠。

設桌於阼階東南，置奠饌及盞注于其上，用巾罩之。又設盥盆帨巾各二于饌東，其東有臺者，祝所盥也。其西無臺者，執事所盥也。别以桌設水盆拭巾于其東，以備洗盞拭盞，此一節至遣並同。

具括髮麻。免布。髽麻。

括髮，謂麻繩撮髻，又以布爲頭也。免謂裂布或絹廣寸，自項向前交于額上，却繞髻，如著掠頭也。髽亦用麻繩撮髻，竹木爲簪也，設之皆于别室。

設小斂牀。布絞衾衣。

丘氏儀節：設牀。設牀于西階之西。施薦席。于牀上施薦。施褥。席上施褥。鋪布絞。先布横者三幅于褥上，布直者一幅于横者上。乃加衾。又于布絞上加衾。加衣。衾上加衣，或顛或倒，但取方正。舉斂牀。既畢，乃舉斂牀。升自西階，置于尸南。乃遷襲奠。連桌遷之旁所，俟設新奠，乃去之。○後凡奠皆倣此。○記：小斂辟奠不出室。疏：始死不忍即爲鬼神事之，故奠不出室。將小斂，辟奠于室，設于序西南。奉尸夷于堂，乃去之，而設小斂奠于尸南也。

士喪禮：厥明陳衣於房，南領西上。綪絞，横三縮一。廣終幅，析其末。注：綪，屈也。絞所以收束衣服爲堅急者也，以布爲之。縮，從也。横者三幅，從者一幅。析其末者，令可結也。

喪大記曰：絞一幅爲三。

緇衾，赬裏，無紞。祭服次，散衣次，凡十有九稱，陳衣繼之，不必盡用。注：赬，赤也。紞，被識也。斂衣或倒，被無別於前後也。凡衾制同，皆五幅也。疏：被，生時有紞，爲記識前後，恐於後互换。死者一定，不須別其前後，故無紞也。凡陳斂，先陳絞紟於下，次陳祭服於上，故云祭服次。至大斂陳衣，亦先陳絞紟衾，次陳君襚祭服，所以然者，以絞紟裹束衣，故皆絞紟爲先，但小斂先布散衣，後布祭服。大斂則先布祭服，後布散衣，是小斂美者在内，大斂美者在外也。士之服，唯有爵弁、褖衣而已。云十九稱，當重之使充十九，必十九者，法天地之終數也。天地之終數，天九地十，死人之終事，故取終數爲斂衣稱數也。襲時言庶襚繼陳，則全不用，此云不必盡用，即兼用之，不必盡而已。不務多者，衣服雖多，不得過十九耳。

高閌曰：襲衣所以衣尸，斂衣則包之而已，此襲斂之辨也。○小斂衣尚少，但用全幅細布析其末而用之。凡斂欲方，半在尸下，半在尸上，故散衣有倒者，唯祭服不倒。凡鋪斂衣，皆以絞紟爲先。小斂，美者在内，故次布散衣，後布祭衣。大斂美者在外，故次布祭服，後布散衣也。○斂以衣爲主，小斂之衣必以十九稱，大斂之衣多至五十稱。夫既襲之後，而斂衣若此之多，非絞以束之，則不能以堅實矣。凡物束練緊急，則細小而堅實。夫然，故衣衾足以朽肉也。今之喪者，衣衾既薄，絞冒不施，懼夫形體之露也，遽納之於棺，乃以入棺爲小斂，蓋棺爲大斂，入棺既在始襲之時，蓋棺又在成服之日，則是小斂、大斂之禮，皆廢矣。

軾按：禮，襲衣三稱，小斂十九稱，大斂三十稱。今不拘稱數，以多爲貴。小斂鋪絞衾于牀，遂鋪死者舊衣，次鋪新衣，及朝衣、蟒袍、襴衫之類，所謂美在中也。大斂反是，其新舊衣上下鋪之，取平匀也。惟朝衣襴衫，順鋪不倒。

遂小斂。

丘氏儀節：侍者盥手。洗畢。舉尸。男女共扶助之。安尸于牀。遷尸于向所設牀上。去枕。先去其枕。藉首。舒絹疊衣以墊其首。補空。仍卷兩端以補兩肩，空處。夾脛。又卷衣以夾其兩脛，取其正方，然後以餘衣掩尸。掩尸。其衣皆衽向左，爲死結，而不爲紐。裹衾。裹之以衾，其横直之絞，皆未結，開其首不掩。覆衾。又别以衾蓋之。

主人、主婦馮尸，哭擗。

主人西向馮尸踊無算，主婦東向馮亦如之。

問喪：三日而斂，在牀曰尸，在棺曰柩。動尸舉柩，哭踊無數。惻怛之心，痛疾之意，悲哀志懣，故袒而踊之，所以動體安心下氣也。

喪大記：君撫大夫，大夫撫室老。注：撫以手按之也。君大夫馮父母妻長子，不馮庶子。士馮父母妻長子庶子。君于臣撫之。父母于子執之，子于父母馮之。婦于舅姑奉之，舅姑于婦撫之。妻于夫拘之，夫于妻子昆弟執之。注：此恩之深淺，尊卑之儀也。馮之類必當心。疏：君尊，但以手撫按尸心，身不服膺也。馮之謂服膺心上也。捧之者，捧當心上衣也。拘者，微引心上衣也。執者，執其心上衣也。

雜記：君不撫臣妾。嫂不撫叔。叔不撫嫂。

袒，括髮，免髽於別室。

男子斬衰者，袒開上衣，始用麻繩括其散髮。齊衰以下，至同五世祖者，皆袒開上衣，用布纏頭，或用布巾。婦人用麻繩撮髻，戴竹木簪。

檀弓：袒括髮，變也。愠，哀之變也。去飾，去美也。袒括髮，去飾之甚也。有所袒，有所襲，哀之節也。

楊復曰：小斂變服，斬衰者，袒括髮，今人無袒括髮一節何也？緣世俗以襲爲小斂，故失此變服一節。在禮聞喪奔，入門，詣柩前，再拜，哭盡哀，乃就東方。去冠及上服，被髮徒跣，如始喪之儀。詣殯東面坐，哭盡哀，乃就東方。袒括髮，又哭盡哀，如小斂之儀。明日後日朝夕哭，猶袒括髮，至第四日乃成服。夫奔喪禮之變也，猶謹其序，而況處禮之常，可欠小斂一節，又無袒括髮乎？此則孝子知禮者，所當謹而不可忽也。

軾按：袒者，捲起衣袂而露其臂，以便于治事，事畢即襲而掩之。孝子未成服，衣深衣，成服衣衰，袂皆二尺二寸。不袒，則妨于治事也。袒襲有節，含尸袒，含畢襲；小斂訖袒，奉尸侇于堂襲；將大斂袒，斂于棺卒塗襲；將葬啓殯袒，朝于祖襲；載柩袒，卒束襲；將祖袒，既祖襲；柩行袒，出宫襲；將窆屬引袒，窆訖襲，大抵治事則袒，哀甚則袒也。括髮者，因始死披髮散垂，至是始以麻括其散髮以爲髻，布纏頭以爲免，婦人亦撮髻以爲髽也。此括髺之麻，免之布，髽之麻，皆先設于別室，故此時括髮免髽于別室也。士喪禮：主人、衆主人髻髮袒免于房，婦人髽于室。疏：于房、于室者，括髮、髽俱宜于隱處，家禮所謂別室，兼東房與室言之。

遷尸牀於堂中。

丘氏儀節：執事者。徹幃。徹去問所設之幃堂。遷尸牀。連牀遷尸于堂中。謝賓。主人降階下，凡與斂之人，皆拜之。拜，興。拜，興，哭踊訖。拜訖，即于階下且拜且踊訖。襲衣。掩向所袒之上衣。具絰帶。首戴白布，巾上加以單股之經，禮所謂環經也，成服日去之。具腰經，散垂其末三尺，並具絞帶。復位。補注曰：禮于奉尸侇于堂之後，有拜賓襲經之文，家禮無之，今補入者。蓋以禮廢之後，能知斂者少，賓友來助斂者，不可不謝之也。又家禮卷首腰經圖有散垂，至成服乃絞之説，而家禮無所謂未成服而先具腰經者，故據禮補入。

軾按：丘氏補拜賓、襲經二條，甚當。但儀禮小斂拜賓，有特拜、汎拜，視賓之尊卑也。今時與斂者，類皆親族子弟，此拜似亦可省，至拜賓後加哭踊訖。注云：拜訖即于階下且拜且踊。夫既拜賓訖，何又于階下且拜且踊，若云拜尸，則後祝奠儀。注：孝子不拜。夫不拜于奠，而拜于階下拜賓之後，此何禮也？若云拜賓，無論既拜訖矣，亦未聞有謝賓而且拜且踊者。士喪禮、喪大記俱有奉尸夷堂，降拜賓之文。喪大記：主人即位，襲帶經踊。疏：主人拜賓後，稍近北，即阼階下位，拜賓時袒。今拜訖，襲衣，經帶于序東，復位，乃踊，此諸侯禮也。士喪禮：特拜旅拜畢，即位踊，襲經于序東。均無且拜且踊之儀。蓋大小斂時，孝子悲愴極痛，踊無算，非爲賓也。又雜記大夫至，雖當踊，絶而拜之，反。改成踊，乃襲。于士，既事成踊，襲而後拜之，不改成踊。疏：大夫至，當主人踊時，主人則絶止踊而拜此大夫，拜竟反還先位，更爲踊。若士至，則主人畢事而成踊，至成踊畢而襲，乃拜之。拜之而止，不更成踊也。觀此，益知且拜且踊之誤矣。

乃奠。

丘氏儀節：祝帥執事者。盥洗。洗手。舉奠案。先所設奠案，至是乃舉之，升阼階。祝跪，焚香，興。洗盞。斟酒，奠酒。卑幼者皆再拜，孝子不拜。鞠躬，拜，興。拜，興，平身。罩巾。用巾罩奠饌。舉哀。

軾按：開元禮：小斂畢，斂者舉尸牀，男女從奉之遷于堂，仍覆以夷衾，哭位如室中。贊者盥手，奉饌，至階升。奠于尸東。政和禮亦然，俱無祝贊焚拜之儀。瓊山儀節，蓋以先設靈座，即置奠桌于座前，故有焚香跪拜之文。今從開元禮，于大斂後設靈座，小斂仍奠于尸東，祝贊焚香而奠，跪拜可省。

主人以下哭盡哀。乃代哭。不絶聲。使人更相代哭，朝夕不斷聲。

姚翼家居通編按：古小斂畢，代哭不絶聲，不俟哀至，似乎不情，莫若已之。

軾按：哭曰代，即不絶聲之謂也，非更代交代之謂。論見後。

大斂

丘氏曰：家禮小斂條，厥明陳小斂衣衾。其注下備書布絞縱横之數，又于設奠具麻之後，設小斂牀布絞衾衣。其注下又備書布絞先後之序。至于大斂條，止書陳大斂衣衾，而注無布絞之數，惟云衣無常數，衾用有綿者。所謂衣者，即乃大斂條下卷以塞空缺者也。所謂衾者，即舉棺條下垂其裔于外者也，皆非用以例舉者也。且此後並無設大斂布絞衣衾之文，而乃大斂條下，注云：掩首結絞者。蓋以小斂時，未掩其面，未結其絞，至是始掩而結之。所謂結絞者，謂結小斂之絞耳。所謂收衾，亦謂收向置于棺内其裔之外垂者也。繇是觀之，家禮無大斂之絞明矣，惟卷首有大斂圖，其布絞之數，亦與附注所引高氏説不同，蓋非家禮本文也。竊意家禮本書儀，合兩斂以爲一。小斂雖布絞而未結，到將入棺乃結之，似是以入棺即爲大斂也。温公非不知古人大小斂之制，蓋欲從簡以便無力者耳。然君子不以天下儉其親，有力者自當如禮大斂，絞數用縱一横五，而斂之于牀。斂訖，舉以入棺，别用衣塞其空處而以衾之有綿者裹之，斯得禮意矣。若夫無力者，不得已如家禮只一小斂，亦可。軾按：斂，收也，約也，收藏而約束之，使細小堅實也，故斂必以絞。小斂縱一横三，大斂縮三横五，不如是，則斂不實，衣不厚也。然則何不并大斂衣衾于小斂，而必分而二之。先王制禮之意，一以孝子望親復生，不忍遽加固斂；一以慎終大故，必次第周詳，乃免後悔。況士庶貧家，衣衾未能卒具，即親友贈襚，小斂未必遽至，惟分爲二斂，則略于前者，可補于後，此所以小斂衣少，而大斂衣多也。若就棺中大斂，則絞無所施。雖有多衣，將安用之？士喪禮斂于棺。斂，殯也，非斂衣之謂。至卷衣塞空，取滿棺不動摇也。雖收衾後，尤當于衾外揣而填之，不得以是遂當大斂。書儀、家禮不言大斂絞紟，自是疏略。

厥明。 謂死之第三日也。

梁書：徐勉疏曰：禮記問喪云：三日而後斂者，以俟其生也。三日而不生，亦不生矣。自頃以來，不遵斯制。送終之禮，殯以期日。潤屋豪家，乃或半晷。衣衾棺，以速爲榮。親戚徒隸，各念休返。故屬纊纔畢，灰釘已具。忘狐鼠之顧步，媿燕雀之徊翔。傷情滅理，莫此爲大。且人子承衾之時，志懣心絶。喪事所資，悉關他手。愛憎深淺，事實難言。如覘視或，存没違濫。使萬有其一，怨酷已多。豈可不緩其告斂之辰，申其望生之冀。

軾按：予家比鄰有張姓者，貧而孤。既死，族人買棺盛之。已臨穴，聞棺中呻吟聲，開棺則生矣，可知死而復生，非必無之事也。吾鄉惡俗，貧家死者，既絶，即斂即葬。其説有三：一謂速葬可不擇日，稍緩則上吉無期；一謂死以歸土爲安，一日不葬，即暴露一日；一謂人子不忍見親柩，掩之宜速。凡此皆巧爲辭説，以飾其人死斯惡之意，全無冀望復生之心。此與吴越停柩惡俗均罪也。

執事者，陳大斂衣衾。用桌子陳于東壁下，衣無常數，衾用有綿者。

丘氏補注：衾二：一有綿，一單。絞用布三大幅爲之，横者二幅，通身劈裂爲六片，去其一片，而用五片。直者一幅，裂開兩頭，各爲三片，留其中間三分之一，其長如小斂者。

士喪禮：厥明，滅燎。陳衣于房，南領西上。綪絞，衾二。君襚，祭服，散衣，庶襚，凡三十稱。紟不在算。

設奠具。如小斂儀。

舉棺入，置于堂中少西。

丘氏儀節：舉棺。役者先置兩凳于堂中少西，舉棺以入，置凳上置衾棺中。七星板上先鋪厚褥，褥上置衾之有綿者，垂其裔于四外。設大斂牀。牀上施薦褥絞衾，衾上鋪衣，如小斂畢。舉而置之尸右，兩牀並列。盥洗。侍者與子及婦女俱洗手。掩首。掩蓋其頂。結小斂絞。先結直者，後結構者。舉尸。侍者洗手。安尸於大斂牀，徹小斂牀。

乃大斂。

丘氏儀節：盥洗。子孫婦女及侍者俱洗手。掩衾。先掩餘衣，然後掩衾。結絞。先結直者三，後結横者五。

舉尸於棺。結絞畢，子孫婦女及侍者，共舉尸納棺中綿衾内。實齒髮。實生時齒髮，及所剪爪于棺中四角。塞空缺。又揣其空缺處，卷衣塞之，務令充實，使摇動。收衾。收綿衾之四面，先掩足，次掩首，次掩左，次掩右，令棺中平滿。馮哭盡哀。主人主婦，馮棺而哭。哭畢，婦女俱退入幕中。蓋棺。乃召匠加蓋下釘。謝賓。拜，興。拜，興。徹大斂牀。

軾按：棺中勿置寶玩貴重之物，恐生盜賊覬覦，昔人言之詳矣。衣無論新舊，洗曝務令乾浄，恐汙污回潤，膠粉生蛀也。枕用布裹燈草，作鞍橋形，高寸許，近枕墊衣使平，塞空用絲綿最宜。無力者，將舊衣扯作零片，卷束塞之，亦可，塞滿然後收衾，仍于衾外細按。凡有可加處，即塞之。温公謂殯斂之際，人子當輟哭臨視，務令安固，不可但哭已也。

士喪禮：殯于西階，掘肂見衽。注：肂，埋棺之坎也。衽，小要也，謂棺蓋合際處。喪大記：士殯見衽，塗上帷之。蓋掘坎于西階，埋棺及小要，其衽之上所出之處，以木覆上，而泥塗之，以防火也。帷之者，帷幛也。又熬黍稷各二筐，有魚腊。疏云：熬者，火熬其穀，使香，欲使蚍蜉聞其香氣，食穀不侵尸也。魚腊，謂乾腊，亦爲惑蚍蜉也。士四筐，兩旁各一，首足各一也。軾按：此古禮之最無謂者，開元、政和、書儀相襲無異，文公省之極當。

朱子語類：問殯禮可行否？答曰：此不須問人，當自觀其宜，今以不漆不灰之棺，而欲甎土圍之，可乎？

呂叔簡曰：西階之殯，人情所不忍也。中野之葬，能幾何時，乃中堂斯須，亦不欲棺常在目前耶。殯于中堂，後世得之矣。坎于西階，下棺于坎，而累墼塗之。中堂止舉魂帛，此何爲者，毋亦人死斯惡之説乎？愚謂人子見棺，猶見親也。中野之葬，迫矣。依依中堂，能幾何時，而忍爲此乎？

置靈座

柩前設衣架，架上覆以帊，架前置椅，椅上置坐褥，褥上置遺衣，衣上置魂帛。椅前設桌，桌上設香罏、香合、酒盞、酒注、茶甌、果盤、菜楪之類，侍者朝夕設櫛奉養之具，皆如生時。

軾按：開元、政和禮，俱大斂後置靈座于下室，庶人設于殯東。家禮及明會典，則卒襲設靈座、魂帛、銘旌，未言所設之處。愚意未斂奠于尸東當肩，無別設靈座之理。況始死設帷，帷外又設靈座，恐室中亦不能容。書儀大斂畢，復設靈座于故處，可知家禮云云，乃豫設于堂中。舉棺斂殯，則移置他處。殯畢，仍設故處。丘氏謂設于室中尸前，誤也。然與其設而遷，不如俟大斂後設爲妥，故移于此。

設魂帛

魂帛以白絹爲之，如世俗所謂同心結者，垂其兩足。丘氏曰：魂帛之制，本注引温公説，謂用束帛依神，而朱子本文則又謂潔白絹爲之。考古束帛之制，用絹一匹，捲兩端，相向而束之，結之制無可考。近世行禮之家，有摺帛爲長條，而交互穿結，如世俗所謂同心結者，上出其首，旁出兩耳，下垂其餘爲兩足，有肖人形，以此依神，似亦可取。雖然，用帛代形，本非古禮，用束、用結，二者俱可。

設銘旌

以絳帛爲之，廣終幅，三品以上九尺，五品以下八尺，六品以下七尺，以粉筆大書曰「某官某公之柩」，無官則隨其生時所稱，以竹爲竿，如旌而稍長，依于靈座之右。

設靈牀于柩東。牀帳，薦，枕，衣，被，屏風，靸鞋，皆如平生時。

乃設奠。

丘氏儀節：祝帥執事者，盥洗，舉奠案，置靈前，祝詣靈座前。跪，焚香，興。洗盞斟酒，奠酒，卑幼者皆拜。○孝子不拜。鞠躬，拜，興。拜，興，平身。罩巾，用巾罩奠饌，舉哀。

主人以下各歸喪次。

中門之外，擇樸陋之室，爲丈夫喪次，斬衰，寢苫，枕塊，不脱絰帶，不與人坐焉，非時見乎母也。不及中門齊衰寢席，大功以下異居者。既殯而歸，居宿于外。三月而復寢，婦人次于中門之内别室，或居殯側，去幃帳衾褥之華麗者，不得輒至男子喪次。

記：居倚廬，寢苫枕塊，不脱絰帶，哭晝夜無時，非喪事不言，歠粥，朝一溢米，夕一溢米，不食菜果。○妾及期九月者，疏食飲水，不食菜果。

吕氏四禮疑：次中門，遠于死矣，人子忍乎？婦人或居殯側，情乎？禮乎？中門之外，明不内寢也，乃孤親于中堂，何其明己重，而爲親薄也。婦次在中門之内，或居殯側，不惟婦女多畏，近死者不能。若死者而舅而伯叔也，婦人寢處其側可乎？近世人子苫塊于柩旁，最爲得之。

軾按：古者塗殯于西階，近中門，故設次于殯東，不必中門外。即外，亦必不鍵門隔絶殯所也，今安柩中堂，自應寢于柩側。既葬，次别室亦可。

厥明成服

士喪禮：三日成服，杖。注：既殯之明日，全三日。曲禮曰：生與來日。○敖繼公曰：云成服者，鄉已經帶矣。今復以冠衰之屬，足而成之也。

大斂之明日，五服之人，各服其服，入就位。然後朝夕哭，相弔如儀。

會典：大斂之明日，五服之人，各服其服然後朝哭。相弔，子孫就祖父及諸父前跪哭，皆盡哀。就祖母及諸母前哭亦如之。女子就祖母及諸母前哭，遂就祖父及諸父前哭，如男子之儀。主婦以下，就伯叔母哭亦如之。訖，乃復位。諸尊者降出還次，喪主以下，降立于東階下。外姻在南，俱西面北上。哭盡哀，各還次。既成服，自是每日晨起，喪主以下，皆服其服，入就位。尊者坐哭，卑者立哭。○軾按：今孝子既不設次，哭畢仍坐柩傍，大功以下，居别室可也。吕叔簡曰：孝帛，五服之推也。五服衰絰袒免者，麻冠葛帶，皆喪家爲之。又曰：爲吾親來者，皆有哀素之心。然無服，故裂帛以贈。

軾按：五服不同居，及有服外姻，俱應自製服。若盡由主人散給，族屬繁衍者，或至百餘人，無論力不能給，且三日安得成百餘服乎。至鄉里親朋，散麻散縞，殊無取義，將欲人爲我服耶？人不受也。叔簡謂無服，故裂帛贈之。既無服矣，贈之何爲。今俗未弔送帛，既弔答帛，多者數十束，又皆文繡紈綺非可服以弔者，此更無謂，禮：喪者不遺人。以孝子哀痛，不知有人事也。悖禮傷財，其惑甚矣。

朝夕哭奠　上食

凡奠，除祭器外，盡用素器，以主人有哀素之心故也。○雜記：朝夕哭，不帷。疏：孝子心欲見殯，故朝夕入時，除去殯帷，哭竟則帷之。

朝奠。

每日晨起，侍者設盆帨巾櫛具于靈牀側。○凡生時所用之物，皆列之。○執事者，設蔬果、脯醢、羹飯、茶酒、匙箸于靈座前桌上。○置盥盆、帨巾于座東。○劉氏璋曰：凡奠用脯醢者，蓋古人家常有之。如無，别具饌數器亦可。朝夕奠者，謂陰陽交接之時，思其親也。朝奠將至，然後徹夕奠。夕奠將至，然後徹朝奠。各用罩子。若暑月恐臭敗，則設饌如食頃，去之，止留茶酒果屬，仍罩之。

丘氏儀節：主人以下各服其服，入。就位。尊者坐，卑者立。舉哀。皆哭盡哀。奉魂帛出就靈座。侍者入靈牀，捧出魂帛置椅上。〇魂帛出，侍者入靈牀中斂枕被。祝盥洗，焚香，斟酒，點茶。主人以下。拜，興。拜，興，平身。且哭且拜。禮畢。

食時上食。

執事者徹去朝奠，陳設儀節俱如前。

軾按：儀禮及開元、政和、書儀諸書俱無上食儀。温公謂朝奠日出，夕奠逮日，如平日朝晡之食，是奠即上食也。家禮朝奠下注云：設羹飯脯醢。既于朝奠設飯羹矣，不知上食又上何食也？禮云：夕奠至，然後徹朝奠。今上食下注云：徹朝奠。是朝奠不逮夕而後徹矣。或謂朝夕奠，乃陰陽交會之時，思其親而奠之。上食乃白晝一日再食也。果爾，是几筵之饗，一日而四矣。雖曰事死如生，未聞生時一日四食也。祭不欲數，數則煩。既設朝夕奠，上食可省。

夕奠。

執事者徹去舊奠，陳設如前。

丘氏儀節：同朝奠。奠畢，奉魂帛入靈牀。侍者先入靈牀内，鋪被安枕，然後出奉魂帛，安牀上。置靸鞋于牀下，收晨所陳櫛之具。

哭無時。

朝夕之間，哀至則哭。

朔日，則於朝奠設饌。

饌用魚肉米食羹飯各一器，儀節如朝奠。

高氏曰：若遇朔望，則其盛饌，比朝夕奠差衆。按禮疏士月望不盛奠，惟朔奠而已。

丘氏曰：禮：母喪，朔祭則用父爲主。用父爲主，則是以夫而祭妻也。其禮視子于父母爲輕，其行禮之際，稍加節文，似亦不爲過。今擬子之喪母，有父在主祭者之儀在後，就位。主人以下次立。舉哀。奉魂帛出就靈座，主人盥洗，詣香案前跪。焚香，斟酒，執事者點茶。鞠躬，拜，興。拜，興，平身。禮畢。

楊氏曰：朔奠父爲主者，朔殷奠，以尊者爲主也。書儀成服後，朝夕設奠，朝奠日出，夕奠逮日，如平日朝晡之食，加酒菓。月朔，則設饌，皆褰帷幔，用素器執事者具新饌于阼階東。主人以下，各服其服，入就位。男子殯東，婦人殯西。尊長坐哭，卑幼立哭。祝帥執事者盥手，徹舊饌置座西南，乃設新饌于靈座前，止哭。祝洗盞斟酒奠之復位，卑幼皆再拜，哭盡哀，歸次。夕奠將至，然後徹朝奠。各用罩。

有新物，則薦之。

新物若五穀菓品菜蔬，一應新熟之物。凡初出而未嘗者，用大盤盛陳于靈座前桌上。○儀如朝奠。軾按：檀弓薦新如朔奠。家禮如朝夕奠。愚謂孝子刻不忘親，覩時物之變，怵惕悽愴，有不能自已之情。凡新物俱不忍不薦。瓜蔬棗栗，非常食者，即于朝奠陳之，其穀麥常食之物，須特薦。奠哭之儀，或倣朝奠，或從朔奠，無不可者。又人食物，各有嗜好忌戒，親存所不食之物，不必奠。凡祖宗在日，所嗜何物，俱應書册，并遺言藏之廟中，或附刻家譜，以示子孫。

弔　奠　賻

凡弔皆素服。

各隨其人所當服之衣，而用縞素者。

軾按：禮自始死，而斂殯，而葬，而反哭，皆有弔哭之儀。今世喪家限定弔期，先具報帖，曰：某日開弔，某日止弔。推其意，以賓至必哭，必服衰，不如合并數日。弔畢，即可不哭不服也。噫，忍哉。又按：温公有人弔執友之母之妻之文。吕叔簡謂禮遠別，情近親，君子寧處于疏。又曰：婦人之喪，非五服不入奠。奠于户外，拜于階下，非卑賓也。男女之別，死生無二。竊謂既與爲朋友矣，即其母在，尚登堂而拜之，況于死耶？但未殯可不弔，成服而後，入奠靈座，未爲非禮。至執友之妻，當從吕說奠于户外，奠帖稱于其夫子。曰：致奠于太夫人、夫人云云可也。

丘氏儀節：弔者至，護喪使人先入白。主人以下，各就位以待。就位。弔者至，向靈座前立。舉哀，哀止，詣靈座前。上香，鞠躬，再拜，平身。弔者拜畢。主人持杖哭出，西向立。賓弔主人曰：不意凶變。或稱某親某官如何不淑，隨意致辭皆可。主人致辭曰：某罪逆深重，禍延某親。非父母及承重，不用此二句。蒙賜慰問，不勝哀感。稽顙，拜，興，凡二，平身。主人拜，弔者答之。禮畢，弔者退。主人哭入喪次，讓喪代送出。或少延待一茶。○家禮未小斂前，已有親厚者入哭條。愚既定爲儀節矣，而又爲此者。蓋未成服以前來弔者，用前儀。成服以後來弔者，用此儀。有祭奠用下儀。

奠用香燭酒菓。

賻用錢帛。

司馬温公曰：古有含、禭、賻、賵之禮。具玉曰含，衣被曰禭，錢帛曰賻，車馬曰賵。含禭以送死，賻賵以佐生，皆所以矜恤喪家，助其斂葬也。今人皆送紙錢，焚爲灰燼，何益喪家？不若復賻禭之禮，既不用珠玉，則含禮可廢。又今人亦無以車馬助喪者，則賵禮亦不必存也。凡金帛錢穀之類，皆可謂之貨財，其多少之數則無當準，視其家之有無貧富，親之遠近，情之厚薄，自片衣尺帛，百錢斗粟以上，皆可行之，勝于無也。孔子遇館人之喪，入而哭之哀，使子貢脱而賻之。曰：予惡夫涕之無從也。蓋君子行禮，情與物必相副，前漢王丹友人喪親，河南太守陳遵爲護喪，賻贈甚豐，丹乃懷縑一匹，陳之于主人。曰：「如丹此縑，出自機杼。」遵聞而有慚色。然則物豐而誠不副，君子不爲也。記曰：不以靡没禮，不以菲廢禮。此之謂也。

軾按：儀禮：知死者贈，知生者賻。若饋奠則從主人，未聞弔客有供奠饋之禮。家禮：奠用香燭酒菓，已是隨俗。今人贈賻之義不講，反侈陳奠物。牲牢酒醴而外，羅列餚饌果蔬，或二三十席，剪綵爲車馬人物。將以鼓樂，諠填震盪。生者滋擾，死者不寧，是何禮哉？又古者有誄詞，無祭文。朱子家禮祭文式，第云某以庶羞致祭于某之柩，讀畢，焚之。今則駢詞儷語，誇張既無情實，而製錦裝軸，繪繡焜煌，如錦屏壽帳。仁人孝子，忍爲此哉？

入哭奠訖，乃弔而退。

丘氏儀節：既通名，主人焚香然燭布席，各具服就位哭以俟。護喪出迎賓，祝引賓至靈座前立定。序立。獨祭則曰就位。舉哀，哀止，鞠躬，拜，興。拜，興，平身。詣靈座前。若是衆賓，則尊者一人獨詣。焚香，跪。尊長者則不用此句。酹酒。執事者跪奉盞與賓，賓接之，傾少許于地。奠酒。執事接盞置靈座前。讀祭文。祝跪于賓之右，讀訖。舉哀。俯伏，興，平身。若不跪，不用此二句。復位，鞠躬，拜，興。拜，興，平身。焚祭文。哀止，禮畢。曲禮：凡非弔喪，非見國君，無不答拜者。則弔喪不答拜明矣。家禮本書儀，乃從世俗，有賓主答拜之文。蓋禮從宜，二先生以義起也。弔不答拜，禮有明詞，二先生尚以義起之。若夫祭奠而主人代亡者拜，恐無甚害。今擬弔奠者奠長于亡者，則主人代拜。平等與卑者則否。慰謝儀。行禮畢，主人哭出西向。主人稽顙，拜，興。拜，興。賓亦哭答拜。賓慰主人曰：某親傾背，哀慕何堪。主人謝賓曰：伏蒙奠酹，并賜慰臨，不勝哀感。拜，興。拜，興。賓答拜。舉哀。賓主相向，哭盡哀。哀止。賓哀止，寬主人。曰：願抑孝思，俯從禮制。禮畢。賓揖而出，主人哭而入，護喪送出。或少延茶湯而退。〇賓主總隨意致詞，不必文。

呂氏弔説：詩曰：「凡民有喪，匍匐救之。」不謂死者可救而復生，謂生者或不救而死也。夫孝子之喪親，不能食者三日，其哭不絶聲。既病矣，杖而後起，問而後言。其惻怛之心，痛疾之意，如不欲生，則思慮所及。雖其大事，有不能周之者，而况于他哉？故親戚、僚友、鄉黨聞之而往者，不徒弔哭而已，莫不爲之致力焉。始則致含、襚以周其急，三日則供糜粥以扶其羸，每奠則執其禮，將葬則助其事。其從柩也，少者執紼，長者專進止。其掩壙也，壯者盈坎，老者從反哭，祖而賵焉，不足則贈焉，不足則賻焉，凡有事則相焉，斯可謂能救之矣。故適有喪者之詞，不曰願見，而曰比。雖國君之臨，亦曰：寡君承事。他國之使者曰：寡君使某毋敢視賓客。主人見賓，不以尊卑貴賤，莫不拜之，明所以謝之，且自别于常主也。賓見主人，無有答其拜者，明所以助之，且自别于常賓也。自先王之禮壞，後世雖傳其名數，而行之者多失其義。喪主之待賓也如常主，喪賓之見主人也如常賓。如常賓，故止于弔哭，而莫敢與其事，如常主，故舍哀，而爲衣服飲食以奉之。其甚者，至于損奉終之禮，以謝賓之勤，廢弔哀之儀以寬主之費，由是則先王之禮意，其可如是而已乎？今欲行之者，雖未能盡得如禮，至于始喪則哭之，有事則奠之，奠不必更自致禮，唯代主人之獻爵是也。又能以力之所及，爲營喪葬之未具者，以應其求，輟子弟僕隸之能幹者，相助其役，易紙幣壺酒之奠以爲襚，除供帳饋食之祭以爲賵與賻，凡喪家之待己者，悉以他辭受焉，庶幾其可也。

高氏曰：奠，安置也。焚香酹酒，則非奠矣。

楊氏曰：奠而有酹者，初酌酒，傾少許於茅沙，代神祭也。今人直以奠爲酹而盡傾于地，非也。

軾按：弔喪不答拜，禮也。然賓非尊長，即孝子可不拜。弔客無時，以杖而後起之身，日僕僕百千拜，弔也與哉，適病之也。奠而代亡者答禮，此尤無稽，非君子之言也。若賓主致詞，從容欵洽，喪事縱縱之謂何？禮，唯而不對，言而不語，終三年爲然。況柩在中堂時乎？高氏、楊氏奠則不酹之説，良然。然傾酒茅沙，以降神也。代祭之説，不知何據。

治葬

三月而葬，前期擇地之可葬者。

丘氏曰：禮：大夫、士三日而殯，故三月而葬。既殯之後，即謀葬事。其有祖塋，則附葬其次。若窄狹，及有所妨礙，則別擇其地可也。

司馬温公曰：古者天子七月，大夫三月，士踰月而葬。今五服年月，敕王公以下，皆三月而葬。按春秋：己丑，葬敬嬴，雨不克葬。庚寅，日中而克葬。辛巳，葬定公，雨不克葬。壬午，日下昃。何嘗擇年月日時也？葬于北方北首，何嘗擇地也？今世俗信葬師之説，以爲子孫貧富、貴賤、賢愚、壽夭盡繫于此，而其爲術，又多不同，争論紛紜，無時可決。至有終身不葬，或累世不葬，或子孫衰替，忘失處所，遂棄捐不葬者。正使殯葬實能致人禍福，爲子孫者，亦豈忍使其親臭腐暴露，而自求其利耶？悖禮傷義，無過于此，然孝子之心，慮患深遠，恐淺則爲人所抇，深則濕潤速朽，故必求土厚水深之地而葬之。所擇必數處者，以備卜之不吉故也。或問家貧鄉遠，不能歸葬，則如之何？公曰：子游問喪具。夫子曰：「稱家之有無。」子游曰：「有無惡乎齊。」夫子曰：「有毋過禮。苟無矣，斂手足形。還葬，懸棺而窆。」人豈有非之者哉？昔廉范千里負喪，郭平自賣營墓，豈待豐富，然後葬其親哉？在禮未葬不變服，食粥居廬，寢苫枕塊，蓋憫親之未有所歸，故寢食不安，奈何舍之出游，食稻衣錦，不知其何以爲心哉？世人又有游宦没于遠方，子孫火焚其柩，收燼歸葬者。夫孝子愛親之肌膚，故斂而藏之，殘毁他人之尸，在律猶嚴，况子孫乃忍心如此，豈不哀哉？延陵季子適齊，其子死，葬于嬴博之間，孔子以爲合禮。必也不能歸，葬于其地可也，豈不猶愈于焚之哉？○程子曰：卜其宅兆。卜其地之美惡也，非陰陽家所謂禍福者也。地之美者，則其神靈安，其子孫盛。若培壅其根，而枝葉茂，理固然矣。地之惡者，則反是。然則曷謂地之美者？土色之光潤，草木之茂盛，乃其驗也。父祖子孫同氣，彼安則此安，彼危則此危，亦其理也。而拘忌者，惑以擇地之方位，決日之吉凶，不亦泥乎？甚者不以奉先爲計，而專以利後爲慮，尤非孝子安厝之用心也。惟五患者，不得不謹，須使他日不爲道路，不爲城郭，不爲溝池，不爲貴勢所奪，不爲耕犂所及也。

擇日開塋域。

主人既朝哭訖，帥執事者于所得地。掘兆，先掘其四隅，出其土壤于外；次掘其中，出其土壤于南。乃于其中壤及四隅，各立一標，當南門立兩標。○主人歸，入至靈座前哭，再拜。丘氏曰：掘兆，謂挑地四隅，爲塋兆之域，非謂開穴也。今家禮刻本多誤以「兆」字爲「穴」字，相承之誤久矣，殊不知本文止是開塋域，下文穿壙，方是掘穴。今制塋地一品周圍九十步，二品以下每品降十步，七品以下三十步。士庶之家，準此以降殺可也。

軾按：三月而葬，葬以三月爲度，三月之前，若後，無不可者。古人擇日以卜筮，今卜法不傳，筮可耳，或隨俗按曆日擇之亦得。又按：家禮于擇地之可葬者下，接云擇日開塋域祠后土，擇日爲句，謂擇葬日也。開塋域祠后土另爲一條。書儀準儀禮，既開域，乃莅卜，得吉，祠后土；不吉，則另卜。竊謂卜未定，何得先開塋域？且卜亦不應就塋域也。又云：主人開域，歸殯前北面哭，卜筮葬日于三月之初。若墓遠，則卜筮于三月之前，主人先與賓議定可葬日三日，筮于殯門外，得吉。主人哭，使人告主婦，亦哭，主人與衆人至殯前哭，遂使人告于親友之應會葬者。是書儀、家禮，俱擇地定，方擇日。惟開域而後莅卜，書儀不如家禮之簡便順當也。瓊山將「擇日」字連下讀，誤認爲開域之日，故將祠后土另列一條，又于擇日前補告啓期句。不知儀禮所謂啓者，啓塗殯也，今既不塗殯，夫何啓焉？又于告啓期下，引書儀筮得吉之後，主人使人告親友之應會葬者，是又誤認啓期爲葬期，一若已定葬期告之親友矣。又擇開域之日，其謬甚矣。

祠后土。三字，朱子原本接「開塋域」下。

擇遠親，或賓客一人，吉冠素服，告后土氏。祝帥執事者，設位于中標之左南向，設盞注、酒果、脯醢于其前，又設盥盆、浴巾二于其東西，其東告者所盥，其西執事者所盥也。軾按：今祭后土，必請尊貴者朝服行禮，不知何解。

丘氏儀節：就位。告者立北向，執事者二人在其後。鞠躬，拜，興。拜，興，平身。告者與執事者皆拜。盥洗。告者與執事者俱洗。詣香案前，跪，上香，斟酒。執事者一人執酒注西向跪，一人執盞東向跪，告者取注斟酒于盞畢，反注取盞。酹酒。傾酒于地。獻酒。復斟酒置神位前。俯伏，興。少退，立。讀祝。祝執板跪于告者之左而讀之。復位。鞠躬，拜，興。拜，興，平身。禮畢。祝文：維幾年歲次干支幾月干支朔，越祭日干支，某官姓某敢昭告于土地之神。今爲某官姓名。母則云某封某氏。營建宅兆，神其保佑。俾無後艱，謹以清酌脯醢，秖薦于神。尚饗。補注：古禮雖有舍葬墓左之文，而無所謂后土氏者。惟唐開元禮有之，温公書儀本開元禮，家禮本書儀，其喪禮云：塋域及窆，與墓祭，俱祀后土。然后土之稱，對皇天也。士庶之家，有似乎僭。考之文公大全集，有祀土地祭文，今擬改后土氏爲土地之神。

遂穿壙。

穿地直下爲壙。

作灰隔。穿壙既畢，先布細炭末于壙底，築實，厚二三寸，然後布石細沙黄土各一分，篩拌令匀，以淡酒遍灑之，築實，厚二三寸。另用薄板爲隔，内以瀝青塗之，厚三寸許。中取容棺，牆高于棺四寸許，置于上。乃于四旁旋下四物，亦以薄板隔之，炭末居外，三物居内，如底之厚。築之既實，則旋抽築板，近上，復下炭灰築之，及牆之平而止。刻誌石。用石二片，其一爲蓋。刻云：某朝某官某公之墓。無官書其字，曰某君某甫。其一爲底，刻云：某官某公諱某字某，某州某縣人。考諱某某官，母某氏某封。某年月日生，歷任某處某官，某年月日終，葬于某鄉某里，年若干。娶某氏某人之女，子男某某官，女某適某官某人。〇婦人夫存，有官，則蓋云：某官某人某封某氏之墓，無封則云某人之妻，夫亡則云某官某公某封某氏。無官，則云某君某甫妻某氏，底云年若干，適某氏，因夫子致封號。無則否。葬之日，以二石字而相向，而以鐵束之，埋于壙前。近地面三四尺。造明器。筂篖。甖。大轝。竹格附。翣。所以障柩者。〇以木爲筐，如扇而長，黼翣畫斧，黻翣畫黻，雲翣畫雲氣。作主。制見後。製功布。用新布稍細者爲之，長三尺，用以御柩。遇路有低昂傾虧，則視之以爲節，使舁柩者知所備。

吕叔簡四禮疑：誌於石，示來世也。文其辭，篆其姓名，合而錮之以鐵，埋諸地中，將誰示乎？不若誌諸碣。碣者，揭也，一抔之封，無所表識。百年之後，子孫且不識祖考，況在他人，故詳具其家世以誌之。今用方石二面，一面楷書爲文，文既工；一面篆書爲題，篆難辨，字字相對，以鐵束之，埋於墓頭三四尺。本注云：慮異時誤爲人所動，見石而知其姓名，庶能掩之。謬哉其爲説也。石在墓頭，發及石，則見棺也半矣。兩石内向，重重鐵束，誰復從容爲汝鉗鎚？即或開之，豈皆通文辨篆人耶？即知其姓名，死者之德，能致開者之重否？即爲掩之，能肯復束此石否？石既不束，能必此墓勿再動否？此説大可笑也，不如題姓名於碣面，詳家世於碣陰。有功德者，表諸神道，使有目者皆得見之，免致誤動之尤愈乎？程大中誌石砌於壁間，有何不可。

軾按：禮經無墓誌，惟衛靈公卜葬沙丘，掘數仞得石洗視有銘。漢夏侯嬰送葬東都門外，掘地得石棺有銘。或云古壙中誌石也，然滄桑變易，安知非即墓左碑耶？即漢以窆石爲勒銘之具，祭邕作郭林宗碑文，趙岐勒石墓側，自志平生，此碑文所自始也。形家謂墓之東南，爲神道出入之地，故墓左之碑，又名神道。宋人文集，有墓志、墓表。表，表而著之也，欲示不忘，則志不如表。至墓前立碣，自孔子題延陵之墓始。今無論貴賤鐫石曰某之墓，旁注生卒葬年月日，并子孫名，竪之墓前，數傳字跡模糊則重鐫之，愈于銘表遠矣。

遷柩　朝祖　奠賻　陳器　祖奠

發引前一日，因朝奠以遷柩告。

丘氏儀節：就位。五服之外親，皆來會，各服其服，入就位哭。奉魂帛出靈座，祝盥洗，跪，斟酒。告辭曰：今以吉辰遷柩，敢告。俯伏，興，平身，舉哀。主人以下。拜，興。拜，興，平身。禮畢。

軾按：所謂遷者，遷柩朝祖，又遷廳事也。若朝奉魂帛，又不遷于廳事，則毋容告矣。

奉柩朝於祖。

檀弓：哀之朝也，順死者之孝心也。其哀離其室也，故至于祖考之廟而後行。殷朝而殯于祖，周朝而遂葬。丘氏曰：奉柩朝祖，象其人平生出必辭尊者也，固不可廢。但今人家多狹隘，難于遷轉。今擬舉魂帛以代柩，雖非古禮，蓋但主于必行，猶愈于不行者爾。○禮疏云：啓日朝禰，又明日朝祖，又明日乃葬，與始死日襲，明日小斂，又明日大斂而殯同。主人、主婦變服亦同，以小斂主人散帶、主婦髽，自啓至葬，主人、主婦亦同于未殯也。

軾按：自啓殯至反哭，與初終至成服同。今既無啓殯，朝祖之前一日，因夕奠徹帷，爲位而哭，盡哀。厥明朝祖，如小斂。厥明葬，如大斂。反哭如成服，其變同也。祭法適士二廟，官師一廟，又庶人不立廟，先禰後祖之禮，爲適士以上言之。今人家無廟，惟祠堂合祖考祀之。故書儀但朝于影堂，家禮惟朝于祖云。又按：喪事即遠，既出朝祖矣，又返于廳事，于義未協。丘氏奉魂帛朝祖之論，最當。

丘氏儀節：主人以下輯杖立。輯者，舉杖不以拄地也。祝跪。告辭曰：請朝祖，俯伏，興，平身。奉魂帛詣祠堂。執事者，奉奠及椅桌前行，銘旌次之，魂帛又次之。○奉柩則魂帛前行，今以魂帛代柩，故次銘旌。主人以下哭從。男子由右，婦人由左，重服在前，輕服在後，婦人皆蓋頭，至祠堂前。執事者布席。先布席以俟，既至。奉魂帛朝祖。置魂帛箱于席上北向。主人以下，就位。婦人去蓋頭。舉哀。少頃。哀止，奉魂帛還柩所，主人以下哭從。如來儀。安魂帛於靈座，主人以下就位，舉哀，哀止。

軾按：奉魂魄朝祖，則銘旌可不行。

遂遷于廳事。

執事者，設帷于廳事。

丘氏儀節：役者入，婦人退避。祝跪。告辭曰：請遷柩于廳事，俯伏，興，平身。役者舉柩，祝奉魂帛前導。右旋。主人以下哭從。如朝祖儀。布席。執事先布席于廳事中。安柩。役者置柩于席上南首。

設靈座，設奠，主人以下就位。藉以薦席。舉哀。坐哭。○今人家未必有廳，又有堂，其停柩之處，即是廳事，略移動可也。若有兩處者，自合依禮遷之。

軾按：寢外爲堂，堂外爲廳事，堂寬于寢，廳事又寬于堂，故遷柩就舉，必于廳事，且朝祖，亦必由廳事而出。返而安之，從便也。今既無廳事，又不奉柩朝祖，移動何爲哉？

乃代哭。

如未斂之前，以至發引。

親賓致賻奠。

初喪奠用香茶，燭，酒菓，至是親厚者用牲可也。○儀如前。

陳器。

方相在前，次明器，次靈車以奉魂帛香火。次大舉，舉前有功布。旁有翣，皆使人執之。

軾按：方相明器笣筲可省，詳見後。

日晡時，設祖奠。

如朝奠儀而加禮。○若柩自他所歸葬，則行日但設朝奠哭而行，至葬乃備此及下遣奠禮。

丘氏儀節：主人以下就位。舉哀，哀止。祝盥洗。詣靈座前，跪，焚香，斟酒。告辭曰：永遷之禮，靈辰不留。今奉柩車，式遵祖道。俯伏，興，平身。舉哀。主人以下且哭且拜。拜，興。拜，興。拜，興。拜，興，平身。禮畢。

厥明，遷柩就轝。

出殯之日也，婦人退避。

丘氏儀節：是日役夫。納大轝於中庭。脱柱上横扃。執事者徹祖奠，祝跪，告辭曰：今遷柩就轝，敢告。俯伏，興，平身。遷靈座。置旁側訖，召役夫。○婦人退避。遷柩就轝。役夫俱用手舉柩底，以遷之。既就，乃載柩于轝，施扃加楔，以索維之，令極牢實。主人視載。主人從柩哭降視載，婦人哭于幃中。載畢，安靈座。祝帥執事者遷靈座于柩前，南向。

乃設奠。

饌如朝奠有脯，惟婦人不在。

丘氏儀節：主人以下就位。舉哀，哀止。祝盥洗。詣靈座前，跪，焚香，斟酒，告辭曰：靈輀既駕，往即幽宅。載陳遣禮，永訣終天。俯伏，興，平身。

舉哀。主人以下且哭且拜。拜，興。拜，興。拜，興。拜，興，平身。禮畢。

祝奉魂帛升車焚香。

丘氏儀節：別以箱盛主置魂帛後，至是婦人乃蓋頭出幃，降階立哭。舉哀，祝奉魂帛升車，焚香，守舍者辭柩。男左女右，且哭且拜，尊長不拜。拜，興。拜，興。拜，興。拜，興，平身。

發引

柩行。

丘氏儀節：方相等前導，如陳器之序，大轝夾以功布及翣。今世俗送葬有食案香案，從俗用之亦可。

軾按：公孫夏之虞殯，莊生之紼謳，田横門人之蒿里、薤露，皆挽歌也。禮：鄰有喪，春不相。挽也而歌，可乎？方相魌頭，雖本周禮，然近于戲。世俗送葬，選舞徵歌，百戲具陳，是挽歌方相之流弊也。若夫塗車芻靈，自古有之。今則剪紙鏤帛，爲樓觀山岳，車馬人物，五色焜煌，張陳道左，殊乖哀素之義。人子不以天下儉其親，衣衾棺之謂也。豈張皇陳設，爲無益之費，以塗人耳目哉？吾謂矯末俗之弊，不獨挽歌當禁，方相明器俱可省也。

主人以下，男女哭，步從。

如朝祖之序，婦人以白幕障之。若墓遠，及病，不能步者，主人諸子，亦乘車。去塋三百步下，主人諸子袒免，如大歛。

尊長次之，無服之親又次之，賓客又次之。

皆乘車馬，親賓或先待于墓所，或出郭哭拜辭歸。

親賓設幄於郭外路旁，駐柩而奠。

如在家之儀。

途中遇哀則哭。

若墓遠，則每舍設靈座于柩前，朝夕哭奠，夜則主人兄弟皆宿柩旁，親戚共守衛之。

及墓　下棺　祠后土　題木主　成墳

未至，執事者先設靈幄。在墓道右如墓向。**親賓次。**在靈前十數步，男在左女在右，後與靈幄相直，皆南向。**婦人幄。**在靈幄後壙之右。

靈車至。

祝奉魂帛就幄座，主箱亦置帛後。

遂設奠而退。

陳設酒果脯醢於柩前，靈座上。

柩至。

執事者先布席于壙前，柩至脱載置席上，北首。執事者，取銘旌去杠置于柩上。

主人男女各就位哭。

主人男子立于壙左向右，婦人立于壙右幄内向左，皆以後爲上。○補注：襲歛哭位，皆南上者，尸南首也。及墓哭位皆北上者，尸北首也。

賓客拜辭而歸。

丘氏儀節：賓客詣柩前。舉哀，鞠躬，拜，興。拜，興，平身。主人答拜。丘文莊嘗云：今俗送往之日，親友醵錢爲主人燕客于墓，此何禮哉？

軾按：禮：弔之日，不飲酒，不食肉。謂終弔之日也。未弔齊戒致潔，既弔餘哀未忘也，矧當弔時而可飲酒食肉乎？程子葬父，周恭叔主客，客欲飲酒，恭叔以告。先生曰：「勿陷人于惡。」今俗喪家燕客，飲食若流，而親友又醵錢爲主人代設，豈徒陷人，亦自陷已矣？

乃窆。

丘氏儀節：橫杠。役者先用木杠橫于灰隔之上。主人以下，輟哭。審視。下棺。乃用索四條，穿柩底鐶不結而下之，至杠上，則抽索去之，別摺細布，或生絹，兜柩底而下之，更不抽出，截其餘棄之。若柩無鐶，即用索兜柩底兩頭放下，至杠上，乃去索，用布如前。大凡下柩，最須詳審，用力不可誤有傾墜動摇。已下。整柩衣。鋪銘旌。須令平正。

主人贈玄纁。按：此條可删，説見後。

加灰隔。内外蓋。先度灰隔大小，制薄板一片，旁距四牆，取令脗合。至是，加于柩上，更以油灰彌之，然後旋旋少灌瀝青于其上，令其速凝，即不透板，約已厚三寸許，乃加外蓋。

軾按：灰隔即椁，内蓋即椁蓋也。

實以灰。三物拌匀者居下，炭末居上，各倍于底及四旁之厚，以酒灑而躡實之，恐震動柩中，故未敢築，但多用之，以俟其實。

乃實土而漸築之。

下土每尺許，即輕手築之，勿令震動。

士喪禮：既井椁，主人西面拜工，左還椁，反位哭。注：匠人刊治其材，以井構于殯門外也。反位，拜位也。既哭之，則往施之竁中矣。○敖繼公曰：拜工，謝其勞也。

軾按：井椁而拜，古人何等慎重。蓋衣附身，椁附棺，孝子之心，惟恐土親膚，故無論貴賤，有棺有椁，一也。或曰：家禮以灰隔易椁，不知隔即椁也。吾鄉開壙畢，用磚砌壙底，又羅其四圍，彌以油灰，乃下椁。灰隔之法，不用磚砌，于壙底先鋪炭末，炭上布石細沙黄土拌匀者，于其上，灰三分，沙土各一分，築實厚二尺許，以椁置灰上，旋于四旁下四物，貼土用炭末，貼椁用三物，恐其混雜，以最薄板間之，築數寸，即將板提起，漸築漸提，恐築深，則板提不出也。築平椁牆，乃合椁蓋，以油灰彌之，旋灌瀝青，即松油。厚寸許。乃加外蓋，又用三物鋪其上，厚一二三尺，外加炭末，按而實之，此隔法也。不言而言隔者，以板薄不似常用之，所以用薄板者，重在厚加耳。

祠后土于墓左。儀見前。

祝文：維　年歲次月朔辰，並同前，但云：今爲某官窆兆云云。

下誌石。 誌石可省，論見前。

復實以土而堅築之。

下土亦以尺許爲準，但須密杵堅築。○杵須小杵密築，緩上土，多加杵，不可用大力致震動。

題主。

執事者，設桌子於靈座前，左向，右置硯筆墨，對桌置盥盆帨巾。

丘氏儀節：主人向桌子前跪。盥洗。祝與題主者俱洗。出主。祝開箱出木主，臥置桌子上，題主者盥手畢，向右立。題主。先題陷中，次題粉面，題畢。祝奉主置靈座。置畢。收魂帛。乃藏魂帛于箱中，置主後。祝焚香，斟酒，跪。主人以下皆跪。讀祝。祝讀畢，懷之不焚。興，復位。鞠躬，拜，興。拜，興。拜，興。拜，興，平身。主人以下哭盡哀。

祝云：維　年歲次月朔辰，孤子某敢昭告于某官某謚府君，形歸窀穸，神返室堂。神主既成，伏惟尊靈。舍舊從新，是憑是依。母則稱哀子。

題主式。

陷中。父則曰：故某官某公諱某字某行幾神主。母則曰：故某封某氏諱某字某行幾神主，粉面。父則曰：顯考某官封謚府君神主。母則曰：顯妣某封某氏神主。其下左旁者書曰：孝子某奉祀。無官則以生所稱爲號。如父曰：顯考處士府君神主。

伊川神主式説：作主用栗，取法于時日月辰。趺方四寸，象歲之四時。高尺有二寸，象十二月。身博三十分，象月之日。厚十二分，象日之辰。身趺皆厚一寸二分，剡上五分爲員首。削去其上兩角，各去五分，爲員形。寸之下，勒前爲頷。一寸之下，横勒其前，身深四分爲頷。而判之。一居前，二居後。前四分，後八分。頷下陷中，以書爵姓名行。陷中長六寸，闊一寸，深四分。合之植于趺。鑿趺通底，以受主身，身去趺上一尺二寸，并趺高一尺八寸。竅其旁以通中，如身厚三之一。于本身兩側旁，鑽兩員孔，徑四分，以通陷中。下距趺面七寸二分。其孔在趺而七寸二分之上。以粉塗其前面以書屬稱。屬，謂高曾祖考。稱，謂官，或號行。號，如處士秀才。行，如幾郎幾公。旁題主祀之名。曰孝子某奉祀。加贈易世，則洗滌而更之，外改中不改。

軾按：古有桑主、栗主。桑主曰虞主，栗主曰練主。今從家禮，練不易主，故葬日即以栗爲之。

帶存曰：主内不改，故無祖考之稱。今俗内兩旁寫會君諱某字某，生于某年月日，卒于某年月日，葬于某地某山某向，使後世子孫知之，此却宜從。

軾按：今世俗作神主，豫期書就，留主字不點，葬日延顯仕點之，名曰點主，豈徒無稽，竟同兒戲。更可鄙者，延賓必致厚儀，兼金文綺，以多爲貴。至期，朝冠朝服，後騎前車，旂旄鼓樂，觀者如堵。喪家方以爲榮，而爲之賓者，亦偃然自得，因以爲利，良可羞已。此始于一二市兒，藉端依附權勢，以誇耀鄉里，不謂遂成風俗，士夫家亦復爲之，其惑甚矣。

祝奉神主升車。

魂帛箱在其後。

執事者，徹靈座，遂行。

主人以下，男左女右，重服在前，輕服在後。出墓門，尊長乘車馬，去墓百步許，卑幼亦乘車馬，但留子弟一人監視實土以至成墳。

馮善家禮習説：或問主人不親監視成墳，而留子弟，于心安否？曰：按雜記論弔者注云：五十者隨主人反哭，四十者待土盈坎乃去，則是主人先奉靈車而反哭也。愚謂主人必須親視實土成墳，然後反哭，又何遲乎？

軾按：葬日虞，禮也。墳高四尺，必細築堅實。若草率速成，得毋有如檀弓所謂寸甚而崩者乎？但不盈坎而去，則孝子之心有未安耳。

墳高四尺，立小石碑于其前，亦高四尺，趺高尺許。

碑石闊尺以上，其厚居三之二，圭首而刻其面，乃略述其世系名字行實而刻于其右，轉及後右而周焉，婦人則俟夫葬乃立。○軾按：墓前碣石，示不忘也，於行實何取？石方四尺，既列前後世系。又鋪張懿行，字多而小，久之風雨剥落，不可辨識，何如止題某之墓，旁列子孫名，大書深鐫之可久也。

檀弓：孔子既得合葬于防，曰：「吾聞之，古也墓而不墳。今丘也，東西南北之人也，不可以弗識也。」于是封之崇四尺，孔子先反。門人後，雨甚，至。孔子問焉，曰：「爾來何遲也？」曰：「防墓崩。」孔子不應，三，孔子泫然流涕曰：「吾聞之，古不修墓。」

軾按：孝子慎終，豈有聖人葬親而墓速崩者？果崩矣，門人不知如何迫切，夫子不知如何哀痛，豈待問而後告乎？又豈第泫然流涕已乎？程子謂孔子先返修虞事，使弟子治葬，誠敬不至，纔雨而墓崩，無論孔門弟子，無奉共師命而不誠敬者，即聖人至仁至孝，豈肯以窀穸大事，委之不慎之弟子。易大傳曰：「古之葬者，厚衣之以薪，不封不樹。」是墓而不墳，上古事也。以爲殷制，已屬禮家之誤，況孔子生周從周，假而非東西南北人也，遂墓而不封乎？封以固墓，寧徒爲識已乎？程子又謂：不修墓者，爲墓必堅，不使後日壞而更修，孔子云此以責弟子也。然當泫然流涕之頃，方自責不暇，而暇責弟子乎？吾恐天下後世，有忍見丘壟之墟而漠不動念者，未必非此語開之。檀弓云云，乃漢儒杜撰，非真孔子之事之言也。

反哭

主人以下，奉靈車。在途徐行，哭。

哀至則哭。

至家哭。

望門則哭。

祝奉神主入置於靈座。

執事者，先設靈座于故處，祝奉神主入就位，櫝之，并出魂帛箱置主後。

主人以下哭於廳事。

主人以下，及門哭入，升自西階，哭于廳事，婦人先入哭于堂。

檀弓：反哭升堂，反諸其所作也，主婦入于室，反諸其所養也。注：堂，親所行禮處。室，親所饋食之處。疏：此皆謂在廟也。軾按：反哭于廟，乃適殯宫，禮也。今從家禮哭于廳事，亦無礙。

遂詣靈座前哭。

盡哀止。

有弔者，拜之如初。

謂賓客之親密者，既歸待反哭而後弔。

既夕記：賓弔者升自西階，曰如之何。主人拜，稽顙。軾按：反哭之弔，異于常弔，故爲之稽顙。如之何三字，凄其欲絶。

檀弓：反哭之弔也，哀之至也。反而亡焉，失之矣，于是爲甚。殷既封而弔，周反哭而弔。孔子曰：「殷已慤，吾從周。」注：慤者，得哀之始，未見其甚。方慤曰：人之始死也，則哀其死。既葬也，則哀其亡，亡則哀爲甚矣。故反哭之時，有弔禮焉。既封而弔者，受弔于壙也。反哭而弔者，受弔于家也。弔也者，所以弔其哀而已。葬雖爲哀，不若反哭之爲甚，此所以謂殷慤也。

孔子在衛，有送葬者，而夫子觀之。曰：「善哉爲喪乎，足以爲法矣，小子識之。」子貢曰：「夫子何善爾也？」曰：「其往也如慕，其反也如疑。」子貢曰：「豈若速反而虞乎？」子曰：「小子識之，我未之能行也。」陳氏曰：往如慕，返如疑，此孝子不死其親之至情也。子貢以爲如疑則反遲，不若速而行虞祭之禮，是知其禮之常，不察其情之至矣。夫子申言「小子識之」，且曰「我未之能行」，則此豈易言哉？

問喪：其往送也，望望然，汲汲然，如有追而弗及也。其反也，皇皇然，若有求而弗得也。故其往送也如慕，其反也如疑。求而無所得之也，入門而弗見也，上堂又弗見也，入室又弗見也。亡矣，喪矣，不可復見已矣。故哭泣辟踊，盡哀而止矣，心悵焉愴焉，惚焉愾焉，心絶志悲而已矣。

軾按：讀檀弓、問喪而不動念者，不可謂有人心。

期九月之喪者，飲酒食肉，不與宴樂。小功以下，大功異居者，可以歸。

司馬書儀：反哭靈輿發行，親戚以叙從哭，如來儀。出墓門，尊長乘車馬，去墓百步許，卑幼亦乘車馬，徐行勿疾驅，哀至則哭，及家望門俱哭。掌事者先設靈座于殯宫，靈舉至，祝奉祠板置匣，前藉以褥，主人以下及門，下車馬，哭入。至廳事，主人升自西階，丈夫從升，如柩在廳事之位。婦人先入，立哭于堂，如在殯之位，盡哀止，執事者撤簾帷。賓客有弔者，主人拜之，賓客答拜。主人入詣靈座前，與親戚皆立哭，如在殯之位，盡哀止。

儀禮節略第八卷

喪儀

虞祭

虞，安也。鄭氏曰：骨肉歸于土，魂氣無所不之。孝子爲其徬徨，三祭以安之。○葬之日，日中而虞。墓遠，則但不出是日可也。若出家經宿以上，則初虞于所館行之。○丘氏曰：所館行禮，恐寓他人宅舍，未必皆寬廠，及哭泣于他宅。俗人所忌，若經宿以上，預先用蓬葦構一屋，度寬可以行禮，似爲簡便。

檀弓：日中而虞，葬日虞，弗忍一日離也。是日也，以虞易奠。方慤曰：弗忍一日離其親，故不待明日而後虞。以虞易奠者，以虞之禮漸吉故也。

朱子曰：未葬時，奠而不祭。但酌酒陳饌再拜，虞始用祭禮。

孫氏家乘：眉山劉氏云：虞者，既葬反哭而祭也。蓋未葬，則柩猶在殯。既葬，則反而亡焉。則虞度其神氣之返，于是而祭以安之。且爲木主，而托之以憑依焉，故謂之虞主。嘗求之傳注，謂天子九虞，以九日爲節；諸侯七虞，以七日爲節；大夫五虞，士三虞。由是言之，既葬而虞，虞而卒哭，降殺有等。是春秋末世，大夫僭用諸侯七虞之禮也，乃後代循習，莫究其義，而世俗遂以親亡以後，每七日必供佛飯僧，以爲是日當于地府見某王者。吁！古人七虞之説，乃如是哉？世之治喪者，未葬，則當朝夕哭奠。既葬，則作主虞祭。不惑于浮屠齊七之説，庶乎祭之以禮。

軾按：日中虞者，虞必于葬日内。不拘早暮，但葬即虞，非大事用日中之謂。觀下文緊接葬日云云，可見。葬不擇時，必以朝。未有朝葬而暮不畢者，即不畢，亦當虞于葬處，其有路經數舍者。初虞再虞，於所館行禮，三虞待返哭乃行。

主人以下皆沐浴。

《記》：虞，沐浴不櫛。注：沐浴者，將祭，自潔清。不櫛，未在于飾也。唯三年之喪不櫛，期以下櫛可也。

執事者陳器。

設盥盆、帨巾二副于西階西，南上，在東者有架，在西者無架。若所館行禮，不必備，但得一可也。又以架盛酒瓶，在靈座東南，置桌子一張。在酒瓶架之東，上盛酒注，及盤盞。又設火爐湯瓶，在于座西南，置桌子一張，在火爐之西，上盛祝版。又于靈座前正中，設香案一張。上陳香爐燭臺，案前束茅聚沙。

具饌。

於靈座前桌子上，近靈前一行，設匙箸，當中，近内設酒盞，在匙箸西，醋楪在東，羹在醋楪東，飯在酒盞西。次二行，以俟行禮時進饌。次三行，設蔬菜脯醢。次四行，設果實。又于桌子前置一桌，以盛牲俎。○丘氏曰：此據禮陳設耳。若夫倉卒之際，即用世俗所設桌面，似亦簡便。况乃死者平生所用，似亦得事死如事生之意。

祝出神主於座，主人以下皆入哭。

主人及兄弟，倚杖于室外，及與祭者，皆入哭于靈座前，其位皆北面，以服爲行列，重服者居前，輕服者居後。尊長坐，卑幼立。丈夫處東，西上。婦人處西，東上。逐行以長幼爲序，侍者在後。

降神，祝進饌初獻亞獻，終獻，侑食。主人以下皆出，祝闔門。祝啓門，主人以下入哭，辭神。

丘氏儀節：通贊唱序立，出主。祝啓櫝出主，服重者在前，輕者在後，男東女西，以長幼爲序。○今擬用禮生二人：一通贊，一引贊，其説具祭禮。舉哀。少頃，哀止。引贊唱。盥洗，詣靈座前，焚香。鞠躬，拜，興。拜，興，平身。降神。執事者二人，皆洗手。一人開酒實于注，西面立。一人取卓上盤盞捧之，東面立。跪主人跪，執事者二人向主人跪。執注者，以注授主人。主人受注，執之，斟酒于執事所捧之盞。斟訖，以注授執事者。酹酒。主人以左手取盤，右手執盞，盡傾于茅沙上訖，以盤盞授執事者。俯伏，興，平身。復位，參神。鞠躬，拜，興。拜，興，平身。祝進饌。祝以魚肉炙肝米食，進列于靈座前桌子上，次二行空處。初獻禮。主人執注向北立，執事者一人，取靈座前盤盞，立主人之左。主人斟酒于盞中訖，反注于桌子上。引詣靈座前。主人詣靈座前，執事者捧盞隨之。跪。主人跪。祭酒。執事者跪進酒盞，主人受之，三傾于茅沙上。奠酒。執事者受盞，置靈座前。俯伏，興，平身。退稍後立。跪。通主人以下皆跪。引讀祝。祝執版立主人之右，西向跪讀之，畢。俯伏，平身。少退。通舉哀。主人以下皆哭，少頃。哀止。引鞠躬，拜，興。拜，興，平身。主人獨拜。復位。通亞獻禮。引詣靈座前，跪，祭酒，奠酒。俯伏，興。拜，興。拜，興，平身。若主婦行禮，不跪，不俯伏，立，傾酒于地，四拜。復位。通終獻禮。引詣靈座前，跪，祭酒，奠酒，俯伏，興。拜，興。拜，興，平身，復位。侑食。子弟一人，執注就添盞中酒。主人以下皆出。主人立于門東西向，卑幼丈夫在其後，重行北上；主婦立于門西東向，卑幼婦女在後，重行北上。尊長休于他所，俱肅静以俟。闔門。執事者閉門，無門下簾，食頃。祝噫歆。祝當門北向，作欬聲者三。啓門。乃開門捲簾。

主人以下入哭，辭神。主人以下，且哭且拜。鞠躬，拜，興。拜，興，平身。哀止，焚祝文，納主，徹饌。禮畢。

祝文：維

幾年歲次干支，幾月干支，朔，越祭日干支。孤子某，敢昭告于某考妣某官府君封孺人之靈曰：日月不居，爰及初虞。夙興夜處，哀慕不寧。謹以潔牲柔毛，粢盛庶品，哀薦祫事。尚饗。

軾按：不如直稱虞事爲當，詳見附論。

祝埋魂帛。

祝取魂帛，帥執事者埋于屏處潔地。若路遠于所館行禮，必須三虞後，至家埋之。帶存曰：今世俗多以魂帛同銘旌鋪柩上未經題主，覺埋太早。但庶人之家，安所得潔地而埋之。愚意題主之後，即將魂帛埋于壙旁亦可。

罷朝夕奠。

軾按：以虞易奠者，謂至是始可祭，非謂祭後更不奠也。或止用朝奠，名時焚香拜揖，不奠可耳。

遇柔日，再虞。

乙、丁、己、辛、癸爲柔日。前期一日，陳器具饌。夙興，設菜果酒饌，質明行事。墓遠，于所館行之。書儀注：士虞禮：再虞用柔日，三虞卒哭用剛日。注：丁日葬，則己日再虞，庚日三虞，壬日卒哭，葬用丁亥是柔日。然則古人皆用柔日耶？今葬日既不拘剛柔日，但于葬日即虞，後遇柔日再虞，又遇剛日即三虞。

丘氏儀節並同。

祝文。 改初虞爲再虞，祫事爲虞事。

遇剛日，三虞。

丘氏儀節：並同再虞。○若初虞未埋魂帛，至是祭畢埋之。

祝文。 改再爲三虞，事爲成事。○軾按：三虞卒哭，一祭也；當改爲三虞卒哭云云。

卒哭

檀弓：卒哭曰成事。是日也，以吉祭易喪祭。故此祭漸用吉禮。

三虞後遇剛日，卒哭。前期一日，陳器具饌。 並同虞祭，惟更設玄酒瓶。

軾按：士喪禮：三虞卒哭，他用剛日。又曰：三月而葬，遂卒哭。是三虞即卒哭也。故三虞祝文曰：哀薦成事。謂將祔而成鬼神之事也。若喪小記報葬者報虞，三月而後卒哭。謂有故而速葬，則待三月，另舉卒哭祭。蓋卒哭者，哭從此卒。未三月，不得卒哭。如此，則三虞不必改用剛日，祝文仍應稱虞事，虞後卒哭前，惟朝夕朔奠，亦無庸更設剛日之祭。若如期而葬者，三虞卒哭，并爲一祭。祝文云：爰及三虞卒哭。末云：哀薦成事。詳見附論。

厥明，夙興，設蔬果酒饌。

並同虞祭，惟更取井花水充玄酒。

儀禮：餞尸：洗在尊東南，水在洗東。蓋虞祭用醴酒，無玄酒，卒哭同。至餞尸始用玄酒，示將即吉也。今無餞祭，故卒哭即設玄酒。

質明，祝出主。

行事皆如虞祭。

主人以下皆入哭降神，主人主婦進饌。初獻，亞獻，終獻。侑食闔門，啓門，辭神。

祝文。並同虞祭，但改三虞爲卒哭。「哀薦成事」下云「來日躋祔于祖廟，尚饗」。

自是朝夕之間，哀至不哭。

猶朝夕哭。

主人兄弟，蔬食水飲，不食菜果，寢席枕木。

祔

卒哭明日而祔。卒哭之祭既徹，即陳器具饌。

儀如卒哭，皆陳之于祠堂。祔父，則設父之祖考、妣二位，當中，南向西上，設亡者位于其東南西向。母喪，則不設祖考位。設酒瓶于阼階上，火爐湯瓶于西階上，其饌並如卒哭而三分，母喪則兩分。祖妣二人以上，則以親者。

楊復曰：父在祔妣，則父爲主，乃是夫祔妻于祖妣。三年喪畢未遷，仍祔于祖妣，待父他日喪畢同遷。張子曰：祔葬、祔祭，極至理而論，只合祔一人。夫婦之道，當其初婚，未嘗約再配，是夫只合一娶，婦只合一嫁。今婦人夫死而不可再嫁，乃天地之大義，夫豈得而再娶？然以重者計之，養親承家，祭祀繼續，不可無也，故有再娶之理。然其葬、其祔，雖爲同穴同几筵，然譬之人情，一室中豈容二妻？以義斷之祔以首娶，繼室别爲一所可也。

或問朱子曰：頃看程氏祭儀，謂凡配止用正妻一人。或問祀之人，是再娶所生，即以所生配，謂凡配止用正妻一人是也。若再娶者無子，或祔祭别位亦可也。若奉祀者是再娶之子，乃許用所生配；而正妻無子，遂不得配享可乎？朱子云：程先生此説恐誤。唐會要中有論凡是嫡母，無先後，皆當並祔合祭，與古者諸侯之禮不同。○又曰：夫婦之義，如乾大坤至，自有差等。故方其生存，夫得有妻有妾；而妻之所天，不容有二，況於死而配祔，又非生存之比。横渠之説，似亦推之有太過也，只合從唐人所議爲允。況又有前妻無子，後妻有子之礙，其勢將有所杌隉而不安者。唯葬，則今人夫婦，未必皆合葬。繼室别營兆域，宜亦可矣。

黄榦曰：今案喪服小記云：婦祔于祖姑。祖姑有一人，則祔於親者；祖姑有三人，皆得祔於廟，則其中必有再娶者。則再娶之妻，自可祔廟。程子、張子，特考之不詳耳。

劉基集：問古者諸侯不再娶，於禮無二適。孟子既入惠公之廟，仲子享祭無所，乃别立宫，此明驗也。今或祔二妻於一室者，毋乃非禮意乎？答曰：古者諸侯一娶九女。夫人之外，則姪娣也。廟無二適，所以豫絶其争心。秦漢以來，此禮久廢。今之再娶，皆夫人也，豈可貶之以齊姪娣乎？連祔之，宜也。

軾按：不獨妻當並祔，即妾之有子者亦得配食，但不與妻並列耳。禮：妾祔於妾祖姑，亡則中一以上而祔。是高祖妾至玄孫而享祭也，不配食于高祖而于何乎？

厥明，夙興，設蔬果酒饌。質明，主人以下，哭於靈座前。主人兄弟，皆倚杖於堦下，入哭盡哀止。丘氏曰：此謂繼祖宗子之喪。若非宗子，則皆以亡者繼禰之宗子，主此祔祭。禮注云：祔于祖廟，宜使尊者主之。詣祠堂，奉神主出，置於座。還奉新主入祠堂，置於座。主人以下，還詣靈座所哭。祝奉主櫝詣祠堂，置西階桌子上。主人以下哭從，如從柩之序，至門止哭。祝啓櫝，如前儀。序立。祝進饌。並同虞。初獻。若宗子自爲喪主，則喪主行之。若喪主非宗子，則宗子行之，並同卒哭。若亡者於宗子爲卑幼，則宗子不拜。亞獻終獻。若宗子自爲喪主，則主婦爲亞獻，親賓爲終獻。若喪主非宗子，則喪主爲亞獻，主婦爲終獻，並同卒哭。侑食，闔門，啓門，辭神。并同卒哭，但不哭。祝奉主，各還故處。祝先納祠堂神主于龕中，匣之。次納亡者神主西階下桌子上，匣之。奉之返于靈座，出門。主人以下哭從，如來儀，盡哀止。若喪主非宗子，則哭而先行，宗子亦哭送之，盡哀止。

丘氏儀節。俱如卒哭。

祝文：維年歲次月朔日辰，孝孫某謹以潔牲柔毛，粢盛醴齊，適于某府君。母則改妣某氏，躋附孫某。母則改孫婦某氏。尚饗。

亡者維年歲次月朔日辰，哀薦祔事，于先考某府君，母則先妣某氏。適于某府君，母則妣某氏。尚饗。

儀禮：明日以其班附。注：卒哭之明日也。班，次也。

雜記：大夫附于士。士不附於大夫，附於大夫之昆弟。無昆弟，則從其昭穆。雖王父母存亦然，公子附于公子。疏：從其昭穆，謂祔於高祖爲士者。若高祖爲大夫，則祔于高祖昆弟爲士者。雖王父母在亦然者，謂孫死之後，應合祔于王父。王父現在，無可祔，亦如是祔於高祖也。公子祔于公子，不敢戚君也。

萬氏曰：祔于大夫之昆弟，則是從孫而上祔於從祖矣，從孫恐無配食之禮。若果有之，將其于如何行事？且從祖他日，不有己之孫來祔乎？一廟之中，而孫祔之，從孫又祔之，恐無此雜亂之禮也。倘使其士而本宗子，則固當祀于宗子之家。今祔於從祖，則是宗子而入支庶之廟矣。士祔於大夫，爲失貴賤之倫；宗子祔於支庶，不幾亂本支之義乎？凡雜記所言，多論貴貴，而不論親親，大約末世之禮，而非本先王之禮也。況喪小記言「士祔于大夫，則易牲」，是士固有上祔大夫之禮矣，胡爲而祔於從祖乎。又曰：公子，諸侯之子也，死則自得立廟，所謂別子爲祖也，何須祔于他人？此之所云，或殤與無後者耳。不然，或卒哭而行祔祭，暫祔于諸祖之爲公子者，至喪畢而始立己廟乎？軾按：所爲祔於祖廟者，古者昭常爲昭，穆常爲穆，易世則遷祖于高廟，而新死者入祖廟，故告其祖而祔之，宜乎支子之不入祖廟者，不得祔於祖也。然支子不得入祖廟，又安得入從祖廟，胡爲而祔于祖之昆弟，高祖之昆弟也。萬氏以爲非本先王之禮，良然。愚謂祔與遷，自是兩事。祔是祭名，蓋體亡者依戀祖考之意，而使祔食于廟。無論貴賤適庶，與父在祖在，中殤長殤，無後者，皆得祔，而高、曾、祖考之同祀一堂者，又無不當祔也。況今廟制，無復左昭右穆，祧而遞遷，新死者不於祖所而于禰室，乃猶泥古制而專祔于祖，誤矣。惟繼別之宗，祗祔於父，其繼祖者，祗祔於祖父已耳。又禮：婦祔於祖姑。祖姑三人，則祔於親者。妾祔於妾祖姑，亡則中一以上而祔。凡此，皆於義有未協於時有未宜。今但於祠堂，出群主而祔，婦人止祔于各妣，雖未盡合古禮，庶于人心少協耳。

程子曰：喪須三年而祔，若卒哭而祔，則三年都無事。禮：卒哭猶存朝夕哭。若無主於殯宮，則哭於何所？

張子曰：古者三年喪畢，吉禘然後祔。因其祫，祧主藏於夾室，新主遂自殯宮入於廟。國語云：日祭月享，廟中豈有日祭之？禮：此正謂三年之中，不徹几筵，故有日祭朝夕之饋，猶定省之禮，如其親之存也。至於祔祭，須是三年喪終，乃可祔也。

呂大臨曰：禮之祔祭，各以昭穆之班，祔於其祖。主人未除喪，主未遷於新廟，故以其主祔藏於祖廟。有祭，即而祭之。既除喪，而後主遷於新廟，故謂之祔。

陳祥道曰：先儒謂既祔，主反其寢。大夫士無主，以幣告。然坊記曰：喪禮每加以遠。苟卿曰：喪事動而遠，故將葬而既祖，柩不可反。孰謂將祔而既餞，主可反乎？

朱子語類答陸子壽書：先王制禮，本緣人情。吉凶之祭，其變有漸。故始死全用事生之禮，既卒哭祔廟，然後神之。然猶未忍盡變，故主復於寢，而以事生之禮事之。至三年而遷于廟，然後全以神事之也。此其禮文見于經傳者不一，雖未有言其意者，然以情度之，知其必出於此無疑矣。其遷廟一節，鄭氏用穀梁「練而壞廟」之說，杜氏用賈逵、服虔說，則以三年爲斷，其間同異得失，雖未有考，然穀梁但言壞舊廟，不言遷新主，則安知其非於練而遷舊主，于三年而納新主邪？至于禮疏所解鄭氏說，但據周禮「廟用卣」一句，亦非明驗。故區區之意，竊疑杜氏之說，爲合于人情也。來諭考證雖詳，其大概以爲既吉則不可復凶，既神事之，則不可以事生之禮接爾。竊恐如此，非唯未嘗深考古人吉凶變革之漸，而亦未暇反求孝子慈孫深愛至痛之情也。

軾按：祔之論不一，祔已反于寢，練而後遷，鄭疏也。祔藏于廟，祭則即祭之，吕氏說也。大祥祔而遷，伊川、横渠之論也。練而後祔者殷道，夫子之所善也。朱子從禮疏祔于卒哭，準程、張遷于大祥，折衷具有深意，而後儒乃以兩祔爲疑。徐健庵先生謂既葬迎精而返，魂魄惟祖考是依，祔祭重在合享，不重在入廟。祖考之靈，無乎不在，至欲祔祭於寢堂。夫祔，附也。亡者附祖，非祖附亡者。今使祖考之靈，就亡者而受祭，于禮安乎？要知附而遷者，主高曾之祀之宗子也。死而無知，可不祭。其有知，身則已矣，而四世神主，猶書孝子孝孫曾玄某也。烝嘗大典，再期不舉，死者能無恫然。卒哭而祔，蓋體死者痛念，祀典之缺，而祔而祭之也。他若别子爲祖，並不得與祖考並列廟庭，回思生時趨蹌共事，隱痛何如。卒哭之祔，固所樂得，而惟恐其不冒也，夫何靳焉？至喪事即遠，謂始死由室而阼堦，而客位，而中野，自近即遠，不以柩返也。若謂主出不得返，何以魂帛既出，待返虞而埋耶？

小祥

初忌也。若已除服者來與祭，皆服素衣。

期而小祥。

自喪至此，不計閏，凡十三箇月。

前期一日，主人以下，陳器具饌。

主人率衆丈夫灑掃滌濯，主婦率婦女滌釜鼎，具祭饌。

設次，陳練服。

丈夫、婦人各設次於别所，置練服於其中。男子以練服爲冠，去首絰，負版辟領衰。婦人截長裙，不令曳地，去腰絰。應服期者，改吉服，然猶盡其月，不服金珠錦繡紅紫。

丘氏曰：家禮于設次陳練服下，既曰男子以練服爲冠，而不言冠之制。又曰：去首絰負版辟領衰，而不言别有所制。今考韻書，練漚熟絲，意以練熟布爲冠服也。古人因其所服，遂以爲小祥之冠。雜記云：三年之練冠，亦條屬右縫。注謂三年練冠，小祥之冠也，則小祥别有冠明矣。服問云：三年之喪，既練矣，則服其功衰。雜記亦云：有父母之喪，尚功衰。注謂三年喪，練後之衰，升數與大功同，故云功衰也。則小祥别有衰明矣。又檀弓云：練，練衣横裏縓緣。葛腰帶，繩屨。注：練衣，中衣之承衰者也。葛腰帶，用葛爲腰絰也。繩屨，用麻繩爲屨也。又喪小記曰：練皆腰絰杖繩屨，今擬冠别爲練，其制繩武條屬右，一如衰，但用稍粗熟麻布爲之。其服制則上衰下裳，一如大功衰服，而布用稍熟麻布爲之，不用負版適衰，腰絰用葛爲之，麻屨用麻繩爲之。父杖用竹，母杖用桐，如故。○又温公書儀謂今人無受服，及練服，小祥則男子除首絰，及負版辟領衰。婦人長裙不令曳地。蓋不復别有所制，惟仍其舊而已。上去首絰，服上去負版等三物。婦人之服，只截去長裙，使不曳地。噫，古禮以小祥爲練，小祥而不製練服可乎？故今擬爲練服如右，及擬婦人服製，亦用稍粗熟麻布爲之，庶稱練之名云。

厥明夙興。設果。陳饌。

並同卒哭。

質明，祝出主，主人以下入哭，乃出就次。易服，復入哭。降神，三獻，侑食，闔門，啓門，辭神。

丘氏儀節：祝出神主，主人以下入舉哀。主人以下期親各服其服，倚杖哭于門外，少頃。哀止，就次易服。各出就次易服畢，各具新服。序立，舉哀，哀止，降神。自此以後，儀節並同卒哭。

祝文：維　年歲次月朔日辰。並同前，但云：日月不居，奄及小祥。夙興夜處，小心畏忌。不惰其身，哀慕不寧。敢用潔牲柔毛，粢盛醴齊。薦此常事，尚饗。

止朝夕哭。

惟朔望，未除服者會哭。

始食菜果。

間傳：期而小祥，食菜果。居堊室，寢有席。

曾子問：小祥者，主人練祭，而不旅奠酬于賓。賓弗舉，禮也。昔者魯昭公練而舉酬行旅，非禮也。孝公大祥奠酬弗舉，亦非禮也。疏：小祥但致爵于賓，不得旅酬，大祥乃行之。

喪大記：既練，居堊室，不與人居。君謀國政，大夫士謀家事。練後漸輕，故得自謀己國家事也。婦人喪父母，既練而歸，歸夫家也。大夫士父母之喪，既練而歸。謂庶子爲大夫士，練後各歸其宮。

朱子語類：問妻喪踰期主祭。朱子曰：此未有考。但司馬氏大小祥祭，已除服者，皆與祭，則主祭者雖已除服，亦何害于祭乎？但不可純用吉服，須如弔服，及忌日之服可也。

大祥 第二忌日也。

前期一日，沐浴，陳器，具饌。

設次，陳禫服。

司馬温公曰：丈夫垂脚黲紗幞頭，黲布衫布裹，角帶。未大祥，間假以出謁。婦人冠梳假髻，以鵝黃青碧皂白爲衣履，其金珠紅繡，皆未可用。

丘氏曰：説文：黲，淺黑色也。今世無垂脚幞頭之制。擬有官者，用白布裹帽，白布槃領袍，布帶。無官者，用白布巾，白直領衣，白布帶。婦人純用素衣履。

告遷於祠堂。

陳器如朔日儀，别設一桌于其東，置浄水粉盞刷子筆硯于其上。

丘氏儀節：序立。主人詣祠堂。盥洗，啓櫝，出主，參神，鞠躬，拜，興。凡二，降神。盥洗，詣香案前。跪，上香，酹酒，俯伏，斟酒。主人執注遍斟于酒盞揖畢，少退立。主婦點茶。點畢，與主人並立。鞠躬，拜，凡二。主婦復位。主人不動。跪。主人以下皆跪。讀祝。祝跪讀之。俯伏，興，平身，請主。主人進奉主于桌子上。執事者，洗其當改字，别塗以粉，俟乾。其親盡者，以紙裹，暫置桌子上。題主。命善書者，改題曾祖考妣爲高祖，又改祖考妣爲曾祖，又改考妣爲祖畢，又改題主祀名。遷主。主人自奉其主，遞遷而西，虚東一龕，以俟新主。少退立。鞠躬，拜，興。拜，興，平身，復位。辭神，焚祝文，禮畢。

祝文：維　年歲次月朔日辰。孝孫某，敢昭告子某官府君。某氏某封。兹以先考某，官府君。大祥已届。禮當遷主入廟。官府君。某氏某封。親盡，神主當祧。某官府君某氏某封。神主，改題爲高祖。某官府君某氏某封。神主，改題爲曾祖。某官府君某氏某封。神主，改題爲祖。世次迭遷不勝感愴。謹以酒果，用仲虔告，尚饗。祝文神主，止書官封稱呼，而不書高祖、曾祖考妣者，蓋爲是時高祖親盡，曾祖祖考妣神主，未改題故也。

丘氏曰：喪小記：父母並喪，則先葬母而不虞祔，以待父喪畢，而後祔。言父母並喪並葬，則先一日葬母，後一日葬父。葬父，虞祔畢，然後爲母虞祔。蓋葬先輕而後重，祭則先重而後輕也。今擬若父先死，則用此告遷儀節；若父在母先死，則是父爲喪主，惟祔于祖母之櫝，不必告遷也。待父死之後，然後用此儀節告遷，而于祝文大祥已屆下，添入及先妣某封某氏先亡，祔于祖妣，于禮當遷主入廟上；若父先亡，已入祠堂，而後母死，只告先考一位，其祝父曰：兹以先妣某封某氏大祥已屆，禮當祔于先考並享，不勝感愴，餘並同。

厥明行事，皆如小祥之儀，畢。祝奉主入於祠堂。

丘氏儀節：序立。至辭神。以上儀節，並同小祥。惟辭神後，添舉哀，焚祝文。祝奉新主入祠堂，主人以下哭從。至祠堂。安神主，安神主于櫝。哀止。鞠躬，拜，興。拜，興，平身。禮畢。

祝文。並同小祥，但改小祥曰大祥。常事曰祥事。

徹靈座斷杖棄之屏處。

間傳：又期而大祥，有醯醬，居復寢。丘氏謂：雖復寢，而不卧牀。

奉遷主埋於墓側。

丘氏曰：祥祭後，陳器具饌，如朔日之儀，用桌子陳廳事上。質明，主人奉安親盡之主于桌子上。

丘氏儀節：序立。如常儀。參神，鞠躬，拜，興。拜，興。拜，興。拜，興，平身。降神，盥洗。詣香案前，跪，上香，酹酒，俯伏，興。主人斟酒，主婦點茶。畢，並立。鞠躬，拜，興。拜，興，平身。主婦復位，跪，讀祝，俯伏，興，平身，復位。辭神，鞠躬，拜，興。拜，興，平身。焚祝文，送主。執事者，用盤盛主捧之。主人自送至墓側，埋主，祝埋畢始回。

丘氏曰：楊氏附注引朱子他日與學者書，既祥而徹几筵，其主且當祔于祖父之廟，俟三年喪畢，合祭而後遷。蓋有取于橫渠袷祭後，奉祧主于夾室之説也。而楊氏亦云自告祭前一夕，以薦告遷主畢，乃題神主，厥明合祭畢，奉神主埋于墓所，奉遷主新主各歸于廟。夫所謂合祭者，即橫渠所謂袷祭也。家禮時祭之外，未嘗合祭。若即是時祭，又不知設新主位于何所，今不敢從，且依家禮爲此儀節，庶幾不失云。

祝文：維　年歲次月朔日辰孝玄孫某，敢昭告于五世祖考某官府君祖妣某氏某封。古人制禮，祀止四代。心雖無窮，分則有限。神主當祧，不勝感愴。謹以酒果百拜告辭，尚饗。

軾按：祧而遷者，宗子也。別子爲祖，則其子自爲立廟；不能立廟，則祀于別室；同居無別室者，暫以其班祔。其先父而亡，及旁親之無後者，俱以其班祔；其先父而亡，及旁親之無後者，俱以其班祔。先父亡者，俟父卒喪畢，或遷或別立廟，旁親之無後者，祀當盡，則埋其主于墓。

彭魯岡曰：曾伯叔祖父母、伯叔祖父母、伯叔父母、兄弟、兄弟之妻、從子、殤子，統於正祀之外。另爲二龕，其東一龕，居男屬之主；次正祀東龕末，西一龕，居女屬之主；次正祀西龕末，俱不必櫝。外親無祔廟之禮，然亦有可以義起者。如外祖考妣，母兄弟，及妻之父母。既無後，其族又替淩無人。以情言之，祀於別室可。如無別室，祔於同姓之祔者亦可。其主列同姓諸主之末，男婦各東西祔，無櫝。又曰：不滿八歲爲無服之殤，八歲至十一歲爲下殤，其祭終兄弟之身，十六至十九爲長殤，其祭終兄弟之子之身。殤，傷也，男女未成人而死，可哀傷也。若已冠笄嫁娶，皆謂之成人。所謂終者，埋其主于墓所，不藏于夾室，以與祫祭也。

軾按：旁親另爲龕，不分男女，依昭穆列左右爲當，外親無祔家廟之理，別室可耳。

禫

鄭氏曰：澹澹然平安之意。

大祥之後，中月而禫。

間一月也。自喪至此，不計閏，二十七箇月。

前一月下旬，卜日。

軾按：家禮卜日用环珓。書儀隨便擇日。愚謂二十七月滿之次日，祭畢，釋服，亦于禮無悖。

前期一日，沐浴，設位。陳器，具饌。

設神位于靈座故處，餘如大祥儀，設桌子一于西階上。

厥明，行事皆如大祥之儀。

丘氏儀節：主人以下禫服詣祠堂。焚香，跪。告辭曰：孝子某，將祗薦禫事，敢請先考神主出就正寢，俯伏，興。拜，興。拜，興，平身。奉主至正寢，祝奉主櫝于西階卓子上。出主。祝出主置于座，序立。舉哀，哀止。降神，盥洗，以後至辭神，並同大祥。辭神，鞠躬。拜，興。拜，興。拜，興。拜，興，平身。舉哀，哀止。焚祝文，送主入祠堂。主人以下皆從。納主。禮畢。

祝文： 維 年歲次月朔日辰，孤子某，敢昭告于顯考某官府君神主。禫制有期，追遠無及，謹以清酌庶羞，祗薦禫事，尚饗。母則改稱先妣某封某氏。

始飲酒食肉而復寢。 軾按：此條舊在大祥下，丘氏移此。○大祥後雖復寢，至是乃卧牀，庶得禮意。

喪大記：禫而從御，吉祭而復寢。注：從御，御婦人也。復寢，不復宿殯宫也。顧炎武曰：吉祭。疏謂時祭，非也。禫即吉祭，豈有未復寢，先御婦人者乎？

檀弓：祥而縞，是月禫，徙月樂。○孟獻子禫，縣而不樂，比御而不入。夫子曰：獻子加于人一等矣。

間傳：中月而禫，禫而飲醴酒。始飲酒者，先飲醴酒。始食肉者，先食乾肉。○中月而禫，禫而牀。

周怡曰：三年之喪，禮書止於再期，而大祥中月而禫，凡二十七月。今則扣日計月，實二十八月也。禫者，淡淡然意。則前此皆哀聲戚容，至此始淡，而實非忘哀也。若依禮書中月而禫，則于二十八月忌日，無事舉行，何以釋服？若再祭告，是重禫也，禮則瀆矣。禮本諸人情，親喪自盡。三年之喪，自先王制禮，不敢過也。孝子之心，雖加一日，猶爲可也。人子之于親，何忍于祥禫之間計月日乎？有所限而行者，謂之守禮則可，謂之孝親則吾不知也。

軾按：三年之喪，實再期踰月，廿五箇月也。如正月一日爲忌辰，再期臘月三十日，是二十四箇月。至正月初一日第二忌辰，則二十有五月矣。又越月至三月初一，乃二十七箇月，所謂中月而禫也。今功令按日足二十七月，當以三月三十日爲滿。次日釋服，則二十有八月矣，故謂禫祭不必擇日，即以二十七箇月滿之次日，祭而釋服可也。

附期喪禫服

雜記：期之喪，十一月而練，十三月而祥，十五月而禫。喪服小記：爲父母妻長子禫。○庶子在父之室，則爲其母不禫。注：妾，父在厭也。疏此謂不命之士，父子同宫者，若異宫則禫之。如下文言，則亦猶杖也。禫爲服外，故微奪之爾。

徐健庵曰：期服有禫，謂父在爲母，及夫爲妻也。其祭之儀節，不知與三年之禫同乎？異乎？然禮言十一月而練，十三月而祥，十五月而禫。既備此三者之節，則必倣三年之禮行之矣。是禮也，自周至梁、陳皆守而不變，逮隋牛弘始廢十一月之練，而祥禫猶如故。至唐高宗世，易母之期服以三年，于是母喪無期服，因無期服之祥禫，而妻喪之祥禫亦廢矣。古人之論妻服也，謂彼以父服服我，我故以母服報之。誠哉是言也。後世妻服無祥禫之制，則妻喪竟等于諸期喪，而與古禮大異矣。

萬斯同謂：今制母喪亦三年，有禫，妻長子不復有禫，蓋亦有由。古人父在子爲母期，故妻喪有子者，己與子同服。其練也、祥也、禫也，己與子同一日也。今制子雖父在，爲母三年，則妻喪有子者，己服期，而子服三年。己爲妻之練也、祥也、禫也，先行其祭，子之練也、祥也、禫也，復設祭之禮。古人父爲長子三年，子爲父三年，故長子有子者，己與孫同服，其練也、祥也、禫也，己與孫亦同一日也。今制父爲長子期，則長子有子者，其喪也，己服期，而孫服三年，己爲子之練也、祥也、禫也，先行其祭，及其孫之練也、祥也、禫也，復設祭之禮。于此欲得兩盡之道，不可不酌古今之宜。妻喪未有子者，其練、祥、禫祭，當如期以行；若其有子，則就子之練、祥、禫祭，己爲主，而申其意可也。爲長子而無孫者，其練、祥、禫祭，當如期以行；若有孫，則當就其孫之練、祥、禫祭，己爲主，而致其哀可也。然小記又云宗子母在爲妻禫，則父在不得爲妻禫知。所以然者，父主適婦，己不得爲主故也。

軾按：近時期功之服，尊制者無幾。又從而責其練、祥、禫，其誰從我？存此一節，以俟篤厚者之自致可耳。至萬氏所謂因子孫之祭，而己主之，以申其意。此則人情之所不能自己，凡有惻怛之心者，其誰不然。

喪畢吉祭

春秋閔公二年，夏，五月，乙酉，吉禘於莊公。

左傳：祔而作主，特祀於主，烝嘗禘於廟。○疏：三年喪畢，致新死者主，以進于廟。廟之遠主，當遷入祧，于是大祭于太廟，以審定昭穆，謂之禘。釋例曰：凡喪三年，喪畢，而後禘。于是遂以三年爲節，仍計除喪即吉之月，十日而後行事，無復常月也。

通典：三年喪畢，皆合先祖之神而享之，以生有慶集之歡，死亦應備合食之禮。緣生以事死，因天道之成，而設禘祫之享。周制禫祭之後，乃祫于太祖，來年春，禘于群廟。

軾按：喪畢合享，謂之吉祭，非吉禘也。禮，遭喪不祭，尊祖敬宗之心，缺焉久不申。喪畢合祭，出于報本追遠之孝思，固非專爲死者設也。今擬于釋服之次月，卜日行事，如常儀，然必死者爲宗子，方得行此禮。

朱子曰：喪三年不祭。但古人居喪，衰麻之服不釋于身，哭泣之聲不絶于口，其出入居處，言語飲食，皆與平日絶異。故宗廟之祭雖廢，而幽明之間，兩無憾焉。今人居喪，與古人異，卒哭之後，遂墨其衰。凡出入居處，言語飲食，與平日之所爲，皆不廢也，而獨廢此一事，恐亦有所未安。竊謂欲處此議者，但當自省所以居喪之禮，果能始卒一一合于典禮，即廢祭無可疑。若他時不免墨衰出入，或其他有所未合者尚多，即卒哭之前，不得已準禮且廢；卒哭之後，可以略倣左傳杜注之説，遇四時祭日，以衰服特祀于几筵，用墨衰常祀之家廟可也。

忌日

前一日，齋戒，設位，陳器，具饌。厥明，夙興，設蔬果酒饌。質明，主人以下變服，詣祠堂，奉神主出就正寢。參神，降神。初獻，亞獻，終獻，侑食。闔門，啓門，辭神，納主，徹。

丘氏儀節：如常祭，除去飲福受胙，其奉主出正寢。告辭曰：今以某親某官遠諱之辰，敢請神主，出就正寢，恭伸追慕。〇舉哀，哀止。非考妣及祖考妣遠死則不舉哀。

祝文：維某年歲月朔日辰孝子某。或孫或曾、玄孫。敢昭告于某親某官府君，歲序流易，諱日復臨，追遠感時，昊天罔極。如祖考改此句爲不勝永慕，旁親不用，追遠句，但云不勝感愴。以牲醴用申奠獻。尚饗。

是日不飲酒，不食肉，不聽樂，黲布素服以居，夕寢于外。

張子曰：或問忌日有薦可乎？曰：古則無之，今有，于人情自亦不害。○凡忌日必告廟，爲設諸位，不可獨享，故迎出廟，設于他次。既出，則當告諸位。雖尊者之忌，亦迎出，此雖無古禮可以意推，薦用酒食不焚楮幣，其子孫食素。○忌日變服，爲曾祖祖，皆布冠而素帶麻衣。爲曾祖祖之妣，皆素冠、布帶、麻衣。爲父布冠帶、麻衣、麻屨，爲母素冠、布帶、麻衣、麻屨，爲伯叔父皆素冠帶、麻衣，爲伯叔母麻衣、素帶，爲兄麻衣、素帶，爲弟姪易褐，不肉。爲庶母及嫂，亦不肉。○古人于忌日不爲薦奠之禮，特致哀示變而已。

二程全書：忌日必遷主出祭于正寢。蓋廟中尊者所據，又同室難以獨享也。

侯子雅言：人有父在而身爲祖母忌日飯僧者，召侯師聖，師聖不往。或問之，師聖曰：「主祭祀者其父也，而子當之，則無父矣。」

朱子語類：問忌日之變。呂氏謂自曾祖以下，變服各有等級，聞先生於諱日亦變服，不知今合如何？朱子答云：唐人服黲，今只用白生絹衫帶黲巾。○問忌日當哭否？曰：若是哀來時，自當哭。又問衣服之制。曰：某自有弔服，絹衫絹巾，忌日則服之。○先生母夫人忌日，著黲黑布衫，其巾亦然。友人問今日服色何謂？曰：公豈不聞君子有終身之喪。○問：每論士大夫家忌日，用浮屠誦經追薦，鄙俚可怪，既無此理，是使其先不血食也。乙卯年，見先生家，凡值遠諱，蚤起，出主於中堂，行三獻之禮，一家固自蔬食。其祭祀食物，則以待賓客。考妣諱日，祭罷裹生絹黲巾終日，一日晚到閣下，尚裹白布未除。○先生爲無後叔祖忌祭，未祭之前，不見客。○問人在旅中，遇有私忌，於所舍設桌炷香可否？曰：這般微細處，古人不曾説。若是無大礙於義理，行之亦無害。○忌日衣服飲食如何？答曰：横渠忌日衣服有數等，今恐難遽行，但主祭者易以黲素之服可也。○問未葬不當時祭，遇先忌如何？朱子曰：忌者喪之餘，祭亦無妨。然正寢已設几筵，即無祭處，亦可暫停。

真德秀讀書記：近世大儒，有忌日以黲衣巾墨衰受弔者，或疑之。答曰：禮不云君子有終身之喪乎？前世名家嫁女，其篋中有墨衰一稱，以爲忌日慰舅姑之服，皆可法也。

丁晉公談録：艾仲儒侍郎，言仲儒嘗聞祖母，當于歸時，衣笥中得黑黲衣，妯娌骨月皆驚駭而詰之。云：「父母將此，令候翁家私忌日，著此衣出慰之。」當時上族之家，猶有此禮。今之時，固未嘗聞也。

張萱西園聞見録：鄭克敬，將樂人。洪武中，由薦舉任延平府儒學訓導，賜名公正，擢監察御史。正色立朝，以廉介受知高廟，嘗奉使復命，賜燕不飲食。光禄卿以聞，上詰其故。對曰：今日臣父忌日，不忍食肉。上曰：「尊者賜，少者、賤者不敢辭，況君命乎？」公正對曰：「臣聞有父子而後有君臣。」上悦其言，賜鈔五錠。○張吉，成化時，爲工部郎，以直諫謫景東州判官。景東西南極邊，俗鄙戾，吉教之以禮義。土官陶氏者，遣其子棨來學，聞教即善事其父，遇母忌，即斷酒肉不御，其俗亦漸以變。

李濂忌日答問：李子當考妣忌日，必杜門謝客，不親書史蔬素竟日。客有造謁於門者，閽人辭焉。他日客愠見，李子再拜謝。已而歎曰：「吉禮之不明于天下也久矣。檀弓曰：忌日不樂。祭義曰：君子有終身之喪，忌日之謂也。忌日不用，非不祥也。言夫日志有所至，而不敢盡其私也。」又曰：「忌日必哀，某于考妣忌日，致齊於内，不通賓客，守先王之禮也，亦情之不容已者也。粤稽諸古，若王修之母以社日亡，每歲社日修感念哀甚，里閭爲之罷社。祝欽明以匿親忌日而貶申州，元亘以忌日辭攝祭，而甘坐罰。凡此咸可鑒也。夫既見賓客，必接談笑。而孝子之心，忍乎不忍乎？」顔氏家訓曰：忌日不樂。正以感慕罔極，惻愴無聊，故不接外賓，不理衆務。而艾仲孺侍郎，嘗聞其祖母于歸時，衣笥中得黲黑衣，娣姒皆驚駭詰之。曰：「父母教以遇翁家忌日著此服爾，當時衣冠之家，猶知此禮，惜今未之聞也。晦菴先生每于母夫人忌日著黲黑巾衫，門人問其故。先生曰：子豈不聞君子有終身之喪乎？」先生凡值先代忌日，必早起，出主于中堂，行三獻禮，闔門蔬食。此士大夫所當法也。故曰：君子有終制之喪，有終身之喪，有斯須之喪。終制之喪，三年是也。終身之喪，忌日是也。斯須之喪，弔日是也。夫天之道，陰陽不同時，則當寒而燠者，逆道也。人之理，哀樂不同日，則忌日接見賓客，談笑如故者，逆理也。君子愛人以德，君其勿深咎予哉？」客再拜曰：「先生教吾矣。」作忌日答問。

薛夢禮教家類纂：凡祭祀所以報本，不可不重。近世多不行四時之祭，唯于忌日設祭，前期不齋，臨祭無儀，祭畢請客飲酒，皆非禮也。今宜悉依家禮。〇忌日祭止本親，用四蔬果，小三牲。考以妣配，妣不援考。

錢謙益初學集：繆公昌期行狀云：公詔獄死狀秘，外人莫得知。四月二十九日，橐饘中傳出寸紙，自是而絶。五月二日，獄吏以死上，竟莫知何日也。正統八年六月，閹振殺侍講劉忠愍公球，忠之亡以二十一日。二十三日，家人始得聞其諱，祭自二十一日後，凡三舉，蓋疑之也。今公之絶命，則未知其爲四月爲五月也，而其家遂以四月二十九日爲忌辰，忌日一也，劉則疑之，繆則意之。亡于禮者之禮，孰是而孰非，均可以痛哭矣。

張文嘉齊家寶要：忌祭儀節，質明主人以下，素服詣祠堂考妣前焚香，跪。告曰：今以某官某考遠諱之辰，敢請神主，出就正寢，恭伸追慕。儀節同時祭，用贊唱，去飲福受胙。○若考妣于讀祝後，加舉哀，哀止。若祖考妣近故者亦然。祝文云：歲序流易，諱日復臨。追遠感時，昊天罔極。如祖考妣以上，則改昊天罔極，爲不勝永慕，謹以清酌庶羞，用伸奠獻，謹奉顯妣孺人某氏配食，尚饗。若妣忌，則用伸奠獻下，云敬奉以配顯考某官府君，尚饗。案：妣不曰祔食，而曰配食。配，合也，蓋夫婦得合食也。○忌日變服，高曾祖考妣衣用青素，祖考妣玄冠白衣，考妣白冠白衣。○陳敬亭曰：禮，君子有終身之喪，忌日之謂也。又曰忌日不用，非不祥也。言夫日志有所至，而不敢盡其私也。蓋父母之恩，與天無窮，雖喪三年，亦未足報，故于是日追思哀慕，徬徨急切，屏絶人事，而獨致其情，所以盡思親之誠，伸終身之慕焉爾。近世禮教廢弛，此義不明。雖當忌辰，仍治私事，無復哀戚于親，亦恝然甚矣，子情寧若是忍哉？鄉先生翁廣平相嘗有言曰：凡祭皆吉服，而忌用縞素。凡祭皆飲福而忌獨舉哀，夫縞素舉哀，非所以施之祭也。故此祭宜與祥祭禫祭同類，列于喪禮之末，庶合事宜，斯言良爲有見。

瞿式耜愧林漫録：祖先忌辰，誠慮有遠而忘之者，忘生于不可知，不可知則雖有其心，而無可自盡，於是有飲食燕樂，適值吾祖先之忌，爲吾上世先公所呼號擗踊之日者，而若子若孫，反以行樂如路人然，各悲各笑，了無相關，皆由不可知之誤也。宜歷考先人忌日，序刻爲單，附以生辰，揭諸祠壁，用惕示子孫勿忘。

生日之祭

馮善家禮集説：家禮親生辰無祭。鄭氏曰：祭死不祭生，今俗皆有祭。及觀義門鄭氏麟溪集云：四月一日，乃始遷祖初生之辰，奉神主于有序堂上行一獻禮，此爲可據。念親在生辰既有慶禮，没遇此日，能不感慕？如死忌之祭可也。○生日祝文：維年月日孝子某敢昭告于考某官府君曰：歲序易遷，生辰復遇。存既有慶，没寧敢忘。追遠感時，昊天罔極。謹以清酌庶羞，恭伸追慕，尚饗。妣同。

姚旅露書南州宗室謂親死目爲暗忌，生日爲明忌。宗中極重明忌，親死者遇十生日，如五十、六十之類，猶追壽焉。族人具禮謁賀，一如存日。

人子生日

顔之推家訓：江南風俗，兒生一期，爲製新衣，盥浴裝飾，親表聚集，致讌享焉。自兹已後，二親若在，每至此日，嘗有酒食之事，爾無教之徒，雖已孤露，其日皆爲供頓，酣暢聲樂，不知有所感傷。梁孝元年少之時，每八月六日載誕之辰，常設齋講，自阮脩容薨没之後，此事每絶。

真德秀曰：人子之于生日，苟無父母，當以忌日之禮自處。唐太宗以萬乘之主能行之，況學者而可昧此乎？今北人有以生日爲母難日，祀其父母者。蓋思此身之所從來，有申吾追慕之情，良是也。程子亦云：人無父母，生日當倍悲痛，更安忍置酒張樂以爲樂，欲人之自省切矣。

喪主

奔喪：凡喪，父在父爲主。父没，兄弟同居，各主其喪。注：各爲其妻子之喪爲主也。祔則宗子主之。親同，長者主之。注：父母没，如昆弟之喪，宗子主之。不同，親者主之。注：從父昆弟之喪。

喪大記：其無女主，則男主拜女賓于寢門内。其無男主，則女主拜男賓于阼階下。子幼，則以衰抱之，人爲之拜。爲後者不在，則有爵者辭，無爵者人爲之拜。在竟内則俟之，在竟外則殯葬可也。喪有無後，無無主。注：拜者，皆拜賓于位也。爲後者有爵，攝主爲之辭于賓爾，不敢當尊者禮也。○疏：此明喪無主，使人攝者，禮也。若有主，則男主拜男賓，女主拜女賓。無女主，男主拜女賓于寢門内，少遠階下。鄉云女有下堂爲此也。無男主，亦使女主拜男賓于阼階下位也。子雖幼，則以衰抱之爲主，而人代之拜賓也。爲後者不在，則有爵者辭者，謂主有官爵，出行不在，而家有喪。其攝主無官爵，則辭謝于賓云。己無爵，不敢拜賓也。無爵者人爲之拜，謂不在之主無官爵。其攝主之人，爲主拜賓也。若主行近在竟内，則俟其還，乃殯葬。若主行在國外，計不可待，則殯。殯後又不可待，則葬可也。喪有無後，無無主。釋所以使人攝，及以衰抱幼之義。無主則對賓有闕，故四鄰里尹主之，無得無主也。

雜記：主妾之喪，則自祔。至於練、祥，皆使其子主之，其殯祭不於正室。

凡主兄弟之喪，雖疏亦虞。疏：此疏謂小功緦麻，喪事虞祔乃畢。雖服緦小功之疏。彼既無主，亦爲之主虞祔之祭。

姑姊妹，其夫死，而夫黨無兄弟，使夫之族人主喪。妻之黨，雖親弗主。注：此謂姑姊妹無子，寡而死也。夫黨無兄弟，無緦之親也。其主喪不使妻之親，而使夫之族人。婦人外成，主必宜得夫之姓類。夫若無族矣，則前後家，東西家。無有，則里尹主之。注：喪無主也。里尹，閭胥里宰之屬。王度記曰：百户爲里，里一尹，其禄如庶人在官者。諸侯弔於異國之臣，則其君爲主，里尹主之，亦斯義也。或曰：主之而附于夫之黨。

朱子語類：門人問雜記此條之説如此，今某有姑，處勢正同，既無所祔，豈忍其神之無歸乎？朱子答曰：古法既廢，鄰家里尹，決不肯祭他人之親，則從宜而祀之別室可也。

吕坤曰：婦無喪主，寧用東西家、前後家，及里尹，而不用女與壻。曰：女既適人，明其爲外人也，不亦拂情亂常之甚乎？女雖外兄弟父母家，然期親，壻亦緦親也。閭胥里宰，于死者何有焉？

顧炎武曰：此文以姑姊發端，以戒人不可主姑姊妹之夫之喪也。夫寧使疏遠之族人，與鄰家里尹，而不使妻之黨爲之主。聖人之意，蓋已逆知後世必有如王莽假母后之權，行居攝之事，而篡漢家之統，而豫爲之防者矣。別内外，定嫌疑，自天子至于庶人一也。或曰主之而附于夫之黨，是烏知禮意哉？

萬斯同曰：婦人死，夫家無族，妻黨弗得主喪。以婦人外成，妻族不可以干夫族也。然里尹與東西前後家，寧親于妻之黨乎？妻黨之親者不可，外人之疏者反可，何不情之甚也。愚意下文或人之説當爲正理，故記者附著之。而注家反詆以爲謬，何也？倘此説爲謬，則記者亦不必言之矣。故此條之解，斷以後説爲正。

喪服小記：男主必使同姓，婦主必使異姓。注：謂爲無主後者爲主也，異姓同宗之婦也，婦人外成。

徐師曾曰：此言立喪主之義，爲無主後者言也。男主使同姓，雖壻不得與女主使異姓。雖姊妹及女不得與，各從其親也。

晉雷孝清問曰：爲祖母持重，既葬而母亡。云何？范宣答曰：一身當爲兩喪之主。○庾蔚之謂：應別室爲廬，兼主二喪。

朱子語類：朱子答妻逾期，孰爲祭主之問云：此未有考，但司馬氏大小祥祭，已除服者，皆與。則主祭者，雖已除服，亦何害於主祭？但用弔服，或忌日之服可也。○朱子答朔祭子爲主之問云：凡喪，父在父爲主，子無主喪之禮。父没，兄弟同居，各主其妻子之喪。問今制夫爲妻服期，子爲母齊衰三年。則夫之大祥，乃子小祥之祭。子之大祥禫祭，夫已無服，可以夫爲祭主。祝辭曰：夫某爲子某薦其祥事。如曾子問宗子爲介子之禮可乎？朱子答云：今禮，几筵必三年而除，則小祥、大祥之祭，皆夫主之。但小祥之後，夫即釋服。大祥之祭，夫亦須改其祝辭，亦不必言爲子而祭。

王廷相答劉遠夫論喪禮書：承示父在母亡，父自主其喪之論。竊詳先儒多以喪服小記爲據，今考之小記云：婦之喪，虞卒哭。其夫若子主之，祔則用主之。鄭氏注曰：婦，謂凡適婦、庶婦也。虞卒哭祭婦，非舅事也。祔于祖廟，尊者宜主焉。及考士虞禮祝辭云：哀子某，哀顯相，夙興夜處不寧，敢用潔牲剛鬣。香合，嘉薦，普淖，明齊，溲酒。哀薦祫事，卒哭祝辭云：哀子某，來日隮祔爾于皇祖某甫，尚饗。祔祝辭云：孝子某，孝顯相，夙興夜處，小心畏忌，不惰其身。不寧，用尹祭。嘉薦，普淖，普薦。溲酒，適爾皇祖某甫，以隮祔爾孫某甫，尚饗。由此三辭，皆其子主祭事矣。今詳小記之義，蓋爲諸子之婦亡者，無子則虞卒哭之祭，其夫主之。有子，則其子主之。至于祔廟，則其舅主焉爾，謂之舅，與婦對言也，非謂父在母喪之云也。家禮本之書儀，或者緣此而誤，遂以虞卒哭並祔通爲父主之也。僕初纂時，亦止據家禮注書入，未至詳考，遂前後不倫。爾承教多謝，然僕有説焉。夫在妻亡，有有子者，有無子者。有子者，固爲祭主矣。而無子者，其夫自主。亦禮也。古今諸禮書，皆無明證。若以儀禮及家禮祭儀論之，皆子祝父母之文也。以夫行之于妻，仍爲過重。今宜斟酌纂之何如？且如父在母亡，其子仍依諸禮主虞祔卒哭祥禫之祭。但其父略先拜奠，以休他所，而後長子率諸子孫内外之人舉行。其夫在妻亡而無子者，亦當别定節儀，比之子祭父母，少爲簡省，另爲祝文。

汪琬曰：或問喪必有主與？曰：禮喪有無後，無無主。然則孰爲之主？曰：惟子，與其婦。禮所謂主人、主婦是也。支子不在列與？曰：雖在列，不敢主之也。何爲其不敢也？曰：非傳重也。子問曰：喪無二孤，此之謂也。親戚故舊，亦可主與？曰：可。古者喪必訃，訃必哭，哭則必有弔者。孔子之哭子路也，身爲之主；其哭伯高也，使子貢爲之主。皆是。然則父母之喪可使他人主之與？曰：不可。禮，父不主庶子之喪，夫不主妾之喪，舅不主諸婦之喪，妻之黨不主姑姊妹之夫之喪。吾未聞執親之喪，而使他人主之者也。無主後則如之何？有攝主。禮，大夫而無主後，宗子爲士者可攝也。宗子爲士而無主後，大夫可攝也。何爲其使大夫攝？曰：公子有宗道焉，宗子而特起爲大夫者，亦有宗道故也。無宗子，則又如之何？曰：無宗子，是無族也。禮，無族，則前後家、東西家主之。無有，則里尹主之。是攝主之變也。然則今之吴人有喪也，或使同姓士大夫護之，訃告必厠名其間，其殆古之攝主與？曰：是與攝主不同，護喪之名，不見于經。朱子家禮使子若弟如禮者爲之，有喪事則禀之。前明集禮，則兼用孫，吾未聞士大夫而執弟與子孫之役者也，雖謂之非禮可也。

萬斯大學禮質疑：武林張仲嘉著齊家實要有云：父母之喪，長子爲主，無則次子，或長孫主之。予謂當改云：無長子，則長孫主之。此古人重適之意，因引公儀仲子舍孫直子，孔子曰立孫爲據。友人吴秉季謂予曰：有次子而以孫主喪，恐世俗難行。且子所引，乃卿大夫之禮，士庶之家不必然。予曰：某所言者，古今之通義也。君之所慮者，末俗之私見也。子亦知適孫爲主，即承重之謂乎？曰：雖承重，猶當次子主之。予曰：若是，猶未明乎承重之謂矣。古人于子，無問衆寡，爲父後者，止適長一人，是謂適子。父老則傳重，父没爲喪主。適子死，則父報之。故喪服父爲長子斬。傳曰：正體于上，又乃將所傳重也。注云：重其當先祖之正體，又以其將代己爲宗廟主也。此重之義也。適子死，則適孫爲後。喪服傳曰：有適子者無適孫。注云：適子在，則皆爲庶孫。必適子死，乃立適孫。適孫，爲祖後也。爲祖後，則凡適子之事，皆適孫承之。故祖父卒服斬，與子爲父同。此承重之義也。夫祖非無庶子，而必以適孫爲後，則知所謂正體之重，庶子不得傳之矣。庶子不得傳重，則爲喪主者，非適孫而誰？庶子何以不得傳重也？小記曰：庶子不爲長子斬，不繼祖與禰故也。注云：尊先祖之正體，不二其統也。大傳曰：庶子不祭，明其宗也。觀此則庶子不得傳重可知矣。不得傳重，而得爲喪主乎？使庶子而可爲喪主，則適孫可無承重矣。使適孫而不爲喪主，則所謂承重者，爲何矣？今天下喪禮廢壞，獨適孫承重，律令著之，通俗行之，稍見古人爲後之義。于此而更忽之，則古意亡矣，士君子之所深憂也。曰：適孫爲主，庶子反無所事乎？曰：非也。喪主者，喪禮所謂主人也。庶子者，喪禮所謂衆主人也。古禮唯擗踊哭泣衰服苴絰，衆主人所同。而拜賓、送賓，及祝辭之稱，與凡成禮于喪中者，主人所獨。今世居喪，儀節大異古初，子孫不分適庶，概施而無別，孰謂其無所事也。曰：然則庶子于父喪亦各有所重，適孫何以得專主邪？曰：庶子之均其儀節，亦庶子之不欲自異于適爾，謂各有所重，何以庶子先父而死者，其子不爲祖承重乎？觀此則庶子無所重，而重在適也。庶子雖叔父之尊，不得以其爲兄子而厭之矣。曰：庶子雖不厭，然居喪儀節，適庶既均，適孫之爲主者，于何見之？曰：勢重者難返，欲一旦復古禮于今日，有所不能，就今言今，唯祝辭及名刺之通于外者，先適孫而後庶子，存古意什一于千百而已矣。曰：如適孫復死，則如之何？曰：今制不有曾玄承重者乎？謂之承重，則毋問曾玄服斬，與孫承重同服，同則其爲喪主亦無不同，次子亦不得而專之也，故次子爲喪主者，必長子無子。或適孫曾無子，不得已而後爲之，乃可爾。古人無子孫者，兄弟主之。無兄弟者，族人主之。無族人，則前後家東西家，或里尹主之。蓋喪有無後，無無主。聖人盡禮之變而爲之制，若言其常禮，則適子、適孫、適曾孫、適玄孫之爲喪主，其可得而移易也哉？

張獻翼曰：予長嫂没，長兄會試在燕京，予在旁答弔者之拜，因而謝焉。記云：爲賜而來者拜之，況嫂叔乎？及舉殯，則吾兄主之，可無事於答拜矣。此等之禮，隨時斟酌，不可預定者也。

立後

檀弓：公儀仲子之喪，檀弓免焉。仲子舍其孫而立其子，檀弓曰：「何居？我未之前聞也。」趨而就子服伯子於門右曰：「仲子舍其孫而立其子，何也？」伯子曰：「仲子亦猶行古之道也。昔者文王舍伯邑考而立武王，微子舍其孫腯而立衍也。夫仲子亦猶行古之道也。」子游問諸孔子。孔子曰：「否，立孫。」

司惠子之喪，子游爲之麻衰牡麻絰。文子辭曰：「子辱與彌牟之弟游，又辱爲之服，敢辭。」子游曰：「禮也。」文子退反哭，子游趨而就諸臣之位。文子又辭，曰：「子辱與彌牟之弟游，又辱爲之服，又辱臨其喪，敢辭。」子游曰：「固以請。」文子退扶適子，南面而立，曰：「子辱與彌牟之弟游，又辱爲之服，又辱臨其喪，虎也敢不復位。」子游趨而就客位。

高郢子游麻衰議書曰：盛德不狎侮，使彌牟能知禮邪，是君子也。當直言以救失，爲不知禮邪，是小人也。當矜其不能，提耳喻之，何狎侮之爲乎？觀文子未正虎位，非不知也，重違惠子之志，將候告者而行之。偃奈何以廣自許，以狎待人，重其語言，輕其重服，乘人之失，伐已之明，又非美之位，不可謂無辱，且多識前言以匡其失，而回遹若此。設使立人之朝，謀人之政。至于講大禮，臨大節，獻可替否，任賢去邪，言可得聞乎？無以，乃裂冠毀冕行怪而已矣，遠觀望之，未見其可，直人不以其直也，不可以道狥物，而忘其身，赴井救人，傷教害義，殆非所謂習禮者矣。

邵寶曰：公儀仲子舍孫立子，而檀弓弔之以免。司寇子舍適立庶，而子游弔之以麻衰。禮歟？非禮也。然則二子之服之也何居？將以明禮也。將以明禮，而自蹈于非禮可乎？昔者孟子嘗以仁術爲言，假非禮以起問者，而率人於禮，近于術矣，何不可之有？

王廷相曰：立後從周，何謂也？曰：殷人適子死，立適子之母弟。周人適子死，立適孫。春秋傳曰：質家親親，先立弟；文家尊尊，先立孫是也。文王立發，微子立衍，孔子乃曰立孫，此又何謂也？曰：文王立發，遵時制也；微子立衍，守祖道也。立孫，周道也，故孔子從周。曰：後世不可易乎？曰：立適，所以重宗一統，消覬覦而絶禍變，萬世不易之道也。故無適子，立適孫；無適孫，立適曾孫；無適曾孫，立適孫之弟，先文後庶可也。無則上求適子之弟立之，無適弟而後及庶弟焉。

奔喪

始聞親喪哭。親謂父母也，以哭答使使者。問故，又哭盡哀。**易服。**裂布爲四脚白布衫，繩帶，麻屨。

丘濬曰：案：裂布爲四脚，家禮本書儀，恐是當時有此製，今世人不用，忽然以行遠路，恐駭俗觀，擬用有子粗麻布爲衫，戴白帽，束以麻繩，著麻鞵。

遂行。日行百里，不以夜行。雖哀戚，猶避害也。

丘濬曰：案日行百里，今其大約也，道路舍止不能皆然。書儀云：今人雖或與親屬偕行，不能百里，道中亦不可滯留也。

道中哀于則哭。哭避城市喧雜之處。**望其州境其縣境其城其家皆哭。**家不在城，則望其鄉哭。**入門，詣柩前再拜。乃變服，就位哭。**

儀節：奔喪者將至。在家者，男婦各具服就次，哭以待。奔喪者至，哭入門，升自西階。詣柩前，拜，興。拜，興。拜，興。拜，興。且拜且哭。擗踊無數。哭少間。拜弔尊長，受卑幼拜弔。且哭且拜，并問所以病死之故，乃就東方去冠及上衣。披髮徒跣，不食。如初喪。就位哭。各就其位次而哭，第二日晨興。男子袒括髮，婦女髽。至上食時。襲衣，捲所袒衣。加絰帶。首戴白布巾，上加環絰，腰具絰，散垂其末，並具絞帶。詳見初終儀。

後四日成服。與家人相弔，賓至拜之如初。

儀節：是日朝奠時，在家男婦，各服其服就位哭。舉哀，奔喪者，具衰絰持杖，向靈座伏地哭。相弔。少頃，詣所尊諸父前跪哭，又向諸母前跪哭，卑幼者又向奔喪者前跪哭，一如前成服儀。受弔。賓客有來弔慰者，則哭出迎之。稽顙，拜，興。拜，興。且拜且哭，尊長不答拜，其餘皆答。

若未得行。則爲位不奠。設椅子一枚以代尸柩，左右前後設位，哭如儀，但不設奠，若喪側無子孫，則此中設奠如儀。變服。亦以聞後之第四日。

聞喪儀。

丘濬曰：案禮記有奔喪篇，家禮本書儀，書儀本禮記，但略舉其要耳。其間次第儀節，蓋已詳具家禮喪禮篇，於此不復重出，使人臨時考行而已。然今世士大夫，宦遊于外，一聞凶訃，心緒瞶亂，平時不素講問，倉卒之際，豈能細考？縱一閱之，亦烏能因其略而遽得其詳哉？今條析其儀節於後：

聞訃。儀節：是日訃至。舉哀。舉家男婦皆哭，少頃，問死者以病訃終之故。易服。男子皆去冠及上服，女子去首飾與凡華盛之服。披髮徒跣，不食，男女哭擗無數。

爲位。儀節：是日堂中設椅子一枚，以代柩，椅子前設桌子一張，上置香爐香合燭臺之類。各就位。主人坐於位東，男坐其下，皆藉以藁。主婦坐於位西，衆女婦坐其下，以南爲上。舉哀。哭不絕聲。○是日具括髮，絰帶，衰服等物。

變服。儀節：聞訃之次日。袒。男子皆袒去上衣。括髮。散髮者用麻繩束之。具絰帶。首戴白布，巾上加單股之絰，具要絰，散垂其三尺。及具絞帶，禮所謂環绖也。詳見喪禮篇初終遷尸牀條下。婦人髽。婦人用麻繩撮髻，竹木簪。

服輕者袒免。服輕者皆著素服，袒開上衣，用布纏頭，或著白布亦可。

設奠。儀節：爲位之後，是日即陳設蔬果脯醢羹飯茶酒之類於桌子上，用侍者一人爲祝，有子孫在喪側者不設。盥手。祝洗手。跪，焚香，興。斟酒，鞠躬。拜，興。拜，興，平身。祝拜。罩巾，舉哀。自是以後朝夕日中，凡三次，遇朔日即盛設，如在家儀。

成服。儀節：聞訃第四日夙興。各具服。五服之人，各服其服，執杖。有腰绖者，絞其麻本之散垂者，環绖不用。各就位。男位於靈位東，女位於西，各以尊卑爲序。舉哀，相弔。卑幼者以次就尊長跪哭，弔慰盡哀。復位。

受弔。儀節：未成服以前來弔者，或門生屬吏皆可。弔者入門，子弟出見之，揖訖。賓致辭曰：竊聞某親某官，或隨所言。不淑，何時訃至。答辭曰：孤某遭此凶變，蒙賜慰問，以未成服，不敢出見，不勝哀感使某拜。鞠躬，拜，興。拜，興，平身。賓答拜，尊長則回半禮。禮畢，賓退。子弟送出門，或少延茶湯。禮畢。已成服以後來弔者，入門望位哭，主人持杖哭而出。弔。主人曰：某親某官不淑，何時訃至。鞠躬，拜，興。拜，興，平身。主人答拜。主人致謝曰：蒙慰問，不勝哀感，稽顙，拜，興。拜，興，平身。賓答拜。禮畢。賓退，子弟送之出，或少延茶湯。

丘濬曰：按書儀：賓答拜後，有主人置杖坐几子，或不設坐褥，或設白褥，茶湯至，則不執托子，賓退持杖而送之之文。今世士大夫聞喪，賓弔之，有設草座對客者，客出不送。比雖俗禮，若來弔者，果平日親厚之人，有事相資者，少留恐亦無害，姑書于此。○軾按：賓主拜答慰謝之儀可删，論見後。

至家。儀節：在家者聞其至，各具服以俟其入，衰絰持杖哭入門，升自西階。詣柩前。拜，興。拜，興。拜，興。拜，興。且拜且哭。哭擗無數，拜弔尊長。哭拜且弔，如成服儀。受卑幼拜弔，就位哭。就其位次坐哭，在家者皆哭。在道至家如上儀。若喪側無子孫，則在道朝夕爲位設奠，至家但不變服，其相弔拜賓如儀。若既葬，則先之墓哭拜。之墓者，望墓哭，至墓哭，拜如在家之儀。未成服者，變服於墓，歸家詣靈座前哭拜，四日成服如儀。已成服者，亦然，但不變服。

齊衰以下，聞喪爲位而哭。尊長于正堂，卑幼于别室。若奔喪，至家成服。奔喪者，釋去華盛之服，裝辦即行，既至齊衰望鄉而哭，大功望門而哭。小功以下，至門而哭，入門詣柩前哭。再拜成服，就位哭，弔如儀。若不奔喪，則四日成服。不奔喪者，齊衰三日中，朝夕爲位會哭。四日之朝成服，亦如之。大功以下，始聞喪，爲位會哭，四日成服亦如之，皆每月朔爲位會哭。月數既滿，次月之朔，乃爲位會哭而除，朝夕間哀至則哭可也。

禮記奔喪：奔喪之禮，始聞親喪，以哭答使者，盡哀。問故，又哭盡哀，遂行。遂行者，不爲位，日行百里，不以夜行。惟父母之喪，見星而行，見星而舍。若未得行，則成服而後行。此奉君命而使，使事未了，不可以己私廢公事，故成服以俟君命人代己也。過國至竟，哭盡哀而止。哭辟市朝。爲驚衆也。望其國竟哭。至于家，入門左，升自西階。殯東西面坐，哭盡哀，括髮袒。曲禮曰：爲人子者，升降不由阼階。今親新死，未忍異于生也。喪已經日不笄纚，故即括髮。降堂東即位，西鄉哭，成踊。襲絰于序東，絞帶反位。已在小斂之後，故即襲絰絞帶。若未小斂而至，與在家同。拜賓成踊，送賓反位。有賓後至者，則拜之成踊。送賓皆如初，衆主人兄弟皆出門，出門哭止，闔門，相者告就次。次，倚廬也。於又哭括髮袒成踊，于三哭猶括髮袒成踊。又哭，至明日朝也。三哭，又其明日朝也，皆升堂括髮袒如始至。必又哭、三哭者，象小斂、大斂時也。括髮袒在堂上，成踊則在堂下。三日成服，拜賓、送賓皆如初。奔喪者非主人，則主人爲之拜賓、送賓。

奔喪者自齊衰以下，入門左，中庭北面哭盡哀，免麻於序東，即位袒，與主人哭成踊。不升堂哭者，非父母之喪，統于主人也。父母之喪未至喪所，乃改服襲絰帶。今齊衰輕服，路上無改服之事，故言麻。麻，絰帶也。見奔喪不至喪所，無道路改服之事也。于又哭、三哭皆免袒。有賓，則主人拜賓、送賓。丈夫婦人之待之也，皆如朝夕哭位，無變也。待奔喪者無變，嫌賓客之也。于賓客以哀變爲敬，此骨肉哀則自哀矣。平常五屬入哭，則與主人爲次。重者前，輕者後。今奔喪者急哀，但得入哭，不俟主人爲次序也。

奔母之喪，西面哭盡哀。括髮袒，降堂東即位，西鄉哭成踊，襲免絰于序東。拜賓、送賓，皆如奔父之禮，于又哭不括髮。爲母輕于父，此謂適子。若庶子，則主人爲之拜賓、送賓。

婦人奔喪，升自東階，殯東西面坐，哭盡哀。東髽即位，與主人拾踊。婦人，謂姑姊妹、女子子也。東髽，髽于東序，不髽于房，變于在室者也。拾，更也，主人與之更踊，賓客之。

奔喪者不及殯，先之墓，北面坐，哭盡哀，主人之待之也。即位于墓左，婦人墓右，成踊。盡哀括髮，東即主人位，絰絞帶哭成踊。拜賓反位成踊，相者告事畢，遂冠歸。入門左，北面哭盡哀，括髮袒成踊，東即位，拜賓成踊，賓出，主人拜送。有賓後至者，則拜之成踊，送賓如初。衆主人兄弟皆出門，出門哭止，相者告就次。于又哭括髮成踊，于三哭猶括髮成踊。三日成服，于五哭，相者告事畢。此論既葬之後，奔父母喪之禮。主人謂在家者，非謂適子也。此奔喪者是適子，故得拜賓也。又哭、三哭不袒者，哀戚已久，殺之也。成服之日爲四哭，成服明日之朝爲五哭，此既期而歸，故止五哭。若未期猶朝夕哭，不止五哭。按：先告事畢，爲哭于墓之事已畢。後告事畢，謂五哭之後，不復哭也。

爲母所以異于父者，壹括髮，其餘免以終事，他如奔父之禮。壹括髮，謂歸入門哭時也。

齊衰以下不及殯，先之墓，四面哭盡哀。不北面者，亦統于主人。免麻于東方即位，與主人哭成踊，襲。有賓，則主人拜賓、送賓。賓有後至者，拜之如初。相者告事畢，遂冠歸。入門左，北面哭盡哀，免袒成踊。東即位，拜賓成踊。賓出，主人拜送，于又哭免袒成踊，于三哭猶免袒成踊。三日成服，于五哭相者告事畢。注云：于父又哭不言袒，此袒爲衍字。疏云下既稱襲，則有袒理。陸佃曰：齊衰猶袒，則大喪可知。于父不言袒，比義可知。袒不足言，齊衰至緦，日月多少不同。若奔在三月之外，大功則免麻東方。三日成服，小功以下不稅。若葬後通葬前未滿五月，小功亦三日成服，緦麻止臨喪節而來，亦三日成服也。東即位，謂于東方就哭位。拜賓，謂主人代之。奔喪者于其時成踊。凡言成踊者，每一節有三踊，凡三節九踊，乃謂之成也。

聞喪不得奔喪，哭盡哀，問故，又哭盡哀。乃爲位，括髮袒成踊，襲絰絞帶即位。不于又哭乃絰者，喪至此已踰日。拜賓反位成踊，賓出，主人拜送于門外，反位。若有賓後至者，拜之成踊，送賓如初。于又哭括髮袒成踊，于三哭猶括髮袒成踊。三日成服，于五哭拜賓、送賓如初。

若除喪而後歸，則之墓哭成踊，東括髮袒絰，拜賓成踊，送賓反位，又哭盡哀，遂除。于家不哭，主人之待之也。無變于服，與之哭不踊。此亦謂適子，初在墓南北面哭，乃東就主人之位括髮袒也。主人謂在家者，著平常之吉服。自若亦不踊者，其服已除，哀情已殺也，然亦即位于墓左，婦人墓右。

自齊衰以下，所以異者免麻。止着免麻，不括髮，墓所哭罷即除。

凡爲位，非親喪，齊衰以下，皆即位哭盡哀，而東免絰即位，袒成踊。謂無君事，又無故，可得奔喪，而以己私未奔者也。父母之喪不爲位，其哭之不離聞喪之處，齊衰以下爲位而哭，皆可行乃行。襲拜賓，反位哭成踊。送賓反位，相者告就次。三日五哭卒，主人出送賓，衆主人兄弟皆出門，哭止。相者告事畢，成服拜賓。凡五哭，在五日之朝。此三日五哭者，始聞喪訖乃出就次，一哭也。明日，又明日，合朝夕，而備五哭而止，亦爲急奔喪。己私事當畢，亦明日乃成服。凡云五哭者，其後有賓，亦與之哭而拜之。

若所爲位家遠，則成服而往。此言外喪也，恩輕哀情緩，路又遠，容待齎持賵贈之物，故成服乃去。

齊衰望鄉而哭，大功望門而哭，小功至門而哭，緦麻即位而哭。

哭父之黨于廟，母妻之黨于寢，師于廟門外，朋友于寢門外，所識于野張帷。此言無服之親，聞喪所哭之處。

凡爲位不奠。以其精神不在乎是。

哭天子九，諸侯七，大夫五，士三。大夫哭諸侯，不敢拜賓。辟爲主。諸臣在他國爲位而哭，不敢拜賓。謂使于列國。與諸侯爲兄弟，亦爲位而哭。族親昏姻在他國者。

凡爲位者壹袒。始聞喪，哭而袒，明日則否。

所識者弔，先哭于家而後之墓，皆爲之成踊，從主人北面而踊。主人先踊，賓從之，故云從也。

凡喪，父在父爲主。父没，兄弟同居各主其喪。親同，長者主之。不同，親者主之。

聞遠兄弟之喪，既除喪而後聞喪，免袒成踊。拜賓則尚左手。小功以下不税，雖不服猶免袒。尚左手，吉拜也。

無服而爲位者，惟嫂叔，及婦人降而無服者麻。雖無服，猶弔服加麻袒免，爲位哭也。言嫂叔，兄弟妻則否也。降而無服，族姑姊妹已嫁者也。

方慤曰：檀弓曰：嫂叔之無服也，蓋推而遠之也。姑姊妹之薄也，蓋有受我而厚之者也。制之以義故無服，本之以仁故爲位。

凡奔喪，有大夫至袒，拜之，成踊而后襲，于士襲而后拜之。此奔喪者是士，有大夫至，先拜而后踊、襲，禮尊者也。士至，則襲而后拜，兩士相敵也。

喪服小記：奔父之喪，括髮于堂上，袒。降，踊，襲絰于東方。奔母之喪，不括髮，袒于堂上。降，踊，襲免于東方。絰即位成踊，出門哭止。三日而五哭，三袒。此謂已殯而奔喪，爲父括髮于殯宮，不笄纚，異于初死也。堂上去衣，降堂而踊，爲踊故袒也。踊畢升堂襲，乃帶絰于東序也。父括髮而加絰，母不括髮，而加免，貶于父也。著免加絰以後，即位成踊，與父同。賓來弔者，則拜之，奔喪禮所謂反位拜賓成踊是也。親死哭踊無節，奔喪禮殺，故三日而五哭也。若奔喪在未殯之前，與在家同。

奔兄弟之喪，先之墓，而後之家。爲位而哭，所知之喪，則哭于宮而後之墓。兄弟骨肉之親，不由主人，所知由主人乃致哀戚也。宮，殯宮也。

雜記：凡異居，始聞兄弟之喪，惟以哭對可也，其始麻散帶絰。不暇問餘事，惟哭對使者。

未服麻而奔喪，及主人之未成絰也。疏者與主人皆成之，親者終其麻帶絰之數日。此言來在小斂之前，疏者小功以下，服麻則糾垂不散。親者大功以上，必竟其麻帶絰滿日，然後成服。

聞兄弟之喪，大功以上，見喪者之鄉而哭。適兄弟之送葬者弗及，遇主人于道，則遂之于墓。

婦人非三年之喪，不踰封而弔，如三年之喪，則君夫人歸。奔父母喪也。夫人其歸也。以諸侯之弔禮，其待之也，若待諸侯然。謂夫人行道車服，主國致禮。夫人至，入自闈門，升自側階，君在阼，其他如奔喪禮然。女子子，不自同于女賓也。女子出適爲父母期，而云三年者，以本親言也。

檀弓：有殯聞遠兄弟之喪，雖緦必往。非兄弟，雖鄰不往。

張子曰：爲位者，哭位也。然亦有神位，不奠者，奠則久奠也。若在他所，難爲久奠，喪禮則于殯常奠。喪不剥奠，爲主久設也。脯醢之奠則易之，又曰爲位不奠，謂之不祭則不可，但恐不如喪奠以新易舊，如此久設也。

萬斯同曰：禮經凡言爲位。謂生者之哭位，非死者之神位也。乃奔喪篇云：凡爲位者，不奠。鄭注以其精神不在乎是，似乎指死者之神位矣。故張子謂爲位者，哭位也。然亦有神位，司馬公書儀直設椅以代尸柩，左右前後，仍設哭位，朱子家禮因之。今之仕宦於遠方者，聞親喪而未即奔，與非親喪而不獲奔者，無有不設神位者矣。是其于禮也，果有合焉否耶？愚嘗綜古今而論之，古之所謂爲位。原指哭位而非神位，蓋以尸柩不在，不得設虚座以致奠也。後之所謂爲位，既有哭而又有神位，蓋以子孫在是，不容無所憑以致哀也。今之聞喪而設神位，雖非周代之禮，未始非温公文公之禮也。蓋協諸義而協，則禮雖先王未之有，可以義起也。而況書儀、家禮，固已先有其禮哉。且古之弔賓皆弔生者，而不拜死者，故可以無神位。後世之弔無有不拜死者，其禮固與古異矣。在家既拜尸柩，則客他鄉而設神位以受人之弔，亦勢之不容已也。至于古者爲位不奠，以其非神位，故不設奠。今既設神位矣，烏容以不奠哉？書儀則但設神位，而不奠。又云：喪側無子孫，則此中設朝夕奠爲此禮者，施于諸父昆弟之期喪可也。若父母之喪，既已設位而不設奠，恐非人情之所安，則喪側有他子致奠者，此中復爲之設奠，亦何害于禮乎？蓋古禮久不行于世，而書儀、家禮，則固世俗之所遵行也。愚故折衷之，以質于知禮者焉。

卒於道

開元禮：凡死于外者，小斂而反，則子素服哀巾帕頭徒跣而從，大斂而反，亦如之。凡死于外，大斂而反，毁門西牆而入。唐會要：代宗大曆十四年，敕聞士庶在外身亡，將櫬還京，多被所司不放入城。自今以後，不須止遏。

萬斯同曰：古之卒于外者，未有不歸殯于家者也，不但古禮爲然，至唐之世莫不然，謂城門不可入，而竟殯于郊外者，此果何禮乎？甚有原居城外，亦不容其柩入門，而寄停于別舘。是客死于外者，生既不得返跡鄉邦，没復不得歸魂家室，人子之待其親，固宜如是與？乃曾不爲動念也。若謂柩不可入城，則今之城，猶古之城也，何古可入而今不可入？若謂柩不可抵家，則生者之家，即死者之家也，何生時可入，而死後不可入？况死于道塗，尤人子之所深痛，欲安吾親之魂魄，正當歸殯于家。儻拘于時忌，而竟置之于外，則與未嘗歸櫬者何異？薄至親而背正禮，莫甚于此，必如代宗之詔，柩之欲歸殯者，悉聽其入城。親之遭客死者，必殯于己室，庶乎不違正禮，而孝子亦得少慰其情也。

丘濬家禮補：出外死者，初終至哭奠，其儀節皆如前，詳見前喪禮。製喪具。入棺後即作大轝竹格功布及雨具，其餘明器等物，至家始備。告啓期。既擇定行期，豫先告于死者之僚友，及素相往來者。啓行前一日，因朝奠以遷柩告。

儀節：就位。有服者各以其服就位哭。祝盥洗，焚香，斟酒，跪。告辭曰：今擇以某日遷柩就轝，將還故鄉，敢告。俯伏，興，平身。主人以下拜哭。拜，興。拜，興。拜，興。拜，興。禮畢。

親賓致賻奠。如前儀。陳器。若即日啓行不用此，若在官故者，宜如前陳器。行至水次，或十里長亭，方斂之。

厥明，因朝奠告以遷柩就轝。

儀節：是日清晨役夫。納大轝於庭。脱杠上横扃。就位。各具服。祝盥洗，焚香，斟酒，跪。告辭曰：今日遷柩就轝，敢告。俯伏，興，平身。主人以下哭拜。徹靈座，遷柩就轝，役夫齊用手舉柩底以遷之，既就，乃載柩于轝。施扃，加楔以維之，令極牢實，并備油單包裹。主人視載。主人從柩哭，降視其載柩于轝。

發引。男左女右，隨柩後行，陸行至無人處乃乘馬，舟行則至水次登舟。

設奠。登舟則設靈座，置銘旌，朝夕哭奠如儀，陸行，則塗次遇食時上奠。

迎柩。未至家前一日，豫遣人報知在家者，急于去家十里便處，設幄具奠以待，至日五服之人各服其服，至幄次哭迎，柩至暫駐。

儀節：就位。有服者，以服爲次序。舉哀。祝盥洗，焚香，斟酒，跪。告辭曰：今靈輀遠歸將至家，親屬來迎，敢告。俯伏，興，平身。拜，興。拜，興。拜，興。拜，興。

主人以下，男女步哭從。男左女右，隨柩後行如儀。

柩至家。若死者乃宗子，或尊屬，則由中門以入，安柩于中堂。若非宗子尊屬，各隨便門入，安于其所居。若居城中，門禁不許入者，則先設次于郭外便安之處。按：世俗出喪，多不由門往來，别拆。牆壁以出。有旅殯者，多拘于忌諱，雖宗子尊屬，亦不許由中門以入安于堂中。吁！生時所出入居處之處，其死也乃不容其居，孝子之心安乎？

儀節：就位，有服者各具其服哭。祝盥洗。焚香。斟酒。跪。告辭曰：靈輀遠歸，至家，敢告。俯伏，興，平身。舉哀。拜，興。拜，興。。拜，興。拜，興。

相弔。卑者皆向尊者前跪哭，如成服儀。

受弔。如奔喪儀。

自後朝夕哭奠，治葬發引，虞祔儀節俱如常儀。

儀禮節略第九卷

喪儀

容體

玉藻：喪容纍纍，色容顛顛，視容瞿瞿梅梅，言容繭繭。注：纍纍，羸憊貌。顛顛，憂思貌。瞿瞿梅梅，不審貌。繭繭，聲氣微也。

檀弓：喪事欲其縱縱爾。注：趨事貌。吉事欲其折折爾。注：安舒貌。故喪事雖遽不陵節，吉事雖止不怠。故騷騷爾則野，注：謂太疾。鼎鼎爾則小人。注：謂太舒。君子蓋猶猶爾。注：疾舒之中。

陳澔曰：縱縱，給於趨事之貌。折折，從容中禮之貌。喪事雖急遽，而不可陵躐其節次。吉事雖有立而待事之時，亦不可失於怠惰。若騷騷而太疾，則鄙野矣。鼎鼎而太舒，則小人之爲矣。猶猶而得緩急之中，君子行禮之道也。

間傳：斬衰，貌若苴。齊衰，貌若枲。大功，貌若止。小功、緦麻，容貌可也，此哀之發於容體者也。疏：苴是黧黑色，止平停不動也。大功轉輕，心無所剌，故貌不爲之變，又不爲之傾。若止於二者之間，小功、緦麻，其情既輕，哀聲從容，於理可也。

表記：君子衰絰，則有哀色。

曲禮：居喪之禮，毀瘠不形，視聽不衰。注：爲其廢喪事，形謂骨見。升降不由阼階，出入不當門隧。注：常若親存。隧，道也。

徐師曾曰：先王制禮，教民無以死傷生，故毀瘠形，視聽衰，則禁之，所以防賢者之過也。事死如事生，故由阼階，當門隧，則禁之，所以全不忍死親之心也。

雜記：子貢問喪。子曰：「敬爲上，哀次之，瘠爲下。顔色稱其情，戚容稱其服。疏：顔色稱其情，當須毀瘠。戚容稱其服，當須憔悴也。百官備，百物具，不言而事行者，扶而起。言而后事行者，杖而起。身自執事而后行者，面垢而已。」

檀弓：始死，充充如有窮。既殯，瞿瞿如有求而弗得。既葬，皇皇如行望而弗至。練而慨然，祥而廓然。注：皆憂悼在心之貌也，求猶索物。○疏：事盡禮屈爲窮，親始死，孝子匍匐而哭，如急行道極，無所復去。窮，急之容也。瞿瞿，眼目速瞻之貌。求，猶覓也。貌恒瞿瞿，如有所失而求覓之不得然也。皇皇，猶栖栖也。葬後親歸草土，孝子心形栖栖皇皇無所依托，如望人來而人不至也。至小祥，歎慨日月若馳之速也。至大祥而寥廓，情意不樂而已。

顔丁善居喪。注：顔丁，魯人。始死，皇皇焉如有求而弗得。及殯，望望焉如有從而弗及。既葬，慨焉如不及其反而息。迎精而反，在路之時，如親已還反至家，已尚追逐不及，方疲而暫息也。

高子皋之執親之喪也，泣血三年。注：言泣無聲如血出。未嘗見齒。注：言笑之微。君子以爲難。

雜記：免喪之外，行於道路，見似目瞿，聞名心瞿，弔死而問疾，顔色戚容，必有以異於人也。如此而後可以服三年之喪，其餘則直道而行之是也。

陳澔曰：見人貌有類其親者，則目爲之瞿然驚變。聞人所稱名，與吾親同，則心爲之瞿然驚變。喪服雖除，而餘哀未忘，故於弔死問疾之時，戚容有加，異于無憂之人也。如此而后可以服三年之喪，言其哀心誠實無僞也。其餘服輕者，直道而行，則不過循喪禮而已。

哭踊

儀禮喪服傳：斬衰哭，晝夜無時。既虞，朝一哭，夕一哭而已。既練，哭無時。疏：哭有三無時。始死未殯以前，哭不絶聲，一無時。既殯以后，卒哭祭已前，阼階之下，爲朝夕哭，在廬中思憶則哭，二無時。既練之後，無朝夕哭，唯在廬中，或十日，或五日，思憶則哭，三無時也。朝一哭、夕一哭而已者，此當士虞禮卒哭之後。彼云卒哭者，謂卒去廬中無時之哭，唯朝夕於阼階下哭。喪中三無時哭外，唯此卒哭之後，未練之前，是有時之哭，故云「而已」。

檀弓：辟踊。哀之至也。有算。爲之節文也。疏撫心爲辟。跳躍爲踊。孝子喪親。哀慕至懣。男踊女辟。是哀痛之至極也。若不裁限。恐傷其性。故辟踊有算爲準節。准節之數不一。每一踊三跳。三踊九跳爲一節。

雜記：孔子曰：「伯母、叔母疏衰，踊不絶地。姑姊妹之大功，踊絶於地。如知此者，由文矣哉，由文矣哉！」注：由，用也。言知此踊絶地、不絶地之情者，能用禮文矣。能用禮文哉，美之也。伯母、叔母，義也；姑姊妹，骨肉也。

曾申問於曾子曰：「哭父母有常聲乎？」曰：「中路嬰兒失其母焉，何常聲之有？」

喪大記：鋪絞紟踊，鋪衾踊，鋪衣踊，遷尸踊，斂衣踊，斂衾踊，斂絞紟踊。

問喪：三日而斂，在牀曰尸，在棺曰柩。動尸舉柩，哭踊無數。惻怛之心，痛疾之意，悲哀志懣氣盛，故袒而踊之，所以動體安心下氣也。婦人不宜袒，故發胸擊心，爵踊。殷殷田田，如壞牆然，悲哀痛疾之至也。故曰辟踊哭泣，哀以送之，送形而往，迎精而反也。

間傳：斬衰之哭，若往而不反。齊衰之哭，若往而反。大功之哭，三曲而偯。小功緦麻，哀容可也。此哀之發於聲音者也。注：三曲，一舉聲而三折也。○疏：斬衰之哭，一舉而至氣絶，如似氣往而不却反聲也。哀容可者，言小功緦麻，其情既輕，哀聲從容，於理可也。

吕坤四禮疑：哀極擗踊，有哀極而不擗踊者，有甚于擗踊者，有擗踊而不哀者。以文飾情，制爲節數，情乎哉！○哀極則擗踊，哭者之自然也。有哀極而嘔血者，有幾絶復甦者，有觸頭者，有卧地者，至哀無容，何獨擗踊爲哀，而制爲多寡之數、輕重之節將孝子且哭且數乎？人將代爲之數乎，弱者之擗不能如壞牆，將謂之不哀乎？婦人擗可也。北土婦女裹足，將不一踊而仆乎。情本自然，作而致之，使男女相率而矯强，必有笑于其旁者。王庸之哭母也，以手擊地，右掌血流。郭金之哭父也，以手爬地，十指肉損。情之所極，流其自然。安用文其不及，率天下以失真哉？止必後進之禮樂。孔子曰：喪，與其易也寧戚。蓋傷之矣。○又代哭何情也？能生死乎？吾哭而使人代之果於死無裨也，安用代爲？○哭生于哀之不容已，非僞爲也。故禮有哀至則哭，不作而致之。又云哭盡哀，不强而抑之。蓋哀以一痛而盡，則情以一痛而息，無以感之。尚有可已之哭，而況五服以次相遞代哭，不計其情之戚不戚，而惟欲其有聲，此何爲者？古有懸壺，則僞之甚矣，不意聖人以誠教人，世道以真爲貴，而有此不情之禮也。○又哭無時，哀至則哭，此真情也。制爲哭，情乎。○禮始死不哭，既含乃哭，奔喪望其州境縣境其城其家皆哭，又入門拜興拜興而後擗踊，皆以禮爲情。最先自然之初意，至於奔喪未成服，入門再拜而後擗踊。既成服，四拜而後擗踊，尤爲無謂。愚謂當入門擗踊而後拜，拜以四可也。○喪有六至，感而至，思而至，見死者之親知而至，見我之親知而至。静而至，夕昏而至，有六不至，氣弱甚不至。大慟後不至，見不傷之人不至，無感不至，朝不至，冗不至。即不至，見弔客不可無哀聲，哀者以衣擁口，哭者兩口相向。不必以涕淚之有無多寡，占孝思之淺深也。故臨喪者皆宜哀，亦不必以無涕淚而不哀也。○男女不識面，不相哭，弔生而已。五服之親，無識不識皆哭。

飲食

儀禮喪服傳：斬衰，歠粥，朝一溢米，夕一溢米。既虞，食疏食水飲。既練，始食菜果，飯素食。注：二十兩曰溢，爲米一升二十四分升之一。素，猶故也，謂復平生時食也。

既夕記：歠粥，朝一溢米，夕一溢米，不食菜果。

喪大記：大夫之喪，主人室老子姓皆食粥，衆士疏食水飲，妻妾疏食水飲。注：室老，其貴臣也。衆士，所謂衆臣。士亦如之。注：如其子食粥，妻妾疏食水。

既葬，主人疏食水飲，不食菜果，婦人亦如之。君大夫士一也，練而食菜果，祥而食肉。

期之喪，三不食。食，疏食水飲，不食菜果；三月既葬，食肉飲酒，期終喪不食肉、不飲酒。父在爲母，爲妻。九月之喪，食飲猶期之喪也，食肉飲酒不與人樂之。

五月、三月之喪，壹不食，再不食，可也。比葬，食肉飲酒不與人樂之，叔母、世母故主宗子，食肉飲酒。不能食粥。羹之以菜可也。注：謂性不能者，可食飯菜羹。有疾，食肉飲酒可也。

既葬若君食之，則食之。大夫父之友，食之，則食之矣，不辟粱肉。若有酒醴，則辭。

間傳：斬衰三日不食，齊衰二日不食，大功三不食，小功緦麻再不食，士與斂焉，則壹不食，故父母之喪，既殯，食粥。朝一溢米，暮一溢米。齊衰之喪，疏食水飲，不食菜果。大功之喪，不食醯醬。小功緦麻，不飲醴酒。此哀之發於飲食者也。

父母之喪，既虞、卒哭，疏食水飲，不食菜果，期而小祥。食菜果，又期而大祥。有醯醬。中月而禫，禫而飲醴酒。始飲酒者，先飲醴酒。始食肉者，先食乾肉。

檀弓：樂正子春之母死，五日而不食。曰：「吾悔之。注：勉强過禮，子春，曾子弟子。自吾母而不得吾情，吾惡乎用吾情。」疏：吾悔之者，悔其不以實情，勉强而至五日，吾母死而不得吾之實情，矯詐勉强爲之，更於何處用吾之實情乎。

雜記：喪食雖惡，必充饑。饑而廢事，非禮也。飽而忘哀，亦非禮也。視不明聽不聰，行不正，不知哀，君子病之。故有疾飲酒食肉，五十不致毁，六十不毁，七十飲酒食肉，皆爲疑死。有服，人召之食，不往。大功以下，既葬適人。人食之，其黨也食之，非其黨弗食也。注：往而見食，則可食也。爲食而往，則不可。黨，猶親也。非親而食，則是食於人無數也。

問喪：親始死，水漿不入口。三日不舉火，故鄰里爲之糜以飲食之。

吕坤四禮疑：三日不食，禮也。孝子度身，度親，度事，人子侍親，病篤之時，常幾日不遑寢食，形神憔悴，始哭者盈門，三日擗踴無數。兼之三日之内，棺衣衾，凡附于身者，必誠必信，勞心悴體，百務應酬而又不食焉，恐此身將不勝喪矣，故當量其身之强弱，强則曾子水漿不入口者七日，亦無過分之事；若勉强三日，至不勝喪甚者，血氣羸弱之人，致疾滅性，死者有知，于心安否？若父在喪母，母在喪父，父母命之食，或期功尊者强之食。食，可也，若力量有餘，自當守禮。

言語

喪服四制：禮，斬、衰之喪，唯而不對。齊衰之喪，對而不言。大功之喪，言而不議。緦、小功之喪，議而不及樂。

喪大記：父母之喪，非喪事不言。既葬，與人立。君言王事，不言國事。大夫、士言公事，不言家事。既練，君謀國政，大夫、士謀家事。

雜記：三年之喪，言而不語，對而不問。

間傳：斬衰，唯而不對。齊衰，對而不言。大功，言而不議。小功、緦麻，議而不及樂，此哀之發於言語者也。

曲禮：居喪不言樂。

拜稽顙

檀弓：孔子曰：拜而后稽顙。頹乎其順也。稽顙而后拜。頎乎其至也。三年之喪。吾從其至者。疏：拜者，孝子拜賓也。稽顙者，觸地無容。頹然，不逆之意。拜是爲賓，稽顙爲己。前賓後己，頹然而順序也。頎，惻隱貌，先觸地無容，後乃拜賓，是爲親痛深，惻隱之至也。

雜記：爲妻，父母在。不杖，不稽顙。

喪服小記：爲父母，長子稽顙，大夫弔之，雖緦必稽顙。注：尊大夫，不敢以輕待之。婦人爲夫與長子稽顙，其餘否。

曲禮：凡非弔喪，非見國君，無不答拜者。

檀弓：晉獻公之喪，秦穆公使人弔。公子重耳稽顙而不拜，哭而起，起而不私。子顯以致命於穆公，穆公曰：「仁夫公子重耳。夫稽顙而不拜，則未爲後也，故不成拜。哭而起，則愛父也。起而不私，則遠利也。」

二程全書：家祭，凡拜皆當以兩拜爲禮。今人事生以四拜，爲再拜之禮者，蓋中間有問安之事故也。事死如事生，誠意則當如此。至如死而問安，却是瀆神。若祭祀有告謝神等事，則自當有四拜、六拜之禮。

朱子語類：問稽顙而後拜，拜而後稽顙之義。朱子答曰：兩手下地曰拜，拜而後稽顙，先以兩手伏地如常，然後引首向前叩地。稽顙而後拜，開兩手，先以首叩地，却交手如常。頓首亦是引首少叩地。稽首，是引首稍久在地。稽者，稽留之意。稽顙而後拜，謂先以頭至地，而後下手，此喪拜也。若拜而後稽顙，則今人常用之拜也。稽顙而後拜，稽顙者，首觸地也。拜字從手下。○問孝子於尸柩之前，在喪禮都不拜，如何？曰：想只是父母在生時。子弟欲拜，亦須俟父母起而衣服。今恐未忍以神事之，故亦不拜。

廬室

儀禮喪服：斬衰，居倚廬，寢苫枕塊，不説絰帶。既虞，翦屏柱楣，寢有席。既練，舍外寢。

疏：居倚廬者，孝子所居在門外東壁，倚木爲廬。故既夕記云居倚廬。

喪大記：父母之喪，居倚廬。不塗，寢苫枕凷。君爲廬宮之，大夫、士禫之。

既葬，柱楣。塗廬不於顯者，君、大夫、士皆宮之。

既練，居堊室，不與人居。既祥黝堊。注：黝堊，堊室之飾也。地謂之黝，牆謂之堊。

期，居廬，終喪不御於内者。父在爲母、爲妻，齊衰期者，大功布衰九月者，皆三月不御於内。

婦人不居廬，不寢苫。喪父母，既練而歸。期九月者，既葬而歸。

大夫、士父母之喪，既練而歸。朔月忌日，則歸哭於宗室。諸父兄弟之喪，既卒哭而歸。

雜記：三年之喪，廬堊室之中，不與人坐焉。在堊室之中，非時見乎母也，不入門。

問喪：成壙而歸，不敢入處室。居於倚廬，哀親之在外也。寢苫枕塊，哀親之在土也。故哭泣無時，服勤三年。思慕之心，孝子之志也，人情之實也。

曲禮：有憂者，側席而坐。有喪者，專席而坐。

張子曰：有憂者，心未安，故側席。有喪者，坐無容，故專席，非謂不與賓客接也。呂大臨曰：側席，坐不安也。專席，不與人共坐也。

喪次

喪大記：父不次於子，兄不次於弟。注：謂不就其殯宫爲次而居。

喪服小記：父不爲衆子次於外。注：于庶子略，自若居寢。

無事不辟廟門，哭皆於其次。疏：辟，開也。廟門，殯宫門也。

開元禮：爲人後者，爲其父母居堊室。舅姑服適婦，不爲次。爲昆弟之女適人者，不爲次。次，爲堊室之屬也。

喪位

奔喪：凡爲位不奠。

張子曰：爲位者，哭位也。然亦有神位，不奠者，奠則久奠也。在他所，則難爲久奠。喪禮則於殯常奠，喪不剥奠，爲其久設也。脯醢之奠，則易之。○又曰：爲位不奠，謂之不祭則不可。但恐不如喪奠，以新易舊，如此久設也。

諸侯在他國，爲位而哭。與諸侯爲兄弟，亦爲位而哭。凡爲位者壹袒。注：始聞喪哭而袒，其明日則否，父母之喪自若三袒也。

無服而爲位者，唯嫂叔，及婦人降而無服者麻。

檀弓：曾子曰：「小功不爲位也者，是委巷之禮也。子思之哭嫂也爲位，婦人倡踊，申祥之哭，言思也亦然。」

擯相

檀弓：杜橋之母之喪，宫中無相，以爲沽也。疏：沽，麤略也。

家語：孔子在衛，司徒敬子卒，夫子弔焉，主人不哀，夫子哭不盡聲而退。蘧伯玉請曰：「衛鄙俗，不習喪禮，煩吾夫子辱相焉。」孔子許之。

司馬氏書儀：護喪以家長，或子孫能幹事知禮者一人爲之，凡喪事皆禀焉。

朱子家禮：護喪，以子弟知禮能幹者一人爲之。

健庵曰：古人之喪事，必有相禮之人，是以禮儀無失，孝子得致其情文而無憾也。蓋先王因人情以致禮，而人子之於親喪也，創巨痛深，其禮儀亦曲折繁重。平時又不豫凶事，苟非深明於禮意者，其孰能行之？檀弓言司徒敬子之喪，夫子爲相。有若之喪，子游擯由左。佐喪事曰相，禮節須人相導也。儐與擯同，以身儐侑，亦贊導意也。於時孝子悲迷，必延致知禮之君子以匡其不逮，而其人既稱知禮，當思凡民有喪匍匐救之之義，有不得辭者矣。

祝

郊特牲：祝，將命也。疏：祝以傳達生人及神之辭命。

方慤曰：將命于燕饗之間，以交賓主者，介也。將命於祭祀之間，以交神人者，祝也。此主祭言，故曰祝將命也。禮運曰：祝以孝告，嘏以慈告，兹非將命乎？

老疾居喪

曲禮：居喪之禮，頭有創則沐，身有瘍則浴。有疾則飲酒食肉，疾止復初，不勝喪，乃比於不慈不孝。

朱子曰：下不足以傳後，故比於不慈。上不足以奉先，故比於不孝。

曲禮：五十不致毀，六十不毀，七十唯衰麻在身，飲酒食肉處於內。

喪大記：五十不成喪，七十唯衰麻在身。

王制：八十，齊喪之事弗及也。〇七十致政，唯衰麻爲喪。

陳東匯曰：或有死喪之事，唯備衰麻之服而已。其他禮節，皆在所不責也。

喪服四制：秃者不髽，傴者不袒，跛者不踊，老病不止酒肉。

婦人居喪

問喪：婦人不宜袒，故發胸繫心爵踊。殷殷田田，如壞牆然，悲哀痛疾之至也。疏：爵踊，似爵之跳，其足不離於地，如壞牆，言將欲崩倒也。

女子哭泣悲哀，擊胸傷心。

喪服小記：婦人爲夫與長子稽顙，其餘則否。

坊記：寡婦不夜哭。

雜記：婦人非三年之喪，不踰封而弔。

嫂不撫叔。

喪大記：婦人迎客、送客不下堂，下堂不哭。婦人不居廬，不寢苫。喪父母，既練而歸。期九月者，既葬而歸。

檀弓：帷殯，非古也，自敬姜之哭穆伯始也。穆伯之喪，敬姜晝哭。文伯之喪，晝夜哭。孔子曰：知禮矣。方愨曰：經曰寡婦不夜哭，蓋遠嫌之道當然爾。穆伯，夫也，故晝哭而不嫌於薄。文伯，子也，故晝夜哭而不嫌於厚。

童子居喪

儀禮喪服傳：童子何以不杖？不能病也。婦人何以不杖，亦不能病也。疏：婦人，亦謂童子、婦人。若成人，婦人亦杖。

記：童子唯當室緦。注：當室，爲父後承家事者。傳曰：不當室，則無緦服也。

問喪：或問曰：免者以何爲也？曰：不冠者之所服也。禮曰：童子不緦，唯當室緦。緦者，其免也，當室則免而杖矣。

玉藻：童子不裘不帛，不屨絇，無緦服。聽事不麻，無事，則立主人之北，南面，見先生從人而入。

雜記：童子哭不偯，不踊，不杖，不菲，不廬。偯，委曲之聲也。

喪大記：子幼，則以衰抱之，人爲之拜。

徐師曾曰：幼子爲主，不能拜，則衣之以衰，使人抱之，而人代之拜。

三殤喪禮

檀弓：周人以殷人之棺葬長殤，以夏后氏之堲周葬中殤、下殤，以有虞氏之瓦棺葬無服之殤。

曾子問：曾子問曰：「下殤土周，葬于園，遂輿機而往，塗邇故也。今墓遠，則其葬也如之何？」注：今人斂下殤于宮中，而葬于墓，與成人同。墓，塗乃遠，其葬當輿其棺乎載之也。問禮之變也。孔子曰：「吾聞諸老聃曰：『昔者史佚有子而死，下殤也。墓遠，召公謂之曰：「何以不棺斂于宮中？」史佚曰：「吾敢乎哉？」召公言於周公，周公曰：「豈不可？」史佚行之。』下殤用棺衣棺，自史佚始也。」

開元禮：三殤之喪，始死浴襲，及大小斂，與成人同。其長殤有棺及大棺，中殤、下殤有棺。靈筵、祭奠、進食、葬送、哭泣之位，與成人同。其苞牲及明器，長殤三分減一，中殤三分減二，唯不復魄，無含，事辦而葬，不立神主。既虞而除靈坐，其虞祝辭云：維年月朔日，告子，云告於某昭，告弟云某兄，日月易往，奄及反虞，悲念相續，心焉如燬。兄云悲慟猥至，情無可處。弟云哀痛無已，五情如割也。今以弟祭兄云謹以潔牲，嘉薦普淖，明齊溲酒，薦虞事于子某，弟某、兄某。魂其饗之。弟祭兄則云尚饗。適殤者，時享皆祔食于祖，無祝文，亦不拜。庶子不祔食，庶子之適，祔如適殤禮。凡無服四歲以上，略與下殤同。又無靈筵坐，唯大斂奠而已。三歲以下，斂於瓦棺，葬于園，又不奠。

訃禮

檀弓：父兄命訃者。注：謂大夫以上也。士，主人親命之。○疏：父兄命訃者亦復後之事，訃謂死者生時，於他人有恩識者。今死，則其家宜使人往相訃告也。士喪禮：則孝子自命訃者。若大夫以上，則父兄命之。雖代命之，猶書孝子名也。

文王世子：五廟之孫，祖廟未毁。雖及庶人，冠娶妻必告，死必赴不忘親也。

弔禮

雜記：三年之喪，雖功衰不弔。自諸侯達諸士，如有服而將往哭之，則服其服而往。注：功衰，既練之服也。諸侯服新死者之服而往哭，謂所不臣也。疏：重喪小祥後，衰與大功同，故曰功衰。衰雖外輕，而痛猶內重，故不得弔人也。功衰雖不弔人，若自有五服之親喪，則不著己功衰，而著彼親之服以哭之，申於骨肉之情故也。

期之喪，十一月而練，練則弔。

既葬，大功弔，哭而退，不聽事焉。注：聽，猶待也。事，謂襲斂執綍之屬。〇疏：既葬大功者，謂身有大功之喪，既葬之後往弔他喪，弔哭畢，即退去待主人襲斂之事。期喪練弔，則亦然也。〇期之喪，未葬，弔於鄉人，哭而退，不聽事焉。功衰弔，待事不執事。注：謂爲姑姊妹無主，殯不在已族者。〇疏：期喪未葬，謂姑姊妹無主爲之服期，未至於葬，往弔鄉人之喪，哭畢則退，不待主人襲斂之事也。姑姊妹期喪既葬，受以大功衰，謂之功衰，此後若弔鄉人，其情稍輕于未葬之前，得待主人襲斂之事，但不親自執事。經直云期喪，鄭知是姑姊妹無主者，以前云大功既葬，始得弔人。今此期喪未葬，已得弔人，明知是姑姊妹無主，殯不在已族者。女未廟見，反葬女氏之黨。此姑姊妹，已於他族成婦日久，但夫既蚤死，故殯在夫族。〇小功緦，執事，不與禮。〇相趨也，出宮而退。相揖也，哀次而退。相問也，既封而退。相見也，反哭而退。朋友虞祔而退。疏：相趨，謂與孝子本不相識，但聞姓名而來趨喪。情況既輕，故柩出廟之宫門而退去。相揖，謂經會他處，已相揖者也。恩微深，故待柩出至大門外之哀次而退去。相問，謂曾相餉遺。恩轉深，故至窆竟而退。相見，謂身經自執摯相詣往來。恩轉厚，故至葬竟，孝子反哭還至家時而退也。朋友疇音情重，生死同殷，故至主人虞附而退也。○弔非從主人也，四十者執綍。注：言弔者。必助主人之事。從猶隨也。成人，二十以上至四十丁壯時。鄉人五十者從反哭，四十者待盈坎。

曲禮：齊者不樂不弔。注：爲哀乐则失正，散其思也。

知生者弔，知死者傷。知生而不知死，弔而不傷。知死而不知生，傷而不弔。

弔喪弗能賻，不問其所費。

檀弓：死而不弔者三：畏、厭、溺。

盧植曰：畏者兵刃所殺也。王肅曰：犯法獄死謂之畏。

方慤曰：戰陣無勇，非孝也，其有畏而死者乎？君子不立巖牆之下，其有厭而死者乎？孝子舟而不游，其有溺而死者乎？三者皆非正命，故先王制禮在所不弔。應鏞曰：情之厚者，豈容不弔，但其辭未易致爾。若爲國而死於兵，亦無不弔之理。若齊莊公於杞梁之妻，未嘗不弔也。

陳澔曰：愚聞先儒言：明理可以治懼。見理不明者，畏懼而不知所出，多自經於溝瀆，此真爲死於畏矣，似難專指戰陣無勇也，或謂猥狠亡命曰畏。

通典：魏王肅聖證論鄭玄曰：孔子畏匡，德能自全也。設使聖人卒離不幸，可得不痛悼而罪之乎？非徒賢者，設有罪愚人，亦不得不哀傷之也。

殷既封而弔，周反哭而弔。孔子曰：「殷已慤，吾從周。五十無車者，不越疆而弔人。」弔於人，是日不樂。婦人不越疆而弔人。行弔之日，不飲酒食肉焉。弔於葬者，必執引。若從柩及壙，皆執紼。○大夫之喪，庶子不受弔。所識，其兄弟不同居者，皆弔。

少儀：適有喪者曰比，童子曰聽事。適公卿之喪，則曰聽役於司徒。尊長於己踰等，喪俟事，不犆弔。注：踰等，父兄黨也。不犆弔，不敢故煩動也。○釋文：犆音特，本亦作特。○疏：若尊長家有喪，則待主人朝夕哭時往弔，不非時獨弔。

雜記：凡喪服未畢，有弔者，則爲位而哭。拜踊。

奔喪：所識者弔，先哭於家而後之墓，皆爲之成踊，從主人北面而踊。

曾子問：曾子問曰：「三年之喪弔乎？」孔子曰：「三年之喪，練不群，立不旅行。君子禮以飾情，三年之喪而弔哭，不亦虛乎？」

檀弓：文子之喪，既除喪而后越人來弔。主人深衣練冠，待于廟。垂涕洟，子游觀之曰：「將軍文氏之子，其庶幾乎？亡于禮者之禮也，其動也中。」

有若之喪，悼公弔焉，子游擯由左。

朱子弔說：凡弔禮，聞其初喪，未易服，則率同志者，深衣而往哭弔之。且助其凡百經營之事，主人既成服，則相率素幞頭、素襴衫、素帶，具酒果食物而往奠之。及葬，又相率致賵。俟發引，則素服而送之。卒哭，大祥，小祥，皆常服弔之。○喪家不可具酒食、衣服以待弔客，弔客亦不可受。○所知之喪，遠不能往，則遣使致奠，就外次，弔服拜哭而送之。過期年，則不哭，情重則哭其墓。

朱子語類：問曾子問昏禮既納幣有吉日，女之父母死，則如之何？孔子曰：壻使人弔，如壻之父母死，則女之家亦使人弔。如未有吉日，獨不當弔乎？朱子答曰：無不弔之禮。問行弔之日，不飲酒食肉。施於有服之親，及情分之厚者，則當。若泛常之弔，只當於行弔之時，不飲酒食肉，如何？朱子答曰：有服，則不但弔日不飲酒食肉矣。其他，則隨情分之厚薄可也。

賀欽醫閭集：門生有居喪而外父死，議往弔之。或曰：「禮，三年之喪不弔。」先生曰：「此非尋常弔者，此乃重喪未除而遭輕喪，服其服而往哭之，禮也。」

吕坤四禮疑：哀以衣掩口也，弔以巾承口也。凡臨喪，爲死無不哀者，爲生無不弔者。傷不傷，惟其情。○生不相見者，死不相弔。執友之妻、之母，入弔可乎？禮遠別，情近親，君子寧處于疏。○温公有入弔執友之妻、之母之文，然必生時數相見，情相關，又年各長老，入弔可也。若無親親之情，只宜拜於門外。蓋遠別之禮，生死不可廢爾。○又曰：三不弔，非人情也。三族五服之親，是可已乎？禮畏、壓、溺皆不弔，甚遠於人情。父母妻族及五服血屬之親，寧忍於不弔乎？○又曰：婦人之喪，非五服不入奠。奠於户外，拜於階下，非卑賓也。男女之別，死無二。

朱董祥讀禮紀略：曲禮曰：知生者弔，知死者傷。知生而不知死，弔而不傷；知死而不知生，傷而不弔。今雖不能從古，亦須於禮無悖，如弔帖稱于生者，奠帖稱于死者。人能知之，間有弔帖亦稱于死者，謂奠則必不可稱于生，乃至男子稱名以奠婦人，此豈禮哉？按禮：男女不通問。婦人之喪，有子姓饋奠之禮，而無朋友拜饗之禮。若果同學世誼，或可拜奠其母，奠帖稱于其夫。夫死從子，稱於其子，書奉奠某母某夫人靈几，如是則弔必以生，而奠則男女異稱也。古人奠不爲文，告辭不過申其饋獻，稱致奠不稱致祭，未葬曰奠，既葬曰祭。世俗未葬而用文以奠，書致祭，稱祭文，及稱奠文者，俱謬。晦庵公曰：未葬時奠而不祭，虞始用祭。既有文，則是祭而非奠，斷不可行。至於朋友之妻，決無奠拜之禮。弔其夫，或弔其子可也。夫禮嚴内外，男女有别，瞻其像而拜之，合其夫之友而共饗之，是以其死而忽諸也。夫繪像止爲傳諸子孫，俾得思其笑語之意，縣諸素幃，端拱而受賓朋之跪拜，非禮也。況婦人之像，乃可縣之於外，以示群賓邪。致奠者，固爲失禮，縣像以受之，用贊以呼之，對諸賓朋而進饗之，寧有是哉？靈其有知，能無憾乎？

奠禮

許慎説文：奠，置祭也。

劉熙釋名：喪祭曰奠。奠，停也，言停久也，亦言樸奠合體用之也。

朱子家禮：奠用香茶燭酒果，賻用錢帛，具刺通名。入哭，奠訖，乃弔而退。

楊復曰：按程子、張子與朱先生後來之説，奠謂安置也，奠酒則安置于神座前。既獻則徹去，奠而有酹者。初酌酒，則傾少酒于茅，代神祭也。今人直以奠爲酹，而盡傾之于地，非也。

唐順之與宜興諸友書：古禮饋奠則從主人，而服則從族戚朋友，各以親疏輕重自製之。是故主人饋奠，而族戚朋友助之執事，則有之矣。在禮未聞，有族戚朋友供奠物之文也。主人勞族戚朋友以執事，則有之矣。在禮未聞，有主人散麻、散縞、散絹於族戚朋友之文也。今一切反是，族戚朋友爲之饋奠，是以族戚朋友而代主人之所自盡也。主人爲之散麻、散縞、散絹，是以主人而擅族戚朋友之所自備也。此禮不知始何時？古所謂野於禮者，其此類之謂乎？且近世喪葬，日奢日靡，富貴之家，一日至亨十家之尊。自啓殯至葬，數日間，大牲小牲，刳割狼藉，且百千計。鬼神情狀，與人情不相遠，鬼而無餒，所食幾何？今若此，不惟生者靡費，抑亦使死者不忍，且夫放生以資冥福，則儒者所不信。殺生以重冥咎，則理未必無，是以痛爲亡妻謝此業債。族戚朋友，則相信者多矣，而一麔自宜興歸，聞諸友復欲醵金爲奠，且殺生靡費於有所用。所必受，猶尚不可，況施於所必無用，所必不敢受，其謂之何？如諸友以爲情有未盡，但遠來臨葬，此亦足矣。即使我身後，諸友亦只須如是行之。但能相體，不爲無情也。

含、賵、襚、賻禮

文王世子：族爲相爲也，賵、賻承含，皆有正焉。注：承，讀爲贈，聲之誤也。正，正禮也。○疏：隨其親疏，各有正禮。賵，車馬。賻，財帛。含，珠玉。禭，衣服。總謂之贈。

劉向説苑：贈、賵及事之謂時。時，禮之大者也。春秋曰：天王使宰咺來歸惠公仲子之賵。賵者何？喪事有賵者，蓋以乘馬束帛，輿馬曰賵，貨財曰賻，衣衾曰禭，口實曰含，玩好曰贈。知生者賻賵，知死者贈禭。贈禭，所以送死也；賻賵，所以佐生也。輿馬、束帛、貨財、衣被、玩好，其數奈何？曰：天子乘馬六匹，諸侯四匹，大夫三匹，元士二匹，下士一匹。天子束帛五匹，玄三纁二，各五十尺；諸侯玄三纁二，各三十尺；大夫玄一纁二，各三十尺；元士玄一纁一，各二丈；下士綵縵各一疋，庶人布帛各一疋。天子之賵乘馬六匹，乘車；諸侯四匹，乘與；大夫曰參輿，元士下士不用輿。天子文繡衣各一襲，到地；諸侯覆跗，大夫到踝；士到髀。天子含實以珠，諸侯以玉，大夫以璣，士以貝，庶人以穀實。位尊德厚，及親者，賻賵含禭，厚貧富亦有差。二三四五之數，取之天地而制奇偶，度人情而出節文，謂之有因，禮之大宗也。

名號

曲禮：大夫曰卒，士曰不禄，庶人曰死。卒，終也。不禄，不終其禄。死之言澌也，精神澌盡也。在牀曰尸。注：尸陳也，言形體在也。在棺曰柩。注：柩之言究也。死寇曰兵。

吕大臨曰：兵者，死於寇難之稱。有兵死而可褒者，如童汪踦能執干戈以衛社稷。孔子欲勿殤，勇于死難者也。有兵死而可貶者，如冢人。凡死于兵者，不入兆域，戰陳無勇者也。

生曰父曰母曰妻，死曰考曰妣曰嬪。注：嬪，婦人有法度者之稱也。壽考曰卒，短折曰不禄。

劉熙釋名：人始氣絶曰死。死，澌也，就消澌也。士曰不禄，不復食禄也。大夫曰卒，言卒竟也。諸侯曰薨。薨，壞之聲也。○老死曰壽終。壽，久也。終，盡也。生已久遠，氣終盡也。少壯而死曰夭，如取物中夭折也。未二十而死曰殤。殤，傷也，可哀傷也。父死曰考。考，成也，亦言槁也，槁於義爲成。凡五材，膠漆附近冶皮革，乾槁乃成也。母死曰妣。妣，比也，比之于父亦然也。漢以來謂死爲物故，言其諸物，皆就朽故也。既定死曰尸。尸，舒也，骨節解舒，不復能自勝斂也。

晉雷孝清問曰：「爲祖母持重，既葬而母亡，言稱孤孫，爲稱孤子。」范宣曰：「禮，無書疏稱孤子、孤孫之文。今世行之，合於人情。稱孤孫，存傳重之目，宜至祖母訖服，然後稱孤子。」

或問顔延之曰：「甥姪亦可施于伯叔從母耶？」顔答曰：「伯叔有父名，則兄弟之子不得稱姪。從母有母名，則姊妹之子不可言甥。且甥姪唯施之於姑舅耳，何者？姪之言實也，甥之言生也。女子雖出，情不自絶，故於兄弟之子，稱其情實，男子居内，據自我出，故於姊妹之子，言其出生，伯叔本内，不得言實，從母俱出，不得言生。然謂我伯叔者，吾謂之兄弟之子。謂我從母者，吾謂之姊妹之子。」雷次宗曰：「夫謂吾姑者，吾謂之姪，此名獨從姑發，姑與伯叔於昆弟之子，其名宜同。姑以女子有行，事殊伯叔，故獨制姪名，而字偏從女。如舅與從母，爲親不異，而言謂我舅者，吾謂之甥，亦猶自舅而制也。名發於舅，字亦從男，故姪字有女。明不及伯叔，甥字有男，見不及從母。是以周服篇無姪字，小功篇無甥名也。」

開元禮：凡百官身亡者，三品以上稱薨，五品以上稱卒，六品以下達於庶人，稱死。○虞祭祝文：父喪稱孤子，母喪稱哀子。祖父稱孤孫，祖母稱哀孫，大小祥祭如之。

政和禮：虞祭至大小祥祭。祝文：父曰孤子，母曰哀子。

司馬氏書儀：虞祭祝文：子曰孤子，孫曰孤孫。爲母及祖母，稱哀子哀孫。○父母亡答人狀：父亡稱孤子，父在母亡稱哀子。父先亡，母與父同。承重者，稱孤孫。女，曰孤女。

韓魏公祭式：古人書曾祖皇祖，魏公易皇以顯字。顯曾祖，顯曾祖妣，顯祖顯祖妣，顯考顯妣。妻先亡曰顯嬪，妻祭夫曰顯辟。穆甫兄弟，曰顯穆甫。

朱子家禮：虞祭祝文称孤子，卒哭以後祭称孝子。朱子語類：問世間孤哀子之稱如何？朱子答曰：温公因今俗以別父母，不欲混也，從之亦無害。○問妾母之稱。曰：恐也只得稱母，他無可稱。在經只得云妾母，不然無以別於他母也。又問弔人妾母之死，合稱云何？曰：恐也只得隨其子平白所稱而稱之。或曰五峰稱妾母爲少母，南軒亦然。據爾雅亦有少姑之文，五峰想是本此。○又曰：姊妹呼兄弟之子爲姪，兄弟相呼其子爲從子。禮云：喪服，兄弟之子猶子也，以爲己之子。與爲兄弟之子，其喪服一也。爲己之子期，兄弟之子亦期也。今人呼兄弟之子爲猶子，非是也。

尤鏜紅箱集：禮記曰：生曰父母妻，死曰考妣嬪。後學據之，遂爲死生定稱，非也。「如喪考妣」，舜典也。「大傷厥考心」，康誥也。「事厥考厥長」，「聰聽祖考之彝訓」，俱酒誥也，此皆生稱考妣者也。公羊傳曰：「惠公者何？隱之考也。仲子者何？桓之母也。」此即死稱母也。蒼頡篇曰「考妣延年」，此亦生稱考妣也。堯典曰：「嬪于虞。」大雅曰：「曰嬪于京。」又周禮有九嬪之官屬灭官，掌婦學之法，此皆生稱嬪者也。明此，信非生死有異稱，可以破俗儒之論矣。

吕坤四禮疑：承重孫有祖父母之喪，諸父在，則誰通名？曰：主上之旁。注：孫稱孝孫，則通名于親友，當稱承重孫矣。曰：諸父不列名乎？等於姪之下乎？曰：名可不廢，等於姪下可也。曰：喪次出入誰先？曰：諸父先，重長孫，謂與祖爲體，尊祖也，故名先孫，弟爲尸之義也。讓諸父，謂與父爲行，尊父也，故先庶父，庸敬之禮也。

顧夢麐曰：按葉夢得石林燕語：父没稱皇考，于禮本無所見。王制言天子五廟：曰考廟，王考廟，皇考廟，顯考廟，祖考廟。則皇考乃曾祖之稱也。屈原離騷云：朕皇考曰伯庸。則直以皇考爲父矣。漢時議宣帝父稱，蔡義請稱悼太子，魏相以爲宜稱尊號曰皇考，則皇考乃至尊之稱，非後世所得通用。然沿習既久，雖儒者亦不能自異也。又曾鞏爲人後議云：皇考一名而爲説有三：禮曰考廟，曰皇考廟，曰顯考廟，曰祖考廟，是則以皇考爲曾祖之廟號也。魏相謂漢宣帝父宜稱尊號曰皇考，既非禮之曾祖之稱，又有尊號之文，故魏明帝非其加悼考以皇號，至於光武亦於南頓君稱皇考廟，義出於此，是以加皇號爲事考之尊稱也。屈原稱朕皇考曰伯庸，晉司馬機爲燕王告禰廟文，稱敢昭告于皇考清惠亭侯，是又達于群下，以皇考爲父没之通稱也。以爲曾祖之廟號者，於古用之。以爲事考之尊稱者，於漢用之。以爲父没之通稱者，至今用之。據石林以爲沿習既久，雖儒者不能自異，予固以爲父没之通稱，至今用之，則是宋時群下得概稱皇考，未嘗有明禁也。永樂六年十二月戊戌，賜秦王尚炳書曰：朝廷制禮，各有分定，毋敢僭踰，爾令僧人修齋，資薦考妣，蓋欲以報劬勞之恩，而于文字稱皇考皇妣。又稱烈妃，皇考皇妣。是朝廷尊稱，藩國豈得僭用？況於禮有違，且爾父于冥冥之中，亦不自安。況烈之謚，果朝廷所賜乎？抑爾自加之乎？爾年少寡學，未諳大體，此必俗學腐儒所爲，陷于僭妄，而爾不能察也。自今但據實書之，庶不貽譏有識之人，則直以皇考爲朝廷尊稱，迄今無敢僭用者，禁之自國初始也。惜秦藩諸臣，無能援屈原、司馬機故事爲上告者，抑慴于尊嚴而不敢言邪。

顧炎武日知録：子孫得稱祖之字，子稱父字，屈原之言「朕皇考曰伯庸」是也。孫稱祖字，子思之言「仲尼祖述堯舜」是也。儀禮筮宅之辭曰：哀子某，爲其父某甫筮宅。又曰：哀子某，來日某，卜葬其父某甫。字父也。虞祭之祝曰：適爾皇祖某甫。卒哭之祝曰：哀子某，來日某，隮祔爾于爾皇祖某甫。字祖也。祔祭之祝曰：適爾皇祖某甫，以隮祔爾孫某甫。兩字之也。○爾雅：父曰考，母曰妣。愚考古人自祖母以上，通謂之妣。經文多以妣對祖而並言之，若詩之云「似續妣祖」，「烝畀祖妣」，易之云「過其祖，遇其妣」是也。左傳昭十年，邑姜，晉之妣也。尤可證。○過其祖，遇其妣，據文義，妣當在祖之上，不及其君，遇其臣，臣則在君之下也。昔人未論此義，周人以姜源爲妣，周禮大司樂注：周人以后稷爲祖，而姜源無所配。是以特立廟祭之，謂之閟宫，是以妣先乎祖。周禮大司樂：享先妣，在享先祖之前，而斯干之詩，曰似續妣祖。箋曰：妣，先妣姜源也。祖，先祖也。或乃謂變文以協韻，是不然矣。或曰：易爻何得及此？夫帝乙歸妹，箕子之明夷。王用享于岐山，爻辭屢言之矣。

萬斯大與杭人論曾孫不當稱功服書：昨見令郎名刺有功服字，不審此何人之服也？若仍是令祖母之服，則令郎爲曾祖母，當是齊衰五月，不當是功服。考儀禮曾孫爲曾祖父母齊衰三月。注云：高祖同。今制曾孫爲曾祖則齊衰五月，玄孫爲高祖齊衰三月。喪服斬衰之下，即是齊衰，其服最重。蓋曾玄孫之于曾高祖，乃一本之親，故服齊衰重服。但以其世已遠，恩已殺，故降于期而五月、三月。在古則儀禮可按，在今則家禮、會典可證，昭昭然不可易也。今杭俗曾孫皆稱功服，夫功服有大小，皆旁支及外親之服。本支子孫，無服此者。唯高祖爲玄孫，曾祖爲曾孫，祖爲諸孫。乃尊服卑，上服下，故報以緦、功。今之曾孫稱功服者，不審大功乎？小功乎？令祖母之喪，在去年八月，至十二月則齊衰五月之期已滿，令郎之服可除，而今正月尚稱功服，必謂是大功矣。夫大功九月，較齊衰五月，月數雖多，而服反殺，徒知九月之重于五月，而不知大功之輕于齊衰，是欲厚其曾祖，而反薄之；欲親其曾祖，而反疏之，如之何其可也？古人制服有輕重，衰布因有精麤，故齊衰四升、五升、六升布猶未成，大功七升、八升、九升則已成布，故齊衰重于大功。不唯五月，即爲高祖之三月，亦非大功所得同也，豈以月數拘哉？今喪禮幾亡，五服之衰，輕重一施，無精麤之别。第唯先王制禮，其所以崇一本之親，而爲之稱情以立文者，其名不可或紊也，故特言之。

柴紹炳孝子喪父有繼母訃不稱哀議：近世孝子訃狀，喪父稱孤子，喪母稱哀子。父母並喪，則稱孤哀子。其説本于宋司馬光，載諸儒家禮，朱熹亦是之。比有喪父而繼母在者，其訃狀疑所署。或欲並稱孤哀，或欲去哀稱孤，客未能决，質于予。予應之曰：有繼母在，宜避不稱哀，否則無以處其後母，將繼親也，而父妾與哉？禮取别嫌明微者，此也。或曰：按禮，居喪祭祀曰孝子某，訃告曰哀子某，哀哀父母，孝子之情也。第稱哀何嫌？予謂禮，時爲大，宜次之，因時制宜，不得泥古。如孤、哀之稱，昉于宋儒循行已久，何容獨異？猶之稽顙、頓首，例分吉凶，君子未嘗或矯焉，故稱孤則人知喪父，稱哀則人知喪母，父没而有繼母者，并書哀則嫌于無繼母，義不敢出也。若謂從禮書哀，不必循俗，已類生今反古之道，又連文書孤，更屬駢枝矣。或又曰喪母稱哀於俗爲允，今己母實亡，而去哀存孤，不幾于忘母乎？予謂喪母哀訃，其事在前，今居父喪而壓於繼母，而不敢書哀，直避其名爾，喪其母而書哀者實也，壓于繼母而不敢書哀者名也，禮之節文是也。古有母死而請數月之喪者，亦有壓而然，豈忍恝邪？考律之制服，凡喪繼母舅，如其舅服功，繼母死則已之。服舅之有無，尚以繼母存亡爲别，則繼母在而避不稱哀，禮由義起，詎爲得已哉？如近今登科序齒録，父没而有繼母在堂，爲書曰慈侍下，而不曰永感，何則？書永感，則嫌于無繼母，書慈侍不嫌于忘己母也。比是以觀，亦可曉然已，且執或之説，如喪父有二子，一子前母出，一子後母出。前子以己母先亡而欲書孤哀，後子以己母尚在而欲但書孤，則二子者將同訃異狀邪？君子行禮，每稱情立文，而未始壹于直遂，彼事後母之如母，有父制命焉，惡敢以父没而遽遺之。故喪吾母也哀，喪後母也亦哀，惟其喪也亦當哀，則其存也必不敢預哀。黨以哀屬吾母，不爲後母訃，有如執言以問，嫌隙所開，其罪等於不孝也。持論者，善處人骨肉之間，宜何從焉？或又曰：今俗有停柩在家，經年始殯者，假令母殯未舉，而父已續娶，於發引之時，孝子通狀亦緣繼母去哀否乎，予謂喪母書哀，自屬定禮。繼親後來，惡得避之，且前此訃告，以父爲政，卒男稱哀，專爲其母，則無可引嫌者也。夫禮者，稱情立文，恒緣義起。喪父有繼母，而并書哀，失之黷；喪其母而因後母來而遂削哀，失之葸，黷非禮，葸亦非禮也。抑語有之，議禮如聚訟，吾安得通人而與之折中也哉？

朱董祥曰：孤，獨也。禮曰：少而無父者謂之孤。孟子曰：幼而無父曰孤。鄭氏禮注曰：三十以下無父稱孤。曲禮曰：人生十年曰幼學，二十曰弱冠，三十曰壯有室，三十以内未有室而無父母，謂之孤子當室。父母存，衣冠不純素。孤子當室，衣冠不純采。所謂孤子者，如寡婦、鰥夫之稱，非人子臨喪所自稱也。臨喪以哀爲本，舍哀稱孤，是忘本也。忘本則無父，無父則難言之矣，人子忍乎哉？〇或問期功緦麻皆制乎？曰：然。不特期功緦麻也，冠昏喪祭皆制，王得治天下之法，無不爲制。制，王制也，又王者之言曰制。居喪書制，古人于喪服未終，遇身家所關之事，不得已謁見官長，書哀恐忌不祥，書從吉則犯十惡之條，故書制某。去其平日尊卑禮文之稱，以存孝子三年不爲禮之意。苟無關身家弔喪之重，雖鄰不往，大功之喪既葬而出弔，今人居喪不敢求之如古人，第非謁見官長，稱哀何忌，而必從而改制乎？孔子曰：三年之喪，練不群，立不旅，行不出弔，恐忘哀爾，無故而諱哀易制，是反之也，其可哉？至于居喪弔人而書制，惟有重喪者爲然，豈斯功緦麻獨非王制邪？

諱

曲禮：卒哭乃諱，禮不諱嫌名，二名不偏諱。注：爲其難辟也，嫌名謂音聲相近，若禹與雨、丘與區也。偏謂二名，不一一諱也，孔子之母名徵在，言在不稱徵，言徵不稱在。逮事父母，則諱王父母。不逮事父母，則不諱王父母。注：逮，及也。謂幼孤不及識父母，恩不至于祖名。孝子聞名心瞿，諱之由心。此謂庶人，適士以上，廟事祖，雖不逮事父母，猶諱祖。君所無私諱。注：謂臣言於君前，不避家諱，尊無二也。大夫之所有公諱。注：避君諱也。詩書不諱，臨文不諱。注：爲其失事正。廟中不諱。注：爲有事于高祖，則不諱曾祖以下，尊無二也，于下則諱上。夫人之諱，雖質君之前，臣不諱也。注：臣于夫人之家恩遠也。質，猶對也。婦諱不出門，大功、小功不諱，入竟而問禁，入國而問俗，入門而問諱。

張子曰：言不逮事父母，則不諱王父母，此尤非義禮。雖今之人情，猶未有不諱祖者也。又如以木鐸狥於廟，曰舍故而諱新，如是則此説又不用也。又如先君以獻武諱二山，則是雖數世祖，猶諱也。是難於信書。

檀弓：卒哭而諱，生事畢，而鬼事始已。既卒哭，宰夫執木鐸以命於宮曰：舍故諱新。注：故爲高祖之父，當遷者也。自寢門至於庫門。

謚

檀弓：幼名，冠字，五十以伯仲。死謚，周道也。

健庵曰：按堯、舜、禹皆名，惟湯是號，蓋名乃履也，疏少誤。此節以柳下惠一人證之即了然，柳下惠生而三月，其父名之於廟曰獲，及二十字之曰禽。至五十，人皆以季稱之，死而謚曰惠。

郊特牲：死而謚，今也。古者生無爵，死無謚。

曲禮：君子已孤不更名，已孤暴貴，不爲父作謚。

風俗通義：禮，臣子無爵謚君父之義也。故群臣累其功美，葬日遣太尉於南郊，告天而謚之。

後漢書荀爽傳：時人多私謚其君父，及諸名士。荀爽皆引大義，正以經典。雖不悉變，亦頗有改。

宋名臣言行録：張子厚横渠先生卒，門人欲謚爲明誠中子，以質明道。明道以問温公，温公復書曰：子厚生平用心，欲率庶人復三代之禮。郊特牲曰：古者生無爵，死無謚。爵謂大夫以上也。檀弓：禮記所由失，以爲士之有誄，自縣賁父始。子厚官比諸侯之大夫，則宜謚矣，然曾子問曰：賤不誄貴，幼不誄長，禮也。唯天子稱天以誄之。諸侯相誄，猶爲非禮，况弟子而誄其師乎？孔子没，哀公誄之，不聞弟子復爲之謚也。今諸君欲謚子厚，恐不合於古禮，非子厚之志。與其以陳文範、陶靖節、王文中、孟貞曜爲比，其尊之也，曷若以孔子爲比乎。

蘇軾與李方叔書：東漢處士，私相謚，非古也，殆以丘明爲素臣，當得罪於孔門矣。

誄

周禮 春官 大祝：作六辭以通上下親疏遠近。六曰誄。注：誄謂積累生時德行以錫之命，主爲其辭，此有文雅辭令難爲者，故太祝主之。

大史遣之日讀誄。疏：遣謂大遣奠，故以遣謂祖廟之奠，人之道終於此者。以未葬已前，孝子不忍異于生，仍以生禮事之。至葬送形而往，迎魂而返，則以鬼事之。故既葬之後，當稱謚，乃誄生時之行而讀之，此經誄即累也。王之誄謚成于天道者，曾子問：唯天子稱天以誄之。

曾子問：賤不誄貴，幼不誄長，禮也。

檀弓：魯莊公及宋人戰於乘丘，縣賁父御，卜國爲右。馬驚敗績，公隊，佐車授綏。公曰：「末之卜也。」縣賁父曰：「他日不敗績，而今敗績，是無勇也。」遂死之。圉人浴馬，有流矢在白肉。公曰：「非其罪也。」遂誄之。士之有誄，自此始也。

魯哀公誄孔丘曰：「天不遺耆老，莫相予位焉。嗚呼哀哉，尼父。」

列女傳：柳下惠死，門人將誄之。妻曰：「將誄夫子之德耶？則二三子不如妾如之也。」乃誄曰：「夫子不伐兮，夫子之不竭兮，夫子之信誠，而與人無害兮。柔屈從俗，不强察兮。蒙恥救民，德彌大兮。雖遇三黜，終不弊兮。豈弟君子，永能厲兮。嗟呼惜哉，乃下世兮。庶幾遐年，今遂遊兮。嗚呼哀哉，魂神泄兮。夫子之謚，宜爲惠兮。」

行狀

文心雕龍：狀者，貌也。禮貌本原取其事實，先賢表謚，並有行狀，狀之大者也。

金石例：行狀惟韓退之狀董公如式。

李翺百官行狀奏：凡人之事迹，非大善大惡，則衆人無由知也。故舊例皆訪問於人，取行狀以爲依據。今之作行狀者，非其門生，而即其故吏，莫不虚加仁義禮智，妄言忠肅和。或言盛德大業，遠而愈光。或云正道直言，没而不朽，曾不能直叙其事，故善惡混然不可明。至如許敬宗、李義府、李林甫，國之姦臣也，其使門生故吏作行狀，既不指其事實，虚稱道忠信以加之，則可以侈於房玄齡、魏徵、裴炎、徐有功矣。此不帷其處心不實，苟欲虚美於所受恩之地而已，由是事失其本，文害於理，而行狀不足以取信。若使指事書實不飾虚言，則必有人知其真僞。不然者，縱使門生故吏爲之，亦不可以謬作德善之事而加之矣。今請作行狀者，不要虚説仁義禮智，忠肅惠和，盛德大業，正言直道，蕪穢簡册，不可取信。但指事説實，直載其詞，則善惡功足跡，皆據事足以自見矣。假令傳魏徵，但記其諫諍之辭，自足以爲正直矣。如傳段秀實，但記其例用司農寺印以追逆兵，又以象笏擊朱泚，自足以爲忠烈矣。今之爲行狀者，都不指其事，率以虛辭稱之，故無魏徵之諫諍，而加之以正直。無秀實之義勇，而加之以忠烈者。皆是也，其何足以爲據？

弔祭文

健庵曰：弔辭之古者，宜數賈太傅誼之弔屈原，班孟堅雖東漢人，所述弔辭，當又在太傅之先也。

朱子家禮：祭文式。維幾年歲次，某干支，某月干支，越干支朔。若干日干支，忝親某官姓某等，謹以清酌庶羞之奠，致祭于某親某官某公之柩云云，尚饗。

何孟春曰：文章有簡短可稱者，宋歐陽文忠奉母喪過某郡，郡守屬同官爲祭文，戒之留意。書云：孟軻之賢，母之教也，夫人有子如軻，死復何憾？文忠大賞之。

徐㷂筆精：宋張子韶祭洪宗宣曰：維某年月日，某官謹以清酌之奠，致祭于某官之靈，尚饗。其子洪邁深感其情。今世祭文，濫觴可厭，使人人如子韶，不知省許多紙筆。黄云：文以足言，言以足志。如子韶云云，不幾于没字碑乎？豈可爲制。惟武廟祭靳文僖曰：朕在東宫，先生爲傅。朕即帝位，先生爲輔。朕今渡江，聞先生訃，嗚呼哀哉。則言簡意盡者也。

挽歌

左傳：魯哀公十一年，吴子伐齊。將戰，齊將公孫夏，命其徒歌虞殯。疏：虞殯者，謂啓殯將虞之歌也，今人謂之挽歌。

莊子：紼謳所生，必于斥苦。司馬彪注云：紼，引柩索也。斥，疏緩。苦，用力也。引紼所有謳者，爲人用力慢緩不齊，促急之也。

譙周法訓：挽歌者，高帝召田横至尸鄉自斃，從者不敢哭，而不勝其哀，故作此歌以寄哀音焉。

干寶搜神記：挽歌者，喪家之樂，執紼者相和之聲也。挽歌辭：有薤露、蒿里二章，出田横門人，横自殺，門人傷之，悲歌，言人如薤上露晞滅也，亦謂人死精神歸于蒿里，故有二章。至李延年，乃分爲二曲，薤露送王公貴人，蒿里送士大夫庶人，使挽者歌。

崔豹古今注：薤露、蒿里，並哀歌也，本出田横門人，横自殺，門人傷之，爲作悲歌。

程敏政父母王宜人挽詩序略：挽詩之作，何昉乎？左氏之歌虞殯，莊生之紼謳，古樂府之蒿里、薤露，皆是也。然考其實，乃當時送葬執引者，聲之以相其力爾。顧近世爲之者異於是，閔其人命之不淑，則近于黄鳥之詩，本于人子所追慕，則近于蓼莪、陟岵之詩。頌彼之善，寄此之哀。雖不相知，可以請託爲之。習于見聞，遂成故事。不如此，則人且有無可用情之機。蓋士告哀乞詩，類于俗人之飯僧追薦，勢不能自已也。

丘濬曰：古人挽歌，專用之以齊衆力，至于今世舁柩者猶歌之，辭雖鄙俚，亦自歎人生必死，死者不可復回之意，非若近世所謂挽詩者，父祖物故，子孫爲之徧于世之能詩者爲之，甚至死已數十年，猶追爲之者，失古意矣。唐宋以來，固有是作。然皆平日交遊，有契誼之舊，有親比之好，一旦聞其死而哀傷之自發于言爾。近世作詩者，與其人，乃至有素昧平生，無半面之識，一日之雅者，亦皆强作之，大無謂也。

何孟春曰：導轝執紼，藉諸永言，以助其力。始自春秋之世，薤露、蒿里，等差具在，而漢魏來，别爲有韻之章，唯大臣之喪有之。然則今挽詩之作，其唯爲大臣作者爲有本乎？今世士大夫，爲人作輓詩，一聽其子若孫，其同産戚屬請託，以爲不必相知且厚，而頌彼之善，寓此之哀，不必若人皆章白于世，衆所惜者。吾不知其言於何徵，涕于何從出，而作者習焉爲常，遂成故事，予嘗慨之。然則詩之追輓于大臣者，予得而序其實矣。生而稱頌于人，則没而見痛悼于人固宜。昔賢有曠百世其久，道其墓而歔欷，數千里其遽，無一日雅，聞其云亡而相弔哭者。詩之所由作，感于物，動于中，發於詠歌，自弗能已。文子興歎晉原，賈生續騷湘水，休文懷舊齊代，子昂覽古蘇丘，燕公五咏，杜甫八哀，下逮宋元抆淚揮毫，情各有寄。天下後世之所痛悼，實在斯文，豈獨於一家所戚，一時知且厚者而已哉。

一、葬次

周禮：地官大司徒，以本俗六安萬民。二曰族墳墓。注：族，猶類也。同宗者生相近，死相迫。

春官冢人掌公墓之地，辨其兆域而爲之圖。先王之葬居中，以昭穆爲左右。注：公，君也。圖，謂畫其地形及丘壟所處而藏之。先王，造塋者，昭居左，穆居右，夾處東西。疏：訓公爲君者，言君則上通天子，此既王之墓域，故訓爲君也。未有死者之時，先畫其地主形勢，豫圖其丘壟之處。既爲之圖，後須葬者依圖置之也。置塋以昭穆夾處，與置廟同。

吕祖謙曰：大司徒以本俗六安萬民，一曰媺宫室，二曰族墳墓。是維死生之大紀，三代相傳而不變者也。居焉而父子有秩，兆焉而昭穆有班。奇衺譎怪之説，未嘗出於其間。斯民之生，老壽蕃祉，繫族以宗，名官以氏，至於千百年而不替。王政既熄，舉丘對竁窆之柄，委之巫史，妖誕相承，誘怵並作，民始忍以啜粥水之時，起射名干利之望，窀穸所卜，畔經遠祖，度越彊畛，孤峙數舍之外，服降屬疏，蓋有樵牧不禁者矣。甚者兄弟忿鬬，或謂是山於伯獨吉，或謂是水於季獨凶，狐疑相伏，暴其親之遺骨而不可掩，是可哀也。

凡諸侯居左右以前，卿大夫士居後，各以其族。注：子孫各就其所出王，以尊卑處其前後，而亦并昭穆。疏：謂先王子孫，爲畿内諸侯。王朝卿大夫死者，則居先王前後之左右。凡死於兵者，不入兆域。注：戰敗無勇，投諸塋外以罰之。凡有功者居前。注：居王墓之前，處昭穆之中央。疏：居前，則不問爲諸侯與卿大夫士，但是有功，皆得居王墓之前，以表顯之也。

以爵等爲丘封之度，與其樹數。注：别尊卑也。王侯曰丘，諸臣曰封。漢律曰：列侯墳高四丈，關内侯以下至庶人各有差。疏：此文自王以下皆有，而云爵等，則天子亦是爵號也。尊者丘高而樹多，卑者封下而樹少。正墓位，蹕墓域，守墓禁。注：位謂丘封所居前後也，禁所爲塋限。疏：即昭穆爲左右，是須正之，使不失本位。墓域，即兆域是也，謂四畔溝兆。蹕，謂止行人不得近之。守墓禁，謂禁制不得漫入也。凡諸侯及諸臣葬於墓者，授之兆，爲之蹕，均其禁。疏：上文惟見王及子孫之墓地，不見同姓、異姓諸侯之墓地，故此經總見之。若然，此墓地舊有兆域，今新死者隨即授之耳。

墓大夫掌凡邦墓之地域爲之圖。注：凡邦中之墓地，萬民所葬地。疏：鄭知是萬民葬地者，以下文云令國民族葬，非有爵者，故知邦墓是萬民。若然，鄭云度數爵等之大小，見有爵者，謂本爲庶人設墓，則有子孫爲卿大夫士，其葬不離父祖，故兼見卿大夫士也。令國民族葬，而掌其禁令。注：族葬各從其親疏。族葬據五服之内親者，共爲一所而葬，異族即别塋。知族是五服之内者，左傳：哭同姓於宗廟，同宗於祖廟，同族於禰廟。故知族是服内。正其位，掌其度數。注：位，謂昭穆也。度數，爵等之大小。疏：凡萬民墓地，亦如上文豫有昭穆爲左右，故云正其位。爵等之大小者，亦如人云丘封之度，與其樹數也。使皆有私地域。注：古者萬民墓地同處，分其地，使各有區域，得以族葬使相容。凡争墓地者，聽其獄訟。注：争侵區域。帥其屬而巡墓厲，居其中之室以守之。注：厲，塋限遮列處〔一〕。鄭司農云：居

〔一〕原文作「塋厲限列處」，據周禮注改。

其中之室，有官寺在墓中。疏：帥其屬者，墓大夫帥下屬官也。居其中之室者，謂於葬地中央爲室，而萬民各自守之。

檀弓：葬於北方，北首，三代之達禮也，之幽之故也。注：北方，國北也。疏：葬於國北及北首者，鬼神尚幽闇故也。殯時仍南首者，孝子猶若其生，不忍以神待之。

二程全書：葬之穴，尊者居中，左昭右穆，而次後則或東或西，亦左右相對而啓穴也。出母不合葬，亦不合祭。棄女還家，以殤穴葬之。

趙昞族葬圖説：凡爲葬五世之塋，當以祖墓分心。南北空四十五步，使可容昭穆之位。分心空五十四步，可容男女之殤位。東西不必預分，臨時量所葬人數裁酌。又曰：宗法之壞久矣，人之族屬，散無統紀。雖奉先之祀，僅申於四親，而祖免以還，不復相録，能知同享其所自出者寡矣。幸而周禮不泯，族葬之類，猶有一二存者。如祖塋拜埽，疏遠咸集，餕福胙，相勞苦，序間闊，尚可見同宗之意也。但葬者惑於流俗，困於拘忌，墓叢雜，昭穆淆亂使不可辨識。又或子孫豐顯，恥葬下列，别建兆域以遠其祖，是皆可恨也。今取墓大夫人之義，參酌時宜爲之圖，既藏於祠室以遺宗人。俾凡有喪，案圖下葬，無事紛紛之説焉。蓋家之祭止於高曾祖考，親親也。案朱文公家禮：祠堂爲四龕，以奉先世。高祖考妣居後西第一龕，曾祖考妣次之，祖考妣又次之，考妣居東龕。嗣於易世，則遞遷祧毁焉。其親盡者，埋神主於墓所，或祠堂兩階之間。墓之葬，則以造塋者爲始祖。謂從他國遷於此地，没則子孫始造塋而葬者，其墓居塋之中央，北首。妻没則祔其右，有繼室，則妻居左，而繼室居右。二人以上，則左右以次而祔焉。其有子之妾，又居繼室之次亦皆與夫同封。案禮雖以地道尊右，而葬法問禮昭穆之制，昭穆尚左，故不得不遵用焉。子不別適庶。不分孰爲妻及繼室所出，孰爲側室所出。孫不敢即其父。不分兄或弟所生，及適庶貴賤也。皆以齒別昭穆。諸子葬祖之東南昭位，北首，並列，以西爲上，其正妻繼室有子之妾各祔其夫之東，仍皆與夫同封。諸孫葬祖之西南，穆位，北首，並列，以東爲上，妻繼室有子之妾各祔其夫之西，餘與昭同。凡昭穆之墓，每一列自墓分心，南北相去各九步，法陽數也。每封東西不可預分，蓋其所葬人數多寡難於前定，若夫貴之與賤碑表存焉。爲人子弟者，可不以此而序其天倫哉？尊尊也。知其有祖而不敢以祔其父也。曾玄而下左右祔。諸曾孫不分何房所出，皆序齒列葬子之南，玄孫序齒列葬孫之南。以其班也。左皆曰昭，右皆曰穆。昭與昭并，穆與穆并。兄弟同列，子孫同班，在昭位則用昭制，在穆位則用穆制也。百世可行也。六世孫在曾孫之南，七世孫在玄孫之南，八世孫在六世孫之南，九世孫在七世孫之南。雖至百世，亦皆可祔焉。昭尚左，穆尚右，貴近尊也。以近祖墓爲上。北首，詣幽冥也。妻繼室無所出，合祔其夫，崇正體也。妾從祔。妻曰合，妾曰從。母以子貴也。有子則然。降女君，明貴賤也。案：韓魏公葬所生母胡氏，其柩退適夫人之地尺許，今謂凡妾之柩，當比正妻繼室稍南。與夫同封，示繫一人也。其黜與嫁，雖宗子之母不合葬，義絶也。男子長殤，居成人之位，十六有爲父之道也。中下之殤，處祖後，示未成人也。十六至十九爲長殤，十二至十五爲中殤，八歲至十一爲下殤。凡已昏娶，即爲成人。案周禮：周人以殷之棺葬長殤，以夏后氏之聖周葬中殤下殤。又曰：下殤葬於園，輿機而往，不棺斂於宮中。自周公時已不輿機，即葬於墓。然尚有以見古人視長殤與中下殤之禮亦異矣，故今以長殤居成人之位，中殤已娶亦然。未娶者與下殤，葬祖之北稍東。殤女葬祖之北稍西祖墓正北，不可下穴。其地東西空三步，象三才也。凡殤是祖之于與女，其墓去祖北六步。若孫則在子之北，孫女在女之北。曾玄而下，皆重行南首。每一列，自墓分心，南北亦相去六步，法陰數也。蓋昭穆前引用陽數，殤後引用陰數。凡數比者，男子先没則居西，後没者次其東。女子先没則居東，次没者次其西，皆不以齒爲序。案周禮：先王之塋，子孫從葬。而諸侯之祔者，則前引。大夫士之祔者，則後引。蓋前貴後賤，一以爵爲尊卑，同朝廷之禮。若後世臣庶之家，其制不應乃爾，但當以齒爲序。而令成人前引，殤後引，亦不失禮意矣。序不以齒，不期夭也。如弟先葬，而留兄之穴，則是預期其兄夭殤也。男女異位，法陰陽也。男居祖穴之東，女居祖穴之西。而昭穆必以班，班不可亂也。男女雖異位，而二位東西相照，必使每行共爲一列。祖北不墓，避其正也。嫌其當祖之首。葬後者皆南首，惡其趾之向尊也。嫁女還家，以殤處之，如在室也。程子曰：棄女還家以殤禮葬之，故今啓穴在殤女位。妾無子猶陪葬，以恩終也。如祖之妾無子者，亦陪葬子之西，稍北南首。子之妾，與諸女相值，而在祖妾之北。孫之妾，與孫女相值在子妾之北，曾、玄而下每列盡然，而皆南首。先葬者居東，後葬者次其西，不以娣姒年齒爲序。案禮：古之公卿大夫爲貴妾服緦，士妾有子亦服之，則公卿貴妾無子，猶服也。今之妾，其無所出者，生享諸母之尊，没與路人不異。案經揆義，所未安。故列諸塋内，以廣愛親之意焉。族葬者，所以尊遠祖，辨昭穆，親逖屬，宗法之遺意也。爲子孫而葬其親，苟非貧乏塗遠，不祔於祖，與祔而不以其倫，則視死者爲不物矣。其如焚尸沈骨，委之烏鳶，孰不可忍也。尚何望其能事祖與宗人哉？嗚呼，去順效逆，葬不以禮，繩以春秋誅心之法，其亦難乎免矣。

朱子語類：陳淳問於朱子曰：某欲改葬前妣，祔於先塋，以前妣與先父合爲一封土，而以繼妣少間數步，別爲一封土，與朋友議以神道尊右，而欲二妣皆列於先塋之左不審是否，然程子葬穴圖，又以昭居左，而穆居右，而廟制亦左昭右穆何也？曰：昭穆但分世數，不分尊卑。如父爲穆，則子爲昭，豈可以尊卑論乎？周室廟制，太王、文王爲穆，王季、武王爲昭，此可考也。〇堯卿問合葬夫婦之位，曰：某當初葬亡室，只存東畔一位，亦不曾考禮是如何。吴卿云：地道以右爲尊，恐男當居右。曰：祭以西爲上，則葬時亦當如此方是。

能改齋漫録：包孝肅公家訓云：後世子孫仕宦，有犯贜濫者，不得放歸本家。亡没之後，不得葬於大塋之中，不從吾志，非吾子孫，共三十七字。其下押字又云：仰珙刊石豎於堂屋東壁，以詔後世，又十四字。珙者，孝肅之子也。

王廷相葬次説：趙季明族葬説何如？曰：序昭穆，收族屬，有宗法之遺意焉。以次列兆，靡拘壟脈，亦可以破術士之妄矣。世次日遡，子孫繁衍，如塋域之不廣何？曰：五世而遷，如小宗然，亦禮也。季明之爲説曰：家之祭，止於高、曾、祖考，親親也。墓之葬，則以造塋者爲始祖。子不別適庶，孫不敢即其父。不分兄及弟所生與適庶貴賤也。皆以齒列昭穆，尊尊也。曾、玄而下，左右祔，各以其班也。曾孫以齒列於子之南，玄孫以齒列孫之南，各從昭穆之序也。昭與昭并，穆與穆并，百世可行也。昭尚左，穆尚右，貴近尊也。昭以左爲上，兄弟以次而東，男西女東亦如之，穆以右爲上，兄弟以次而西，男東女西亦如之。所以然者，以近祖墓爲上也。北首，詣幽冥也。妻繼室無所出，合祔其夫，崇正體也。妾從祔，母以子貴也。降於女君，明貴賤也。凡妾之柩，當比適妻之兆稍南。與夫同封，示繫一人也。其黜與嫁，雖宗子之母不合葬，義絶也。男子長殤，及殤已娶，皆葬成人之位，以有成人之道也。中下之殤，皆葬祖後，示未成人也。序不以齒，不期夭也。男女異位，法陰陽也。男居祖北之東，女居祖北之西。而昭穆必以班，班不可亂也。祖北不墓，避其正也。後葬者皆南首，惡其趾之向尊也。嫁女還家，以殤處之，如在室也。妾無子，猶陪葬，以恩終也。如祖之妾無子者，亦葬祖後之西，稍北南首。子之妾，與諸女相值在其北。孫之妾，與孫女相值，又在其北。先葬者居東，後葬者在其西，俱不以娣姒年齒爲序。嗟乎，是論也，祔子姓，逮殤獨，則謂之仁。正男女，謹適妾，則謂之義。左右前後，各以其班祔，則謂之禮。從事體之宜，而不惑於邪術，則謂之智。故曰：序昭穆，收族屬，有宗法之遺意焉，不直爲喪葬之設而已也。○柩在殯，則南首，至葬則北首何也？曰：檀弓云：葬於北方，北首，三代之達禮也，之幽之故也。蓋人道尚昭明，殯仍南首者，孝子猶若親之生，不忍以神待之也。鬼神尚幽暗，故葬於國北。北首，往詣幽冥之道也。今之居室塋域未必南向何如？曰：殯，權道也，隨其居室可也，葬則必以正向，如向陽負陰，正南北之位，禮也。觀於古人之墓，無偏向者可知矣。後世有之者，惑於風水之徒也。男女之合葬者何也？曰：禮也。記曰：合葬非古也，自周公以來，未之有改也，故曰：禮也。古也並棺而同，今也葬以灰鬲，異而同穴可也。有離之者何也？力之不能祔者，變也。男女之位次何也？曰：葬以北首，男東女西，禮也。觀於國葬之昭穆可知也。謂地道以右爲尊者，非君子之言也。嫁殤而遷葬者何也？曰：生不以禮相接，死而同之，在男比之苟合，在女比之私奔，是亦亂人倫矣。

吕坤喪禮翼：地道尊右，右高而左下也，故百川自西北而東南，葬右男而左女，古也，從地也。後世重左，從人也，非幽明之義矣。今制祠堂之主尚右。○兩婦夾夫而葬，褻也。夫一位，婦一位，左右分矣，雖三五婦同一位爾。○公塋非一世，非一人也。昭穆以世分，墓地以序定，若坐席然。凡成人而無後，或夫或妻，非有大罪，皆得葬於本穴，待後死者合之。衰世狃於葬師，謂無後者不得齒於正葬，界於喪庭，不仁哉，斯言達者非之。○並墓者辨異，夫婦欲合，室家之情也。兄弟欲離，男女之别也。兩墓相去，必五尺，左右容足，便往來也。前後容席，便起拜也。○兄弟並葬，迫近，則叔嫂或夫兄弟妻必並棺，非男女之别。故夫婦之棺，不嫌太逼。男女之棺，不嫌太遠，即限於地，亦須五尺。

陳龍正合葬尚右説：合葬以男穴爲主，女穴爲祔，從男穴之中，起中線。天道尚左，燕會尊左。地道尚右，葬尊右，男右女左，度古聖皆然。朱子葬劉夫人，自謂失於不思。世俗既昧生死異尊之義，丘文莊又謂且從朱子。夫先賢之當法者何限？偏欲仍其偶誤而不敢改邪？又云：恐後世子孫誤認祖妣，其説尤謬。但立一小石碑於墓前，更著家訓，明載男右女左從某墓始，則雖數十世後，了然能辨，何憂混亂乎？王文成亦以尚右爲非，殆爲三穴言，則可爾。三穴若概尚右，則是有邊無中，邊反尊，中反卑，故必男居中。前妻右，後妻左，若妾之有子者，世俗多作連四連五壙，甚悖禮。宜羅城外餘氣之方，別置一羅城，可僅蔽其壙者葬之。若别求一地獨葬，令其子孫，得專拜埽最善。無子者，既不可同穴，又不必專葬。且葬他地，則終爲不食之鬼，決宜就羅城外餘氣方葬之。今於寒食得沾杯酒，子孫拜埽正墓者，禮畢後奉一揖而不拜，幽明並安。

柴紹炳族葬祔葬説：古者重葬禮，急葬務。定葬期，而於地形吉凶之論，未嘗數數也。雖孝經有卜其宅兆而安厝之語，大指以藏先人體魄，他無冀焉。由貴迨賤，限以時月，故未葬則不脱衰。又地有定所，如洛之北邙，晉之九原，多後先卜兆是矣。

案周禮冢人掌公墓之地，先王之葬居中，以昭穆爲左右。凡諸侯卿大夫士，皆各以其族，得列左右前後。墓大夫掌凡邦墓之地域爲之圖，令國民族葬，謂各從其親，亦以昭穆爲左右也。夫如是則葬皆有地，可以刻期，分明志定，生死咸安，此誠先王善制耳。然而周家卜世三十，其時列國君臣，亦皆世禄不失。妨犯嫌忌，果安在邪？自後世溺於形家者言，以吉壞聚氣，敗地成凶，禁子孫不得以昭穆從，必人各營藏，而事始紛紜，因而遼緩暴露者衆矣。夫死者墓，比於生者居室，生者祖父有居，父而擯其子孫，不獲共廬而處，此果人情乎？惟營域逼窄，外無餘地，斯令後死者别謀安厝，不得已也。若果地勢稍寬，倣古族葬，骨肉相依，承安存没，第無紊世次，侵祖壟爲善耳。太原王洙言昔有查氏，病其數世未葬，亟購地一方，稍近爽塏者，自祖考至功緦之親，悉依昭穆序葬之，都無陰陽忌諱，歲中輒遷官秩，家道益昌，又侯官林官遇異人，指一佳地，官取族二十骸，并親，偕葬，子孫俱至大官，竟爲閩望族。由此觀之，族葬何不利之有？至於夫婦祔葬，周公以來，實爲達禮，故孔氏之母死必合葬于防。孔母顔，蓋繼配也，繼配而必合，則凡伉儷之宜同穴可知。魯人之祔合，衛人之祔離，夫子善魯以合也。孟子自齊葬于魯，亦合也。今鄒縣有孟母墓，而别無孟父墓，蓋當時合葬於是，世止以母名之耳。或云合葬非古，以舜葬蒼梧，三妃未從爲徵。又謂朱紫陽之葬其父母，各自爲墳，相距百里。夫蒼梧之事，此古未定制。若紫陽隔别二親，以邀地靈，悉出後世青島家之言，非所當口實也。嗟乎，立身行禮，以周公、孔、孟爲折衷。事死如生，不刊之義也。安有生則同宫，死則異穴。孤魂旅泊，同於仳離。孝子仁人，推想及此，其爲酸感何如哉？且禮以嚴祭祀，守墳墓爲重。故士去其國，止之曰：奈何去墳墓也。使卜兆殊境，百里而遥，則展省曠闕，久之將有淪没之虞，先等於甌脱矣，於勿去之義何居？故族葬之不可行者，或以限於地，若祔葬必無父母不相容之理，奚爲而出於分異之條也哉？或又曰：父母之没，越紀踰世，重啓幽宫，恐近侵暴，不如别營宅兆。夫孔子少孤，距於合葬幾何時矣？葬親者凡有所先，自應虚一以待，使死而有知，百年同穴，正順事也。要之人子本懷，原以入土爲安。陰陽拘忌，並屬外篇。揆諸道而宜，即乎人心而恔。斯行之，終不得雜以私利，而猥用昔人之過舉爲解也。

一、薄葬

檀弓：成子高寢疾。注：成子高，齊大夫國成，伯高父也。慶遺入請曰：「子之病革矣，如至乎大病，則如之何？」注：遺慶封之族。子高曰：「吾聞之也。生有益於人，死不害於人。吾縱生無益於人，吾可以死害於人乎哉？我死則擇不食之地而葬我焉。」注：不食謂不墾耕。

張奐傳：奐光和四年卒。遺命曰：「吾前後仕進，十要銀艾，不能和光同塵，爲讒邪所忌，通塞命也，始終常也。但地底冥冥，長無曉期，而復纏以纊緜，牢以密釘，爲不喜耳。幸有前窀，朝隕夕下，措尸靈牀，幅巾而已。奢非晉文，儉非王孫，推情從意，庶無咎吝。」諸子從之。

周磐傳：磐令其二子曰：「吾日者夢見先師東里先生，與我講於陰堂之奥，既而長歎，豈吾齒之盡乎？若命終之曰：桐棺足以周身，外足以周棺斂形縣封。濯衣幅巾。斂形，謂衣覆其形。縣封，謂直下棺，不爲誕道也。濯衣，浣衣也，不更新制。幅巾，不加冠也。編二尺四寸簡，寫堯典一篇，并刀筆各一，以置棺前，示不忘聖道。」

王祥遺令：夫生之有死，自然之理。吾年八十有五，啓手何恨，不有遺言，使爾無述。吾生值季末，登庸歷試，無毗佐之勳，沒無以報，氣絶。但洗手足，不須沐浴，勿纏尸，皆澣故衣，隨時所服。所賜山玄玉佩、衞氏玉玦、綬、笥皆勿以斂，西芒上土自堅貞，勿用甓石，勿起墳壟，穿深二丈，椁取容棺。勿作前堂，布几筵，置書箱鏡奩之具。棺前但可施牀榻而已，糒脯各一盤，玄酒一杯，爲朝夕奠，家人大小不須送喪。大小祥，乃設特牲，無違余命。高柴泣血三年，夫子謂之愚。閔子除喪出見，援琴切切而哀。仲尼謂之孝，故哭泣之哀，日月降殺，飲食之宜，自有制度。夫言行可覆，信之至也。推美引過，德之至也。揚名顯親，孝之至也。兄弟怡怡，宗族欣欣，悌之至也。臨財莫過乎讓，此五者，立身之本，顏子所以爲命，未之思也，夫何遠之有？諸子皆奉而行之。

南史：梁孫謙臨終遺命諸子曰：吾少無人間意，故自不求聞達，而仕歷三朝，官成兩朝，如我資名，或蒙贈謚，自公體耳，氣絶即以幅巾就葬，每存儉率，比見輴車過精，非吾志也。士安束以籧篨，王孫倮入后地。雖是匹夫之節，取於人情未允。今使棺足容身，壙足容柩，旐書爵里，無曰不然。旒表命數，差可停息，直僦輴牀，裝之以蕿，以常所乘者爲魂車，他無所用，第二子貞巧，乃織細蕿裝輴，以蕿爲鈴佩。雖素而華，帝爲舉哀，甚悼惜之。

顏之推家訓終制篇：死者，人之常分，不可免也。吾年十九，值梁家喪亂，其間與白刃爲伍者，亦常數輩。幸承餘福，得至於今。古人云：五十不爲夭。吾已六十餘，故心坦然，不以殘年爲念。先有風氣之疾，常疑奄然，聊書素懷，以爲汝誡。先君先夫人，皆未還建鄴舊山，旅葬江陵東郭。承聖末，啓求揚都，欲營遷厝，蒙詔賜銀百兩，已於揚州小郊卜地燒甎，便值本朝淪没，流離如此。數十年間，絶於還望，今雖混一，家道罄窮，無由辦此奉營資費。且揚都汙萊，無復孑遺，還彼下濕，未爲得計，自咎自責，貫心刻髓，計吾兄弟不當仕進，但以門衰。骨肉單弱，五服之内，旁無一人，播越他鄉，無復資廕，使汝等沈淪厮役，以爲先世之耻。故覥冒人間，不敢墜失。兼以北方政教嚴切，全無隱退者故也。今年老疾侵，儵然奄忽。豈求備禮乎？一日放臂，沐浴而已。不勞復魄，斂以常衣。先夫人棄背之時，屬世荒饉，家塗空迫，見弟幼弱，棺器率薄，藏内無甎。吾當松棺二寸，衣帽已外。一不得自隨，牀上唯施七星板，至如蠟弩牙玉豚錫人之屬，並須停省，糧罌明器，故不得營。碑誌旒旐，彌在言外。載以鼈甲車，襯土而下，平地無墳，若懼拜埽不知兆域，當築一堵低牆於左右前後，隨爲私記，靈筵勿設枕几，朔望祥禫，惟下白粥清水乾棗，不得有酒肉餅果之祭。親友來餟酹者，一皆拒之。汝曹若違吾心，有加先妣，則陷父不孝，在汝安乎？其内典功德，隨力所至，勿刳竭生資，使凍餒也。四時祭祀，周孔所教，欲人勿死其親，不忘孝道也。求諸内典，則無益焉。殺生爲之翻增罪累，若報罔極之德，霜露之悲，有時齋供，極盡忠信，不辱其親，所望於汝也。孔子之葬親也，云古者墓而不墳，丘東西南北之人也，不可以弗識也，於是封之崇四尺。然則君子應世行道，亦有不守墳墓之時，況爲事際所逼也。吾今羈旅，身若浮雲，竟未知何鄉是吾葬地，唯當氣絶便埋之耳。汝曹宜以傳業揚名爲務，不可顧戀朽壤，以致湮没也。

舊唐書魏徵傳：徵薨，太宗給羽葆鼓吹班劍四十人，賻絹布千段，米粟千石，陪葬昭陵。

及將祖載，徵妻裴氏曰：「徵平生儉素，今以一品禮葬，羽儀甚盛，非亡者之志。」悉辭不受，竟以布車載柩，無文彩之飾。

宋祁筆記：吾没後，稱家之有亡以治喪，斂用濯浣之鶴氅紗，表帽綫履，三日棺，三月葬，慎無爲陰陽拘忌。棺用雜木，漆其四會，三塗即止，使數十年足以腊吾骸，朽衣中而已。吾之君然朗朗有識者，還於造物，放之太虚，可腐敗者，合於黄壚，下付無窮，吾尚何患？掘室劣取容棺及明器，左置明水，水二盎，酒二缸，右置米二奩，朝服一稱，私服一稱，革履自副，左列吾誌，右列吾銘。即掩壙，惟簡惟儉，無以金銅雜物置中，吾學不名家，文章僅及中人，不足垂後，爲吏在良二千石下，可著數人。故無功於國，無惠於人，不足以請謚有司，不可受賵贈，又不宜求巨公作誌及碑，上樹五株柏，墳高三尺，石翁仲獸不得用。蓋自標著者，非千載久安計爾，不得作道佛二家齋醮，此吾生平所志。若等不可違命作之，違命作之，是死吾也，是以吾爲遂無知也。喪之詣塋，以繒布纏棺四翣引，勿得作方相俑人，陳列衣服器用，累吾之儉。吾生平語言無過人者，慎無妄編綴作集。

二程全書：范淳夫之葬，先生爲之經理，掘地深數丈，不置一物，葬之日招在近父老，以酒食示之，其後發者相繼，而淳夫獨完。

張爾岐續篤終論：晉皇甫謐悼厚葬之害，著論爲葬送之制，名曰篤終。其言曰：司馬石槨不如速朽，季孫璠璵比之暴骸，文公厚葬，春秋以爲華元不臣；王孫親土，漢書以爲賢於秦始。如今魂必有知，則生死異制，如其無知，則空奪生用，捐之無益。是招露形之禍，增亡者之毒也，其言可謂至痛切矣。然當時所謂厚葬，蓋謂珠玉之飾，含齋之物，器用實貨之藏也，今人皆無是矣。衾絞韜冒之屬，尚不必備。又況所謂玉鏤金匣金蠶玉犬者乎？乃往往有苦於乏財，數十年不克葬者，則何也？緇黄之懺度，不敢以廢也。侍從之偶俑，不敢以闕也。夾道之幡幔鐃吹，不敢以不盛也。賓客之酒食衣物，不敢以不豐也。其甚者，徵歌舞，雜以百戲。非是，則以爲樸。結繒縛帛，以象樓觀。非是，則以爲陋。於是嘲轟咿啞之聲，豔麗詭異之飾，雜遝衢路，充斥原野，婦孺擁觀，歎駭踊抃，而後快於心焉，而後爲能葬其親焉。富者破産而逐新，貧者舉息而蹶赴。一日之費，十年節約而不能償也。一家之喪，百家奔走而交相病也。高位縱任而不之禁，旁觀括習而忘其非。人之欲葬其親者，恥其不備，忍於累年暴露而不惜焉，亦甚可傷也已，何不即今之所謂厚葬者而深思之，是何者有益於親之身乎？無益於親，而爲之，徒欲悦觀者之目而已。古之厚葬，誠昧於理，其心猶欲爲親也，今乃於終天永訣之會，盛陳娛樂詭麗之具，以爲觀美，徒博婦孺一時之咍笑，不近於侮其親矣乎，且其所擬象而塗飾者，未必其親之生平所宜有也，不又陷其親於僭矣乎？本欲自致於親，而適成其侮且僭，何如反而約諸禮之爲得乎？夫子嘗言喪具矣。曰：「稱家有無，有勿過禮，苟無矣，縣棺而對。」又曰：「啜菽飲水盡其歡，斯之謂孝。斂首足形還葬而無椁，稱其財，斯之謂禮。」斯言也，誠千古葬者之大經矣。間考夫子所謂勿過禮者，大端有二焉：一者藏體魄之禮，含襲斂襚棺宅兆之屬是也；一者事精神之禮，朝夕之奠，重主之設，虞祔祥禫之祭是也。是皆切於親之身者也。有禮以爲之制，則限於分者，不敢踰。困於財者，聖人亦不强焉。況於懺度之説，古所無也，即不能無疑於心，何不援先儒之論以自定也。芻靈以象生平也，凡分所不得有者，何不可已也。功布以前車，銘旌以識别，本以適用也。溢而爲幢纛之僭，何爲也？易服而弔，禮自賓出，何煩主人之裂帛，食於喪側。或非得已，何至置酒而高會，紼謳生於斥苦方相以敺罔兩，殆喪家歌舞之所由始也。無所苦而歌，無所敺而舞，違舂相巷歌之戒矣。家有苫塊之次，墓有主賓之位，此廬幄之所以設也。廬而致飾，幄而過華，與苴麻菅疏之儀不侔矣。溯本而求,或造端於古人,沿今所尚,遂大遠於禮意,何如安其分之所適宜,量其力之所可至,庶天下無不葬之親,人子無不致之情乎?曰:子之所言,殆桐棺土櫬窶人子之所爲耳,不足以言富貴之家,備物極榮者之事也。曰:白蓋雙旗,門坐挽送,非建武之佐命乎。布車載柩,飾無文采,非貞觀之元臣乎。無損於尊榮,而更爲美談。蓋奢而示之以儉,儉而示之以禮,移風易俗,誠貴者賢者之責也。

一、生壙

檀弓:公叔文子升於瑕丘,蘧伯玉從。文子曰:「樂哉斯丘也,死則吾欲葬焉。」蘧伯玉曰:「吾子樂之,則慶請前。」

漢書注:壽藏,謂壙也。稱壽者,取其遠久之意。

荀子:子貢倦於學,告於仲尼曰:「願有所息。」仲尼曰:「生無所息。望其壙,睪如也,宰如也,墳如也,鬲如也,則知所息矣。」

漢書:張禹年老,自治塋,起祠堂,好平陵肥牛亭部處地,又近延陵,奏請求之,上以賜禹。

五代史:唐司空圖豫爲冢棺,遇勝日,引客坐壙中,賦詩酌酒,客或難之,圖曰:「君何不廣邪?生死一致,吾寧暫游此中哉。」

陶穀蕉窗雜記:右補闕王正己,四十四致仕,豫製棺,題曰「永息菴」,置諸寢室,人勸移之僻地，曰：「吾欲日見之，常達死相，滅除貪愛耳。」壽七十八，無疾而逝。

一、歸葬

檀弓：太公封於營丘，比及五世，皆反葬於周。注：太公受封，留爲太師，死葬於周，子孫不忍離也。五世之後，乃葬於齊，齊曰營丘。君子曰：樂，樂其所自生，禮不忘其本。古之人有言曰：狐死正丘首，仁也。注：正丘首，正首丘也。仁，恩也。○疏：狐死所以正首而嚮丘者，丘是狐窟穴，根本之處，雖狼狽而死，意猶嚮此丘，是有仁恩之心也。今五世反葬，亦仁恩之心也。

漢書韋玄成傳：建昭三年薨，父賢以昭帝時徙平陵，玄成别徙杜陵，病且死，因使者自白曰：「不勝父子恩。願乞骸骨，歸葬父墓。」上許焉。

後漢書：温序爲護羌校尉，爲隗囂將所拘，伏劍而死。主簿從事，持尸歸斂，光武聞而憐之，命送葬到洛陽，賜城旁爲冢。長子壽夢序告曰：「久客思鄉里，壽即棄官上書，乞骸骨歸葬。」帝許之。乃反歸舊塋。

廉范傳：范父遭亂，客死於蜀，范年十五，辭母西迎父喪。蜀郡太守張穆，范祖父丹之故吏，乃重資送范。范無所受，與客步負喪歸葭萌，載船觸石破没，范抱持棺柩，遂俱沈溺，衆傷其義，鉤求得之，療救僅免於死。穆聞復馳遣使持前資物追范，范又固辭，歸葬。

崔承宗，齊州人，父於宋世仕漢中，母喪因殯彼，後青徐歸魏，遂爲隔絕。承宗萬里投險，偷路負喪還京師，黄門侍郎孫惠蔚聞之，曰：吾於斯人，見廉范之情矣。於是弔贈盡禮，如舊相識。

趙琰，天水人，父温卒於仇池令，時禁制甚嚴，不聽越關，葬於舊兆。琰積四十餘年，不得葬二親，及蒸嘗拜獻，未曾不嬰慕卒事。每於時節，不受子孫慶賀，年餘耳順，而孝思彌篤，慨歲月推移，遷窆無冀，乃絶監粟，斷諸餚味，食麥而已，年八十卒，遷都洛陽，子應等乃還鄉葬焉。

唐書趙弘智傳：從曾孫矜歷襄城丞，客死柳州官爲斂葬。後十七年，子來章始壯，自襄陽往求其喪不得，野哭再閲旬，卜人秦誗爲筮曰：「金食其墨，而火以貴。其墓直丑，在道之右。南有貴神，冢土是守。宜遇西人，深目而髯，乃其得實。」明日，有老人過其所，問之，得矜墓，直社北，遂歸葬弘安墓次。時人哀來章孝，皆爲出涕云。

一、火葬

宋史禮志：高宗紹興二十七年，監登聞鼓院范同言：「今民俗有所謂火化者，生則奉養之具，惟恐不至，死則燔爇而棄捐之，何獨厚於生，而薄於死乎？甚者焚而置之水中，識者見之動心。國朝著令，貧無葬地者，許以係官之地安葬。河東地狹人衆，雖至親之喪，悉皆焚棄。韓琦鎮并州，以官錢市田數頃，給民安葬，至今爲美談。然則承流宣化，使民不畔於禮法，正守臣之職也。方今火葬之慘，日益熾甚，事關風化，禮宜禁止。仍敕守臣措置荒閑之地，使貧民得以收葬，少裨風化之美。」從之。二十八年，户部侍郎榮嶷言：「比因臣僚陳請禁火葬，令州郡置荒閑之地，使貧民得以收葬，誠爲善政。臣聞吴越之俗，葬送費廣，必積累而後辦，至於貧下之家，送終之具，唯務從簡。是以從來率以火化爲便，相習成風，勢難遽革。況州縣休息之久，生聚日繁，所用之地，必須寬廣，仍附郭近便處，官司以艱得之，故有未行摽撥者。既葬埋未有處所，而行火化之禁，恐非人情所安，欲乞除豪富士族申嚴禁止外，貧下之民并客旅遠方之人。若有死亡，姑從其便。候將來州縣摽撥到荒閑之地，别行取旨詔依，仍令諸州依已降指揮措置摽撥。

二程全書：古人之法，必犯大惡，則焚其尸。今風俗之弊，遂以爲禮。雖孝子慈孫，亦不以爲異，更是公家明立條貫，元不爲禁。如言軍人出戍，許令燒焚，將骨殖歸。又言郊壇須三里外，方得燒人，則是别有焚尸之法。此事只是習慣，便不以爲事。今有狂夫酬人，妄以其先人棺櫬一彈，則便以爲深讎巨怨，及親拽其親而納之火中，則略不以爲怪，可不哀哉？

司馬氏書儀：世人有遊宦没於遠方，子孫火焚其柩，收燼歸葬者。夫孝子愛親之肌體，故斂而葬之。殘毁他人之尸，在律猶嚴，況子孫乃悖謬如此。其始蓋出於羌俗，行之既久，習以爲常見者恬然，曾莫之怪，豈不哀哉？延陵季子適齊，其子死，葬於嬴、博間。曰：「骨肉復歸於土，命也，魂氣則無不之也。」孔子以爲合禮。必也不能歸葬，於所在可也，不猶愈於焚之哉？」

路史發揮：甚矣焚尸之酷也，父兮鞠我，母兮育我，比其死也，一舉而焚之。孝子順孫，爲之安乎？曩觀秘閣閒談，有鄭民張福詮者，貴糴，爲雷所撲，其妻焚之。中道忽死，既而讝曰：「福詮震死，亦備苦矣，而又見焚，不已甚乎？」以是知焚尸爲死者苦也。

湛若水家訓：焚尸之禍，殘子孫大性之愛，傷天地泰和之氣，能使一方荒旱癘疫，我在南京參贊已行之，今立一義阡，禁一郡人民，不許燒焚父母，以陷於不孝之罪，皆令葬於義阡，以存天和。有貧無棺者，本家給與。

一、義葬

史記主父偃傳：主父方貴幸時，賓客以千數，及其族死，無一人收者。唯獨洨孔車收葬之，天子後聞之，以爲孔車長者也。

後漢書繆肜傳：太守隴西梁湛，召肜爲決曹史。湛病卒官，肜送喪，還隴西，始葬。會西羌反叛，悉避亂他郡，肜獨留不去，爲起墳冢，乃潛穿井旁以爲窟室，晝則隱竄，夜則負土，及賊平，而墳已立，其妻子意肜已死，還見大驚。

晉書向雄傳：雄，河内山陽人，初仕郡爲主簿，太守王經之死，雄哭之盡哀，後太守吴奮以少譴繫雄於獄，司隸鍾會於獄中辟雄爲都官從事，會死無人殯斂，雄迎喪而葬之。文帝召雄責之曰：「往者卿哭王經於東市，我不問也。今鍾會躬爲叛逆，又輒收葬，其如王法何？」雄白：

「昔者先王掩骼埋胔，仁流朽骨，當時豈先卜其功罪，而後葬之哉？今王誅既加，於法已備。雄感義收葬，教亦無闕，殿下讎枯骨，而捐之中野，爲將來仁賢之資，不亦惜乎？」帝悦，與談宴而遣之。

閻纘傳：纘爲太傅楊駿舍人，轉安復令，駿誅，纘棄官歸，要駿故主簿潘岳、掾崔基等共葬之。基、岳畏罪，推纘爲主，墓成當葬，駿從弟模告武陵王澹，將表殺造意者。衆咸懼，填而逃，纘獨以家財成墓，葬駿而去。

夏方傳：方，會稽永興人，家遭疫癘，父母伯叔群從死者十三人，方年十四，夜則號哭，則負土。十有七載，葬送得畢，因廬於墓側，種植松柏，烏鳥猛獸馴擾其旁。此非義塟，因所塟群從多喪，故附載。

南史蔡興宗傳：廣陵州別駕范義與興宗善，坐竟陵王誕爲逆事誅，興宗躬自收殯，致喪還葬豫章舊墓。孝武聞謂曰：「卿何敢故爾觸綱？」興宗抗言答曰：「陛下自殺賊，臣自葬周旋。既犯嚴刑，當甘於斧耳。」帝有慚色。

舊唐書李大亮傳：大亮罄其家貲，收葬五葉宗族無後者，三十餘喪，送終之禮，一時稱盛。

王義方傳：貞觀二十三年，改授洹水丞，時張亮兄子皎，配流在崖州，來依義方而卒，臨終託以妻子。

儀禮節略第十卷

喪儀

餘論

曲禮：君子行禮，不求變俗。祭祀之禮，在喪之服，哭泣之位，皆如其國之故，謹脩其法而審行之。疏：君子行禮者，謂去先祖之國，居他國者也。俗者，本國禮法所行也，明雖居他國，猶宜重本，行故國法，不務變之從新也。如杞、宋之臣，入於齊、魯；齊、魯之臣，入於杞、宋，各宜行本國禮法也。

禮器：禮也者，反本脩古，不忘其初者也。故凶事不詔，朝事以樂。注：二者，反本也。哭泣由中，非由人也。朝廷養賢以樂，樂之也。○疏：凶事，喪親之事也。詔，告也。孝子親喪，痛由心發，故啼號哭泣，不待外告而哀自至，是反其孝性之本心也。以樂，奏音樂也。

君子之於禮也，有直而行也，有曲而殺也，有經而等也，有順而摭也。疏：直而行者，若親始死，孝子哭踊無節，直由天性而行也。曲而殺者，若服父斬衰三年，爲母齊衰期，是曲殺也。經而等者，若上自天子，下至庶人，雖尊卑有異，而服其父母，則貴賤同等也。順而摭者，摭，猶拾取也，若君沐粱，大夫用稷，士用粱，士卑不嫌，是拾君之禮而用之也。

樂記：哀麻哭泣，所以節喪紀也。

經解：喪祭之禮，所以明臣子之恩也。○喪祭之禮廢，則臣子之恩薄，而倍死忘生者衆矣。

檀弓：子路曰：「吾聞諸夫子，喪禮，與其哀不足而禮有餘也，不若禮不足而哀有餘也；祭禮，與其敬不足而禮有餘也，不若禮不足而敬有餘也。」

喪禮，哀戚之至也，節哀順變也，君子念始之者也。注：始，猶生也，念父母生己，不欲傷其性。○疏：喪禮既爲至極，若無節文，恐其傷性，故辟踊有節，欲順孝子悲哀，使之漸變也。

孝經：子曰：「孝子之事親也，哭不偯。注：氣竭，而息聲不委曲。禮無容。注：觸地無容。言不文。注：不爲文飾。服美不安，聞樂不樂，食旨不甘，此哀慼之情也。三日而食，教民無以死傷生，毁不滅性，此聖人之政也。喪不過三年，示民有終也，爲之棺衣衾而舉之。注舉。謂舉内尸于棺也。陳其簠簋而哀慼之。注：簠簋，祭器也。陳奠素器，而不見親，故哀慼也。擗踊哭泣哀以送之。注：男踊女擗，祖載送之。卜其宅兆而安厝之。注：宅，墓穴也。兆，塋域也。为之宗庙以鬼享之。注：立廟祔祖之後，則以鬼禮享之。春秋祭祀以時思之，生事愛敬，死事哀慼，生民之本盡矣，死生之義備矣，孝子之事親終矣。」

禮器：喪禮，忠之至也。注：謂哭踊袒襲也。備服器，仁之至也。注：謂小斂、大斂之衣服，葬之明器。

賓客之用幣，義之至也。注：謂來賻賵。故君子欲觀仁義之道，禮其本也。注：言禮有節於内，可以觀也。〇疏：親戚之喪，必盡忠心追念，是忠之至也。喪禮備小斂、大斂之衣服，及葬之明器，是仁愛其親，仁之至也。賓客用幣帛以相賻賵，於事合宜，是義之至也。

坊記：子云：賓禮每進以讓，喪禮每加以遠，浴於中霤，飯於牖下，小斂於户内，大斂於阼，殯於客位，祖於庭，葬於墓，所以示遠也。殷人弔於壙，周人弔於家，示民不偝也。子云：「死，民之卒事也，吾從周。注：周於送死尤備。以此坊民，諸侯猶有薨而不葬者。」

曲禮：居喪未葬，讀喪禮。既葬，讀祭禮。喪復，常讀樂章。

張子曰：禮在平日，豈不嘗學，如祭禮樂章，豈必葬畢喪終乃學，蓋謂切於用，故至其時又復講求。居喪者，他書不可觀，惟喪、祭禮可讀，苦觀他書，却似忘喪也。

健庵曰：記曰：君子居喪，未葬，讀喪禮；既葬，讀祭禮，何謂也？曰：君子之於禮，無弗學也，及既際其事，而復習其文者，追遠慎終，將致其誠信而勿之有悔焉，非至此而始讀之也。今親始死，悲焉濾焉，如弗欲生，俛而讀禮，不已晚乎？君子之讀禮也，以致其知也，非將預擬其親，而儲以爲之用也。禮喪具，君子恥具，一日二日而可爲也者，君子弗爲也。然而有歲制、時制、月制、日制，是時，此雖父母之終事亦有所不諱也。死也者，人之必有也，而諱之，可免乎？天預凶事，非禮也，至於禮，則固有吉凶矣，何可廢也？唐顯慶之制禮也，大臣諱避去國恤焉，其後山陵之禮，遂無所執。夫寺人宫妾之所爲愛也，非君子之所以事君父也。或曰：温公之薨也，伊川先生董喪事焉，子瞻周視無闕禮，乃曰：正叔喪禮，何其熟也？又曰：大中康寧，何爲讀喪禮乎？伊川不答。鄒志完聞之曰：伊川之母先亡，獨不可以治喪禮乎？夫志完之言何如？曰：覈已，獨未若以吾之言答之也。

雜記：疏衰之喪，既葬人請見之，則見；不請見人，小功請見人可也。大功不以執摯，唯父母之喪不辟涕泣而見人。注：言重喪不行求見人爾，人來求見己，亦可以見之矣。不辟涕泣，言至哀無飾也。○疏：小功輕，可請見於人，大功則不可也。此小功承疏衰既葬之下，亦謂既葬也。

雜記：子貢問喪，子曰：「敬爲上，哀次之，瘠爲下。顔色稱其情，戚容稱其服。」請問兄弟之喪。子曰：「兄弟之喪，則存乎書策矣。」注：言疏者如禮行之，未有加也。齊斬之喪，哀容之體，經不能載矣。○疏：疏者，禮文具載，存乎書策。父母至親，哀容體狀，不可名言。故經不能載，顔色稱其情，當須毁瘠也。戚容稱其服，當須憔悴也。君子不奪人之喪，亦不可奪喪也。」注：重喪禮也。注：不可以輕之於己也。○疏：謂他人居喪，任其行禮，不可抑奪。己之居喪，當須依禮，不可自奪其喪，使不如法。不奪人喪，恕也；不奪己喪，孝也。

孔子曰：「少連、大連善居喪，三日不怠，三月不解，期悲哀，三年憂，東夷之子也。」注：言其生於夷狄，而知禮也。怠，隋也。解，倦也。○疏：三日不怠，謂喪三日之内，水漿不入口之屬。三月不懈，謂未葬之前，朝奠夕奠，及哀至則哭之屬。期悲哀者，謂練以來，常悲哀朝哭夕哭之屬。三年憂者，以服未除，憔悴憂戚。

檀弓：夏后氏尚黑。注：以建寅之月爲正，物生黑色。大事斂用昏。注：昏時亦黑，此大事謂喪事也。殷人尚白。注：以建丑之日爲正，物牙色白。大事斂用日中。注：日中時亦白。周人尚赤。注：以建子之月爲正，物萌色赤。大事斂用日出。注：日出時亦赤。

問喪：或問曰：死三日而后斂者，何也？注：怪其遲也。曰：孝子親死，悲哀志懣，故匍匐而哭之，若將復生然，安可得奪而斂之也？故曰：三日而后斂者，以俟其生也。三日而不生，亦不生矣。孝子之心，亦益衰矣。家室之計，衣服之具，亦可以成矣。親戚之遠者，亦可以至矣。是故聖人爲之斷決以三日爲之禮制也。注：匍匐，猶顛蹶，或作扶服。○疏：三日斂者，以士言之，則大斂也。大夫以上，則小斂也。

雜記：士三月而葬，是月也，卒哭。大夫三月而葬，五月而卒哭。諸侯五月而葬，七月而卒哭。注：尊卑恩之差也，天子至士葬即反虞。○疏：大夫以上，葬與卒哭異月者，以其位尊，念親哀情，於時長遠。士職卑位下，禮數未申，故三月而葬，葬罷即卒哭。

喪服小記：再期之喪，三年也。期之喪，二年也。九月、七月之喪，三時也。五月之喪，二時也。三月之喪，一時也。注：言喪之節，應歲時之氣。

雜記：期之喪，十一月而練，十三月而祥，十五月而禫。疏：此禫杖期主謂父在爲母，亦備二祥節也。

荀子：禮者，謹於治生死者也，生人之始也，死人之終也。終始俱善，人道畢矣，故君子敬始而慎終。終始如一，是君子之道，禮義之文也。夫厚其生，而薄其死，是敬其有知，而慢其無知也；是姦人之道，而倍叛之心也。君子以倍叛之心接臧穀猶且羞之，而況以事其所隆親乎？故死之爲道也，一而不可得再復也，臣之所以致重其君，子之所以致重其親，於是盡矣。故事生不忠厚，不敬文，謂之野。送死不忠厚，不敬文，謂之瘠。瘠，薄。君子賤野而羞瘠，故天子棺十重，諸侯五重，大夫三重，士再重。禮記云：天子之棺四重，今云十重，蓋以棺椁與抗木合爲十重也。諸侯已下，與禮記多少不同，未詳。然後皆有衣衾多少厚薄之数，皆有翣菨文章之等。翣菨，當爲蔞翣。鄭康成云：蔞翣，棺之牆飾也。以敬飾之，使生死終始若一，足以爲人願。是先王之道，忠臣孝子之極也。○天子之喪，動四海，屬諸侯。諸侯之喪，動通國，屬大夫。大夫之喪，動一國，屬脩士。脩士之喪，動一鄉，屬朋友。屬，謂付託之，使主喪也。通國，謂通好之國也。一國，謂同在朝之人也。脩士，士之進脩者，謂上士也。一鄉，謂一鄉内之姻婭也。庶人之喪，合族黨，動州里。刑餘罪人之喪，不得合族黨，獨屬妻子。棺三寸，衣衾三領，不得飾棺，不得晝行，以昏殣。凡緣而往埋之。墨子曰：桐棺三寸，葛以爲緘。趙簡子亦云：然則厚三寸，刑人之棺也。喪大記：士陳衣于序東，三十稱。今云三領，亦貶損之甚也。殣，道死人也。詩曰：行有死人，尚或殣之。昏殣如掩道路之死人，惡之甚也。凡，常也。緣，因也，言其妻子如常日所服而埋之，不更絰杖也。反無哭泣之節，無衰麻之服，無親疏月數之等。已葬埋，若無喪者而止，夫是之謂至辱。此蓋論墨子薄葬，是以至辱之道奉君父也。○禮者，謹於吉凶，不相厭者也。紸纊聽息之時，則夫忠臣孝子亦知其閔己。紸纊，即屬纘也，言此時知其必至於憂閔也。然而殯斂之具未有求也，垂涕恐懼，然而幸生之心未已，持生之事未輟也。卒矣，然後作具之。作之，具之。故雖備家必踰日，然後能殯，三日而成服。備，豐足也。然後告遠者出矣，備物者作矣，故殯久不過七十日，速不損五十日。此皆據士喪禮首尾三月也。是何也？曰：遠者可以至矣，百求可以得矣，百事可以成矣，其忠至矣，其節大矣，其文備矣。然後月朝卜日，月夕卜宅，然後葬也。月朝，月初也。月夕，月末也。先卜日，知其期，然後卜宅，此大夫之禮也。士喪禮，先筮宅，後卜日。此云月朝卜日月夕卜宅，未詳。當是時也，其義止，誰得行之。其義行，誰得止之。聖人爲之節制，使賢者抑情，不肖者企及。故三月之葬，其貌以生設飾死者也，殆非直留死者以安生也。貌，象也，言其象以生之所設器用飾死者，三月乃能備也。是致隆思慕之義也。○喪禮之凡變而飾，動而遠，久而平。故死之爲道也，不飾則惡，惡則不哀，爾則翫，翫則厭，厭則忘，忘則不敬，一朝而喪其嚴親，而所以送葬之者，不哀不敬，則嫌於禽獸矣。君子恥之。故變而飾，所以滅惡也；動而遠，所以遂敬也；久而平，所以優生也。禮者，斷長續短，損有餘，益不足。達愛敬之文，而滋成行義之美者也。故文飾麤惡，聲樂哭泣，恬愉憂戚，是反也，然禮兼而用之，時舉而代御，故文飾聲樂恬愉，所以持平奉吉也。麤衰哀泣憂戚，所以持險奉凶也。故其立文飾也，不至於窕冶；其立麤衰也，不至於瘠棄；其立聲樂恬愉也，不至於流淫惰慢；其立哭泣哀戚也，不至於隘懾傷生，是禮之中流也。故情貌之變，足以別吉凶，明貴賤親疏之節，期止矣。外是姦也，雖難，君子賤之。

故量食而食之，量要而帶之，相高以毁瘠，是姦人之道也。非禮義之文，非孝子之情也，將以有爲者也。故説豫娩澤，憂戚萃惡，是吉凶憂愉之情，發於顔色者也；歌謡謸笑，哭泣諦號，是吉凶憂愉之情，發於聲音者也；芻豢、稻粱、酒醴、餰鬻、魚肉、菽藿、酒漿，是吉凶憂愉之情，發於飲食者也；卑絻、裨冕同。黼黻、文織、資麤、衰绖、菲繐、菅屨，是吉凶憂愉之情，發於衣服者也。疏房、檖貌、越席、牀笫、几筵、屬茨、倚廬、席薪、枕塊，是吉凶憂愉之情，發於居處者也。兩情者，人生固有端焉。若夫斷之繼之，博之淺之，益之損之，類之盡之，盛之美之，使本來終始，莫不順比，足以爲萬世則。是禮也，非順敦脩爲之君子，莫之能知也。○齊衰、苴杖、居廬、食粥、席薪、枕塊，是君子之所以爲愅詭其所哀痛之文也。愅，變也。詭，異也。感動其所哀痛，而不可無文飾。故制爲齊衰苴杖之屬，言本皆因於感動也。卜筮、視日、齋戒、脩塗、几筵、饋薦、告祝，如或饗之；賓出主人拜送，反易服，即位而哭，如或去之。此雜説喪祭也。易服，易祭服，反喪服也。賓出祭事畢，即位而哭，如神之去然也。哀夫敬夫，事死如事生，事亡如事存。狀乎無形，影然而成文。狀，類也，言祭祀不見鬼神，有類乎無形影者，然而足以成人道之節文也。

白虎通德論：喪者，何謂也？喪者，亡也，人死謂之喪，言其亡不可復得見也。不直言喪何爲？孝子心不忍言。尚書曰：「武王既喪。」喪禮曰：「死於適室。」知據死者稱哭也。生者喪痛之，亦稱喪。禮曰：「喪服斬衰。」易曰：「不封不樹，喪期無數。」孝經曰：「孝子之喪親者，是施生者也。」天子下至庶人，俱言喪何歟？言身體髮膚俱受之父母，其痛一也。

朱子語類：百日卒哭，乃開元禮。以今人葬不如期，爲此權制。至公而下，皆以百日爲斷，殊失禮意。古者士踰月而葬，葬而虞，虞而卒哭，自有日數。但今人事力不辦，自不能及此期耳。若過期未葬，自不當卒哭。未滿一月，則又不當葬也。○又云：以百日爲卒哭，是開元禮之權制，非正禮也。

萬斯同曰：開元禮卒哭篇未嘗明言百日爲期，唯三日成服條注：有古之祔在卒哭，今之百日也二語，此可爲唐用百日之據，及考李習之去佛齋說，深詆其用佛家七七之說，則知唐人之遭喪者，多用七七百日爲治喪之節矣。夫捨先王之正法，而用釋氏之邪說，已爲非禮。乃又陰用其實，而陽諱其名，使後之讀其書者，莫識其行禮爲何時，更可怪也。

朱子曰：禮不難行於上，而欲其行於下者，難也。蓋朝廷之上，典章明具，又自尚書省，置禮部尚書侍郎以下，至郎吏數十人，太常寺置卿少以下至博士掌故，又數十人。每一舉事，則案故事施行之，而此數十人者，又相與聚而謀之。於其器幣牢醴，共之受之，皆有常制。其登降執事之人，於其容節，又皆習熟見聞，無所違失。一有不當，則又有諫官御史，援據古今而質正之，此所謂不難於上者也。惟州縣之間，士大夫庶民之家，禮之不可已而欲行之，則其勢可謂難矣。總之所以得其不合者五，必欲舉而正之，則亦有五說焉。蓋今上下所共承用者，政和五禮也，其書雖常頒布，然與律令同藏於理官。吏之從事於禮法之間者，多一切俗吏，不足以知其説，長民者，又不能以時布宣，使通於下，甚者至或并其書而亡之，此禮之所以不合者一也。書脱幸而存者，亦以上下相承，沿習苟簡，平時既莫之習，臨時則驟而學焉，是以設張多所繆盭，朝廷又無以督察繩糾之，此禮之所以不合者二也。祭器常經政和改制，盡取器斟酌存於今者以爲法。今郊廟所用，則其制也，而州縣專取聶氏三禮制度，醜怪不經，非復古制，而政和所定，未嘗頒降，此禮之所以不合者三也。州縣惟三獻官有祭服，其分獻執事陪位者，皆常服也，古今雜糅，雅俗不辨，而縣邑直用常服，不應禮典，此禮之所以不合者四也。又五禮之書，當時修纂，出於衆手，其間亦有前後自相矛盾，及疏略不備處，是以其事難盡從，此禮之所以不合者五也。禮之所以不合者五，必將舉而正之，則亦有五説焉。曰：禮之施於朝廷者，州縣士民，無以與知爲也，而盡頒之，則傳者苦其多，習者患其博而莫能窮也，故莫若取自州縣官民所應用者，參以近制，别加纂次，號曰紹興纂改政和民臣禮略，鋟板模印而頒行之。州縣各爲三通，皆櫝藏之。守視司察，體如詔書，而民庶所用，則又使州縣自鋟之板。正歲則摹而揭之市井邨落，使通知之，則可以永久矣，此一説也。禮書既頒，則又當使州縣擇士人之篤厚好禮者，講誦其説，習其頌禮，州縣各爲若干人，廪之於學，名曰治禮。每將舉事，則使教焉。又詔監司如提學司者，察其奉行不如法者，舉繩治之，此二説也。祭器不一，郡縣所用至廣，難以悉從朝廷給也，但每事給一以爲準式，付之州郡，櫝藏於太守廳事，使以其制爲之，以給州，用以賦諸縣，其器物用者，自爲一庫，别置王典，與所櫝藏者，守令到罷，舉以相付，書之印紙以重其事禮，此三説也。祭服，則當準政和禮，州縣三獻分獻執事贊祝陪位之服，舉其所有者，議其所無者，補之，使皆爲古禮服，製造頒降，如祭器法，此四説也。禮書之不備，更加詳考而正之，仍爲圖，其班序陳設，行事升降之所事爲一圖，與書通頒之，則見者曉然矣，此五説也。夫禮之所以不合者如此，必將舉而正之，其説又如此，亦可謂明白而易知矣，而世未有議之者，則以苟簡之俗勝，而莫致意焉故也，是其所以爲難也。愚故曰：禮不難行於上，而欲其行於下者難也。故述斯議，以爲有能舉而行之，則庶乎其有補焉爾。○又曰：喪禮太繁，今只存大概，使人知其意義，必不可盡行。如始喪一段，必若欲盡行，則必無哀戚哭泣之情矣。哀苦荒迷之際，何有心情？一一如古禮之繁細委曲邪？古有相禮者，導孝子爲之，況依今世俗之禮，亦未爲失，但使哀戚之情得盡耳。有虞氏瓦棺而葬，夏后氏堲周，必無周人之繁文也。古人壙中置物甚多，禮文之意大備，則防患之意反不足。凡當防慮久遠，毋使土親膚而已，其他禮文，皆可略也。又如古者棺不釘，不用漆粘，而今灰漆如此堅密，猶有蟻子能入，何況不用釘漆乎？孔子從先進，已厭周之文矣。聖賢者作，不必盡守古禮，必裁酌從今之而爲之也。又如士相見禮、鄉飲酒禮、射禮之屬，今何處可行，存其大概，使人知周之盛時，禮之全體皆備，不可有纖毫之差。今世皆不得見，掇拾於殘編斷簡之餘，如何必欲盡倣古禮。或曰：「郁郁乎文哉，吾從周。」其何意也？聖人之言，固非一端。蓋聖人生於周世，周之一代禮文皆備，誠爲整齊，如何不從？但是如用之，則吾從先進耳，用之謂自爲邦。○問喪禮制度節目。朱子曰：恐儀禮也難行，如朝夕奠，與葬時事，尚可。未殯以前，安得一一如此仔細？含飯一節，教人從那裏轉，那裏安頓，一一各有定所，須是有相者方得。孔子曰：「行夏之時，乘殷之輅。」已厭周文之煩矣。聖人復起，亦但隨今風俗，立一限制，須從寬簡，今若考得子細，一一如古，固好。如考不得，亦只隨俗不礙理者行之。○又曰：今人吉服，皆已變古，獨喪服必欲從古，恐不相稱。禮，時爲大，衣本以便身，古人亦未必一一有義，況隨時增減，名物愈繁。若要可行，須是酌古之制，去其重複，使之簡易，然後可行。又須是朝廷整頓理會，始得。○又云：自天子達於庶人者，居喪之禮也。送死之禮，貴賤不同。以天子諸侯大夫之禮，附於士禮，殊不相入，自合别爲一篇。世俗拘忌，不敢别立其名。因喪大記包舉王侯士庶之禮，而倣儀禮次第，分其章段，則凡言禮之法，而似經者依經例，其記事實，有議論者，依記例。虞禮以下，如天子九月卒哭，及九虞、七虞等語，當别爲下篇，依士禮次第編集。却於見編卒哭等禮篇内，删出三傳作主等語附入，而王侯大夫制度，皆入此篇書禮。論語所説諒陰制度，及左傳所説天子、諸侯喪事，亦皆依記例，隨事附於章目之後，如諒陰及后世子皆爲三年之類，即附祥禫章後，譏華元樂舉及仲幾對宋公椇柎藉幹語之屬，即附棺窆葬等章。楚恭王能知其過之類，即入誄謚章。○又曰：古人祭禮次喪禮，蓋謂從那始作重時，便做那祭底道理，後來人却移祭禮在喪之前，不曉這箇意思。○安卿問人於其親，始死則復其魂魄，又爲重爲主，節次奠祭，所以聚其精神，使之不散。若親死而其子幼稚，或在他鄉，不得盡其萃聚之事，不知後日祭祀，還更萃得他否？曰：自家精神自在這裏。○又曰：喪事，古人原有活法，如身執事，面垢而已是也。○又曰：古禮難行，爲古人有做未到處。古者以皮束棺，豈能固？設熬黍稷於棺傍，以惑蚍蜉，可見少智。今棺用漆，要三日便殯亦難。○又曰：古人自有一件人君居喪之禮，但今不存，無以考據。蓋天子、諸侯，既有天下國家事體，難與常人一般行喪禮。○或問哀慕之情，易得間斷如何？曰：此如何問得人？孝子喪親，哀慕之情，自是心有所不能已，豈待抑勸？亦豈待問人？只是時時思慕，自哀感，所以説祭思敬，喪思哀，只是思著，自是敬，自是哀。若是不哀，别人如何抑勸得他？因舉宰我問三年之喪云云曰：女安則爲之，聖人也只得如此説，不當抑勸他，教他須用哀，只是從心上説，教他自感悟。

邵寶喪禮雜説：吾讀既夕禮，而知古君子喪事縱縱而不凌節也。蓋先三日則鼎鼎，先一日則騷騷，故酌以先二日。既夕哭之後，啓而朝祖。祖，飾棺屬引而後祖奠，盡日從事。所謂猶猶爾者，其謂此乎。○又曰：昔予讀顔丁居喪之説，而未得其情，某孤也幼，固然莫之省也，乃今當太淑人之喪，日夕殯宫，忽忽默體，始克知之。嗚呼！父兮母兮，不可作矣，壽也燕慶，榮也贊賀，既皆不可得矣。雖病而承候，視醫言善惡，方欣諰戚，尚可得乎？此猶常也。雖筮而得離之頤，錯愕殞越，色於客而客懼，尚可得乎？此猶主也。雖死而號慟含斂，僕僕拜賓，虞病疑死，尚可得乎？蓋不惟生之日不可再得，而死之日亦不可再得矣。大哉天地間，日復一日，予安所求哉？嗚呼！生之不再得，人能言之，死之不再得，予亦不知其何心，不知其何以爲言也。記曰：始死，皇皇焉。安得起顔丁而與之誦「匪母何恃」之詩哉？

呂坤四禮疑：一部喪禮，易居其九，貧者不能易，戚可也，故曰喪致乎哀而止。○又曰：喪家十二禁，知禮之家，不可不守也：一作佛事，二用殃狀，三信風水，四請客行祭設席太豐，五避殃祓除，六作樂鬧喪，七沿村謝客，八遠送孝帛作謝，九請客點王，十除明器外無用紙劄太多。十一棺槨外斂身入棺太美，十二門户朝夕不謹，男女混雜不防。○喪有六不拘禮：老不拘，少不拘，病不拘，貧不拘，情有所奪者不拘。所不拘者文也，真情則不在於此也。

來知德日録：古人制禮甚嚴，凡容體、聲音、言語、居處、衣服，皆有一定之制，昭然垂之經典，所以厚風俗、益世教也。漢去古未遠，居喪使婢在側丸藥，即終身黜落。至宋時，欲以酒飲人者，曰既不能以禮處人，則宋世守先王之禮教者猶嚴也。至元時之俗，父母死，則歌舞娱尸。明洪武戊申，御史高元侃言京師猶習元俗，喪葬設宴，作樂娱尸，流俗之弊，至今已甚，送終尤禮之大者，不可不謹，乞禁止以正風俗，高皇帝是其言，命禮官定制。今載之大明律中，十惡一曰不孝，内有居喪作樂之條，八議所不赦。今俗親方死，即鳴金鼓，弔客來，即設酒喧譁，如賀客然，甚至强孝子飲酒者，此風俗之至惡者也。

張爾岐謹俗論記曰：君子行禮，不求變俗。祭祀之禮，居喪之服，哭泣之位，皆如其國之故，謹脩其法而審行之。今之俗屢變矣，將以何者爲國之故乎？曰：六經之所陳者，是其故者也。二帝、三王建極而施於時，周公、孔子脩明而筆之書，是真可爲國之故矣。君子行禮，有不得於心者，案籍而求之，決擇其故與非故，而後從事焉，此風教之賴也。近俗之失其故者不一事，其在喪葬者有三，奢儉疏促之節不與焉。一者始死而哭諸鬼神之廟，邑則城隍，村落則唯其所直，男女被髮徒跣，提榼捧幣，聚哭於其所，名曰送漿木。又曰：設浴日三，三日而止，其俗不知始於何時何人也。爲其説者，曰人始死，攝而之廟，爲之請，乃得挾貲以冥遊，不然，則爲攝者所苦，淫巫妖尼，遞相恐嚇，委巷細民，怖而聽之，至於縉紳士人雖心知其非，亦奪於婦孺之口，而不能自决也。嗚呼！聖人雖不言鬼神，其制爲喪禮，於鬼神未嘗不章明較著也，有升屋而復矣，有設奠而依矣，又殯而立之重，葬而爲之主矣，並不及誰攝而往，誰賄而請也，豈有之而周公、孔子不知邪？周公、孔子不知，而今之巫與尼顧知之邪？一者柩出門，而喪主碎器於車，亦不知其始於何時何人也。寠人以爲人子重事，支庶不得而代，柩方升車，其人捧盆於首，跽而擲地，聲震翣柳。嗚呼！此何時也，非終天永訣之時乎？人子方攀戀號慕而無從，乃碎陶器，作萬響以當其前，欲何爲乎？孔子在衛，有送葬者，而夫子善之。曰：「其往也如慕，其返也如疑。」將行而碎器以震驚之，慕親者固如是乎？此二事，於禮則乖，於儀則野，恐伊川被髮之祭不甚於此矣。謂周公、孔子之故俗有是邪？又一者受弔之位，主人伏哭於柩東，賓入門北面而弔拜畢，主人下堂北面拜賓，相習以爲定位，鮮有知其非者，不知方伏哭柩東時，婦女當在何所乎？女賓至，主人避之否乎？主人避而賓又至，又將何所伏而待乎？其升降進退之間，必不能無愆於儀矣。既失男女内外之位，又妨主賓哭踊之節，先王制禮，必不如是之齟齬不合矣。考之士喪禮，主人入坐于牀東，衆主人在其後西面，婦人俠牀東面，此未斂以前，主人室中之哭位也。其拜賓，則升降自西階，即位於西階，東南面拜之，固已不待賓於堂上矣。及其既斂而殯也，居門外倚廬，唯朝夕哭，乃入門而奠。其入門也，主人堂下直東序西面北上，外兄弟在其南南上，賓繼之北上，門東北面西上，門西北面東上，西方東面北上，主人固不復在堂上矣。所以然者，其時即位於堂南上者，唯婦人，故主人不得升堂也。今主人柩東拜伏之位，正古人主婦之位也，則今人哭泣之位，亦非周公、孔子之故矣。周公、孔子之故，固未斂以前以柩東爲位，既斂而殯，則堂下直東序西面是其位也，主人正位於此，則内外之辨，賓主之儀，無適而不當矣。前二事之失，流俗之所淆，哭位之失，則考古之未審，在吾黨力反之耳。力反之者如何？明乎設奠依神之爲故，則知野哭之非其故；明乎遣奠伸哀之爲故，則知碎器之非真故；明乎未斂既斂之位各有其故，則亦各如其故而無可疑也。

駱問禮居喪答問：予先君之喪，既襄事，客問曰：君子行禮，不求變俗。子好古而不和於俗，今日之事，其語在大人一指者，則既聞合矣，其餘尚不能盡無惑也，請一一瀆之而無罪可乎？曰：是問禮所急欲，隨教而不可得者也。曰：俗初喪者反穿其上衣，子獨不然，豈謂於禮無稽乎？曰：然。親始死，雞斯徒跣，扱上衽，小斂而後袒括髮免髽，禮也。反上衣，良未之前聞哉。其不赴，何也？曰：親厚者不必赴，疏遠者不當赴，貴顯者不敢赴，必不得已者始赴，一力口報之，豈以片紙爲惜，哀痛迫切之中，從其質也，仁人之所不罪也。然則占何以赴？曰：古卿大夫士，交政於中國，勢分懸隔，或拜使而赴，或父兄命赴，政事之章，冠裳之體也。今我親故，情聯地密，朝有變，而夕莫不聞，彼且匍匐不暇，而待赴乎哉？故曰仁人之所不罪也。不稱孤子何也？曰：經言少而無父曰孤，説禮者，謂三十已下無父可以稱孤，若三十以上，有爲人父之道，不言孤也。故祭稱孝子孝孫，喪稱哀子哀孫，經有明文。況孔子謂三年之喪從其至者，孤與哀孰爲至乎？孤哀分父母，家禮本之書儀，雖傳襲已久，不爲有據，丘文莊公亦嘗言之矣。既曰不燕客矣，然亦有酒肉之者何也？曰：此不肖之罪也，然而惡草也，在禮，老病不止酒肉。夫孝子也，老病且不止酒肉，賓客之冒雨雪而徒步遠來者，安知其不無所病，而拘以一説，恐非禮意。若其必當飲食與否，則在好禮者之自審，其近也，即遠而無他慮者，自不敢不以正事之矣。日止二奠禮乎？曰：古君子之事其親也，日出而朝，慈以旨甘，日入而夕，慈以旨甘。其在殯也，朝奠日出，夕奠逮日。既曰朝夕奠矣，而復曰上食，何煩而無次乎？疑家禮之複也，故節之。其不焚紙錢何也？曰：不以祭祀有年矣，敢復以瀆吾親邪？惟不焚，故不敢輕受之人，以誠信事幽明也。不受賵賻何也？曰：喪禮之變久矣，一旦欲復古，不設燕不分帛，而復受其來儀，彼且以我爲家於喪，況孟獻子旅歸四布，亦孔子之所許，不受也者，亦歸布之意耳，而卒有受之者，義所必不當邦也。飯于牖下，小斂于户内，大斂于阼，殯于客位，有常所矣。子一於堂何也？曰：吾謹其大者而已，地位之彼此，古今異宜，所不必計也，無妨於即遠而已。未成服而辭客何也？曰：當事則辭禮也，哀敬有所致，不得已也，非概辭之也，易服而葬禮乎？曰：交於山用之神明，不可以純凶古也。墓不請名公而自誌何也？曰：不暇及也，先儒有爲之者也。自誌則宜書府君，若先考，而曰某官某公何也？曰：欲易見也，銘旌之例也。銘旌，欲使今之人知其爲某之柩也，故書某公；誌石，欲使後之人知其爲某之墓也，故亦書某公，自不嘗與祝辭同耳。其不請顯者題主何也？曰：禮家所不載也。子弟親故能者之事也，瀆顯者不敢也。吉服而臨之非喪儀也，祔及高曾何也？曰：祔，祖古也。然古者諸侯大夫主各一廟，故得以班祔。今一廟耳，將安擇之？故不曰祔祖而祔廟。今之廟非古之廟也，而今之祔，亦古之祔矣。祔即改題，不已速乎？曰：世已易矣，主之者非其人矣，不改題之，可謂正名乎，不嫌速，夫亦有所不得已也。老病不止酒肉矣，子亦飲食之乎？曰：先王之制，禮甚嚴而其責人甚恕，故曰五十不成喪，七十者衰麻在身而已。又曰：六十不毁，七十飲酒食肉，皆爲滅性者謀耳。不肖雖有年，而力足以勝喪，何必自餒，必三年乎？曰：所不敢必也，日者雪夜嚴寒，固嘗有所飲食矣，以勝寒而止。若其不勝，則聖人既已許我，勝而不勉，古之人皆用之矣。雖然汝以行古之道取罪於人，尚不知省，而硁硁如昨，所得者幾何乎？予曰：執禮者人訾，棄禮者人趨，税未知所也，吾何慎哉？君子求同理，不求同俗；求天知，不求人知，吾何慎哉？客去書以備省。

華氏慮得集：凡喪事，家禮喪制最善，切不可惑於世俗之邪説，而有所拘忌。豈有父母之喪，而子孫及婦，不親臨、不哭泣者哉？唐呂才叙陰陽書之言，誠爲確論也。夫古人制喪，極爲詳盡，乃古人送死無憾者，可以當大事也。奈何貧家力弱，不能悉備，姑酌其可行而已，不可遂致於率略也。且如初終易簀沐浴，巾衣鞵襪，一如生時穿著等事，俱是人子可爲之。易者，何可率略也。古用飯含，今俗用珠，鄙見皆不必用，但以浄帛醮水，拭掠口齒，潔之可也。必用絞巾裹而結束，斂入於棺，漆粘棺口而蓋之，更布漆縫隙，防蟲水之入也，著裹衣巾，肢體務要安頓停當，件件手到，使吾心無所遺悔方可，仍看家禮參酌而行之。及葬埋之事，尤不可拘忌，深宜慮之。舉柩登途，及下壙之際，最宜防慎安詳。其扛索之類，須親過目，輟泣以扶視之可也。〇喪服一依禮制，力不及者，量而減省之，所謂與其易寧戚，須以哀爲主。力如可及，却不當吝。○惟婦人頭，止許垂下尺五足矣，斷不可太長，而招戲侮，蓋非美飾也。○朝夕臨哭，奠獻依禮制而行，勿用七七之説。成服之後，三五日擇晴明便葬。百日卒哭，祥、禫並依禮制，貧富可行。奠獻羹飯，並如家常。葷素隨力，但莫依惡俗，而褻瀆於亡者。祭之以禮，可不慎乎。○親友賻贈，只受香燭粉之類，其盛祭競侈者，徒虚費耳。必預告却絶之，不可誇耀越禮，尤不可暴殄物命也。○子孫堂祭，或羊或豕，一物足矣。或勿羊勿豕，亦可。世俗用三牲、五牲者，殊無所謂。考之禮法，亦不當然。

顧湄愳聞録：吴下喪禮久不講，即士大夫家，亦多狥俗。知有會典、家禮，而不能一一遵行。其大端有十餘事：禮大小斂有致襚陳衣沐浴之節，吴俗始死焚衣，非禮一也。沐浴餘木，棄于坎，築而實之，今以沐浴餘瀋令孝子各飲三口，非禮二也。置靈座設魂帛，古者結白絹爲之，今用緜一口，以一小竹枝綴，結白紙寫某人之靈位，旁注孝子某某奉祀，相楮帛上，略如神主式，率用僧道書寫，孝子迎置柩前，非禮三也。吴俗成斂後，用白布造五穀袋，置于靈几，高三四尺，疑古者明器苞筲之遺意，但明器用以入壙今置之靈几，非禮四也。禮未殯無問尊卑皆哭不絶聲，小斂後乃更代而哭，防以死傷生也，見士喪禮、喪大記，及周言挈壺氏，後世以婢妾直靈助哭，當由喪主不能淳至，欲以多聲相亂，見南史王秀之傳，今吴俗亦然，非禮五也。雜記士三月而葬，遂卒哭；大夫三月而葬，五月而卒哭。今人以初喪四十九日居於柩側，謂之七七，其説始於釋氏，見魏書胡國珍傳，吴俗自首七至六七，用僧作佛事，有誦經禮懺，破地獄，穿五方，化庫諸科儀，化庫元典章，所謂紙房子，當時有禁，終七里道士亦然，寧都魏冰叔素不信佛，誤地獄論三篇云：設無地獄，則亂臣賊子死去，將何處安置？其言有激，然天下之人，豈盡亂臣賊子，若以死去必入地獄，爲人子者，須假手僧道以救其親，何薄視其親之甚也。忍心悖義，不亦愚而可笑乎？假使罪果入獄，又豈僧道之力，可以救拔？愚人肆作惡事，殁後藉此一著，可以滅罪生福，定無是理，間亦有明知其無益，而卒爲之者，其心以爲不若是，不足以蓋世俗之耳目，而畏薄喪之譏，非禮六也。至接煞避煞之説，尤屬無稽，而舉俗信之，非禮七也。喪牌孝帖，孫及曾孫，俱寫稽首拜，以爲稽顙大重，頓首太輕，殊不知周禮大祝稽首居九拜之首，乃臣拜君之拜，本非凶拜，何可通用？據禮檀弓，孝子宜寫稽顙拜，孫及曾孫，宜寫拜稽顙，或以爲駭俗不可行，非禮八也。報訃送怠，本非古禮，今送貴顯，更用色綢錦段，尤爲乖繆，非禮九也。杭俗出殯前一夕，大家則唱戲宴客，謂之煖喪，吴中小民家亦用鼓樂竟夜，親鄰畢集，謂之伴大夜，非禮十也。至於信用風水，久而不葬，題主請顯官以爲光寵，均屬非禮。嗟乎！士君子綱維名教，砥柱頹俗，所當留意者也。

王草堂人鑑：不受賻贈。

徐漢爲長沙郡守，將亡，遺言不受贈。有一匹私馬，賣以買棺。歐陽地餘，歷官少府，臨卒，戒子曰：「我死，官屬送汝財，弗受也。」子如父命，天子嘉之，賜錢百萬。原涉父卒，讓還賻贈，廬冢三年。管寧年十六，喪父，稱財送終，中表其孤貧，咸共資助，悉辭不受。王草堂云：遺命不遵，與臨喪貪得者，當鑑此。

因喪棄官。

韋義以兄順喪去宫，楊仁以兄喪去官，譙元以弟服去官，戴封以伯父喪去官，馬融以兄子喪自歸，陳實以期喪去宫，賈逵以祖喪去官。范叔矩以博士徵，兄憂不行。劉爲郎中令，以兄憂即日輕舉。圉令趙君以司徒楊公辟，兄憂不至。曹全遷槐里令，遭弟憂棄官。楊著遷高陽令，以從兄憂，飄然而去。陳重舉尤異，當遷太守，以姊憂去官。王純拜郎失妹，遂辭印綬。陶淵明尋程氏妹喪，自免去職。嵇紹拜徐州刺史，以長子喪去官。王艸堂云：古人以祖伯兄弟姊妹子姪，皆去官奔喪。今有親死貪位，而假託出繼者，良心安在？當鑑此。

有服不嫌。

季武子寢疾，蟜固不脱齊衰而入見，曰：「斯道也，將亡矣，士惟公門脱齊衰。」武子曰：「不亦善乎？」孔穎達云：禮：士入公門，脱齊衰，入大夫之門，不合脱也。季氏世爲上卿，强且專政。凡入見者，皆脱齊衰而往，他處猶有服者，故云將亡。然此謂不杖齊衰，若杖齊衰，雖公門亦不脱。陳用揚曰：杖齊衰不脱，而況斬衰，公門且不脱，而況司府州邑乎？蟜固能守禮，且乘其寢疾，觸其所深諱而勿之邺，武子亦能降心相從，而不敢以爲忤。蟜固不可及矣，而後世之爲士大夫有愧于武子者，不亦多乎。

王艸堂云：謁者見者，並當鑑此。

守制須慎。

陳壽父喪有疾，使婢丸藥，鄉黨遂以貶議，坐是沉滯累年。阮簡父喪行遇大雪寒凍，詣俊儀令，令爲他賓設黍臛，簡食之，以致清議廢頓，幾三十年。謝惠連，先愛會稽郡吏杜德靈，及居父憂，贈以五言詩十餘首，坐廢不預榮伍。王艸堂云：喪中不謹飭者，當鑑此。

忌日當哀。

申屠蟠九歲喪父，哀毁過禮，服除不進酒肉十餘年，每忌日哀戚，輒三日不食。王脩年七歲喪母，母以社日亡，來年社日脩哀感悲號，鄰人爲之罷社。明鄭克敬，福建將樂人，洪武中擢監察御史，正色立朝，以廉介受知于上，嘗奉使復命，賜宴不食飲，光禄卿以聞，上詰其故。對曰：今日臣父歿忌，不忍食酒肉。上曰：尊者賜，少者、賤者不敢辭，況君命乎？對曰：臣聞有父子，而後有君臣。上悦其言，賜鈔五錠。王艸堂云：君賜尚不食，而世之遇忌忘哀者，當鑑此。

喪葬自應限制。

晉泰始中，楊旌伯母服未除，應孝廉舉，博士韓光議以宜貶，又天水太守王孔碩，舉楊少仲爲孝廉，有期之喪而行，甚致清議。宋郭稹冒緦喪赴舉，爲同輩所訟，上命典謁詰之，引服，付御史臺劾問，殿三舉，同保人並贖金，殿一舉。唐鄭延祚，母卒二十九年，殯僧舍垣地，顔真卿劾之，兄弟終身不齒。宋王子韶以不葬父母貶官，劉昺兄弟，以不葬父母奪職，著爲甲令。王艸堂云：功緦之喪，尚嚴應舉，則世無敢遺之服矣。停柩不葬，必加貶黜，則世無暴露之骸矣。主持風化者，當鑑此。

設宴送牲宜禁。

張漢輔父卒既葬，詔遣使齋牛酒爲釋服，非禮也。宋仁宗除喪，有司將開樂置宴，程頤奏曰：「除喪而因事用樂可矣。今特設宴，是喜之也。」詔罷之。宣仁上賓，至七日，有旨下光禄供羊酒，欲爲太后暖孝。蘇軾上疏，以爲暖孝之禮，出于俚俗，不敢奉詔。有旨遂罷。呂東萊與項平父書云：臘肉醋薑已領，意服制中餽人不當以肉，自此已之爲佳。郭良翰云：今人乃以肉餽有服者，既不以禮處人，又不愛人以德。王艸堂云：世俗除喪設席用樂，并服中酒肉贈遺者，當鑑此。

守禮廢禮之别。

晉武帝喪畢，猶素冠蔬食哀毁如常，群臣請易服復膳。詔曰：「每念不得終其絰之禮，以爲沉痛，況食稻衣錦乎？可試省孔子答宰我之言，無事紛紜也。」遂以蔬素終三年。康帝居杜太后喪，周忌，有司奏改服，詔不從，素服如舊。唐德宗諒闇中，召諸王食馬齒羹，不設鹽酪。皇姨有寡居者，妝飾稍過，見之不悦，異日如禮，乃加敬焉。後魏孝文帝居馮太后喪，勺飲不入口者五日，哀毁過禮。後周高祖居叱奴太后之喪，處倚廬，朝夕進一溢米，卒終三年之制，五服之内，亦令依禮。漢王褒父死，廬墓，抱柏號泣，樹爲之枯。晉汜毓濟父終，廬墓三十餘歲。唐萬敬儒喪親，廬墓十八年。南北朝張昭與弟乾居父母喪，不衣帛，不食鹽醋，日食麥屑粥，每一感動，必致嘔血。嚴植之少遭父憂，食菜二十三載。丘傑喪母，以熟菜有味，止啖生菜，歲餘致疾，夢母謂曰：「靈牀下有藥一丸。」傑取服之，下蝌蚪數升，遂愈。劉覽母憂，廬墓，再期不食鹽酪，惟食麥粥，隆冬只著單衣，家人夜以火置牀下，知之號慟嘔血。崔子約五歲喪父，不肯食肉，後喪母，哀毁骨立。時語云：「崔九作孝，風吹即倒。」荀匠居父憂，并兄服，四年不出廬户，自括髮不復櫛沐，髮皆脱落，哭泣目眥皆爛，形骸枯顇，雖家人不復識。殷不佞，母卒道亂，不得奔赴，四載號泣，居處盡禮，及迎喪歸葬，又服喪三年，負土植松，每歲時伏臘，必三日不食。王虚之居父母喪，二十五年，鹽酪不入口，庭中楊梅冬實，墓上橘樹一冬再實。宋李玭母卒，不食肉衣帛，負土築墳廬墓三年。姜兼葬母，獨居墓下，躬自樵爨，一衰麻寒暑不易。陳道周母歿廬墓，陶磚爲墳，歷四年，高三丈，墓成而道周卒。此守制盡禮，見美于書也。宋廬陵王義真居武帝憂，使左右置魚肉珍羞于齋內，劉湛正色曰：「公不宜有此設。」湖南楚王馬希聲葬父日猶食雞臛，潘起譏之。晉阮籍居喪無禮，何曾面斥于帝座，曰：「卿敗俗之人，以重哀而飲酒食肉，宜擯外域，無令污染華夏。」此守制廢禮見譏于人也。漢昌邑王奔昭帝喪，道上不素食，霍光數其罪而廢之。晉梁龕當除婦服，先期請客奏伎，與周顗等三十餘人同會。司直劉隗奏請免龕官，削侯爵，顗等宜奪俸一月，從之。唐陸博文與弟慎餘居父喪，衣華服過市，飲酒食肉，詔各決四十，慎餘流循州，博文遞歸本貫，駙馬都尉于季友坐嫡母喪，與進士劉師服宴飲，季友削爵，笞四十，忠州安置，師服笞四十，配流連州。于頔以不能訓子削階。此守制廢禮，罷棄伏辜者也。王艸堂云：居喪忘哀，而徒事餔啜，親友不能諫止，而反共飲者。當鑑此。

盡哀忘哀之殊。

高子羔執親喪，泣血三年，未嘗見齒。曾子執親喪，水漿不入口七日。樂正子春之母死，五日不食。岳武穆母卒，水漿不入口三日。顧歡母歿，水漿不入口七日。錢堯卿母卒，水漿三日不入口，屏聲色，却滋味者三年。少連、大連善居喪，三日不怠，三月不解，期悲哀，三年憂。顏丁善居喪，始死如有求而弗得，及殯，如有從而弗及；既葬，慨然如不及。蕭放居喪，室前有慈烏集樹，每哭臨，舒翅悲鳴，全似哀泣。更有異者，徐積不踐石，劉温叟不聽樂，袁師德不食糕，以父名同音之故，此皆盡哀流芳者也。衛定公卒，太子不哀，夫人姜氏嘆曰：「是夫也，不惟衛國之敗，其必始于未亡人。」魯立公子裯，穆叔不欲，曰：「是人也，居喪而不哀，在慼而有嘉容，鮮不爲患。」魯昭公喪母不慼，叔向曰：「國有大喪不廢蒐，有三年之喪而無一日之慼，能無失國？」衛石共子卒，悼子不哀，孔成子曰：「是謂蹷其本，必不有其宗，此皆忘哀遺臭者也。」王艸堂云：盡哀卒爲孝子，忘哀遂致殞身。孰得孰失？何去何從？居喪者當鑑此。

奪情起復之謬。

宋仁宗嘗以故事起復富弼，弼辭曰：「何必遵故事，以逐前代之非，但常據禮經，以行今日之是。」仁宗卒從其請。孝宗起劉珙，珙辭曰：「身在草土之中，國無門庭之寇，難冒金革之名，以私利禄之實，孝宗允其辭。」景雲元年蘇環卒，起復其子爲工部侍郎，固辭，睿宗使李日知諭旨，日知終坐不言而還。奏曰：「臣見其哀毁，不忍發言，恐其隕絶。」睿宗乃聽其終制。郭良翰曰：富、劉二公之辭，知所以自處。李日知之奏，知所以處人。王艸堂云：奪情起復而就職者，當鑑此。

營葬艱苦之奇。

漢郭平家貧力學，親死，賣身于富家爲傭，覓錢營葬，鄉邦稱之，後舉孝廉，累官朝散大夫。董永千乘人，父亡無以葬，從人貸錢一萬。曰：「後無錢還，當以身作奴。」夫婦其詣錢主，織縑三百匹以償之。范宣躬耕養親，親卒負土成墳，廬于墓側，言談不及老莊。海虞令何子平母喪，每哭踊頓絶方蘇，八年不得葬，夜號哭，冬不衣絮，夏不就涼，日以米數合爲粥，不進鹽菜，居屋破敗，姪欲葺之。子平曰：「我情事未申，天地一罪人耳，屋何宜覆？」會稽守蔡興宗，爲營冢壙，南北朝王彭直瀆人，父母亡，家貧，則傭力，夜則號哭，營葬乏木，荷汲五里外，一旦大霧生泉，葬畢水竭，詔旌爲通靈里，宗承父喪，負土成墳，一夕土壤自高五尺，松竹生焉。韓靈敏母亡，貧弗克葬，種瓜半畝，朝采暮生，遂辯葬事。王艸堂云：營葬至賣身，貧亦極矣，古人猶行之。今窮民親死，惟知延僧誦經，鼓樂鬧村，而出殯委之寄場，比比然矣。何不省無益之費，以入土爲安乎？世之親死忘葬，推委兄弟者，當鑑此。

廬墓孝感之異。

漢蔡邕母卒廬墓，有兔馴擾，木生連理。頓琦居母喪，獨立成墳，有飛梟白鳩，棲廬側。丁密父喪廬墓，有雙梟來小池，後母卒廬墓，雙梟復至。吴夏方家遭癘疫，死者十三人，年十四，躬自負土，十七年葬送得畢，廬墓，猛獸訓其旁。晉許孜廬墓，負土成墳，有鹿犯松，悲嘆，明日獸殺之，置松下。梁庚子輿父卒廬墓，有雙鳩棲側，每聞哭聲，必飛翔環遶，悲鳴激切。宜豐侯蕭脩母卒，廬墓山中，猛獸絶迹，野鳥棲宿簷宇。支漸年七十，母喪廬墓，白蛇素狸擾其旁，皓烏曤鵲集于壠。徐仲原親葬廬墓，禽採花而插墳，獸銜土而壘隴。唐孫既母喪廬墓，髮毿骨立，俄有醴泉湧墓側，名孝源泉。廖洪二親亡，捧土成墳，結廬于側，有青蛇白獸之異。支叔牙母病癰，吮瘡注藥，及亡廬墓，有白鵲止其旁。張無擇父卒，七日絶漿，三年不櫛，廬墓有醴泉芝草之瑞。五代時林安母卒，廬墓，旁有石裂湧泉，閩王異之。宋徐積母殁，水漿不入口七日，廬墓，衰絰不去體，雪夜伏墓側，哭不絶聲，甘露歲降兆域，杏兩株合爲榦。易延慶父喪廬墓，墓西北産紫芝一本，玉芝十八莖母嗜栗，及卒，植二栗于墓，樹長而連理。祁暐母卒廬墓，蔬食飲水，經六冬，隨足二指，有白鳥白兔馴慶。徐定廬墓，家有紅紫牡丹，忽變爲白。徐膺母卒廬墓，蔬食三年，哀號震野，虎爲遁去，墳左有坑數十丈，山崩填爲平地。張煇廬墓，甘露降庭。侯義母卒廬墓，負土築墳，木生連理，野鴿馴狎。金景文廬墓，夜有五色光燄，爛射墓上。孔畋父卒廬墓，卧破棺中，日食米一溢，壁間生紫芝數千本。王艸堂云：德行動天。諸公以廬墓而禎祥疊降，傳奇惑世，伯皆以至孝而誣餓雙親，世之久淹親柩，而葬不以禮者，當鑑此。

助葬陰騭不淺。

唐郭元振入太學，家送資錢四十萬，有喪服叩門，目言五世未葬，遂與之，而不問其姓氏。周竇禹鈞葬同宗及外姻貧困者三十七喪。宋朱壽昌篤于宗，族葬十餘喪。范文正居睢陽，遣子堯夫至蘇州運麥五百斛，遇石曼卿三喪未葬，即以麥舟付之，單騎到家。文正曰：「東吴見故舊乎？」曰：「曼卿留滯丹陽，時無郭元振，莫可告者。」文正曰：「何不以麥舟與之？」堯夫曰：「已與之矣。」范忠宣知太原府，河東土狹民衆，惜地下葬，乃遣僚屬收無上骸骨，别男女，異穴以葬。又檄諸郡皆倣行，不可以萬數計。王艸堂云：以上葬宗族親戚朋友百姓之喪者，名德至今不朽，好義勇爲者，當鑑此。

師喪能盡可法。

孔子没，三年之外，門人治任將歸，入揖於子貢，相嚮而哭，皆失聲，然後歸。子貢反築室於場，獨居三年，然後歸。漢魏晉人，以師喪去官者，如延篤、孔昱、劉焉、王朗、郭禹，並見于史。荀淑卒季膺時爲尚書自表師喪。鄭康成卒，自郡守以下嘗受業者，衰絰而赴千餘人。桓榮爲師朱普，侯巴爲師揚雄，皆負土成墳。明顧潤之，嘗師俞觀光，俞無子，次尹山而卒，潤之迎春尸殮于家，葬祖塋旁，祭享惟謹。王艸堂云：今師不成師，而弟子不成弟子矣，然豈無視猶父，而視猶子者？當鑑此。

冒險報恩足傳。漢孔車收葬主父偃，桓典收葬王吉，胡騰收葬竇武，郭亮董班收葬李固，魏王循收葬袁譚，吴吴臧取葬諸葛恪，晉何雄收葬鍾會？明廖鏞、廖銘、王收葬方孝孺。王艸堂云：世之忘恩負義，生時趨附，而死若路人者，當鑑此。

附論

百禮當辨正。

古道之不復，悖禮者爲之，亦泥禮者爲之也。腐儒拘牽文義，動云師古，于古人制禮之意，茫然莫辨，至有以手足並行爲匍匐救喪者，此與於悖禮之甚者矣。況士喪、既夕，半由後儒補綴，未必盡合先王之道。如廢牀、寢地、揳齒、綴足，何其忍也？塗殯、魚腊、重木之制，又近于迂。明器方相，以及棺飾喪車，即何易歟？又有經無明文，後人附曾穿鑿，漸失禮意者，可不辨與？予既于各條逐一論正，其所未詳，又著爲論。

養疾。

養疾之説見於記，吕叔簡先生部分條晰，至數千言，吾以一語括之。曰：必誠必信。蓋養疾者，事生之終，送死之始也。苟有人心，能毋慎諸。况養得其道，或疾平而生，即萬無生理，人子不可不存此心也。或曰：家貧之醫藥之資，奈何？曰：鄉鄰可乞也，身可傭，子可鬻也。愚夫割股食親，雖非理之正，然即是推之，凡可養其親者，亦何所不至哉？曰：有父母俱疾者，有祖父母、父母俱疾者，甚而妻若子俱疾者，煢煢孤影，别無期功之親，顧此則失彼，可奈何？曰：祖父母、父母一也。一時俱疾，即一時俱養，于彼于此，竭其力之所能爲。若妻與子，只應付之天命，不得以分其心焉。曰：有父母疾者，奈何？曰：身疾未甚，則力而致養焉。否則厚其酬而使親屬及外親養之，而時告其親以疾愈狀，藥餌祈禱，則先親而後身。凡此委曲周詳，皆本惻怛之至性，非他人所得而籌策，視乎人子之自致耳。抑予聞徐績爲姊，躬親湯藥。庾衮憐兄，不畏癘疫。不獨父母當養己也，人有疾病，行道之人猶憐之，况骨肉之親乎？

披髮徒跣。

喪事去飾，披髮徒跣，不飾之至也。况始死呼搶擗踊，有不散髮者乎？哀至故髮披，非故披髮也。然則何爲制爲披髮之禮？曰：以教哀也。若謂必如是而後爲盡哀耳，毛西河痛詆披髮之非，亦未嘗深研禮意也。

二斂。

斂何以再？曰：衣欲多也。小斂十九稱，大斂三十稱。不如是，不足以朽骨也。然則并二斂爲一可乎？曰：不可。問喪言之悉矣，家室之計，衣服之具，非三日不成，親戚之遠者，亦必待三日而至。若猶未也，如之何而可斂，不寧惟是。孝子悲哀志懣，匍匐而哭，若將復生然？安可得奪而斂之也。若小斂之必于明日，則又有説。人死皮肉辟戾，三日則辟戾之至，有難于斂者矣。況事以有漸而能詳，一日可爲之事，兩日爲之，則審度慎重，無貽後悔。今以兩斂之衣，并于一日。又復旋斂旋殯，無論孝子悲哀欲絶，水漿不入口，杖而後起，精力必不能勝，即護喪執事之人，倉皇急遽，勢必苟且塞責，慎終之謂何，而若是乎？

喪次。

儀禮喪服：斬衰居倚廬，寢苫枕塊，不脱絰帶。既虞，剪屏柱楣，寢有席。既練，舍外寢。

疏：居倚廬者，孝子所居在門外東壁。剪屏者，三虞之後，改舊廬。西鄉開户，舍外寢者，練後不居舊廬，還于廬處爲屋。又云：天子五門；諸侯三門，有中門；大夫士惟有大門、内門兩門而已，無中門。鄭氏云：中門外者，案士喪禮及既夕，外位在寢門外，其東壁有廬堊室。若然，則以寢門爲中門，據内外皆有哭位，其門在外内位中，故爲中門，非謂在外門、内門之中爲中門也。

軾按：後寢前堂，中爲門，故謂中門，即士喪禮所云殯門也。吕叔簡曰：中門之外，遠于殯矣，子心安乎？不知殯在西堦，堦近寢門，故于殯東爲廬，不必門外，即外亦非鍵門，隔絶殯宫也。儀禮不言倚廬設于何也，鄭注謂中門之外者，蓋以五屬人衆，門内既不能容，且正封殯宫，乃朝夕哭位，故知倚廬不于門内而于門外也。若門内寛敞，及無期功之親者，又何必不于門内乎？惟是始而倚木爲廬，倚木者，兩木相倚，上合下開，夾草爲障，簷就地，後有障，前北向，不爲户。既葬，去倚廬，傍東廂爲披屋，開户西向，有楣有柱，剪屏塗泥，以終三年可也。乃既練更爲屋，而堊其牆，黝其地。堊黝者，屋之飾也。喪廬而堊黝，毋寧歸寢。今既不塗殯，安柩中堂，孝子自應苫凷柩旁，既葬而居别室可耳。又問喪：成壙而歸，居于倚廬，哀親之在外也。寢苫枕塊，哀親之在土也。若然，則未葬將不居廬，未歛將不苫塊乎？至喪服傳既虞寢有席，間傳又謂小祥寢席，此皆禮文之參差，未可盡信，所當詳加折衷者也。

代哭。

士喪禮：代哭不以官。代，接續不絶也，即中庸「日月代明」之「代。」言無不哭之人，無不哭之時也，非替代、交代之謂。鄭注云：孝子始有親喪，悲哀憔悴。禮防其以死傷生，使之更哭不絶聲，是以喪爲不可不哭，而孝子又不能常哭，故使人代之也。哭生于哀之不容已，親喪大故，于此而不用吾情，烏乎！用吾情者，哀盡而哭，猶屬不可，況使人代之耶？鄭注又引周禮縣壺之説以證代哭。考周禮挈壺氏，縣壺以代哭者，此所云代，代之也。未大斂守尸達旦，有更漏，則守尸者得相更遞。親屬守尸，無不悲傷，故曰代哭者，此指期以下而言。若主人兄弟，則無所庸代矣。

立後。

朱子語類李孝述問云：先兄居適長，已娶無子而没。或以爲母在用尊厭之例，不須備禮，如何？朱子答云：宗子成人而無子，當爲立後，尊厭之説非是。又問誰主其喪，朱子答云：既已立後，何有此疑？又問云：先兄嘗抱一繦褓之子爲嗣，既没，孝述以其未勝喪，又別無同居長上，遂自主喪，兩月而此子卒，前者仰問，不曾言及，先兄將葬，孝述復求從兄之子爲之後，亦在繦褓，孝述仍主祠板之題，而從弟稱既領尊教，始悟其非，猶疑不能執喪，問之伯量，彼云嘗以此仰問先生，答云有攝主。按喪大記云：子幼則以衰抱之，人爲之拜。是當以孝述攝也，乃欲俟練祭換栗板時，易題所稱，復慮先兄之後，爲同宗子之子，不知亦謂之適孫否？若可謂適孫，則廟祭當使爲主，未知繦褓之子，即可主祭，爲復待其成人，或稍長邪？若即可主祭，則今祠板之變，固合異日遷廟之稱矣。如或未可，則今日易從子稱，異日復易從弟稱，有瀆慢之嫌。又案喪服小記云：婦之喪，虞、卒哭，其夫若子主之。祔則舅主之。所主不同，而各有所，不嫌數更，則異日再易祠板所稱，恐亦無害。又衆議以爲必以幼子生之，理勢方順。孝述于换栗板日，已更稱矣，不知是否？先生批云：攝主但主其事，名則宗子主之，不可易也，細考曾子問諸説可見。

軾按：喪有無後，無無主。無後矣，孰主之？曰：攝也。喪主可攝，何立後爲？凡立後者，爲宗子也。爲宗子後者，非獨後宗子，後宗子之父之高曾祖也。後宗子父，必宗子同父弟之子，亡則從兄弟子，亡則再從三從子，謂夫猶是宗子之曾祖祖出也。孝述立再從子爲兄後，孝述未有子故也。既立矣，不可復易，將世世爲宗子，即他日孝述有子，反不得繼其先，恐亡者之心未即安也。且幸而有從兄子，假令再從三從均無可立，將親盡無服者亦立之，其與莒人滅鄫何以異焉？宗子同父之弟，雖非適長，猶然宗子之庶子，且或爲大宗之庶子，今以疏遠之子後大宗。而大宗有子，復爲小宗，是重宗子，而反廢宗法也。烏乎可？孔子曰：「宗子爲殤而死，庶子弗爲後也。」注云：族人以其倫代之。明不序昭穆立之廟，其祭就其祖而已。疏曰：倫，輩也，謂與宗子昭穆同者。代之者，代爲主其禮也。愚意：庶子弗爲後，以殤無爲人父之道，故不立後。疏所謂主其禮，即喪主也。由此類推，宗子成人而死者，亦以其倫代之，而俟宗子之弟有子，而爲之後，無不可者。又雜記云：士之子爲大夫，其大夫死而無子，則但借他大夫之子爲喪主，名曰置後，而喪畢而即撤之。由此觀之，則爲孝述兄後者，俟他日孝述有子易之，未爲不可。

喪主。

祖爲孫，爲孫婦主。父爲子，爲子婦主。庶子孫，同居則主之。不同居，不主。兄爲弟主。不爲弟婦主。夫爲妻主。妾攝女君者，亦主之。孫爲祖主，子爲父主，妻爲夫主。以尊主卑者，但主拜賓祔廟，其奠饋則仍卑者主之。又有攝主，凡無尊長，及無後者，則置後以攝之，喪畢即撤，非爲後也。小記云：男主必使同姓，婦主必使異姓。蓋男女皆有主，男主以接男賓，女主以接女賓。若無子婦，則遣他人攝之，攝男主必同姓者，女主必異姓者，謂不使本家女攝，以婦人外成也。然有無庸泥者，女之于母，壻之于外父母，姪之于姑，兄弟之于姊妹，其情之切爲何如？可令死而無所歸耶？若雜記所謂前後家東西家主之，無則里尹主之，是拂情悖禮之甚者矣。雜記又云：士之子爲大夫，則其父母弗能主也。使其子主，無子，則爲之置後。陳氏謂此最無義理，充其説，則是子爵高，父母遂不能子之。舜可臣瞽瞍，皆齊東野人之語也。

銘旌。

呂叔簡曰：銘旌，代主也。禮在殯不設主，故喪家自爲旌，有旌而親友贈旌贅也，多者十數幅贇之贇也。近者士大夫之旌，孝子設筵懇求，去古愈遠矣。軾按：銘者，名也，所以表柩，非代主也。旌者，析羽之謂，銘懸于干，又析羽爲干飾，此惟命士以上得用之。不命之士，以及庶人，則銘而不旌。故士喪禮止稱銘而不言旌，今人乞銘旌于親友，蓋誤認旌爲旌表之旌也。

棺飾。

古之葬者，厚衣之以薪。後世聖人，制爲棺槨。棺，關也，所以藏尸也。槨，廓也，廓土使無親棺也。有虞氏瓦棺，夏后氏堲周，殷人棺槨，至周而其制繁矣。棺有櫬，若水兕革，若椑，若屬，統謂之棺。棺裏，爲朱，爲元，爲緑。鐕，以金，以骨，尊卑有差，而棺外之飾，抑又縟焉。有褚，有帷，有荒，有池，有齊，有紐，有戴，有披，有翣。褚，若素錦，若布，不飾。帷之飾，龍，雲。荒飾黼，飾火，飾黻。齊色采，綴貝，池有振容，拂魚，揄絞，紐若纁。若緇戴纁若元，披纁，翣飾雲黼黻。君各二，戴圭，大夫士注羽爲緌。大夫無黼，士無黼黻。大夫有拂魚，無振容，士揄絞。君池三，大夫二，士一。士二披、二戴，大夫各四，君六，紐如之。褚障車，襲帷，荒覆之，荒頂隆起，繒采斑然相間，如瓜分，施貝絡，是謂齊，亦謂柳。柳，聚也，荒帷之續，紐連之。戴，值也。内繫棺，外繫柳，使相值焉，披貫于戴，以牽車。池，狀小車笭，挂荒之爪端，如承霤，懸魚，垂采繒，行則魚拂，播采振颺，若木藻繽紛，而錦鱗遊泳其間也。揄，翟也，畫雉于絞，其異于振容者，施之池上耳。翣，木爲之，似扇，在路障車，脱車障柩車旁有引。曰紼，又曰綍，前有御，君輴車，四綍，四碑，御用葆羽。大夫二綍，御茅。士御功布，有乘車，鹿淺幦，載襢，載皮服，貝勒懸于衡。有道车，載朝服，槀車，載蓑笠。有旐，有旌，有抗木，有茵，有明器，筲二、甕二、甒二。用器，弓矢，耒耜，兩敦，兩杅。盤匜，役器甲胄。干笮，燕器杖，笠，翣。弓矢之制，必新，有弭飾，有柲，設依撻，有韣。有琴，有瑟，有笙竽鐘磬，有奠席，若豆，若籩，若酒醴，若牲拴，有方相魌頭。有祝史，御者若而人，執紼執披者若而人，哭而送者若而人。陳器，陳抗，陳茵，陳窆，陳碑，陳主，陳旌，陳旐。陳奠者，數十百人，惡車幾乘遣車幾乘，送車幾乘，玄纁幾束，幾幄，幾帟，幾婦帷，弔而賵。祖而奠者，又不知凡幾人，易矣。是殆周文之敝，非真先王之禮也。鄭氏謂飾棺以華道，恐人之惡之，陋矣。孝子哀痛迫切，暇爲飾觀計乎，考古者其辨之。

明器。

檀弓：孔子謂爲明器者，知喪道矣，備物而不可用也。塗車芻靈，自古有之，夏后氏用明器，鬼器也。是故竹不成用，瓦不成味，木不成斲，琴瑟張而不平，笙竽備而不和，有鐘磬而無簨虡。其曰明器，神明之也。前明會典明器，公侯九十事，三四品七十事，五品五十事，六七品三十事，八九品二十事，庶人一事，指功布。軾按：明器之制，刻木爲人，各執奉養之物，象平生而小。又爲牀帳茵席之類，似生時。又筥三筲五甖二，以盛奠餔五穀酒醯，葬日于穴旁穿便房實之。朱子謂此雖古人不忍死其親之意，然實非有用之物，且脯肉腐敗生蟲，尤爲非便，雖不用可也。丘氏謂每種各置少許，庶幾存古，似亦無害。意穴旁置物，久之地必陷。寸水侵入，風亦乘之。縱有灰隔，亦恐易毀。況五穀脯醢，雖少許亦生蟲蟻，斷不可用。

方相。

周禮方相氏掌熊皮，黄金四目，玄衣朱裳，執戈揚盾。及墓，入壙，以戈擊四隅，毆方良。

注：方相，猶言放想，可驚畏之貌。方良，罔兩也。呂東萊云：古禮方相氏，乃狂夫四人，今以竹結縛之，俗號險道人。然當使人戴假面，黄金四目，近胡文定之喪。方相用人，北齊三品以上，及五等之爵，始用方相。四品以下，及庶人，祇用魌頭，即倛也。方相四目，魌頭兩目。宋太平興國六年，禁庶人不得用魌頭。明會典公侯一品至四品用四目，五品至七品用兩目，八品以下不許用。軾按：骨肉歸土，幽窀重泉，何罔兩之畏？且罔兩出入無時，能保方相去而罔兩不至乎？後世神道設教，師巫詐爲祓除禳厭之説，鳴金擊鼓，誦咒書符，以爲驅邪魅而安幽宅。愚者信之，謂即方相之遺意也。是則古禮之流弊，有心世道者，當思爲拔本塞原計。

贈玄纁。

金賁亨曰：葬禮，主人贈。注云：玄六纁四，各長丈八尺，蓋即士喪禮所謂制幣玄纁束也。禮云：柩至郭門，公使宰夫贈玄纁束，及窆，主人襲贈用制幣玄纁束，此君施于士之禮，用之以窆，榮君賜也。乃今孝子自爲玄纁束以贈其親，于義何居？軾按：子無贈親之文，而況于葬耶？此與今俗燼衣裳者何異，或曰士喪禮以遣奠牲體納壙中，曾子比之大饗歸俎賓館，曰父母而賓客之，所以致哀也。玄纁之贈，亦賓客父母之意歟？意以奠牲實筲，從便也。賓客之喻，乃後儒穿鑿之論，非真曾子語。況今明器筲筲俱不復用，玄纁之贈，是亦不可以已乎？

族葬。

趙季明按：祠堂昭穆之叙爲族葬圖，即古墓大夫冢人之義也。然有必不可行者，祠堂親盡則遷，葬則一定而不可易，地有限而葬無窮，能保百世常祔乎？周禮墓大夫掌訟獄，古人已不能無争。況世趨日下，即有北邙九原之廣地，而欲令親盡無服之屬。按圖而葬，無混中外，無紊昭穆，此必不可得之數也。吾家祖塋數處，各百餘冢，近人相侵相越，獄訟繁興，謹厚守分者，思别營兆宅，豈得已哉？

合葬。

夫婦合葬，理也，情也，萬世不易之經也。雖然，葬非一時，舊壙可復開乎？再娶、三娶者，可數棺同穴乎？東漢樊榮與夫人同墳異藏，斯爲得之。

薄葬。

喪禮稱家有亡，斂手足形，縣棺而封，謂其亡也。苟有矣，附身附棺，稍不如制。人子之心，其何以安？士安之蘧篨，王孫之尸囊。寧惟矯情，亦已忍甚。

客葬。

狐死正首丘，仁也，可以人而不如物乎？梁鴻客葬，傷父之不歸也。司馬温公謂果不能歸，當如延陵葬子嬴、博之間，此爲焚尸者言之也。

古不修墓。

甚矣，丘墓之不可不慎也。不慎而待脩，不慎而待遷，與舉而委壑何異？雖然，高陵深谷，有時變遷。人事物理，常出意外。假而灌木叢蔚，可不芟乎？狐兔是穴，可不驅乎？日久樹根近竁，可無掘除乎？有盜一抔之土者，可不培覆乎？水溜石崩，可任暴露乎？城郭道路之必不免，可聽之乎？又有家貧子幼，或緣他故而藁葬者，可毋改圖乎？章子母櫬馬棧，君命改葬而不從，以無父命也。吾謂章子知有父不知有母，不可謂能孝。

返虞。

按禮注：骨肉歸於土，魂氣無所不之，孝子爲其徬徨，三祭以安之。此語非精於禮者不能道。蓋葬矣，亡矣，魂氣之徬徨不可見。以孝子之心之徬徨，想見死者魂氣之徬徨。此時悲愴瞀眩，莫知所據。先王知其然，爲制卒葬之祭，而名之曰虞。虞者，疑也，危也。于彼乎，于此乎，無不之而無之也，危也。虞之者，安之也。何以安之？立之主而主之也，主之斯安之矣，非必神之果主于是，而孝子之精誠主之，則死者之魂氣亦遂主之矣。虞祭之設，所以致孝子之精誠也。檀弓曰：葬日虞，不忍一日離也。葬矣，亡矣，得如生時之依依膝下乎？而謂不忍離乎？離之象，慌兮惚兮，若遠也，若近也，離矣，不可即矣，虞所以即之也。離而即之，危而安之，此其情爲何如，而能一日已乎？虞爲祭之始，自此而祔，而奠，而祥禫，而蒸嘗禘祫。凡所爲焄蒿悽愴，僾見愾聞者，皆虞之意也。敖氏謂柔日曰用，其非葬日矣。祝云夙興夜處，與葬日不同明矣。此不惟不識孝子皇皇汲汲之深情，亦并汲之深情，亦并不解禮意。凡祭俱用柔日，所不待言。此云柔日者，以别于三虞之用剛日耳。葬日即柔日也，夙興夜處，謂孝子之心，刻不即安，所謂徬徨是也，豈越日之謂歟？日中虞者，虞必于葬日内，不拘早暮，但葬畢即虞，非大事用日中之謂，觀下文緊接葬日云云可見。今葬不擇時，必以朝，未有朝葬而暮不畢者。若待盈坎成墳，一日未能卒事，尚當虞于葬處。禮反哭而虞，亦就葬日言之。若出家經宿以上，必待返哭。古人有廬于墓者，豈竟不虞耶？周公、太公葬于周，必返齊魯而虞耶？愚謂路遠初虞、再虞于所館行禮，儀節不妨少省，三虞待返哭可耳。孔子善衛人之葬，曰其返也如疑。子貢曰：豈若速返而虞乎？孔子不言速反之非，第曰小子識之。蓋如疑者，迫欲反而如疑也，以迫欲反虞之情，當窀穸未卒之頃。若或驅之，又若或繫之，此孝子之所爲踧踖躊躇也。藉非迫欲反虞，則亦可以從容暇豫，熟視成墳，何如疑之有？

卒哭。

士虞禮三虞卒哭，他用剛日，亦如初。曰：哀薦成事，獻畢未徹乃餞。又曰：三月而葬，遂卒哭，將旦而祔。是三虞即卒哭也。謂之成事者，將祔祭而成鬼神之事也。若三虞越日又有卒哭祭，則三虞不應稱成事。鄭注云：剛日，陽也，陽取其動之義。此語不知何解？豈謂變動而爲神與，抑謂將動而祔于廟與？若然，則三虞之用剛日，是取次日即祔之義也。不然，何以初再虞用柔日，而三虞獨用剛日。他用剛日，「他」字，似當作「别」字解，謂改用剛日也。鄭注云他能不及時而葬者，似無此文法。又云小記曰：報葬者報虞，三月而後卒哭。然則虞卒哭之間，有祭事者，亦用剛日，其祭無名，以其非常也。愚謂葬以三月爲期，有故而速葬。或一月、二月者，必待三月後用剛日卒哭。蓋卒哭者，哭從此止，未三月不得止哭。如此，則三虞祝文，應仍稱虞事。虞後卒哭前，惟朝夕朔奠上食，亦無庸更設剛日之祭。若如期而葬者，則三虞卒哭并爲一祭，次日即祔，祝文當云爰及三虞卒哭。末云哀薦成事，來日躋祔于祖廟。又士虞禮初虞稱哀薦祫事。注：始虞謂之祫事者，主欲合先祖也，疏預言祫之意。愚謂三虞卒哭乃祔，初虞何得稱祫?若云預言，則再虞亦當云祫矣。況祫者合也，合群主而祭之也。今既不祫祭，稱祫更無謂矣，不如質言虞事爲妥。

魂帛。木主。祠板。畫像。

檀弓：重，主道也。殷主綴重焉，周二重徹焉。方慤曰：重設于始死之時，主立于既葬之後，則重非主也，有主之道爾。殷雖作主矣，猶綴重以縣于廟，不忍棄之也。周則作主而徹重，不敢瀆之也。軾按：重與主，皆所以依神。有柩，又設重，故謂重。有廟而立之主，故謂主。鄭氏以天子諸侯有木主，大夫、士無木主，故引曾子問主命之説，疑以爲可用幣。許慎乃有束帛依神、結茅爲蕝之論。不知有廟即有主，大夫士既得立廟，寧禁其不立主乎。主作于既葬之後，未葬是止設重。温公以魂帛易重，亦取鄭、許束帛依神之義。然彼所謂神帛以代主，非温公代重之魂帛也。今既葬作主，不用神帛，未葬當從温公以魂帛代重，魂帛或結或束，各從所便，主從程子式，貴賤皆可用，即不勒頷爲陷中，第書其面，亦無害道。古者既葬有虞主，以桑爲之。小祥易練主，以栗爲之。今小祥不易主，但用栗可也，無栗以堅木爲之亦得。又後世有影，有祠板，祠板猶之主也，影則藏于廟中，祭而懸之以示子孫，非可以代主也。温公謂婦女使人執筆爲像非禮，程子以一髭髮不當，即是别人。愚謂繪像之非，不寧惟是。幽明隔絶，可思也，不可即也。可格也，不可狎也。向令死者忽幻其形聲，以與人居處笑語。雖其子孫，有不怪而去之乎？子曰：敬鬼神而遠之，祖考亦鬼神也。祭義云：思其居處，思其笑語，思其所嗜，思之至，而僾乎見，愾乎聞，聞見不以耳目，而以孝子之心。故曰愛至存，慤至著也。今懸像于室，日夕相對，久而習焉相與忘之矣。是目中有像，而意中無像也。雜記曰：行于道路，見似目瞿，謂夫乍見而驚也。假而習見，則亦何瞿之有？况以陟降在天之靈，而使遠近親疏之人，皆得矚而見之，亦褻之甚矣。彼浮屠設像，百怪千奇，以惑愚昧，有心世道者，方辭而闢之，况可尤而效乎？

神主稱。

曲禮：生曰父母妻，死曰考妣嬪。尤鏜引詩、書、公羊以證其非。然經有明文，俗復相沿，無容矯異。又考曰皇考，妣曰皇妣。皇，大也，美號也。然嫌于君稱，韓魏公祭式易皇爲顯，於義爲協。毛稚黄云：男稱公與府君，婦人稱孺人，似不得加於小輩。若本有封爵，又當别論。吕叔簡云：府君孺人，爵也。生爲庶人，死而爵之可乎。愚謂今人稱呼假借爲多，相習已久，從之未爲背禮。朱子論神主旁注某奉祀，施于所尊，以下則不書。既不書某奉祀，則公與府君孺人之稱，即加于卑幼，亦無礙。

奠。

士喪禮：始死，奠脯醢，酒醴。注云：一豆一籩而已。記即牀而奠，當腢，用吉器。若醴若酒，無巾柶。注用吉器，器未變也。至小斂，則毼豆爲變矣。敖氏曰：無巾者，非盛饌。無柶者，異于大斂以後之奠也。襲奠即始死奠，而更其名。小斂陳所斂之衣而奠之，仍設于室中户東。其實特豚，四鬄，去蹄，兩胉。脊，肺，實實于鼎也。鬄，解也。四謂兩肩兩髀，各去蹄甲。胉，脅也，兩脅與脊并四爲七體，共實一鼎。肺，周人所尚，亦實于鼎。大斂奠如小斂，設于堂，有巾，有席。禮疏：大斂奠有巾，已是神之。有席，是彌神之也。朝夕奠止脯醢酒醴，朔奠用特豚，魚腊。陳三鼎，有籩，有豆，啓殯朝祖朝奠，俱如朝夕奠。遣奠謂大奠，加于常一等。士用少牢，大夫以上用太牢，禮書所載，大概如是温公書儀。古者小歛奠用牲，今人所難辦。但如待賓客之食，品味稍多于始死奠可也。家禮直至虞祭，始用牲體，謂未葬尚以人道事之，不以神事之也。愚謂奠之義，安置也，停久也。奠饌不徹，奠酒不酬，烏用牲牢爲？從家禮爲當。

三不弔。

檀弓：死而不弔者三：畏，厭，溺。或曰：縣賁父杞梁之徒，未嘗不弔也。顔真卿之厭，屈原之溺，可不弔乎？三族五服之親，是可已乎？愚謂古人之論，有指一人一事而言者，死欲速朽，爲桓司馬言之。喪欲速貧，爲敬叔言之是也。孟子以桎梏爲非正命，假而文王卒羑里，公冶長死縲絏，將不謂之正命乎？畏、厭、溺，即孟子立巖牆之謂也。孔子聞原壤之歌，若爲弗聽也者。曰：親者無失其親，故者無失其故。檀弓所論，豈五服之親之謂乎？

三年喪，不弔。

曾子問：曾子問曰：「三年之喪弔乎？」孔子曰：「三年之喪，練不群立，不旅行。君子禮以飾情，三年之喪而弔哭，不亦虚乎？」吕叔簡曰：此非孔子之言也，爲吾親而哭者，吾不哭其親。

爲吾而弔者，吾不弔其人，鄉鄰可也。伯叔舅姑兄弟之喪，是可已乎。軾按：所謂弔者，弔于鄉人，非親屬也。且弔也，而非傷也。雜記三年之喪，雖功衰不弔，如有服而將往哭之，則服其服而往。又檀弓子張死，曾子有母之喪，齊衰而往哭之。或曰：齊衰不以弔。曾子曰：我弔也與哉？由此觀之，五屬之親，服其服而往哭，親厚之人，服已服而往哭，總皆傷死，而非弔生也。然必于卒哭而後可，否則是誠夫子之所謂虛已。

居喪讀喪禮。

曲禮：居喪未葬讀喪禮，既葬讀祭禮，喪復常讀樂章。軾謂：喪事莫大于斂殯，人子乾肝焦肺，水漿不入口，而暇讀禮乎？即既殯，朝暮一溢米，杖而後起，以平日絶不寓目之書，欲其研求參酌，詎可得乎？學者讀書稽古，所以致知，非必用之而後學也。若謂親在不忍讀喪禮，一部戴記，喪事居半。彼專經家，將置不讀乎？又若論語之顔淵死，伯牛疾，宰我問，孟子之滕定公，自齊葬魯等篇，俱可删乎？昔之大儒，有以喪服名家者，蕭望之以論語禮授皇太子，宋元嘉末，徵雷次宗爲皇太子諸王講喪服經。齊何佟之爲諸王講喪服，陳後主在東宫，引王元規親受禮記、左傳、喪服等儀，孝文帝親爲群臣講喪服于清嶽堂。是則至尊在御，不廢講求喪禮，安得有親在不忍讀喪禮之説。

大功廢業。

檀弓："大功廢業。或曰大功誦可也。"朱子以業爲虡業，誦爲誦詩，亦似費解。吕叔簡極詆廢業之非。曰："士可能也，農工商賈不可能也。"愚謂看下句誦字，明指士言。如講學論道，射藝書數，皆士業也，非謂農工商賈凡所習之業。且禮未明言終喪如是，安知不有所指之月日，期以下既葬飲酒食肉。所謂廢業，亦當如是而上。且未葬喪事縱縱，亦何暇習業乎？

哭不歌。

梁書："梁武帝上春日祠二廟，既出宫，聞左將軍馮道根卒。問中書舍人朱异曰：'吉凶同日，今可行乎？'對曰：'昔衛獻公聞柳莊死，不釋祭服而往弔。根雖未爲社稷之臣，亦有勞王室，臨之禮也。'帝即幸其宅哭之。"朱子語類魯叔問温公卒，程子以郊禮成賀而不弔，如何？朱子云："這也可疑，所以東坡謂子於是日哭則不歌，即不聞歌則不哭，蓋由哀而樂則難，由樂而哀則甚易，且如冒作樂，而暮聞親屬緦麻之戚，不成道既道既歌則不哭，這所在，以熹觀之，也是伊川有些過處。"軾按：哭日不歌，餘哀未忘也。凡情之至者，莫不有餘，獨哀也與哉。以斯陶斯泳，鼓舞不能自已之情，而欲易歌爲泣，作而致之，心勿許也，哀之無有，弔不亦虚乎？祭之敬，猶喪之哀也。禮云："明發不寐，饗而致之。"又從而思之，祭之明日且然，曾謂祭日而暇弔乎？致齋散齋，優見愾聞，亦已竭誠無餘矣，能勝哀哭乎，梁人未足議禮，即宋室諸公，郊少誠意。賀循故事，温公之弔，亦不過乘便會集，盡人事之常耳。賀與弔，兩失之矣。使程子而同聲附和，何以爲程子？文公所謂冒作樂暮聞緦麻之戚，是孟子鈎金輿羽，寸木岑樓之説也。五屬之戚，何等迫切？即方作樂，猶悲痛奔之，況早作暮聞耶，同官之哀雖切，何至如五屬之不可姑待乎？禮生于情，情視其所自致，此等殺之所以差也。雖然，後世人心浸薄，保無執伊川之説，而漠視親屬之喪者乎？魯叔之問，朱子之答，皆有爲也。

生死。

人之生也，自無而有。其死也，自有而無。藏之厚土，猶母腹也，化則歸于無矣，在腹頭上，將生轉而下。故尸柩南首，朝祖而葬乃北首。生浴兒，故死浴尸。胎含血，故死不虚口。胎有包，故死而歛冒。形貌成於胎，離腹有聲，已乃視，已乃聽，乃思。將死，神昏而思絶，已乃無聞，已乃無見，氣息絶而貌如故也。眼合手握，亦胎形也。故吾謂握手是二非一，以帛裹手，則帛握掌中，故曰握手。若兩手綴，又何能握乎？

陋俗宜革除。

君子行禮，不求變俗。苟無害道，從衆可也。若夫傷情滅理之甚者，烏得不大聲争之，以爲世道防。

師巫祈禱。

記：疾病行禱于五祀。注：盡孝子之情也。敖英東谷贅言或問君親有疾禱于鬼神以求福，有是禮乎？予曰：古人有行之者矣。昔武王弗豫，周公禱于三王，求以身代。庚黔婁父疾篤，禱于北辰，以求身代。是皆臣子迫切之至情，夫豈索之茫昧者哉？且病者卧榻，奏藥罔效，其心皇皇，惟冀鬼神默佑之。一聞有禱，躍然快心。若或起之，而疾或蘇矣。是則禱云禱云，庸非佐助藥醫之一術耶？毋執曰：死生有命，不可禱也。若自身有疾，執焉可耳。軾按：三王之禱，禱于祖也。北辰之禱，禱于天也。五祀之禱，禱于所應祀之神也。程子亦有疾病禱于祖宗之説。蓋祖宗之于子孫，未有不欲其生者，鬼神有靈，病苟未至于死，祖宗之所以默佑之者，當無不力。五祀爲應祭之神，求之自無不應，至焚香告天，乃孝子情迫不得已之呼也。今世用師巫祈禱，降神書篆，益之病耳。烏乎可？

作佛事。

司馬温公曰：世俗信浮屠誑誘，於始死，及七七日、百日、期年、再期、除喪，飯僧設道場，或作水陸大會，寫經造像，修建塔廟，云爲死者滅彌天罪惡，必生天堂。受種種快樂，不爲者，必入地獄。剉燒舂磨，受無邊波吒之苦。殊不知人生含氣血，知痛癢，或剪爪剃髮，從而燒斫之，已不知苦，況于死者，形神相離，形則入於黄壤，朽腐消滅，與木石等，神則飄若風吹，不知何之，借使剉燒舂磨，豈復知之？且浮屠所謂天堂地獄者，計亦以勸善而懲惡也。苟不以至公行之，雖鬼可得而治乎？是以唐廬州刺史李丹與妹書曰：「天堂無則已，有則君子登。地獄無則已，有則小人入。」世人親死而禱浮屠，是不以其親爲君子，而爲積惡有罪之小人也，何待其親之不厚哉？就使其親實積惡有罪，豈賂浮屠所能免乎？此則中智所共知，而舉世滔滔信奉之，何其易惑而難曉也。甚者至有傾家敗産然後已，與其如此，曷若早買田營墓而葬之乎？彼天堂地獄，若果有之，當與天地俱生，自佛法未入中國之前，人死而復生者亦有之矣，何故無一人誤入地獄，見閻羅等十王者耶？不學者固不足與言，讀書知古者，亦可以少悟矣。皇甫湜韓文公神道碑：遺命喪葬無不如禮，習俗畫寫浮屠，日以七數之，及擄陰陽所謂吉凶，一無污我。曾致堯疾不起，遺戒曰：毋陷于俗，媚佛以污我家。張忠獻公享祖考，既奠而跌，起嘆曰：「吾大命不遠矣。」乃定祭祀喪昏之禮，俾子孫遵守。曰：「喪禮勿用浮屠氏。」何叔京墓志：君疾病，召子弟教戒，一以義禮，終不及家人生産事。獨曰：「治喪以禮，勿用浮屠鬼教，亂吾法而已。」軾按：今世士人，豈盡不知浮屠之妄，而喪葬大事，卒鮮拔于流俗者。緣哀痛昏迷，不能自主。親戚子弟，交口勸贊。安能以苫塊餘生，引經據典，而力爲之拒。又或死者平時佞佛，孝子不忍拂親之心，聊復爾爾。不知親有過，尚須幾諫。没而將順之，可乎？且將解于人曰：親之意固如是，亦大非過則歸己之意矣。若夫昏迷不能自主，慎擇明禮者爲相禮護喪，可無此慮。

燕客。

遠客供之素饌，奠物以勞侍者。若肆筵設席，置酒高曾，豈惟罪孽彌天，亦陷人于不義也。禮：弔之日不飲酒食肉，況弔也而飲食可乎？宋神宗除喪，將開樂置宴，程子奏請罷燕。曰：除喪而用吉禮，則因事用樂可矣。今特設宴，是喜之也，除喪且不可設宴，況在喪中乎？

停柩。

停喪不葬，人子莫大之罪也。近世士大夫家，有累世不葬者，有累數柩不舉者，詰其所以，則有三焉：一曰家貧不能葬。孔子不云乎：苟無矣，歛手足形，縣棺而封，人豈有非之者哉？葬之需，儉于斂殯，未聞有家貧而委其親不斂不殯者，亦既斂而殯矣，何有于葬？一曰不得葬地。古者按圖族葬，未没而葬地已定，夫何擇焉？孝經言卜地，卜也，非相也。風木之不足信，昔人言之詳矣。一曰時日不利。三月而葬，禮也。老聃黨巷之葬，日食而返；鄭葬簡公，毁當路之室，則朝而窆。不毁，則日中而窆。是不擇日擇時之明証也。意不葬之患有四：古者塗殯，以防火也。今中堂三月，尚須慎防，況可久淹乎？若厝之荒野無人之處，保無意外之虞乎？此其不可者一也。木性受風則裂，膠漆乾久而脱，甚至蛀嚙腐朽，至于檢骨易棺，子心其何以安？此不可者二也。葬者，藏也，欲人之不見也。今人有金銀寶貴之物，囊之，篋之，又從而緘縢扃鐍之，未已也，必藏之密室，或深埋土中，而後乃無患。殯而不葬，是猶緘寶物而置之道路也。人子之愛親，曾不如物乎？始死而襲，而斂，而棺，而椁，凡爲葬計也，衣衾覆尸，棺覆衣衾，覆棺，統而覆之于上，而後其藏也密而固。今棺而不葬，何異不棺不斂乎？與其不葬也，毋寧葬而裸，此其不可者三也。禮，既葬而虞，謂送形而往，迎精而返，虞以安之也。不葬矣，又何虞焉？不虞，則卒、哭、祔俱無所用之，不知停柩不葬者，將不虞乎？不卒哭乎？祔乎？不祔乎？祥而禫乎？否乎？服不除還祭，禮也。將蒸嘗之祀，可終廢乎？葬而後有虞主，祥而後有練主，主附廟，則遷其當祧之祖，而改承祀之名。既不葬矣，將終不還乎？此其不可者四也。

張文宗齊家寶要云：今國律雖有停柩之禁，卒無舉行者，若禮官援禮棺未葬不除服之文，而申暴露之罰。特請于朝，著爲令甲。凡服未葬者，仕宦不準補官。生儒不許應試，其補官呈詞，必須明開某年月日成服。某年月日安葬于某處，某年月日除服，仍取宗族鄰佑及墓地人等結狀，方准補官。其或未葬，而詭言葬者。如有首發，俱以匿喪論罪。連坐結狀之人，若夫庶人服滿不葬者。許宗族鄰里首其暴棺之罪，庶乎人人知警，無有不葬其親者矣，旨哉斯言。有心世道者其毋忽諸。

釋服從吉。

曲禮：席蓋重素。席蓋，喪車蓋也。重素，衣裳皆素。不入公門。苞屨，扱衽，厭冠。苞屨，藨蒯之草爲屨。厭冠，冠無梁也。不入公門。檀弓：季武子寢疾，蟜固不脱齊衰而入見。曰：「斯道也，將亡矣。士惟公門脱齊衰。」服問：凡見人無免絰。免，即脱也。雖朝于君無免絰，唯公門有脱齊衰。傳曰：君子不奪人之喪，亦不可奪喪也。按：俗人每多忌諱，孝冠素服，不敢登親友之門。遇嫁娶慶賀，則易服百往，謂之從吉。唐律十惡有釋服從吉之條。今人簡帖直書從吉字，是自署罪名也。喪次哀泣，本不應預慶賀，即祥後遇尊長吉事，不得已而往，亦無容易服。古人嫁女，笥中必備白衣，爲忌日之用。吉凶服色，各隨其宜，夫何諱焉？吾家元日，有三年喪者，斬衰見客。是猶存古道于萬一也。

鼓樂。

喪大記：九月之喪，食肉飲酒，不與人樂之。五月、三日之喪，比葬食肉飲酒，不與人樂之。期、功之服且然，而況三年之喪乎？雜記：父有服，子不與于樂。母有服，聞聲焉不舉樂。妻有服，不舉樂于其側。父母妻有期功以下之服，爲子與夫者且然，况身有服乎？然猶曰：父母也，妻也，若大功至避琴瑟，于凡人之有大功者皆然，不必所親也。猶曰：將至也。曲禮：鄰有喪，舂不相。里有殯，不巷歌。不必有服者之至吾前也。又云：居喪不言樂。言且不可，而況聞之而作之乎？人即不肖，未有不痛其親之死者，作樂以自娱，天下必無此禽獸不如之子。若以燕樂弔賓，不知賓之來弔，哀乎？樂乎？子于是日哭，則不歌。禮：弔日不樂，況當弔時乎？一人向隅，滿座爲之不樂。主人方當哀痛迫切，苟有人心，能聞樂而樂乎？或曰：鬧喪送殯，藉兹以娱幽魂，抑思死而無知則已。其有知，能不自悲其死乎？即不自悲，見子孫哭泣，有不惻然心傷乎？幽明一理，絲竹管弦，樂者聞之則樂，悲者聞之益悲。爲子者，何取嘈雜喧沸，以悲其親也。律載十惡不孝，一曰居父母喪作樂。黄佐云：凡喪不得用樂，及送殯用鼓吹雜戲紙幡紙鬼等物，違者罪之。愚民縱不解禮，能毋畏法乎？

濫受贈賻。

檀弓：孟獻子之喪，司徒旅歸四布。夫子曰：「可也。」注：旅下士也。司徒使下士歸還四方之賻布，時人皆貪，夫子善其能廉。子柳之母死，既葬，子碩欲以賻布之餘具祭器。子柳曰：「不可，吾聞之也，君子不家于喪，請班諸兄弟之貧者。」注：不家喪者，惡因死者以爲利也。漢何並徙潁川太守，疾病，召丞掾。令其告子曰：「吾生素餐日久，雖得法賻，勿受。」後漢羊續遺言薄葬，不受賜遺，管寧父卒，中表其孤贫，咸共贈賻，悉辞不受，称财以送终。唐陸贄以喪解官，客東都，諸方賵遺，一不取，惟韋皋以布衣交，先以聞所致，稱詔受之。軾按：温公書儀：凡賻、襚之物，執事者必先執之北面，白尸柩。蓋賻、襚雖有知生知死之别，其實皆爲送死也。人子因而利之以爲家，忍乎不忍乎？兄弟之貧者，親生時所恤也，故體親意而班之。班之者，因事畢而有餘也。當受賻時，止爲喪計，寧作班兄弟想乎？今人雖平時稍知自愛，至有喪事，則餽無不受。意以爲爲死者餽，受非貪也。不知爲人子不能葬其親，而待助于人已可羞已。而又因以爲利，尚得謂之有人心乎？夫苟貧乏無措，受賻未嘗非禮。然必問賻者何人，情與物果相副否？苟非有通財之分義，相恤之至情，雖貧勿受也。喪禮稱家有無，苟無矣，斂手足形懸棺而窆，人豈有非之者，奈何受非所受，以汙所生耶？若夫家有餘財，尤不宜濫受，其有義不可却者，則辭多受少可耳。吾鄉李雲麓冼馬，京邸聞母喪，哀痛幾絶，少甦，即倉皇就道。家人典衣追隨，親友贈賻一無所受。又李侍御晴峰，巡淮鹺，卒于官。商人以二萬金賻，其子宗仁堅却之。如二李者，可勵末俗矣。或曰：前論賻禭，引司馬呂氏説，甚言賻贈之不容已。今又云不可受，何也？曰：春秋書武氏子來求賻。穀梁傳曰：歸之者正也，求之者非正也。周雖不求，魯不可以不歸。魯雖不歸，周不可以求。夫所謂不受者，非温公所云尺帛片衣斗粟百錢也。今之居喪者，少則辭之，累千盈百則受之。彼累千盈百者，果出於匍匐救喪之誠乎？受者果必待此累千盈百而後可資喪費乎？檀弓伯高之喪，孔氏之使者未至，冉子攝束帛乘馬而將之。孔子曰：「異哉，徒使我不誠於伯高。」司馬氏所謂親之遠近，情之厚薄。呂氏所謂周其急，扶其羸，皆情與物稱，孔子所謂誠也。賻而不誠，是不賻也，夫何受焉？

謝孝。

司馬書儀曰：父母之喪不當出。若爲喪事，及有故而出，則乘樸馬，布裹鞍轡。呂坤四禮疑：凶服不入吉門。祭奠之客，禮止喪前一謝，遠客間有書疏。近日謝客，城市猶可。遠鄉徧拜，衰絰既不登堂。主人必須具食，使即脱衰，飲酒食肉是何喪禮？孫氏家乘：今世有踵門謝孝之舉，初喪遠出，有至四五百里者，大失朝夕倚廬之意。愚按：曲禮凡非弔喪，非見國君，無不答拜者，則弔喪不答拜明矣。家禮、書儀有賓主答拜之文，從俗也。柩前答拜，尚屬從俗，況可往謝乎？今人居喪，酬酢人事如平時，甚而尋親訪友，干謁奔競，風俗至此，可勝悼歎。然人各有心，未必澌滅至盡，使知弔客之不必謝，喪次之不可離，則亦戚然動念，翻然改行矣。士喪禮既成服，拜君命，及衆賓，不拜棺中之賜。注：尊者加惠，明日必往謝之。棺中之賜，不爲己也，意所謂衆。賓，在朝公卿也。曰及者，因拜君而及之。假令無君命，則賓可不拜矣。棺中之賜，襚含也。不拜之者，謂其遣人致襚，而未嘗親至，故不拜。若云不爲己，豈有爲己而拜，爲親反不拜者乎？

焚裳衣。

古者遺裳衣，藏于廟中，祭而設之。子孫見裳衣，如見祖宗焉。今世富厚之家，遺衣盈篋，哭而焚之柩前，曰以資冥用也。無論冥衣之説荒誕無稽，而以平生躬被無斁之服，付之灰燼，死者何安？生者何忍？又有弟昆分衣，或鬻爲喪費者，亦大不宜。貯廟之餘，班諸族姓之貧者可耳。

避煞接煞。

忌煞之説，據人死年月日時，不知作何推算。曰歛忌某生人，葬忌某生人，雖子若婦，不得視斂送葬，此惡俗悖理滅情之尤甚者，天下有親而忌其子者乎？孝子哀痛迫切，恨不以身殉，而忍忌而避乎？吾鄉有葬後接煞之俗，謂煞從某方某日回，至期設饌案，豎杆懸燈，師巫誦咒禮拜而接之，竟夕而罷，吾不知所謂煞者。魂乎？氣乎？抑魂氣之外，别有所爲煞乎？送形而往，迎精而返，所爲彷徨無不之而虞以安之也。不此之務，而豎杆懸燈，延師誦咒，亦見其惑矣。真西山曰：彼浮屠之教得行，由我之禮先廢，苟奠祭盡禮，何暇狥俗？斯拔本塞源之至論也。

信風水。

草木之豐茂，土色之光潤，有目共覩，烏用葬師饒舌？若較量罔巒體勢，以倖邀福澤，不知仁人孝子之掩其親，爲親乎？爲子孫乎？葬書始郭璞。張南軒先生題璞書後曰：景純既能知水之爲陸，乃不能逆善其先人之窀穸以自全，何哉？今以不才之子，不學之儒，能以地理取科第乎？不業之農，不耕之田，能以地理成穀實乎？吉人凶其吉，凶人吉其凶，于地何與焉？近世尊信地師如著龜，吾未見其福，徒見其害而已。古者死無出鄉，今則卜壤數十百里之外，無論丘壟不族，有違生時依依之至性，浸假世遠親盡，子孫聞見弗及，保無耕犁道路之患乎？若夫遷延暴露，行道傷心，子情何以即安？萬一水火盜賊之不免，罪可乎？人之欲吉，誰不如我？攘奪生于歆羨，貪昧發爲殘忍，甚而掘人親以葬己親，此訟獄之所以繁也。又有前後左右悖礙之説，紛紛争質，不曰斷彼龍脉，則曰塞我明堂。果爾，陰陽一理也。閭并比屋鱗次，望對宇，相睦相親，死宜孤也，生何以有鄰乎？朱門閥閱，未聞不附民居，今世家馬鬛崇薩，不容異姓逼處，是以富貴凌人矣。周禮　地官　大司徒：以本俗六安萬民。二曰族墳墓。春官掌公墓之地，非死于兵者，貴賤同兆域。曾謂先王立制，不如景純輩之察微見隱與，安得知禮君子？大聲疾呼，覺此酬夢也。

異姓爲後。

禮：神不歆非類，民不祀非族。史稱賈充亂紀，春秋譏莒人滅鄫，甚言異姓之不可爲後也。魏時有四孤之説，謂遇兵饑有賣子者，一也。有棄溝壑者，二也。有生而父母亡，無緦麻親，其死必然者，三也。有俗人以五月生子妨忌之不舉者，四也。田瓊曰：絶祀而後他人，固屬非理。然此四孤，非故廢其宗祀，既是必死之人，他人收以養活，所謂恩踰父母者也。其家若絶祀，可四時祀之于門外。王脩議曰：當須分别此見有識未有識耳。有識以往，自知所生，雖創更生之命，受育養之慈。枯骨復肉，亡魂更存，當以生活之恩報公嫗，不得出所生而背恩情，報生以死，報施以力，古之道也。愚謂生與養固兩不可負，惟是天屬之親，死生一氣，不可强也。苟所養之家無後，則送死服闋而後歸宗，世世祀之别室，恩與義，兩得之矣。

儀禮節略第十一卷

喪禮

喪期上

子爲父，爲人後者，爲所後父。

斬衰三年，歷代禮同。

傳：爲父何以斬衰也？父至尊也。○爲人後者，何以三年也？受重者，必以尊服服之。

三年問：三年之喪何也？曰：稱情而立文，因以飾群，别親疏貴賤之節。飾，章表也。群謂五服親也。而弗可損益也。故曰：無易之道也。創鉅者其日久，痛甚者其愈遲。三年者，稱情而立文，所以爲至痛極也。斬衰，苴杖，居倚廬，食粥，寢苫，枕塊，所以爲至痛飾也。三年之喪，二十五月而畢，哀痛未盡，思慕未忘，然而服以是斷之者，豈不送死有已，復生有節也哉？凡生天地之間者，有血氣之屬，必有知，有知之屬莫不知愛其類，今夫大鳥獸，則失喪其群匹，越月踰時焉，則必返巡過其故鄉，翔回焉，鳴號焉，躑躅焉，踟躕焉，然後乃能去之。小者至于燕雀，猶有啁噍之頃焉，然後乃能去之。故有血氣之屬者，莫知于人，故人於其親也，至死不窮。將由夫患邪淫之人與，則彼朝死而夕忘之，然而從之，則是曾鳥獸之不若矣。夫焉能相與群居而不亂乎？將由夫脩飾之君子與？則三年之喪，二十五月而畢。若駟之過隙，然而遂之。遂之，謂時除也。則是無窮也。故先王焉，爲之立中制節，壹使足以成文理，則釋之矣。壹，謂齊同，言君子小人皆齊同，使足以成文章義理也。然則何以至期也？曰：至親以期斷，是何也？曰：天地則已易矣，四時則已變矣，其在天地之中者，莫不更始焉，以是象之也。然則何以三年也？曰：加隆焉爾也。焉，猶然也。使倍之，故再期也。由九月以下何也？曰：焉使弗及也，故三年以爲隆。緦小功以爲殺，期九月以爲間。上取象於天，下取法於地，中取則於人。三年取象於一閏，期取象於一周，九月象三時，五月象五行，三月象一時。人之所以群居和壹之理，盡矣。群衆聚居，和諧專壹。故三年之喪，人道之至文者也。夫是之謂至隆，是百王之所同古今之所壹也，未有知其所由來者也。孔子曰：子生三年，然後免於父母之懷。夫三年之喪，天下之達喪也。

子爲母，爲人後者，爲所後母。

斬衰三年。儀禮：父在爲母齊衰杖期，父卒爲母齊衰三年。唐律、開元禮不分父存没，俱改齊衰三年。政和禮、書儀、家禮、明集禮並同，明會典改斬衰三年，今因之。

傳：何以期也？屈也。至尊在，不敢伸其私尊也。父必三年然後娶，達子之志也。

朱子曰：父在爲母期，非是薄于母。以尊在父，不可復尊母，亦須心喪三年。

吴草廬曰：以夫爲妻之服既除，則子爲母之服亦除，家無二尊也。

徐健庵録儀禮圖序略曰：明太祖定孝慈録，加母之服，上齊于父，使普天率土，人人得伸其三年之愛，而庶子亦遂其私焉。子之事母，既同于父，則子婦之事舅姑，亦當同於子。于是制舅姑之服，使同于子，而家道益以嚴，配偶益以重。其他諸服，多所更定，大約緣此爲準。夫豈求異於古，亦曰適其宜而已。夫父母猶天地也，事地不敢同于天者義也，報地不可異于天者恩也。先王欲裁夫情之不可過者而協之於中，故義勝恩；後王欲引夫情之不及者而進之于厚，故恩勝義。二者雖殊，其歸一也。

子爲繼母。

斬衰三年。儀禮：繼母如母，父在杖期；父没三年，唐宋至明集禮因之。書儀闕，明會典改入斬衰。今因之。

傳：繼母何以如母？繼母之配父，與因母同，故孝子不敢殊也。因，猶親也。

子爲慈母。

斬衰三年。儀禮：慈母如母。開元禮、政和禮同。書儀無，家禮集禮同，孝慈録改斬衰三年。今因之。

傳：慈母者何也？傳曰：妾之無子者，妾子之無母者。父命妾曰：女以爲子。命子曰：女以爲母。若是，則生養之終其身如母，死則喪之三年如母，貴父之命也。

記：爲慈母後者，爲庶母可也，爲祖庶母可也。

庶子爲嫡母。

斬衰三年，歷代禮無明文，統于子爲母也。

喪服變除篇：父卒爲君母齊衰三年。孝慈録改斬衰三年，今因之。

庶子爲所生母。

斬衰三年，儀禮庶子爲父後者，爲其母緦。注疏：君卒庶子爲母大功，大夫卒，庶子爲母三年。孝慈録改斬衰三年，今因之。

傳：何以緦也？傳曰：與尊者爲體，不敢服其私親也。然則何以服緦也？有死于宫中者，則爲之三月不舉祭，因是以服緦也。

記：庶子在父之室，則爲其母不禫，庶子不以杖即位。

子爲養母。

斬衰三年。古禮無。宋開寶禮謂養同宗及三歲以下遺棄之子者，與親母同。齊衰三年。孝慈録改斬衰，今因之。

按：有養母，則當有養父。禮不載者，統于母也。

子爲出母。

齊衰杖期，歷代禮同。

傳：出妻之子，爲母期，則爲外祖父母無服。傳曰：絶族無施服，親者無屬。出妻之子爲父後者，則爲出母無服。傳曰：與尊者爲一體，則不敢服其私親也。爲父後者爲出母無服。無服也者，喪者不祭故也。朱子曰：出母爲父後者無服，此尊祖敬宗，家無二上之意。先王制作精微不苟，蓋如此。

子爲嫁母。

齊衰杖期，歷代禮同。

適子、衆子爲庶母。

齊衰杖期。儀禮緦，開元禮、政和禮、書儀、家禮並同。孝慈録加至杖期。今因之。

傳：何以緦也？以名服也。言有母名，故有服。

子從繼母改嫁于人，爲改嫁繼母。

齊衰不杖期。儀禮父卒，繼母嫁，從，爲之服。報，齊衰杖期，歷代禮同。今律改不杖期。

傳：何以期也，貴終也。

爲乳母。即奶母。

緦麻三月，歷代禮同。

傳：何以緦也，以名服也。言有母名。

呂氏四禮疑：喪服圖注之誤，世莫敢更，則儒者之咎也。如慈母注云：謂所生之母死，父命别妾撫育者。斬衰三年，乳母注云：謂父妾乳哺者，即稱母。緦麻，父妾乳哺，不可謂慈母乎？慈母撫育，更重于乳哺乎？何服制之懸殊，且所生之母死。父有幾妾，而適值有乳之妾乎？此乳母，蓋顧他人之婦，乳哺三年，恩亦如母，故以母呼之。昔韓昌黎、蘇東坡，于乳母，皆葬而爲之銘。爲之緦，若云父妾，謬甚矣。

爲人後者，爲其本生父母。

齊衰不杖期，歷代禮同。

傳：何以期也？不貳斬也。何以不貳斬也？持重于大宗者，降其小宗也。爲人後者，孰後？後大宗也。

孫爲祖父母。

齊衰不杖期，歷代禮同。

傳：何以期也。至尊也。

曾孫爲曾祖父母。

齊衰五月。儀禮齊衰三月，開元禮增，後因之。

傳：何以齊衰三月也？小功者，兄弟之服也。不敢以兄弟之服服至尊也。小功言其服，非言其期。

玄孫爲高祖父母。

齊衰三月。儀禮無文，統于曾祖也。開元禮增，後因之。

適孫承重爲祖，爲曾祖，爲高祖。爲人後者同。

斬衰三年，歷代禮同。

傳：父卒，然後爲祖後者斬。儀禮喪服篇不載，子夏于不杖期篇發之。

注疏爲曾祖後者，斬衰三年。

戴德喪服記爲高祖後者，斬衰三年。

適孫承重，爲祖母，爲曾祖母，爲高祖母。爲人後者同。

斬衰三年。儀禮齊衰。

適孫父卒祖在爲祖母。

齊衰杖期。

喪服小記祖父卒，而後爲祖母後者三年。注云：祖父在，則如父在爲母也。

軾按：今父在爲母，亦斬衰三年，則承重者祖在爲祖母，亦當三年。

庶子之子爲其父所生母。

開寶禮齊衰不杖期。家禮曰：父稱爲祖後，則不服。今無，統于祖母内也。

爲人後者爲本生祖父母。

今制歷代禮俱無明文。

徐健庵曰：據諸家禮文皆云：爲人後者于本生得者親例降一等，其爲大功無疑。

軾按：古今服制降殺，惟兄弟有大功，上而曾祖，旁而伯叔。期服之殺，即爲小功，不以爲降二等也。喪服傳：曾祖條下，小功者，兄弟之服，不敢以兄弟之服服至尊也，亦略去大功，而直接小功。徐先生之議，本于通典，服疑從重耳。

爲人後者之子，爲父之本生父母。

今制古禮無明文。

徐健庵曰：據劉智、王彪之之説，爲後者之子。不論父所後之親疏，概降一等。父于本生父母期，子後父而降大功，情之至，義之盡也。

軾按：孫爲祖父母不杖期，爲曾祖父母齊衰五月。爲人後者，爲本生祖父母。爲人後者之子，爲父之本生父母，均降一等，似應降服不杖期爲齊衰五月。

夫爲妻。

齊衰杖期。父母在杖，歷代禮同。

傳：爲妻何以期也？妻至親也。適子爲妻，何以期也？父之所不降，子亦不敢降也。何以不杖也？父在則爲妻不杖，以父爲之主也。

喪服小記：父在庶子爲妻，以杖即位可也。

小記：士妾有子而爲之緦，無子則已，唐至今無。

父爲適長子。

齊衰杖期。儀禮斬衰三年，歷代同。明會典：改不杖期，今因之。

傳：何以三年也？正體于上，又乃將所傳重也。庶子不得爲長子三年，不繼祖也。

喪服小記：庶子不爲長子斬，不繼祖與禰也。

父爲衆子，爲子爲人後者。

齊衰不杖期，歷代禮同。

舅爲嫡婦。

齊衰不杖期。儀禮大功九月，唐初增爲期服，後因之。

傳：何以大功也？不降其適也。

爲衆子婦。

大功九月。儀禮小功五月，唐初增爲大功，後因之。

祖爲適孫。

齊衰不杖期，歷代禮同。

傳：何以期也？不敢降其適也。有適子者無適孫，孫婦亦如之。

郝敬曰：適子早死，立適子之適子繼宗，曰適孫，死則祖爲之期。祖爲孫大功常也，以其繼體加隆焉。若使適子在，等孫爾，無適庶之異也。

爲適孫婦。

小功五月，歷代禮同。

爲衆孫，衆孫女在室同。

大功九月，歷代禮同。

爲衆孫婦。

緦麻三月，歷代禮同，孝慈録無。

爲適曾孫、適玄孫、適來孫。

齊衰不杖期，附適孫下。歷代禮同。

爲曾孫。

緦麻三月，歷代禮同。

爲曾孫婦。

無服，歷代同。

按：曾孫爲後者，無孫婦，則爲曾孫婦小功。

爲玄孫。

緦麻三月，歷代禮同。

爲玄孫婦。

無服，歷代同。

爲世父母叔父母，父之兄弟，爲人後者，爲所後者之昆弟。

齊衰不杖期，歷代禮同。

《傳》：何以期也？與尊者一體也。然則昆弟之子，何以亦期也？旁尊也。不足以加尊焉？故報之也。旁尊，言非正尊，不足以尊加之，因其爲己加隆，故報之也。父子一體也，夫妻一體也，昆弟一體也。故父子首足也，夫妻牉合也，昆弟四體也。故昆弟之義無分，然而有分者，則辟子之私也。子不私其父，則不成其爲子。世母、叔母何以亦期也？以名服也。

爲人後者，爲其本生伯叔父母。

今律、古禮皆無明文，今律圖旁注云：凡爲人後者，爲其私親皆降一等。

爲從祖父母。祖之子，父之從昆弟。從祖祖父母。曾祖之子，祖之昆弟。

小功五月，歷代禮同。

爲族父母。父之再從兄弟。族祖父母。祖之從兄弟。族曾祖父母。曾祖之兄弟。

緦麻三月，歷代禮同。

爲兄弟。

齊衰不杖期，歷代禮同。

爲人後者爲其兄弟。

大功九月，歷代禮同。

傳：何以大功也？爲人後者，降其昆弟也。

記：爲人後者，于兄弟降一等報。

爲兄弟之爲人後者。

大功九月，政和五禮新儀、家禮、會典同，今因之。

爲兄弟妻。

小功五月，儀禮無服，唐初增，後因之。

檀弓：嫂叔之無服也，蓋推而遠之也。

爲從父兄弟。 世叔父與祖爲一體，又與己父一體，緣親以致服，故曰從也。

大功九月，歷代禮同。

爲人後者，爲其從父兄弟。

今律諸書俱無文，政和禮增，小功五月。

爲從父兄弟妻。

緦麻三月，儀禮迄書儀俱無服，家禮增後因之。

爲從祖昆弟。

小功五月，歷代禮同。

傳：何如則可謂之兄弟？傳曰：小功以下爲兄弟。

爲族昆弟。 即三從兄弟。

緦麻三月，歷代禮同。

为兄弟之子。

齊衰不杖期，歷代禮同。

傳：何以期也？報之也。

檀弓：兄弟之子猶子也，蓋引而進之也。

爲兄弟之子爲人後者。

大功九月。

爲兄弟子婦。

大功九月，儀禮無正文。政和禮始載此條，然開元禮爲夫之伯叔父母報。此報字，即爲兄弟子婦大功之明文也，後因之。

爲從父昆弟之子。

小功五月，政和禮載，後因之。

爲從父昆弟子之婦。

緦麻三月，政和禮載，後因之。

爲從祖昆弟之子。

緦麻三月，歷代禮同。書儀無。

爲兄弟之孫。

小功五月，政和禮後因之。

爲從父兄弟之孫，爲兄弟之曾孫。

緦麻三月，儀禮不言。蓋族曾祖父，族祖之報服也。

爲兄弟之孫婦。

緦麻三月，政和禮後因之。

爲從父兄弟之孫。

緦麻三月，政和禮後因之。

爲姑姊妹女子在室者。

齊衰不杖期，歷代禮同，雖嫁而無主亦同。

爲姑父之姊妹。**姊妹女子子適人者。**

大功九月，歷代禮同。

傳：何以大功也，出也。

檀弓：姑姊妹之薄也，蓋有受我而厚之者也。

爲人後者爲其姑。

大功九月，已嫁小功，歷代禮同。書儀無。

爲從姑。父之同堂姊妹。

小功五月，已嫁緦，歷代禮同。

爲從祖祖姑。祖之親姊妹。

小功五月，已嫁緦，政和禮後因之。

爲族姑。

緦麻三月，已嫁無服，開元禮後因之。○已嫁而返仍緦。

爲族祖姑，族曾祖姑。

緦麻三月。

爲從姊妹。

大功九月，已嫁小功，歷代禮同，家禮已嫁緦。

爲再從姊妹。

小功五月，已嫁緦，歷代禮同。

爲三從姊妹。

緦麻三月，已嫁無服，開元禮載，後因之。

爲女，爲兄弟之女。

齊衰不杖期，已嫁大功，雖適人而無主者，與在室同，歷代禮同。

爲從兄弟之女。

小功五月，已嫁緦，歷代禮同。

爲再從兄弟之女。

緦麻三月，已嫁無服，歷代禮同。

爲孫女。

今律文無，儀禮庶孫下注：男女皆是大功九月。已嫁小功，開元禮迄會典並同，書儀無。

爲兄弟之孫女。

小功五月，已嫁緦，儀禮已嫁無服，開元禮增，後因之。

爲從兄弟之孫女。

緦麻三月，已嫁無服，歷代禮同。

爲曾孫女。

今制不載，歷代禮皆無文。按：兄弟曾孫女有服，未有己曾孫女無服之理。以次推之，當在室小功，出嫁緦也。

爲兄弟之曾孫女。

緦麻三月，已嫁無服，歷代禮同。

爲同居繼父，兩無大功親者。

齊衰不杖期，歷代禮同，唐律、書儀無。

傳：何以期也？傳曰：夫死、妻穉、子幼，子無大功之親，與之適人，而所適者，亦無大功之親。所適者以其貨財，爲之築宮廟，歲時使之祀焉，妻不敢與焉。若是，則繼父之道也，同居則服齊衰期，異居則服齊衰三月。必嘗同居，然後爲異居。未嘗同居，則不爲異居。

不同居繼父。昔曾同居，今不同居者。

齊衰三月，自來不曾隨母與同居，則無服，歷代禮同，書儀無。

喪服小記：繼父不同居也者，必嘗同居，皆無主後。同財而祭其祖禰，爲同居。有主後，爲異居。

疏：異居之道有三：一者昔同今異；二者今雖共居，而財各別；三者繼父更有子，便爲異居。云有主後者爲異居，則此子有子亦爲異居也。

從繼母嫁。

齊衰杖期。儀禮止有同居不同居二條，唐宋因之，家禮列三父圖，亦本喪服傳之文。同居一，昔同居今不同居二，元不同居爲三，其繼母嫁而已從之，屬在繼母下，是繼母之服，非繼父之服也。元典章圖改云繼母所嫁夫，遂並列爲三父，明沿其誤，今因之。

同母異父兄弟姊妹。

儀禮無，開元禮小功五月，今律無。

軾按：檀弓：公叔木有同母異父之昆弟死，問于子游，子游曰大功。狄儀問于子夏，子夏曰：魯人則爲齊衰。徐健菴謂是記禮者之誤，游、夏必不爲此不經之言。愚意論從一而終之義，只應責婦人無再醮。既再醮矣，則其子不能無繼父，即不能無同母異父之昆弟，爲繼父不杖期，爲同母昆弟小功，烏容已乎？儀禮所云兩無大功之親，重在子一邊，必曰兩無者，謂有大功之親，則無藉此子之服之耳。子幼母嫁，無强近之親，惟依繼父爲命，當夫同母異父之弟死，母與繼父，哀痛欲絶，而同居之繼子，歡笑如故，理乎？情乎？使繼父無他親，止此同母之弟，又或弟方死，而繼父亦卒，將服繼父而不服同母之弟，于心安乎？古人有養同母異父弟，嫁同母異父妹，而史傳之者，生也養，死可不爲服乎？至繼父子爲母之前子服，此又施報之道所不容已也。

爲外祖父母。

傳：何以小功也？以尊加也。

記：庶子爲後者，爲其外祖父母無服。不爲後，如邦人。

服問傳曰：每出則爲繼母之黨服，母死則爲其母之黨服。爲其母之黨服，則不爲繼母之黨服。

喪服小記：庶子爲君母後者，君母卒，則不爲君母之黨服。

顧亭林曰：與尊者爲一體，不敢以外親之服，而廢祖考之祭，故絀其服也。言母黨，則妻之父母可知。

爲人後者，爲本生外祖父母。

宋明俱緦麻三月，前代及今律無。

爲舅。

小功五月，儀禮緦，貞觀增，後因之。唐律並增舅母緦，後世無服。

傳：何以緦？從服也。

爲從母。

小功五月，歷代禮同。

傳：何以小功也？以名加也，外親之服皆緦也。

記：庶子爲後者，爲其從母無服。不爲後，如邦人。

爲姑之子。外兄弟。

緦麻三月，歷代禮同。

傳：何以緦也？報之也。因姑之子爲我服，故報之也。

爲舅之子。內兄弟。

緦麻三月，歷代禮同。

傳：何以緦也？從服也。

爲從母昆弟。

緦麻三月，歷代禮同。

傳：何以緦也？以名服也。因從母有母名，而服其子。

朱子語類：先王制禮，父族四，故由父而上爲從曾祖服緦。姑之子，姊妹之子，女子子之子，皆由父而推之也。母族三，母之父，母之母，母之兄弟，包姊妹在内，恩止，故從母之夫，舅之妻，皆不爲服，推不去故也。妻之族二，妻之父，妻之母，粗看似乎雜亂無紀，仔細看，皆有意存焉。

爲妻之父母。

緦麻三月，歷代禮同。

傳：何以緦也，從服也。

爲姊妹之子。男女同。

小功五月，儀禮緦，唐增小功，後因之。唐律並增甥婦緦麻三月，政和禮、書儀、家禮、明集禮、會典並因之，今無。

傳：甥者何也？謂吾舅者，吾謂之甥也。何以緦也？報之也。

爲甥之婦。

今無服，唐律迄會典並緦。

爲女之子。外孫男女同。

緦麻三月，歷代禮同。

爲外孫之婦。

緦麻三月，政和禮，後並同。

爲女之夫。

緦麻三月，歷代禮同。明集禮無。

傳：何以緦也？報之也。

妻爲夫。

斬衰三年，歷代禮同。

傳：夫至尊也。

喪服小記：婦人不爲主而杖者，姑在爲夫杖。言書死而父在，舅主適婦之喪，厭適子使不杖，若夫死無舅，而姑主子喪，姑不厭婦，妻雖不爲主而杖也。

婦爲舅。

斬衰三年，儀禮、開元禮俱齊衰不杖期，後唐加爲斬，後因之。

傳：何以期也？從服也。

二程全書：此亦謂之從服，從夫服也。蓋與夫同奉几筵，而已不可獨無服也。

婦爲姑。

斬衰三年，儀禮、開元禮齊衰不杖期，後唐明宗改齊衰三年，宋以後同。孝慈録改同于舅，今因之。

凡夫爲祖、曾祖、高祖承重者，妻從夫斬。政和禮今因之。

爲人後者之妻，爲夫本生父母。

大功九月，歷代禮同，書儀無。

庶子之妻，爲夫所生母。

斬衰三年，古禮期，孝慈録改，今因之。

適子衆子之妻，爲夫之庶母。

齊衰杖期，明制增，今因之。

爲夫之祖父母，伯叔父母。

大功九月，歷代禮。

傳：何以大功也？從服也。

爲夫之曾祖父母，高祖父母。

緦麻三月。

母爲適長子。繼母同。

齊衰不杖期，歷代俱齊衰三年，會典改不杖期，今因之。

傳：何以三年也？父之所不降，母亦不敢降也。

母爲長子婦。

齊衰不杖期，儀禮大功九月，唐律增，後因之。

傳：何以大功也？不降其適也。

母爲衆子。

齊衰不杖期，歷代禮同。

母爲衆子婦。

大功九月，儀禮小功，唐增，後因之。

母爲女。

齊衰不杖期，已嫁大功，歷代禮同。

嫁母、出母爲其子。

古禮無，政和禮增不杖期，家禮、孝慈録同，今律無。

繼母嫁，爲前夫之子從己者。

政和禮增不杖期，家禮、明會典同，今律無。

祖母爲孫。

大功九月，歷代禮同。

爲孫婦。

緦麻三月。

爲曾孫，爲玄孫。

緦麻三月。

爲夫兄弟。

小功五月，儀禮無服，唐初增，後因之。

傳：夫之昆弟，何以無服也？其夫屬乎父道者，妻皆母道也。其夫屬乎子道者，妻皆婦道也。謂弟之妻婦者，是嫂亦可謂之母乎？故名者，人治之大者也，可無慎乎？

記：夫之所爲兄弟服，妻降一等。

遠按：爾雅：弟之妻爲婦，是弟妻本有婦名，但嫂不可有母名，意以兄弟之妻，尊不列于母行，卑不列于婦行，故不爲之制服，則兄弟之妻，亦不得以夫之兄列于舅，夫之弟列于子，而爲之制服矣。乃喪服記曰：夫之所爲兄弟服，妻降一等。則是有服且爲大功之服矣。萬充宗以爲此正嫂叔有服之明證，所謂没其文于經，而補其説于記，健庵亦主此説，以爲作記者之所補，其言甚辯。惟是婦于娣即姒與夫姊妹止小功，而于夫兄弟爲大功，亦覺不倫，似今小功爲得當也。

爲夫姊妹，在室、出嫁同。

小功五月，歷代禮同。

爲夫兄弟之妻。

小功五月，歷代禮同。

〔傳〕：娣姒婦者，娣長也，何以小功也？以爲相與居室中，則生小功之親焉。

爲夫之同堂兄弟姊妹及適人者。

緦麻三月，唐律有，後因之。

爲夫之從父兄弟之妻。

緦麻三月，歷代禮同。

〔傳〕：何以緦也？以其相與同室，則生緦之親焉。

爲夫之伯叔父母。

大功九月，歷代禮同。

爲夫之姑。

小功五月，歷代禮同。

爲夫之堂伯叔父母、伯叔祖父母，及祖姑、從祖姑之在室者。

緦麻三月，歷代禮同。

爲夫兄弟之子。

齊衰不杖期，歷代禮同。

傳：何以期也？報之也。

爲夫兄弟之子婦。

小功五月，儀禮緦，政和禮改小功，開元禮爲夫之伯叔父母報，此即伯叔母之報服也，後因之。

爲夫兄弟之女。

齊衰不杖期，已嫁大功九月，歷代禮同。

爲夫從兄弟之子。

小功五月，政和禮，後因之。

爲夫從兄弟之子婦。

緦麻三月，唐律載，後因之，書儀無。

爲夫從兄弟之女。

小功五月已嫁緦麻，政和禮，後因之。

爲夫再從兄弟之子。

緦麻三月，政和禮，後因之，書儀無。

爲夫兄弟之孫。

小功五月，儀禮緦，政和禮增，後因之。

爲夫兄弟孫之婦。

緦麻三月，政和禮，後因之，書儀無。

爲夫兄弟孫女。

小功五月，已嫁緦，政和禮載，後俱無，今有。

爲夫從兄弟孫及孫女。

緦麻三月，政和禮載，後因之，書儀無。

爲夫兄弟曾孫、曾孫女。

緦麻三月，政和禮，後因之，書儀無。

爲夫之外祖父母舅及從母。

今律無，歷代緦麻三月。

女在室爲父。已嫁反在室同。

斬衰三年，歷代禮同，政和禮、書儀無已嫁反在室之文。

喪服小記：女子子在室爲父母，其主喪者不杖，則子一人杖。言無子，同姓攝主不杖，則長女杖也。

爲父母喪，未練而出則三年，既練而出則已，未練而反則期，既練而反則遂之。反，謂復反夫家也。

女在室爲母，已嫁反在室同。

斬衰三年，儀禮文在杖期。父卒齊衰三年，開元禮統于子爲母内。齊衰三年，明會典改入斬衰條，今因之。

出嫁爲父母。

齊衰不杖期，歷代禮同。

傳：何以期也？婦人不貳斬也。婦人不貳斬何也？婦人有三從之義，無專用之道，故未嫁從父，既嫁從夫，夫死從子。故父者子之天也，夫者妻之天也。婦人不貳斬者，猶曰不貳天地，婦人不能二尊也。

爲祖父母，在室、出嫁同。

齊衰不杖期，歷代禮同。

傳：何以期也？不敢降其祖也。

爲曾祖父母，嫁者、未嫁者。

齊衰五月，儀禮齊衰三月，開元禮改，後因之。

爲高祖父母，在室、出嫁同。

齊衰三月，儀禮無文，開元禮增，後因之。

女適人者，爲從祖父母、從祖姑，及從祖祖姑在室者。

緦麻三月，始政和禮，後因之，書儀無。

爲伯叔父母，及姑姊妹在室者。

齊衰不杖期，已嫁大功九月，儀禮無文，載在注疏，唐以後並同。

爲從伯叔父母，及從姑。

小功五月，已嫁緦，若從姑嫁則無服，歷代禮同。

爲兄弟。

齊衰不杖期，已嫁大功，歷代禮同。

已適人爲昆弟之爲父後者。

齊衰不杖期，歷代禮同。

傳：何以亦期也？婦人雖在外，必有歸宗，曰小宗，故服期也。

爲姑姊妹女子子適人無主者。

齊衰不杖期，歷代禮同。

傳：無主者，謂其無祭主者也？何以期也？爲其無祭主故也。

爲兄弟爲人後者。

在室大功九月，已嫁小功，政和禮，後因之。

爲兄弟姪之妻，在室、出嫁同。

今律無文和，政和禮，小功五月。

爲從父兄弟姊妹。

大功九月，已嫁小功，若姊妹已嫁緦，歷代禮同。

爲從祖兄弟姊妹。

小功五月，已嫁緦，歷代同。

爲姪，爲姪女。

齊衰不杖期，已嫁大功，歷代禮同。

出母爲女子子適人者。

開元禮，小功五月。

女適人者，爲兄弟之孫。

今律無。儀禮有父之姑條，此即其報服也。政和禮緦麻三月，諸書無。

爲從姪，爲從姪女。

小功五月，已嫁緦，歷代禮同。

妾爲家長。妾不敢稱夫，故古稱君，今稱家長。疏言妾之尊夫，與臣無異，雖士妾亦稱士爲君。

斬衰三年，歷代禮同。

妾爲女君。 家長正室也。

齊衰不杖期，歷代禮同。

傳：何以期也？妾之事女君，與婦之事舅姑等。

妾爲家長父母。

齊衰不杖期，古禮無，明會典增，今因之。

妾爲家長適子、衆子。

齊衰不杖期，儀禮、家禮爲君之長子齊衰三年，爲衆子、己子期。孝慈録改，今因之。

喪服小記：妾爲君之長子，與女君同，若庶子之長子，女君不服三年，妾亦不服三年也。

妾爲己子。

齊衰不杖期，歷代禮同。

傳：何以期也？妾不得體君，爲其子得遂也。

妾爲其父母。

今律無，儀禮齊衰不杖期，開元禮以後同，唐律、書儀無。

傳：何以期也？妾不得體君，得爲其父母遂也。

妾爲其兄弟。

大功九月，記：凡妾爲私兄弟如邦人，後並同。

妾爲世父母、叔父母、姑姊妹。

今律無。

按：今律非遺漏，統于出嫁女爲本宗服内也。妾雖賤，寧無本宗親屬，可置之不言乎？傳曰：妾爲君之黨服，得與女君同，爲其私親寧有異乎？世俗有賤妾而不使得申其私服者，故引此條以明之。

君母之父母從母。

今律無，儀禮小功五月。

傳：何以小功也？君母在，則不敢不從服。君母不在，則不服。